MANUAL DE INVESTIGACIÓN LITERARIA

BIBLIOTECA ROMÁNICA HISPÁNICA

DIRIGIDA POR DÁMASO ALONSO

III. MANUALES, 48

PABLO JAURALDE POU

MANUAL DE INVESTIGACIÓN LITERARIA

GUÍA BIBLIOGRÁFICA PARA EL ESTUDIO
DE LA LITERATURA ESPAÑOLA

BIBLIOTECA ROMÁNICA HISPÁNICA
EDITORIAL GREDOS
MADRID

© PABLO JAURALDE POU, 1981.

EDITORIAL GREDOS, S. A.

Sánchez Pacheco, 81, Madrid. España, 1981.

Depósito Legal: M. 32805 - 1981.

ISBN 84-249-0133-9. Rústica.
ISBN 84-249-0134-7. Tela.

Impreso en España. Printed in Spain.
Gráficas Cóndor, S. A., Sánchez Pacheco, 81, Madrid, 1981. — 5205.

A James O. Crosby

NOTA PREVIA

Para una mejor consulta de este MANUAL, aconsejo acudir siempre primero al índice general, con el organigrama por capítulos de toda la masa bibliográfica, y tener en cuenta que, en cada capítulo o apartado, la información se ha ordenado por subtemas, según los respectivos epígrafes, y todavía a veces por temas o aspectos moleculares dentro de cada epígrafe; en estos últimos casos una buena separación puede indicar el paso de un aspecto a otro. Dentro de cada serie, prima la ordenación alfabética, aunque concediendo mucho a agrupamientos temáticos y afinidades entre libros, pero utilizando las referencias continuas mediante el indicador numeral. Esta aparente falta de rigor concierne a series cortas de libros en las que el lector no puede realmente perderse.

Cada obra, cada «ítem», va precedido de un número cardinal correlativo, que es el número de orden en el conjunto de la bibliografía seleccionada y su número de referencia. Cuando existen varias obras con el mismo número, se han distinguido mediante letras (por ej.: 401a, 401b, 401c, etc.).

La descripción bibliográfica es funcional y se suele ceñir a los datos básicos esenciales, siempre que ha sido posible, españolizando frecuentemente nombres, datos, etc. Dado el carácter «manual» de esta bibliografía, he preferido dar entrada a libros y obras generales, en muy contados casos me ha sido inevitable la recensión de artículos.

No me cabe ninguna duda de que todos podrán encontrar olvidos, lagunas y errores —es el tributo de este tipo de obras—;

pero quizá todos encuentren también una base bibliográfica suficiente para iniciar el estudio o investigación y, posteriormente, trabajar en el campo elegido: esta es la verdadera función del MANUAL, cuya información se detiene precisamente en el umbral de obras y autores concretos.

La recogida sistemática de papeletas se cerró —a efectos de redacción de la obra— a finales de 1978; aun así son muchas las que he creído necesario incorporar después y las que la laboriosa edición del libro me ha permitido a veces añadir. Los ficheros siguen abiertos a las sugerencias de todo tipo, como lo han estado durante años a las de compañeros y colegas, a quienes, desde aquí, doy colectivamente las gracias.

I

BIBLIOGRAFÍA GENERAL

Todo trabajo de investigación supone el conocimiento y acceso a unos repertorios generales de información que proyectan nuestro trabajo desde un nivel general al terreno específico, en este caso, de la literatura. Hasta hace poco estos primeros pasos no podían ser sino la consulta de los grandes repertorios de información bibliográfica. La avalancha, el crecimiento bibliográfico ha provocado, sin embargo, la necesidad de crear otros modos de información general más precisos y accesibles, grandes bancos de información, centros de documentación, directorios, etcétera, a los que nos referiremos más adelante (V. para España Pérez Álvarez, 126; Amat Noguera, 111). Por ahora y en este primer apartado recogemos todavía esos aludidos grandes repertorios universales y generales que pueden abrirnos el camino a un campo de estudio e investigación.

No me referiré a las bibliografías generales y universales de épocas pasadas o retrospectivas —que pueden verse por ejemplo en Malclés, 526, págs. 32 y sigs.—, sino a las actuales. El trabajo de investigación se plantea en este *Manual* como un proceso de investigación desde lo general a lo particular y desde el presente al pasado. Esta advertencia debe tenerse en cuenta para todo el resto del *Manual*.

I.1. Control bibliográfico

El problema bibliográfico es tan grave, dice O. Frank (et al., 118), «que puede resultar más fácil verificar un hecho por experimentación o formular una teoría que indagar en la bibliografía si ese hecho ha sido descubierto o esa teoría ha sido enunciada con anterioridad (...) Cada año se publica una cantidad de información en revistas y diarios, libros y folletos, infinitamente mayor que la que individuo alguno podría revisar para elegir los párrafos que pudieran serle útiles, si le dejan entregado a sus propios medios para leer y evaluar». En este sentido, los dos puntos esenciales de referencia a que deben someterse los trabajos de investigación son: 1.º) la búsqueda o conocimiento de las fuentes generales y específicas; 2.º) la correcta organización del material acumulado. Sobre ambos aspectos existe hoy una abundante bibliografía, de modo que hasta esta misma cuestión resulta ya inabarcable. Los mayores problemas se refieren a la abundancia y dispersión de las fuentes, por un lado; a la asimilación de las modernas técnicas de organización y aprovechamiento del material, por otro. Todo el apartado I de nuestro *Manual* intenta ser una exposición seleccionada de 1.º) repertorios por donde comenzar a controlar esa posible masa de fuentes generales; 2.º) de conocer los modos de trabajo más rigurosos y actuales. I.1. expone, por otra parte, precisamente los problemas que el incremento de las fuentes de información acarrea, y adelanta posibles soluciones.

1. Anderson, Dorothy: *Universal Bibliographic Control*, Munich, Verlag Dokumentation, 1974, 87 págs.
2. Bossuat, Marie-Louise (et al., eds.): *Le Contrôle Bibliographique Universel dans les Pays en Développement. Table Ronde...*, Munich, Verlag Dokumentation, 1975, 165 págs.
3. Compagnon, Antoine: *La Seconde Main. Ou le Travail de la Citation*, París, Du Seuil, 1979, 414 págs. Libro que discute extensamente «comment se débrouiller dans les broussailles du déjà dit?».
4. Collison, R. L.: *Les Services Bibliographiques dans le Monde, 1950-1959*, París, Unesco, 1961, 228 págs. Publicación que tiene su origen en las comisiones nacionales de bibliografía que hacia 1955 creó la Unesco para recoger noticias sobre la actividad bibliográfica, a todos los niveles, en el mundo. Los períodos sucesivos fueron cubiertos por:
4a. P. Avieenne, período 1960-1964, aparecido en 1967, 237 págs.
4b. Id., período 1965-1969, aparecido en 1972, 315 págs.

4c. M. Beaudiquez, período 1970-1974, aparecido en 1977. En los intervalos, cubre esta información desde 1961 la revista *Bibliographie, Documentation, Terminologie* (129).

4d. Unesco: *Bibliographical Services throughout the World, 1970-1974*, París, Unesco, 1977, 419 págs.

5. Downs, R. B. (dir., et al.): *Bibliography. Current State and Future Trends*, Urbana, Univ. of Illinois, 1967, 611 págs. Conjunto de trabajos entre los cuales son mayoría los que abordan el problema del control bibliográfico.

Referencias. — V. los apartados III. Documentación e información, principalmente III.3. Directorios. Repertorios bibliográficos se encontrarán en los apartados inmediatos: II. Bibliografía general española. XII. Bibliografía de la literatura española. Para otras cuestiones relacionadas con el control bibliográfico, V. VII.6. Revistas sobre Imprenta, libros, bibliotecas. En VII.1.2. Bibliografía, se encontrarán obras con un tratamiento global del problema bibliográfico. Cada apartado de este *Manual*, en fin, va precedido de obras bibliográficas sobre el tema en cuestión.

I.2. REPERTORIOS BIBLIOGRÁFICOS

Recogemos en este apartado tanto las bibliografías de bibliografías generales y universales (I.2.1.), como los grandes repertorios bibliográficos o bibliografías universales (I.2.2.), distinguiendo en este último caso entre esos grandes repertorios propiamente dichos (I.2.2.1.) y la serie de obras, tan de moda en el mundo anglosajón, sobre libros de referencias, fuentes generales de información, etc. (I.2.2.2.), que suelen ser breves compendios para ayudar al desbrozamiento inicial de un campo de estudio en cualquier tipo de investigación. La separación entre ambas modalidades de libros no es siempre muy clara, como tampoco lo es frecuentemente con los Diccionarios de Bibliografía y Manuales de Bibliografía (en VII.1. y VII.2., respectivamente): los segundos tienen finalidad pedagógica; los primeros suelen ser grandes catálogos u obras de erudición. En I.2.3. recojo el escaso material de bibliografías de bibliografías referido al campo español. En el apartado de bibliografías generales (I.2.2.1.), prescindimos de los libros clásicos (Brunet, Graesse,

Gessner, etc.), es decir, del tratamiento histórico de este aspecto, en razón —aquí como en otros lugares del *Manual*— de la funcionalidad de este libro.

I.2.1. *Bibliografías de bibliografías*

A pesar de algunos grandes clásicos del género (Labbé, Teissier, Petzhold...), las bibliografías de bibliografías son un género moderno, nacido de la necesidad de controlar ab initio la investigación. Su historia puede seguirse en:

6. Taylor, A.: *A History of Bibliographies of Bibliographies*, Brunswick, Scarecrow Press, 1955, 147 págs. La obra magna es «el Besterman». Para grandes obras anteriores, de este género, puede consultarse a Winchell (15).

7. Besterman, Theodore: *A World Bibliography of Bibliographies*, Lausana, Soc. Bibliograph. Lausanne, 1965-1966, 4.ª tir. rev. (ed. orig.: 1939-1940), 5 vols. Es, sin duda, la obra de mayor importancia entre las de su género. Se pone al día con suplementos muy variados; se ha reeditado numerosas veces por partes. Para publicaciones españolas V. el vol. IV, cols. 1.837 y sigs. y cols. 5.854-5.871. Cfr. 45.

8. Beaudiquez, M. y A. Zundel-Benkhemis: *Ouvrages de référence pour les Bibliothèques publiques. Répertoire Bibliographique*, París, Cercle de la Librairie, 1974, 195 págs. Es una bibliografía de obras de referencia todavía en venta; es decir: de las que son objeto de recensión en nuestro apartado siguiente.

9. *Bibliographic Index. A Cumulative Bibliography of Bibliographies*, Nueva York, H. W. Wilson and Co., 1938 y sigs. (en publicación). Sale en abril, agosto y, como volumen, en diciembre. Muchas de sus entradas se refieren a *Bibliographische Berichte*, publicación periódica que recensionamos en VII.6. (608). Desguaza gran cantidad de publicaciones periódicas, además de las usuales recensiones de libros.

10. Bohatta, Hans y F. Hodes: *Internationale Bibliographie der Bibliographien...*, Frankfurt am Main, Klostermann, 1950, 652 págs.

I.2.2. *Grandes repertorios*

La lista siguiente viene señalada por ser grandes repertorios bibliográficos de obras generales y básicas, frecuentemente diferenciadas por materias. Como todos los grandes repertorios suelen ser obras colectivas —unos cincuenta investigadores trabajaron por ejemplo en el caso del Vinchell, 15—, tanto más imprecisas y llenas de lagunas cuanto más concretas, es decir, según la selección se va imponiendo como necesaria en un campo bibliográfico cada vez más extenso.

11. *Handbuch der Internationalen Dokumentation und Information. Handbook of...*, Munich, Verlag Dokumentation, 1969-1979, 15 vols. Monumental conjunto de obras de una prestigiosa editorial en el terreno de la información y documentación, que puede ser el corpus básico inicial —muy actualizado, además— para las primeras papeletas de investigación (cfr. págs. 107-108). El terreno hispánico, con todo, se halla tratado con cierta parquedad, como en todas las obras bibliográficas generales y universales. Los contenidos de los quince volúmenes, algunos reeditados, cubren un campo muy amplio. El vol. 2.º es una *Fachliteratur zum Buch- und Bibliothekwesen* (11.ª ed., 1976, 704 págs.). El vol. 4.º es una bibliografía internacional de Diccionarios, el 5.º de directorios, el 6.º de publicaciones periódicas, el 7.º de editoriales, etc. Cfr. 145.

12. Malclés, Louise-Noëlle: *Les Sources du Travail Bibliographique*, Ginebra, E. Droz, 1950-1958, 3 vols. (y en publicación). «A notable contribution to bibliographical manuals, designed to serve as textbook and guide, with introductions and discussions in each chapter. Not limited to bibliographies; also includes dictionaries, encyclopedias, atlases, texts, important periodicals, collections, and other types of reference and source materials...» (Winchell). Para lo español V. el 2.º, págs. 324-338. El vol. 1.º recoge las bibliografías generales; el 2.º, las específicas de las ciencias humanas. Hay reedición facsimilar en 1965, por la misma editorial. Cfr. 526.

13. Totok, Wilhem (et al.): *Handbuch der Bibliographischen Nachschlagewerke...*, Frankfurt am Main, Klostermann, 1972, 4.ª ed. (1.ª: 1953), 367 págs. «Bibliographie de grande valeur par son contexte historique et critique et qui par l'abondance de son contenu est appelée à servir plutôt aux bibliothécaires qu'aux étudiants des cours de bibliographie» (Malclés).

14. Walford, A. J. (ed.): *Guide to Reference Material*, Londres, The Library Association, 1966 (2.ª ed., 1.ª: 1959), 1977 (3.ª ed., 1.ª: 1959), 3 vols. El volumen tercero sobre «Generalities, Languages, The Arts and Literature» (710 págs.), concede poca importancia a la literatura española.

15. Winchell, Constance Mabel (ed.): *Guide to Reference Books...*, Chicago, American Libr. Assoc., 1968, 8.ª ed., 740 págs. Con suplementos posteriores. «Les notices, au nombre de sept mille cinq cents dans cette édition, sont des modèles de rigueur et de minutie. L'index est également remarquable, car y figurent les auteurs, avec rappels de leurs ouvrages, les titres des livres, avec renvois aux auteurs, et les rubriques de sujets» (Malclés). Desgraciadamente la puesta al día de esta octava edición (1968) deja mucho que desear, al menos en lo que concierne a la parte española, con ausencias tan notables como la de Zamarriego, nuestra ficha siguiente.

16. Zamarriego, Tomás (ed.): *Enciclopedia de Orientación Bibliográfica*, Barcelona, Juan Flors, 1964-1965, 4 vols. Para la literatura, V. el volumen tercero. Es prácticamente la única obra actual española de esta serie; concede excesiva importancia a la bibliografía religiosa en detrimento de otros campos y aspectos.

Referencias. — Sirven como grandes repertorios los catálogos de las bibliotecas más importantes del mundo —que reseñaremos más adelante: IX— como son los de la Biblioteca del Congreso de Washington, los de las bibliotecas nacionales (París, Madrid, Museo Británico...). Grandes listas de repertorios pueden hallarse también en los manuales de bibliografía (VII.2.) y en las Enciclopedias (V.1.). La bibliografía lingüística sobre el español se recoge en VI.1.1. y las referentes a la literatura española en XII. Allí también se encontrarán las bibliografías más importantes sobre literatura universal y románica. Cada apartado: XVI, XVII, XVIII, XIX y XX lleva una entrada inicial sobre fuentes y bibliografía referida al período que trata. Cfr. 477-479.

I.2.2.1. *Repertorio de libros de referencias*

La literatura anglosajona es rica en este tipo de repertorios, muy valiosos en su parte primera y general, pero de escasa importancia en el terreno concreto de lo hispánico y de la literatura española. Suelen presentarse o bien —lo menos— siguiendo el orden de la CDU, o bien trazando el camino ideal de una posible investigación: de lo general a lo particular. En su mayoría ofrecen una visión crítica del campo estudiado, a veces (por ejemplo, Katz, 20) bastante completa. Acusan cierta tendencia nacionalista, según el autor y la editorial. En razón de la movilidad y el progreso bibliográfico del campo que estudian, deben preferirse los más modernos o los que se renuevan mediante suplementos.

17. Almack, J. C.: *Research and Thesis Writing*, Boston, Honghton Mifflim Co., 1930.
18. Bagley, William A.: *Facts and how to find them: A Guide to Sources of Information and to the Method of Systematic Research*, Londres, Sir Isaac Pitman and Sons, 1964, 7.ª ed., 148 páginas.
19. Cheney, Frances Neel: *Fundamental Reference Sources*, Chicago, Amer. Libr. Assoc., 1971, 318 págs.
20. Katz, William A.: *Introduction to Reference Work...*, Nueva York, etc., McGraw-Hill Book Co., 1978, 3.ª ed. (1.ª: 1969), 367 + 247 págs. El volumen primero «Basic Information Sources», el segundo «Reference Services». Claro manual para la organización inicial —desde un punto de vista bibliográfico— de una investigación o estudio.
21. Murfin, M. E. y L. R. Wynar: *Reference Service. An Annotated Bibliographic Guide*, Littleton, Co., Libraries Unlimited, 1977, 294 págs.

21a. Robinson, A. M. L.: *Systematic Bibliography. A Practical Guide to the Work of compilation*, Londres, Clive Bingley, 1971, 3.ª ed.

22. Rogers, A. Robert: *The Humanities. A Selective Guide to Information-Sources*, Littleton, Co., Libraries Unlimited, 1974, 400 págs. V. sobre todo las págs. 273 y sigs.

23. Sheehy, Eugene P.: *Guide to Reference Books*, Chicago, Amer. Libr. Assoc., 1976, 9.ª ed., 1.015 págs.

24. Schutze, Gertrude: *Documentation Source Book*, Nueva York-Londres, Scarecrow Press, 1965, 554 págs. Existe un suplemento posterior:

24a. *Information and Library Science Source Book*, Metuchen, Scarecrow Press, 1972, 483 págs.

25. Shores, Louis: *Basic Reference Sources: An Introduction to Materials and Methods*, Chicago, Amer. Libr. Assoc., 1954, 378 págs.

26. Taylor, Margaret: *Basic Reference Sources...*, Nueva York, Scarecrow Press, 1973.

27. Wynar, B. S.: *Introduction to Bibliography and Reference Work*, Denver, Co., Colorado Bibl. Inst., 1967, 4.ª ed., 310 páginas.

Repertorios de libros de referencias en español hay pocos de tipo general. Pueden completarse las fichas siguientes con las bibliografías generales o con algunos manuales de bibliografías (VII.2.), principalmente con la obra de Millares Carlo (570).

28. Goicochea, Cesáreo: *Catálogo selectivo de libros para universitarios...*, con la colaboración de Francisco Javier Aguirre y Antonio Moíño, Madrid, INLE, 1974, 663 págs.

29. Lasso de la Vega, Javier: *Catálogo abreviado de una selección de libros de consulta, referencia, estudio y enseñanza...*, Madrid, Editora Nacional, 1953.

30. Sabor, Josefa: *Manual de fuentes de la información; obras de referencia: enciclopedias, diccionarios, bibliografías, biografías, etc.*, Buenos Aires, Kapelusz, 1967, 2.ª ed. (1.ª 1957), 342 págs. Repertorio crítico de «Bibliografías de bibliografías nacionales», «Bibliografías de publicaciones periódicas» y «Repertorios biográficos nacionales». Tiene algunas lagunas impor-

tantes, como la de bibliografías de bibliografías universales. Muy centrada en el mundo hispanoamericano. Debe preferirse la obra, más actual, de Nuria Amat (111), que reseñamos en Documentación (III.1.), como más inclinada al tratamiento documental del problema bibliográfico.

Estas últimas papeletas recogen libros de referencias no universales, sino referidos a algunos campos específicos difíciles de encasillar, como el de los diccionarios.

31. Slocum, Robert B.: *Biographical Dictionaries and Related Works. An International Bibliography...*, Detroit, Michigan, Gale Research Co., the Book Tower, 1967, 1.056 págs. A pesar de ser de los más completos en el mercado actual, falla en el tratamiento del material hispánico: no recoge, por ejemplo, el *Diccionario de Literatura* de la Revista de Occidente (886).

32. Collison, Robert L.: *Dictionaries of Foreign Languages: A Bibliographic Guide to General and Technical Dictionaries of the Chief Foreign Languages, with Historical and Explanatory Notes and Reference*, Nueva York, Hafner Publ. Co., 1971, 2.ª ed. (1.ª: 1955), 303 págs.

33. *Bibliography of Interlingual Scientific and Technical Dictionaries*, París, Unesco, 1969, 5.ª ed. (1.ª: 1951), 320 págs.

34. *Bibliographie der Wörterbücher. Bibliography of Dictionaries (1945-1961)*, Varsovia, Wydawnictwa Naukowo-Technieezne, 1965, 248 págs.

35. Taylor, Archer y F. J. Mosher: *The Bibliographical History of Anonyma and Pseudonyma*, Chicago, Chicago Univ. Press, 1951, 289 págs. Con una parte preliminar teórica sobre homónimos, seudónimos, etc., y luego una muy completa recensión bibliográfica. Cfr. 866.

36. *Universal Reference System (The)*, Kinsport, Tenn., Princeton Research Publishing Co., 1967-1969, 10 vols. + suplementos anuales. Por ahora todos los publicados se refieren al campo del Derecho, la Política, etc. Quizá pueda interesar el volumen VI sobre «Public Opinion, Mass Behavior, and Political Psychology».

Referencias. — Muchos de estos manuales abordan el contenido de las guías de investigación (IV) de manera global. Otros se presentan como ordenadores bibliográficos (VII.2.), e incluso llegan a aspectos tan concretos como los de la Crítica textual (XI) o la Paleografía general (VIII).

I.2.3. *Bibliografías de bibliografías españolas*

Faltan, como se verá, a este nivel trabajos bibliográficos. Renuncio a la recensión de algunos viejos repertorios hoy ya superados o poco efectivos para la investigación literaria. Pueden verse, de todos modos, en Simón Díaz (817, tomo II) y en Homero Serís (815, págs. 98-99).

37. Beltrán, Francisco: *Biblioteca bio-bibliográfica. Catálogo de una importante colección de libros y folletos españoles y extranjeros referentes a bibliografía, biografía, bibliofilia, la imprenta y sus artes auxiliares,* Madrid, 1927, 498 págs. Interesante para su tiempo y como avanzadilla de estos trabajos, resulta hoy poco práctico.

38. Sáinz Rodríguez, Pedro (dir.): *Biblioteca Bibliográfica Hispánica,* Madrid, Fundación Universitaria Española, 1975, y en publicación. Aparecidos los cinco primeros volúmenes: 1.º «Repertorios por lugar de nacimiento» (A. Labandeira); 2.º «Repertorios por profesiones y otras características personales» (Miguel M. Rodríguez San Vicente); 3.º «Tipobibliografías» (A. Labandeira Fernández); 4.º «Índices de publicaciones periódicas» (A. Labandeira Fernández); 5.º «Bibliografía sobre historia de la imprenta» (A. Labandeira Fernández), 1980, 130 págs. Obra de indudable valor que apoya la autoridad de Sáinz Rodríguez. Entradas muy completas con amplios y acertados juicios críticos. Es de esperar que se vaya completando.

I.3. Bibliografías de publicaciones periódicas

Sólo se recogen en este apartado las bibliografías de publicaciones periódicas generales, las especializadas deben verse en sus respectivos apartados: III.2. Revistas de Documentación; VII.6. Revistas sobre Libros, Imprenta y Bibliotecas; X.2. Revistas de Archivos; XXII. Revistas profesionales de Literatura. Son obras que proveen de una información caracterizada por su rapidez, reiteración y sistematización, es decir, excelentes instrumentos de trabajo. Existe un fuerte contraste entre las publicaciones extranjeras y las españolas, estas últimas poco sistematizadas y casi siempre sin continuidad. No así en el terreno de las revistas profesionales (XXII), bastante trabajadas. Téngase en cuenta que el volumen cuarto de la *Biblioteca Bibliográfica Hispánica* (38) contiene un índice de publicaciones periódicas, que suplirá con mucho la deficiencia con que este aspecto se halla tratado en repertorios extranjeros.

I.3.1. *Bibliografías de publicaciones periódicas generales y universales*

I.3.1.1. *Siglas y abreviaciones*

Las siglas y abreviaciones se han convertido en un delicado instrumento de trabajo que conviene conocer y manejar con cautela. Los profesionales de la Literatura española suelen acudir a los repertorios de la *RFE*, de la *NRFH* o a los insertos en grandes manuales, como el de Simón Díaz (816).

39. *Code International pour l'abréviation des titres de périodiques*, Ginebra, ISO, 1972, 36 págs.

40. Alquire, Leland G.: *Periodicals Titles Abbreviations...*, Detroit, Michigan, Gallet Research Co., 1977. Ordenación por materias. Muy completo.

41. *International list of periodical Title word abbreviations*, Nueva York, Amer. Nac. Standarsds Institute, 1970.

42. Leistner, Otto: *Internationale Titelabkürzungen von Zeitschriften, Zeitungen, wichtigen Handbüchern, Wörterbüchern, Gesetzen usw.*, Osnabrück, Biblio, 1970, 893 págs.

43. Rico Verdú, José: «Siglas de revistas filológicas y literarias», en *Cuadernos Bibliográficos*, 1974, núms. 30 y 31. El título es engañoso: se recensionan realmente todo tipo de revistas, pero con datos tan escasos y a veces equivocados (no se distingue, por ejemplo, entre las desaparecidas y todavía en curso) que debe manejarse con suma cautela.

44. Wall, C. Edward: *Periodical titles abbreviations...*, Detroit, Michigan, Gallet Research Co., 1969, 210 págs. V. como más completa la ficha 40.

Referencias. — Véanse además los diccionarios sobre el tema (en V.3.), principalmente el de Martínez de Sousa (356) y Schwartz (351) y los repertorios universales de abreviaturas (III.3.) principalmente Spillner (147). Para las revistas profesionales V. XXII.; para las colecciones de textos literarios, XV.3. Cfr. 355, 357.

I.3.1.2. *Repertorios*

45. **Besterman, Th.**: *Periodical Publications. A Bibliography of Bibliographies...*, Totowa, N. J., Rowman and Littelfield, 1972.

46. **Duprat, G.** (et al.): *Bibliographie de répertoires nationaux de périodiques en cours*, París, Unesco, 1969, 141 págs.

47. **Freitag, R. S.**: *Union list of Serials. A Bibliography*, Washington, Libr. of Congress, 1964, 150 págs. Ha sido reimpreso en Boston, Gregg, 1972. Se refiere a unos 1.300 catálogos colectivos aparecidos entre 1859 y 1964.

48. *Bibliography of Periodical Literature*, prepared by the Staff of the Middle East Journal. Publicación periódica que alcanzó el vol. 32 en 1978.

49. **Bibliothèque Nationale. París.** *Catalogue Collectif des Périodiques du début du XVIIe siècle à 1939 conservés dans les Bibliothèques de Paris et dans les Bibliothèques universitaires des Départements*, París, BNP, 1977, 4 vols.

50. *British Union-Catalogue of periodicals; a record of periodicals of the World, from the Seventeenth Century to the present day, in British libraries*, Londres, Butterworth, 1955.

51. **EBSCO Industries. Birmingham, Alabama.** *Librarians' Handbook. A Guide to periodicals / serials*, Birmingham, EBSCO, 1975 (y en publicación). Aparecidos dos vols.: 1974-1975 y 1975-1976.

52. **Gray, R. A.**: *Serial Bibliographies in the Humanities and Social Sciences*, Ann Arbor, Pierian, 1969, 345 págs.

53. **Gregory, Winifred**: *Union List of Serials in Libraries of the United States and Canada*, Nueva York, H. W. Wilson, 1943,

2.ª ed.; con numerosos suplementos posteriores. La 3.ª ed. (1965), en 5 vols., ed. by E. Brown Titus.

54. *Handbuch der Weltpresse*, Colonia, Westdeutscher Verlag, 1970, 5.ª ed.; 2 vols., 656 + 250 págs.

55. *Index Bibliographicus*, La Haya, FID, 1959-1964, 4.ª ed. (1.ª: 1925), 2 vols., 118 + 34 págs. El volumen tercero de esta colección sistemática llevará por título «Humanities», y el cuarto será una «General Bibliographies».

56. *Irregular Serials and Annuals. An International Directory*, Nueva York y Londres, R. A. Bowker, 1978-1979, 4.ª ed., 1.396 págs. Completa el *Ulrich's International* (61) y ambos a su vez se completan con suplementos como el (56a) *Bowker Serials Bibliography* (Nueva York, 1974).

57. Maison des Sciences de L'Homme. Service d'échange d'information scientifique. *Liste mondiale des périodiques spécialisés. Linguistique World Liste of...*, París, La Haya, Mouton, 1971, 243 págs. Las fichas que incluye son muy completas, pero con graves blancos; faltan por ejemplo publicaciones como la *NRFH, BRAE*, etc.

57a. *New Serial Titles, 1950-1970*, Nueva York-Londres, Bowker, 1978, reimpr. Contiene información sobre 220.000 publicaciones de todo el mundo. Se complementa con *New Serial Titles*, a modo de apéndices.

58. *Science Citation Index. List of Journals Indexed. Citation Index. Source Index*, Filadelfia, 1978.

59. *Sources of Serials. An Introduction... to Ulrich's...* Publicación mensual desde 1965, Nueva York, Bowker.

59a. *Sources of Serials. An International Publisher and Corporate Author Directory*, Londres-Nueva York, Bowker, 1977, 1.547 págs.

60. Tortajada, Amadeo y C. de Amañel: *Materiales de investigación. Índice de artículos de revistas (1939-1949)*, Madrid, CSIC, 1952, 2 vols. Confeccionado a base de los fondos bibliográficos del CSIC.

61. *Ulrich's International Periodicals Directory: A Classified Guide to a Selected List of Current Periodicals...*, Nueva York, Bowker, 1975, 16 ed. (1.ª: 1932) + suplementos («Ulrich's Quar-

terly»), 2.289 págs. Se complementa con el *Irregular Serials...* (56).

62. *Union List of Serials in Libraries of the United States and Canada...* Cfr. 53.

63. Union of International Associations. *Directory of Periodicals published by International organizations,* Bruselas, FID, 1959, 2.ª ed., 241 págs.

64. *World List of Scientific periodicals published in the years 1910-1960,* Londres, Butterworth, 1963-1964, 3.ª ed. (1.ª: 1952), 4 vols.

I.3.2. Bibliografía de publicaciones periódicas españolas

Es una tarea que se viene intentando, por ahora sin éxito. Los últimos repertorios se han publicado oficialmente por el Ministerio de Educación y Ciencia (1978), pero habrá que esperar para ver si se consolidan. Es importante, en este sentido, la tarea que puede llevar a cabo —ya iniciada— el Instituto Bibliográfico Hispánico (cfr. págs. 135-136).

65. Instituto de Información y Documentación en Ciencia y Tecnología, Madrid: *Catálogo conjunto de las revistas existentes en las Bibliotecas de los Institutos y centros de Investigación tecnológica del CSIC,* Madrid, CSIC, 1977.

66. Consejo Superior de Investigaciones Científicas. Instituto de Información y Documentación en Ciencias Sociales y Humanidades: *Índice español de Humanidades,* Madrid, CSIC, 1978, vol. I, núm. 1, 991 págs. Fotocopias de los índices de las revistas editadas este año, con índices.

67. Dirección General de Archivos y Bibliotecas. Biblioteca Nacional: *Publicaciones periódicas existentes en la Biblioteca Nacional,* catálogo redactado y ordenado por F. Zamora Lucas y M.ª Casado Jorge, Madrid, DGAB, 1952, 718 págs. Recensiona unos 9.000 títulos de publicaciones periódicas de todos los países; pero obviamente recoge gran parte de las españolas.

68. Dirección General de Archivos y Bibliotecas: *Catálogo colectivo de publicaciones periódicas en Bibliotecas españolas,*

Madrid, DGAB, 1969, y en publicación. El quinto volumen, último publicado, sobre «Humanidades».

69. Instituto Bibliográfico Hispánico: *Revistas españolas, 1973-1977. Repertorio bibliográfico*, Madrid, Instituto Bibliográfico Hispánico, 1978, 487 págs. Noticia de su existencia en este período, con indicaciones someras (carácter, señas, etc.).

70. Dirección General de Archivos y Bibliotecas: *Revistas españolas en curso de publicación, 1971*, Madrid, DGAB, 1972.

71. Dirección General de Prensa: *Anuario de la prensa española*, Madrid, Dirección General de Prensa, desde 1954.

72. Fernández Pousa, Ramón: *Índice de publicaciones diarias y periódicas españolas*, Madrid, Hemeroteca Nacional, 1949, 2.ª ed.

I.4. OTRAS OBRAS BIBLIOGRÁFICAS GENERALES

Los resúmenes («abstracting»), index, traducciones, reproducciones, etc., son servicios bibliográficos de creciente importancia que se necesita conocer para una información más rápida, más completa y más eficaz de fuentes poco o difícilmente accesibles. Es información que se podrá encontrar en:

73. *Abstracting Services in Science, Technology, Medicine, Agriculture, Social Sciences, Humanities*, La Haya, FID, ¿1969? (mimeografiado), 2 vols. Puesto al día por el *Fid News Bulletin* (133). Deben tenerse en cuenta, además, publicaciones como (73a) LISA *(Library and Information Science Abstracts)*, Londres, Libr. Assoc., desde 1950 (ha cambiado de título varias veces); y (73b) *Information Science Abstracts*, desde 1966, en Filadelfia. V. poco antes I.2.2. y las recolectas del campo literario en la sección Bibliografía de la Literatura Española (XII).

74. *Comprehensive Dissertation Index, 1861-1972*, Michigan, Ann Arbor, Xerox University Microfilms, 1973. Interesan los volúmenes 29 (A-L) y 30 (M-Z) sobre «Language and Literature», y las págs. XXI y sigs. («How to obtain Dissertation Copies»). Para doctorados y similares V. además el apartado I.4. y el dedicado a la Bibliografía de la Literatura Española (XII).

75. Kaiser, F. E.: *Translators and translations: Services and Sources.* A project of the Georgia Chapter, Special Libraries Association, Nueva York, Special Libr. Assoc., 1959, 60 págs.

75a. Congrat-Butlar, Stefan (ed.): *Translation and Translators*, Londres-Nueva York, Bowker, 1979, 356 págs. Cubre un campo muy amplio: congresos, simposios, periódicos, asociaciones, etc., e incluye un utilísimo «Register of translators and Interpreters».

76. *Index Traslationum. Repertorio Internacional de traducciones*, París, Unesco, 1932, y en publicación. Periodicidad generalmente anual: volumen 27, referido a 1974, publicado en 1978. Plurilingüe, con introducción bilingüe en francés e inglés. Las dos series mayores van de 1932 a 1940, y desde 1948 hasta hoy.

76a. Bausch, K. R. y J. Klegraf: *The Science of Translation: an analytical bibliography*. Vol. I: 1962-1969 (1970, 181 págs.). Vol. II: 1970-1971 (en 1973, con un suplemento al vol. I).

77. Delavenay, Emile y K. M. Delavenay: *Bibliographie de la traduction automatique...*, S'-Gravenhage, Mouton, 1960, 69 págs.

78. Menéndez Pelayo, Marcelino: *Biblioteca de traductores españoles*, Madrid, CSIC, vols. LIV-LVII de sus *Obras Completas*.

79. *International Bibliography of Reprints. Internationale Bibliographie der Reprints*, Munich, etc., Verlag Dokumentation, 1976, 3 vols. Para los «reprints» o reproducciones anastáticas V. Malclés (526, pág. 38), quien recuerda la existencia de publicaciones como (79a) *Bulletin of Reprints*, Pullach-Munich, Verlag Dokumentation, 1974, trimestral y con índices acumulados, hasta el vol. X. (79b) *Guide to Reprints*, Washington, Microcard ed., 1968, «inventaire annuel de tous les reprints disponibles chez les éditeurs du monde entier», puesto al día por (79c) *Announced Reprints*, publicación trimestral de la misma editorial. Una de las mayores bibliografías de «reprints» está constituida por los espléndidos catálogos de la casa Kraus, de Liechtenstein. Para España V. principalmente el catálogo número 63, *Spain Books and Periodicals* (79d), en donde se ofrece prácticamente todo el repertorio de revistas profesionales y literarias más conocidas. Además, de la misma casa (79e) *Books and Facsimiles Catalog, 1979-1980* (sin paginar), y *Journals and Serials Catalog, 1979-1980* (sin paginar).

80. *Microfilm Abstracts. A Collection of Abstracts of Doctoral dissertations which are available in complete form in microfilm*, Ann Arbor Univ., Michigan, desde 1938.

81. *Guide to Microforms in Print*. Albert James Díaz, ed. Wash- Microcards eds., publicación anual desde 1961. Debe de completarse con (81a) *Subject Guide to Microforms in Print* (desde 1962-1963).

82. León Tello, Pilar: *Diez años del servicio nacional de Microfilm. Inventario de códices y documentos fotocopiados*, Madrid, Dirección General de Archivos y Bibliotecas, 1970, 250 págs.

83. Centro Nacional de Microfilm. Madrid: *Inventario de códices y documentos microfilmados (1964-1974)*, Madrid, Centro Nacional de Microfilm, 1975, 66 págs.

84. Tilton, Eva Maude: *A Union List of Publications in opaque microforms*, Nueva York, Scarecrow Press, 1964, 2.ª ed., 744 págs.

85. Reynolds, Michael M.: *A Guide to theses and dissertations: An annotated international bibliography of bibliographies*, Detroit, Gale Research Co., Book Tower, 1975, 599 págs. Se refiere a unas 2.000 bibliografías, hasta 1973.

86. University Microfilms International: *Serials in Microform...*, Ann Arbor, Michigan, etc., University Microfilms International, desde 1977. El volumen primero se refiere al período 1977-1978, 952 págs.

Referencias. — Recuérdese que tanto reimpresiones —a modo de fotocopias—, microfilms, etc., como servicio de reproducción de tesis doctorales pueden conseguirse a través de determinados organismos como la University Microfilms International, en Londres, o el Cenidoc, en España.

II

BIBLIOGRAFÍA GENERAL ESPAÑOLA

Todos los grandes repertorios comienzan recogiéndola. V. por ejemplo D. Devoto (211), Simón Díaz (817), Homero Serís (815), etc. También se puede encontrar recogida en las bibliografías de bibliografías (I.2.1.). No incluimos recensión de las obras clásicas de Fernando Colón, Alejo Venegas, Tamayo de Vargas, etc., cuyo contenido está acumulado en las bibliografías más modernas. Al final, reseñamos algunas bibliografías biográficas del momento.

87. Antonio, Nicolás: *Bibliotheca Hispana Vetus...*, curante Francisco Perezio Bayerio, Madrid, 1788, 2 vols., 556 + 467 págs. Es decir, segunda ed. de la de 1696, adicionada por F. Pérez Bayer. Obra «no superada todavía y, por lo tanto, fuente de información adonde acuden los estudiosos e investigadores, aun hoy día, no sólo en busca de datos bibliográficos sino biográficos. En realidad es una historia de la Literatura y de la cultura en general española...» (Homero Serís). Téngase en cuenta, para sus limitaciones cronológicas, la fecha de publicación. Estas observaciones pueden extenderse a la segunda parte de la misma obra.

88. Antonio, Nicolás: *Bibliotheca Hispana Nova, sive hispanorum scriptorum ab anno MD ad DMCLXXX...*, Madrid, 1788, 2 vols., 830 + 670 págs.

89. Arnaud, Émile y Vicente Tusón: *Guide de bibliographie hispanique*, Toulouse, Privat-Didier, 1967, 353 págs. Se refiere a un campo muy amplio, pero incluye como parte más sustancial la literatura.

90. *Bibliotheca Patrum Latinorum Hispaniensis.* Nach den Aufzeichnungen Gustav Loewes herausgegeben und bearbeitet von W. von Hartel (tomo 1). Nach den Aufzeichnungen Rudolf Beers herausgegeben und bearbeitet von Zacarías García, S. J. (tomo 2). Ed. original 1886-1915. Reed. en Hildesheim, G. Olms, 1973, 638 págs. Repertorio bastante concreto, como reza el título, pero que incluyo excepcionalmente por el importante caudal de información práctica que suministra.

91. *Catálogo General de la Librería Española e Hispano-americana. Años 1901-1930*, Madrid, Cámaras oficiales del Libro de Madrid y Barcelona e INLE, 1932-1951, 5 vols. Con unas 100.000 entradas sobre libros de comienzos de siglo, constituye un repertorio indispensable para el estudio e investigación de la literatura de esa época. Su continuación, en la ficha siguiente.

92. *Catálogo General de la Librería Española, 1931-1950* (redactado por F. Zamora Lucas), Madrid, INLE, 1957-1965, 4 vols. publicados. Confeccionado oficialmente y acudiendo a toda clase de fuentes, peca de excesiva lentitud. Las entradas descriptoras son muy concisas, pero suficientes.

93. Foster, D. W. y V. R. Foster: *Manual of Hispanic Bibliography*, Seattle, Univ. of Washington Press, 1970, 206 págs. Nueva York, Garland, 1977, 2.ª ed. rev. y aum., 329 págs. «Es una guía inicial para conocer los títulos y contenidos de las bibliografías generales sobre la literatura española...» (López Estrada). «Also includes guides to libraries and collections, periodical literature and theses...» (Bleznick).

94. Foulché-Delbosc, Raymond y L. Barrau-Dihigo: *Manuel de l'Hispanisant*, París-Nueva York, G. P. Puttman's Sons, 1920-1925, 2 vols. Reed. facs. en Millwood, Nueva York, Kraus Reprints, 1959. Uno de los manuales más venerables y prácticos, fundamentalmente repertorio bibliográfico, aunque no solo eso: el epígrafe V, por ejemplo, sigue siendo todavía un repertorio

actual de Archivos, Bibliotecas y Museos. Sucede inmediatamente a la obra menos elaborada del primero de los autores:

94a. *Bibliographie Hispanique*, Nueva York, HSA, 1905-1917, 13 vols.

95. Gallardo, Bartolomé José: *Ensayo de una biblioteca española de libros raros y curiosos*, Madrid, Gredos, 1968, ed. facs. en 4 vols. de la ed. de 1863-1889 (V. Homero Serís, 815, págs. 96-97). «Conocedor Gallardo, muy a fondo, de todas las bibliotecas españolas, en las que investigó largos años, sus datos son de primera mano. No se contenta, por otra parte, con hacer la descripción externa del libro, sino que transcribe pasajes enteros interesantes y curiosos, o desconocidos. Por haberse perdido hoy algunos de los libros registrados por Gallardo, cobra mayor valor la obra de éste, en la que se conservan los únicos datos acerca de ellos. Es tan rico este repertorio, que todavía no se ha explotado todo lo que debiera por la historia de la literatura y cultura españolas» (Homero Serís).

95a. Serís, Homero: *Nuevo ensayo de una biblioteca española de libros raros y curiosos*, Nueva York, HSA, 1964-1969.

96. González Ollé, Fernando: *Manual bibliográfico de estudios españoles*, Pamplona, Eunsa, 1977, 1.378 págs. La más reciente y completa de las bibliografías españolas, con particular disposición y abundantes índices. Se echa de menos, con todo, alguna referencia crítica que predisponga al estudioso ante la masa bibliográfica.

97. Grismer, R. Leonard: *A new bibliography of the Literature of Spain and Spanish America...*, Minneapolis, Perine Book Co., 1941, 7 vols. publicados. Se trata de una bibliografía general española. Llegará a ser más amplia que las españolas usuales de F. Delbosc, González Ollé, etc., pero es menos precisa y elaborada.

98. Hidalgo, Dionisio: *Diccionario General de Bibliografía Española*, Madrid, Imprenta de las Escuelas Pías, 1862-1881, 7 vols. Hay reed. facs. en Hildesheim, G. Olms, 1973, 7 vols., 3.523 págs. «Trabajo fundamental que sirve de punto de partida a todo bibliógrafo de las letras españolas» (P. Sáinz Rodríguez).

99. Hilton, Ronald (ed.): *Los estudios hispánicos en los Estados Unidos,* Madrid, Ediciones Cultura Hispánica, 1957 (ed. orig.: 1942, 2.ª ed.: 1956), 413 págs. «Covers libraries, museums, art galleries, etc., having collections or doing research in the Hispanic field. Deals mainly with the fine arts, humanities, and the social sciences, with some exceptional collections in the nature sciences. Arranged by state, city, and library, with descriptions of collections; in some cases lists rare items» (Winchell).

100. *Índice Histórico Español (IHE),* publicación cuatrimestral en Barcelona, desde 1953, editada por el Centro de Estudios Históricos Internacionales, la Fac. de Filosofía y Letras y la editorial Teide. «No se limita a registrar los estudios puramente historiográficos, proporciona rica información sobre los problemas culturales relacionados con la historia y la literatura españolas» (D. Devoto). Complementa cronológicamente las obras de Sánchez Alonso (257-258) sobre historiografía peninsular.

101. Instituto Nacional del Libro Español. *Libros Españoles. Catálogo ISBN...,* Madrid, Instituto Nacional del Libro Español, publicación anual desde 1974, retrospectiva. Se trata de los repertorios internacionales (ISBN) de libros impresos en España.

102. Kayserling, M.: *Biblioteca española-portugueza-judaica. Dictionnaire bibliographique des auteurs juifs...* (1890), reimpreso en Nueva York, Ktav Publishing, 1971, 272 págs. Cfr. 818 y 818a.

103. Menéndez Pelayo, Marcelino: *La Ciencia Española.* Tomo III: «Inventario Bibliográfico de la Ciencia española», Madrid, A. Pérez Dubrull, 1899, págs. 125-144. *Id.* en la edición nacional de sus *Obras Completas,* Madrid, 1953, págs. 155-426. Recensiones algo apresuradas que se deben de manejar sólo como material revisable.

104. Palau y Dulcet, Antonio: *Manual del Librero hispanoamericano...,* Barcelona, Librería anticuaria de A. Palau, 1948-1977, 2.ª ed., 28 vols. «No se trata de un trabajo de especialista, sino de la experiencia —en principio no desdeñable— de un gran librero» (D. Devoto). «Hasta la fecha este trabajo constituye la primera bibliografía general que se ha hecho de una nación;

en él se nos muestra un panorama total de la producción tipográfica desde la invención de la imprenta hasta nuestros días. Prueba de su amplitud son las (371.897) referencias de que consta, que hablan por sí solas de la magnitud de esta obra» (P. Sáinz Rodríguez). Su edición definitiva, recién terminada, mejora bastante la anterior, a la que se acusó de exceso de erratas y malas interpretaciones.

105. Turner, Mary C. (dir.): *Libros en venta en Hispanoamérica y España, por autor, por título, por materia*, Buenos Aires, Bowker-Turner, 1979, 4.ª ed. (1.ª: 1964 y sigs.). Comprende siete vols. que abarcan el período 1972-1977.

106. Vindel, Francisco: *Manual gráfico-descriptivo del bibliófilo hispanoamericano (1475-1850)*, Madrid, Imprenta Góngora, 1930-1934, 12 vols. Su extraordinario valor radica en la reproducción directa de portadas, fragmentos, colofones, etc. de toda clase de libros significativos por algún aspecto.

107. *Diccionario Biográfico Español Contemporáneo*, Madrid, Círculo de Amigos de la Historia, 1970, 3 vols.

108. Instituto Nacional del Libro Español: *Quién es quién en las letras españolas*, Madrid, INLE, 1973, 2.ª ed. corr. y aum. (1.ª: 1969), 548 págs.

109. Canals, S. Olives y S. S. Taylor (eds.): *Who's Who in Spain: A Biographical Dictionary containing about 6.000 Biographies of prominent people in and of Spain and 1.400 Organizations*, Montreal, Intercontinental Book and Publishing Co., 1963, 998 págs.

Referencias. — Cfr. I.1. Control bibliográfico, y I.2.1. Bibliografías de bibliografías. La información bibliográfica general se puede obtener sobre todo a través de determinadas publicaciones periódicas (VII.6.). Bibliografía más específica sobre Literatura (XII.). En las papeletas iniciales de cada apartado posterior (XVI, XVII, XVIII, XIX y XX, primordialmente).

III

DOCUMENTACIÓN E INFORMACIÓN

Como dijimos, la información bibliográfica está comenzando a ser tarea de la Documentación; es decir, está comenzando a serlo el acto de reunir y manejar fuentes sobre un tema, aprovechándose esencialmente de las más modernas y sofisticadas técnicas: bancos de datos, ordenadores electrónicos, telecomunicaciones, etc. Todo ello constituye de por sí una disciplina, de cuya complejidad puede dar cuenta cualquiera de los trabajos siguientes.

III.1. OBRAS GENERALES

110. Alberola, Rafael (et al.): *Iniciación práctica al tratamiento automático de la información*, Madrid, APD, 1977, 283 págs. Obra colectiva y a veces demasiado técnica, a pesar de pretenderse «manual», sobre la «filosofía, los procedimientos y los métodos» para el tratamiento moderno de la información.

111. Amat Noguera, Nuria: *Técnicas documentales y fuentes de información*, Barcelona, Bibliograf, 1978, 485 págs. Se trata de la mejor y más actualizada de las obras españolas sobre técnicas de documentación, a nivel general. Con información y bibliografía acerca de catalogación, fichas, normas internacionales, etc.

112. Bradford, S. C.: *Documentation*, Londres, Crosley Lockwood, 1948, 151 págs. (2.ª ed.: 1953). Manual sencillo y pedagógico, algo envejecido ya, pero utilizable por el rigor en la exposición de los principios teóricos de la documentación.

113. Brugghen, W. Van der: *Cours d'Introduction à la Documenta-tion*, La Haya, FID, 1972.

114. Coiture de Troismonts, R.: *Manual de técnicas de Documentación*, Buenos Aires, Maryman, 1975.

115. Coll-Vinent, Roberto: *Teoría y práctica de la documentación*, Barcelona, Ate, 1978, 436 págs.

116. Cros, R. C. (et al.): *L'automatisation des recherches documentai-res...*, París, Gauthier-Villars, 1968, 260 págs.

116a. Davis, Charles H. y J. Rush: *Guide to Information Science*, Westport, Conn., Westport Publications, 1980.

117. Desvals, Hélène: *Comment organiser sa documentation scientifi-que...*, París, Gauthier-Villars, 1975, 226 págs. Excelente manual, aunque —como francés— olvida con frecuencia lo hecho por otros países u otros documentalistas.

118. Frank, Otto (et al.): *Técnicas modernas de documentación e in-formación*, Buenos Aires, Eudeba, 1964 (ed. orig.: 1961). La edición española está revisada y actualizada por José M.ª Martínez.

119. Guilloux, Raymond (comp.): *Réseaux et systèmes de documenta-tion. Textes réunis...*, París, Gauthier-Villars, 1975, 340 págs.

120. López Yepes, José: *Teoría de la Documentación*, Pamplona, Eunsa, 1978, 337 págs. Muy al día y con amplia información bibliográfica, comentada. Como su título indica, es obra fundamentalmente teórica.

121. Mac Cafferty, M.: *An Annotated Bibliography of Automatisation in Libraries and Information Systems, 1972-1975*, Londres, Aslib, 1976, 147 páginas.

122. Martínez Albertos, José Luis: *La información en una sociedad in-dustrial*, Madrid, Tecnos, 1972.

123. Mikhailov, A. I. y R. S. Giljarevskij: *An Introductory Course on Informatics and Documentation*, La Haya, FID, 1971, 2.ª ed. rev. y aum., 204 págs. Curso básico muy completo sobre documentación científica. Más técnico, extenso y elaborado:

123a. Mikhailov, A. I. (et al.): *Fundamentos de la Informática*, Moscú-La Habana, Academia de Ciencias de Cuba, 1973, 2 vols. Se trata, quizá, del mejor libro, en este momento, sobre el tema.

124. Rivière, Roger: *Metodología de la investigación científica*, Madrid, Confederación Española de Cajas de Ahorros, 1975, 2.ª ed. (1.ª: 1969) corr. y aum., 128 págs.

125. Otlet, Paul: *Traité de Documentation. Le livre sur le livre. Théorie et pratique*, Bruselas, Mundaneum, 1934, 411 págs. «Punto de arranque de la Documentación como ciencia de la información científica y origen de toda la bibliografía posterior sobre el tema» (J. López Yepes).

126. Pérez Álvarez Osorio, José Ramón: «El sistema de Centros de Documentación en España», en el *Boletín de Documentación del Fondo para la Investigación Económica y Social*, 1976, VIII, págs. 708-716.

127. Vickery, B. C.: *Techniques modernes de documentation*, París, 1962.

128. Wersig, Gernot y U. Neveling (comp.): *Terminología de la documentación*, París, Unesco, 1976, 276 págs. En inglés, francés, español, alemán y ruso.

Referencias. — V. los apartados V.2.6. Diplomática; VII.1. Imprenta, Libros, Bibliotecas. Obras generales, y X. Archivos.

III.2. REVISTAS DE DOCUMENTACIÓN

129. *Bibliografía, Documentación, Terminología*, Unesco, Departamento de la Documentación, Bibliotecas y Archivos (París), desde 1961, bimensual, en español, francés e inglés. Entre otras cosas, su sección informativa «los servicios bibliográficos en el mundo» permiten mantenerse al día (cfr. 4) sobre el tema. Su información acerca del Isorid («Sistema internacional de información sobre investigaciones en materia de documentación») es la más completa.

130. *Documentaliste. Revue d'information et de techniques documentaires*, París, Association française des documentalistes et de bibliothécaires spécialisés (*ADBS*). Desde 1968, trimestral.

131. *Dokumentation. Zeitschrift für Dokumentation und Informationsarbeit*. Publicación bimensual del Instituto «für Dokumentation der Deutschen Akademie der Wissenschaften», en Leipzig, VEB Verlag für Buch- un Bibliothekswesen.

132. *International Forum of Information and Documentation*. La Haya, FID, desde 1975, trimestral.

133. *Fid News Bulletin*. La Haya, FID, desde 1960, mensual. Indispensable para mantenerse al día en los avances y modificaciones del CDU y en los repertorios biobibliográficos. Cfr. 73.

134. *Journal of Documentation*. Londres, Aslib, desde 1945, trimestral.

135. *Revista Española de Documentación Científica*. Madrid, Centro Nacional de Información Científica (*CENIDOC*), desde 1977, trimestral (aparecidos los vols. I y II en 1978).

Referencias. — Una relación más completa se hallará en Lasso de la Vega (170, págs. 142-145). V. también el apartado VII.6. Revistas sobre la Imprenta, Libros, Bibliotecas; y el X.2. Revistas sobre Archivos. Cfr. 477-479.

III.3. DIRECTORIOS

136. *International Bibliography of Directories*, Nueva York, Bowker, 1973, 5.ª ed., 535 págs.
137. *Bibliography of Directories of Sources of Information*, La Haya, FID, 1960.
138. Harvey, A. D.: *Directory of Scientific directories, a World Guide,* Guernesey, Hodgson, 1972, 2.ª ed., 491 págs.

139. *Annuaire des organisations internationales. Yearbook...* Publicación anual de la Union des Associations Internationales (Bruselas), en francés e inglés. Índice no sólo de organizaciones y su carácter, sino también de sus publicaciones.

140. *Association Internationale des Universités. Liste Mondiale. Universités. Etablissements d'enseignements supérieur. Organisations universitaires,* París, Assoc. Int. des Univs., 1973, 11.ª ed., 482 págs.

141. Fang, J. R.: *International Guide to Library, Archives and information science association,* Nueva York, etc., Bowker, 1976.

142. *International Library Directory. A World Directory of Libraries,* Londres, A. P. Walles, 1968, 3.ª ed., 1.122 págs.

143. Murra, K. W.: *International Scientific Organization: A Guide to their library documentation and information services,* Washington, 1963.

144. *National Technical Information Services. Worldwide Directory,* La Haya, FID, 1965.

145. *Publishers' International Directory. Internationale Verlagsadressbuch,* Munich, Verlag Dokumentation, 1972, 5.ª ed. Es un volumen de los reseñados en 11.

146. Schuder, W. (comp.): *Minerva. Internationales Verzeichnis Wissenschaftlicher Institutionen,* vol. I («Forschungsinstitute»), 1972, 142 págs., vol. II («Wissenschaftliche Gesellschaften»), 1972, 724 págs.

147. Spillner, Paul: *World Guide to Abbreviations... A list of more than 50.000 abbreviations with an international bibliography of directories of abbreviations,* Munich-Nueva York, Verlag Dokumentation-Bowker, 1970, 3 vols. Recuérdense 39-44, 356 y 351.

148. Buttress, F. A.: *World list of abbreviations of scientific organizations*, Londres, 1966.

149. Unesco: *Guide des Centres Nationaux d'information bibliographique*, París, Unesco, 1970, 3.ª ed. rev. y aum., 195 págs.

150. Unesco: *Manual del canje internacional de publicaciones*, París, Unesco, 1978. Rehace la obra similar anterior de Gisela von Busse (París, 1964, 3.ª ed.).

151. *World Directory of Bookseller. An Introductory Guide to Booksellers*, Londres, The A. P. Wales Organization, 1970, 917 págs.

152. *World Guide to Libraries*, Nueva York, Bowker, 1974, 4.ª ed., 4 volúmenes.

153. *World Guide to technical information and documentation services*, París, Unesco, 1975, 515 págs.

154. *World Guide to Universities*, Nueva York, Bowker, 1971-1972, 4 volúmenes.

155. *World of Learning...*, Londres, European Publications Kent, Staples Print., publicación periódica: la edición de 1978-1979 es la 29, en dos volúmenes. Contiene información cultural y bibliográfica muy variada sobre 157 países o entidades regionales de todo el mundo.

156. *Yearbook of International Congress Proceedings, 1960-1967*, Bruselas, Union des Associations Internationales, 1969, 700 págs. Existen volúmenes que recogen la misma información en los períodos (156a) 1681-1899 (Bruselas, 1960); (156b) 1900-1919 (Bruselas, 1964); (156c) 1840-1937 (Nueva York, 1938), y un (156d) *Annual International Congress Calendar* (desde 1961, publicado por la misma Union des Associations Internationales).

157. Instituto Nacional del Libro Español: *Guía de editores de España*, Madrid, INLE, 1976, 173 págs.

Referencias. — Recuérdese la recensión y el comentario al *Handbuch* (11). En general todos los libros de aquel apartado (I.2.) recogen relación de directorios. Muchas veces los Diccionarios Generales (V.3.) lo son. Funcionan como directorios muchos organismos nacionales e internacionales, Cfr. 477-479.

IV

GUÍAS PARA LA INVESTIGACIÓN

Muchas obras exponen de manera general o ceñidas a una disciplina determinada los pasos que deben presidir un estudio o una investigación. En su mayoría, aportan bibliografía, discuten técnicas y exponen procedimientos. En **IV.1.** recogemos un repertorio de estas obras de carácter general. Reducimos el campo en **IV.2.** para presentar una breve y selecta relación de las que se refieren a ciencias afines o terrenos más delimitados (humanidades, ciencias sociales, historia, etc.). El apartado **IV.3.** se ciñe a la investigación literaria exclusivamente, si bien damos en él entrada, además, a manuales, algunos muy clásicos, que incluyen en su contenido modos y técnicas de aproximación y estudio al hecho literario. El apartado **IV.4.** recoge esencialmente algunas obras teóricas sobre investigación, a modo de apéndice.

IV.1. Obras generales

El sentido del epígrafe encabezador debe entenderse como libros que expongan sencilla y generalmente cómo investigar, y libros que expongan procedimientos técnicos, también generales. No me ha sido posible hacer dos apartados totalmente distintos. Recojo, como se verá, algunas obras que son asimismo difíciles de diferenciar de los más pedagógicos y sistemáticos libros de referencia (I.2.2.2.), cuya aportación bibliográfica es más sustancial.

158. Acosta Hoyos, Luis Eduardo: *Manual de técnicas para la investigación*, Medellín, Asociación de Bibliotecarios, 1970.

159. Asti Vera, Armando: *Metodología de la investigación*, Madrid, Cincel, 1972, 202 págs. Como el anterior, muy sencillo y claro.

160. Corzo, J. M.: *Técnicas de trabajo intelectual*, Salamanca, Anaya, 1972. Escrito, en principio, para alumnos de preuniversitario, resulta, con todo, excesivamente divulgarizador.

161. Dufour, M.-L. (comp.): *Le Tapuscrit. Recommandations pour la présentation et la dactylographie des travaux scientifiques, réunies par...*, París, EP de H. Études, 1971.

162. García, L. (et al.): *Guía de técnicas de investigación*, Guatemala, Serviprensa Centroamericana, 1972.

163. García de Serrano, Irma: *Manual para la preparación de informes y tesis*, Río Piedra, Ed. Universitaria, 1967.

164. Garza Mercado, Ario: *Manual de técnicas de la investigación*, México, El Colegio de México, 1976, 2.ª ed., 6.ª reimpr. (1.ª ed.: 1966), 208 págs.

164a. Gibaldi, J. y W. S. Achtert: *MLA Handbook for writers of research papers, theses, and dissertations*, Nueva York, MLA, 1979, 157 págs.

165. Hooh, L. y M. M. Gaver: *The Research paper: gathering library material, organizing and preparing the manuscript*, Nueva York-Londres, 1959.

166. Hurt, Peyton: *Bibliography and Footnotes...*, Berkeley y Los Ángeles, Univ. of California Press, 1968, 3.ª ed. rev. y aum. por M. L. Hurt (1.ª: 1949), 166 págs.

167. Kaplan, N.: «The Norms of Citation Behavior: Prolegomena to the Footnote», en *Amer. Documentation*, 1965, XVI, págs. 175-184.

168. Lasky, Joseph: *Proofreading and copy-preparation; a textbook for the graphic arts industry*, Nueva York, Mentor Press, 1954, 651 págs.

169. Lasso de la Vega Jiménez, Javier: *Manual de Documentación*, Barcelona, Labor, 1969. Excelente manual; pero V. aún más completo el de la referencia siguiente.

170. Lasso de la Vega, Javier: *Cómo se hace una tesis doctoral...*, Madrid, FUE, 1977, 853 págs. Es reelaboración de una obra anterior —aunque no conste en portada— como cuarta edición (1.ª: 1947). Se trata de la obra magna en este terreno. Amplia y densa de contenido. Sin embargo, peca en algunos casos de digresiva, y es lástima que no haya podido ponerse totalmente al día —el material manejado es inmenso— por ejemplo en cuestiones bibliográficas, refiriéndose a nuevas obras o nuevas ediciones de obras citadas.

171. Ministerio de Educación y Ciencia: *La investigación científica universitaria en el umbral de 1973...*, Madrid, Ministerio de Educación y Ciencia, 1973, 458 págs. Trabajo colectivo de valor muy desigual.
    171a. Sears, D. A.: *Harbrace Guide to the Library and the Research Paper*, Nueva York, etc., Harcourt Brace Jovanovich Int., 1973, 3.ª ed., 129 págs.
    172. Turabian, Kate L.: *A Manual for Writers of Term Papers, Theses and Dissertations*, Chicago, Univ. of Chicago Press, 1973, 4.ª ed. (1.ª: 1955), 208 págs.
    173. Universidad de Chicago: *A Manual of Style containing typographical and other rules for authors, printers, and publishers...*, Chicago, Univ. of Chicago Press, 1949, 11.ª ed., 497 págs. Uno de los manuales del género más conocidos y, desde luego, el más utilizado en los Estados Unidos.
    173a. Winkler, A. C. y J. R. Mc Cuen: *Writing the Research Paper. A Handbook*, Nueva York, etc., Harcourt Brace Jovanovich Int., 1979, 276 páginas.
    174. Woodford, F. P. (ed.): *Scientific Writings for Graduate Students*, Nueva York, The Rockefeller University Press, 1968. Especializado en los estudios de ciencias biológicas, pero muy claro y didáctico en cuestiones generales.

    175. Académie Royale de Belgique: *Instructions pour la publication des textes historiques*, Bruselas, Palais des Académies, 1955.
    176. Ubieto Arteta, Antonio: *Sobre tipografía. Apuntes para investigadores*, Zaragoza, Anúbar, 1977, 111 págs.
    177. *Words into type based on studies by Marjorie E. Skillin* (et al.), Nueva York, Appleton, 1964, 2.ª ed. (1.ª: 1948), 596 págs. Manual muy extenso, que no sólo se refiere a la preparación de originales, corrección de pruebas, etc., sino que llega a considerar también cuestiones de estilo.

    Estas últimas papeletas recogen fichas de libros muy concretos, útiles en un determinado momento de la preparación de la investigación. En su mayoría, de proyección española.
    179. Fédération Internationale de Documentation: *Classification décimale Universelle. Édition moyenne...*, Bruselas, Mundaneum, 1967-1973, 2 vols. Reseñamos más adelante (575) la edición española.
    180. Huarte Morton, Fernando: *Cartilla de tipografía para autores. Preparación de originales y corrección de pruebas*, Madrid, Dirección General de Archivos y Bibliotecas, 1955, 72 págs. Contiene, además, noticias sobre la composición y estructura del libro. Muy utilizado por impresores y tipógrafos del país.

181. *Instrucciones para la redacción del catálogo alfabético de autores y obras anónimas en las Bibliotecas públicas del Estado...*, Madrid, Dirección General de Archivos y Bibliotecas, 1970, reimpr. de la 3.ª ed. (1964). Debe preferirse la obra más actualizada de M.ª Luisa Povés (183).

182. Dirección General de Archivos y Bibliotecas: *Normas sobre el servicio público de Archivos, Bibliotecas y Registro de la Propiedad Intelectual*, Madrid, DGAB, 1960, 53 págs. Según orden de 4 de marzo de 1959.

183. Povés, M.ª Luisa: *El Catálogo diccionario. Normas para su redacción*, Madrid, DGAB, 1970, 2.ª ed. rev. y aum. (1.ª: 1965). Aplicación sencilla y metódica de las *Instrucciones* (181), «modificadas según los acuerdos de la Conferencia Internacional sobre Principios de Catalogación» (París, 1961). Existe una edición posterior, abreviada, en Madrid, por la Anaba, y cfr. págs. 127-128.

Referencias. — Véase sobre todo el apartado I.2.2.2. sobre libros de referencias. Tanto para estas últimas papeletas como para los aspectos tratados en la primera serie (IV.1.), conviene ver las referencias de VII.2. Bibliografía, y las de VII. Imprenta. Libros. Bibliotecas.

IV.2. GUÍAS PARA LA INVESTIGACIÓN. CIENCIAS AFINES

Los estudios de metodología son frecuentes en las ciencias sociales y particularmente lo son los referidos a la Historia, a modo de introducciones, manuales, compendios, etc. Esa —y su proximidad con el hecho literario, cuya dimensión histórica es fundamental— es la razón por la que se ofrecen mayoritariamente guías metodológicas para el estudio de la Historia. En general, se subdividen en dos tipos bastante diferenciados: los que conciben y buscan ante todo el tratamiento erudito del hecho histórico; los que ponen el acento en la interpretación ideológica del fenómeno histórico. Entre estas dos corrientes, pueden espigarse algunas obras en donde lo esencial es la aplicación de métodos modernos (estadística, ordenadores, economía moderna, etc.), para el mejor conocimiento del hecho estudiado.

184. *Actas de las I Jornadas de Metodología Aplicada de las Ciencias Históricas* (Universidad de Santiago, 1973), 5 vols. (Cfr. *Hispania*, 1977, págs. 223-231). V. especialmente los volúmenes II

«Historia Medieval» (1975, 357 págs.); III «Economía y Demografía» (1975, 879 págs.); IV «Historia Contemporánea» (1975, 337 págs), y V «Paleografía y Archivística» (1975, 300 págs).

185. Bauer, W.: _Introducción al estudio de la Historia_, Barcelona, Bosch, 1970, 4.ª ed. (ed. orig.: 1921), 626 págs. Traducción de la segunda edición alemana (1927), preparada para la historia española por L. G. Valdeavellano. Es uno de los grandes clásicos del género. «Notable corpus de erudición que recoge gran número de los escritos doctrinales hasta entonces conocidos, esta cualidad imprime a la obra de Bauer un cierto tono ecléctico formal, aunque bajo el peso dominante de las concepciones historicistas y neokantianas propias de la Alemania de su tiempo» (A. Eiras Roel).

186. Bloch, M.: _Introducción a la Historia_, México, FCE, 1952 (ed. orig.: 1945). Junto con Lucien Febvre y Ernest Labrousse, el iniciador —teórico, en este caso— de un nuevo concepto de los estudios históricos, de honda repercusión en la literatura histórica posterior. En España pueden leerse como avanzadilla en este sentido algunos de los ensayos de Ortega y Gasset, sobre todo (186a) _Una interpretación de la Historia Universal_, Madrid, Revista de Occidente, 1960. V. sobre todos estos aspectos el corto pero riguroso trabajo de (186b) Antonio Eiras Roel, «Para una comprensión de los fundamentos metodológicos de la moderna historia estructural», en _Revista de Bachillerato_, 1977, I, núm. 2, págs. 4-16.

187. Bouvier-Ajam, Maurice: _Essai de Méthodologie historique_, París, Le Pavillon, 1970.

188. Cardoso, Ciro Flammarion S. y H. Pérez Brigadi: _Los métodos de la Historia. Introducción a los problemas, métodos y técnicas de la historia demográfica, económica y social_, Barcelona, Crítica, 1977, 2.ª ed. rev. (1.ª: 1976), 329 págs. Denso y valioso compendio escrito desde una postura de vanguardia marxista —sin desdeñar el aprovechamiento de las viejas tareas de erudición—. Al investigador de la literatura le interesará, además de la exposición teórica inicial (págs. 19-81), el capítulo VII (págs. 289-338) sobre «la historia social».

189. Delort, Robert: *Introduction aux sciences auxiliaires de l'Histoire*, París, A. Colin, 1969, 363 págs. Manual básico, especialmente dedicado a la historia francesa.

190. Dietrich, Richard (ed.): *Teoría e investigación históricas en la actualidad*, Madrid, Gredos, 1966, 208 págs.

191. Downs, Robert B.: *How to do Library research*, Urbana, University of Illinois Press, 1966.

192. Duverger, M.: *Métodos de las ciencias sociales*, Barcelona, Ariel, 1962 (ed. orig.: 1960). Obra muy completa, con multitud de sugerencias, cuadros de análisis, etc. A veces se le ha acusado de estar escrita «desde el sillón de un despacho».

193. Floud, Roderick: *Métodos cuantitativos para historiadores*, Madrid, Alianza, 1975, 237 págs.

194. Galtung, Johan: *Theory and Methods of Social Research*, Londres, Allen and Unwin, 1967. Existe traducción española (Buenos Aires, Eudeba) que no he podido ver.

195. García Villada, Zacarías: *Metodología y crítica históricas*, Barcelona, El Albir, 1970 (reproducción anastática de la 2.ª ed. orig. —1921— rev. y aum.), 384 págs. Obra clásica del género en España, muy rica en noticias de todo tipo. Desde nuestra perspectiva, le falta rigor y concisión expositivos.

196. Gilli, Gian A.: *Cómo se investiga. Guía de investigación social para no especialistas*, Barcelona, Avance, 1975 (ed. orig.: 1971), 335 págs. Método teórico-práctico de base marxista, fundamentalmente sobre aspectos sociales. El «para no especialistas» quizá quiera significar la ausencia de toda carga positivista.

197. Lanson: *Essais de méthode de critique et d'histoire littéraire*, París, Hachette, 1965 (ed. orig.: 1893-1929). V. sobre todo el trabajo inicial, «La méthode de l'histoire littéraire», en donde el gran investigador francés sintetiza su postura. Cfr. con posturas más actuales, como la que representa:

198. Cohen, R. (ed.): *New Directions in Literay History*, Londres, Routledge and K. Paul, 1974, 263 págs.

199. Le Goff y P. Nora (comps.): *Faire de l'Histoire*, París, Gallimard, 1974, 3 vols. Colectivo sobre problemas de metodología histórica en Francia, a modo de auténtica enciclopedia. Su uso es imprescindible. El volumen primero ha aparecido traducido en España (Barcelona, Laia).

199a. Goff, J. Le (dir.): *La nouvelle Histoire*, París, Repz, 1978, 575 págs.

200. Nouschi, André: *Initiation aux sciences historiques*, París, Fernand Nathan, 1967. Existe del mismo autor una aplicación práctica en (200a) *Le commentaire de textes et de documents historiques*, París, Nathan, 1968, 207 págs.

201. Rama, Carlos M.: *Teoría de la Historia. Introducción a los estudios históricos*, Madrid, Tecnos, 1968, 2.ª ed. (1.ª: 1959), 199 págs.

202. Salmón, P.: *Historia y Crítica. Introducción a la metodología histórica*, Barcelona, Teide, 1972 (ed. orig.: 1969), 158 páginas. Manual muy sencillo y práctico que comenta y ejemplifica adecuadamente, entre otras cosas, los problemas de la crítica textual.

203. Samaran, Charles (dir.): *L'Histoire et ses méthodes...*, volumen XI de la *Enciclopedia de la Pléiade*, París, Gallimard, 1961. Con pequeñas monografías que son obras maestras: Robert Marichal, sobre la crítica de textos (págs. 1.247-1.366); Gilbert Ouy sobre las bibliotecas (págs. 1.061-1.608), etc. Cfr. 735.

204. Tuñón de Lara, Manuel: *Metodología de la historia social de España*, Madrid, Siglo XXI, 1974, 2.ª ed. (1.ª: 1973), 202 págs. Sigue muy de cerca a los teóricos franceses, incluso en un suave criterio marxista de fondo.

205. Unesco: *Main Trends of Research in the Social and Human Sciences*, París, Unesco, 1970-1978, 2 vols.

Referencias. —V. Repertorios de libros de referencias en I.2.2.2. VII.2. Bibliografía. VII.6. Revistas sobre imprenta, libros, bibliotecas. Aspectos más específicos en XI. Crítica textual, y en las papeletas iniciales de los apartados XVI, XVII, XVIII, XIX y XX.

IV.3. GUÍAS PARA LA INVESTIGACIÓN. LITERATURA

Una adecuada base teórica para iniciar algún tipo de investigación literaria puede lograrse o bien mediante la consulta de los libros que ahora se van a reseñar, o bien y sobre todo mediante la observación directa del modo de trabajo de grandes críticos (XIV.3.) o editores de textos (XV.4.). Pocos libros hay que ofrezcan explícitamente ambas cosas, pero entre esos pocos el de Daniel Devoto (211), cuyo uso aconsejamos sin reservas.

Muchos de estos libros más que enseñar el modo de investigar lo que hacen es presentar un panorama muy amplio, abrir el campo, dar una visión de conjunto, suponiendo que el futuro investigador pueda así desenvolverse con mayor soltura. Por ello estas obras entran en concurrencia con las historias de la literatura, las teorías literarias, etc., también representadas brevemente aquí. En fin, otras obras se limitan a una selección bibliográfica ordenada que el investigador puede necesitar en su camino. La ampliación del aspecto «crítica literaria» o teoría de la crítica puede efectuarse a través de la recensión de Pagnini (222), que, aunque no es crítica, está ordenada y actualizada.

206. Altick, Richard D.: *The Art of Literay Research*, Nueva York, W. W. Nortonad Co., 1963. «Deals with the spirit of scholarship, textual study, problems of authorship, searching for materials, libraries, note taking, and writing. Bibliography» (Bleznic).

207. Barthes, Roland: *El grado cero de la escritura*, Madrid, Siglo XXI, 1973 (ed. orig.: 1953), 247 págs. V. especialmente su artículo, muy brillante y muy personal, «¿Por dónde comenzar?» (págs. 205-221). Existe ed. separada en Barcelona, Tusquets, 1974, 173 págs. En general toda la obra de Barthes (V. en VII.4. más títulos) es una meditación sobre la literatura y la crítica, y en cuanto tal, una meditación sobre los modos de acercarse al dis-

curso literario. Además, confróntese con (207a) *El placer del texto*, México, Siglo XXI, 1974, 95 págs.

208. Bateson, F. W.: *The Scholar Critic. An Introduction to literay Research*, Londres, Routledge and K. Paul, 1973, 202 páginas. Muy elemental y sencillo, referido esencialmente a la literatura inglesa, de la que el autor ha compuesto además una guía que puede utilizarse también con provecho en los capítulos generales y las cuestiones teóricas:

208a. *A Guide to English Literature*, Londres, Longman, 1970, 2. ed. rev., 260 págs.

209. Bleznick, Donal W.: *A Sourcebook for Hispanic Literature and Language*, Filadelfia, Temple Univ. Press, 1974, 183 páginas. Recensión bibliográfica, brevemente anotada, de fuentes críticas para el estudio de la literatura española e hispanoamericana.

210. Broch, Hermann: *Poesía e investigación*, Barcelona, Barral, 1974, 447 págs. Obra que traigo a colación como representativa de un modo de hacer distinto, a través de conceptos filosóficos (sistemas de valores, el kitsch, etc.), con acercamientos críticos a la obra de Hofmannsthal, J. Joyce, Virgilio, etc.

211. Devoto, Daniel: *Introducción al estudio de Don Juan Manuel y en particular de «El Conde Lucanor»*. *Una bibliografía*, Madrid, Castalia, 1972, 505 págs. En este caso, el crítico no sólo investiga sobre un tema, sino que va al paso señalando los caminos y procedimientos de su investigación de manera detallada. Es obra de enorme interés pedagógico.

211a. Díaz Plaja, Guillermo: *El estudio de la literatura (los métodos históricos)...*, Barcelona, Sayma, 1963, 151 págs.

212. Domay, Friedrich: *Formenlehre der Bibliographischen Ermittlung. Eine Einführung in die Praxis der Literaturerschliessung...*, Stuttgart, Anton Hiersemann, 1968, 410 págs.

213. Echaide, Ana M.ª y Pedro Correa: *Filología Hispánica, I. Guía de los estudios universitarios*, Pamplona, Eunsa, 1978, 2 vols. Entre multitud de cuestiones prácticas para la vida profesional del estudiante español y de explicaciones de conceptos teóricos, hay un débil intento de aclarar la metodología litera-

ria, con omisiones inexplicables (por ejemplo la del *Esbozo* —394— de la Real Academia Española de la Lengua).

213a. Fayolle, Roger: *La critique*, París, A. Colin, 1978, nueva ed. renov. y act., 296 págs. Historia de la crítica y panorama de las posibilidades críticas actuales, incluyendo un capítulo sobre la «Textología».

214. Foerster, N. (et al.): *Literary Scholarship, its aims and methods*, Chapel Hill, North Carolina Univ., 1941, 269 págs. Obra clásica, sin resquicios, muy práctica; pero de escasa incidencia en lo que concierne a la literatura peninsular.

215. Gayley, Ch. M. y F. Newton Scott: *An Introduction to the Methods and Materials of literary Criticism*, Boston, 1901, 587 págs. Existe, de este clásico, que sólo se debe manejar con perspectiva histórica, reedición facsimilar actual (Hildesheim, Georg Olms).

216. Jauralde Pou, Pablo: *La crítica literaria*, Valencia, Bello (en prensa).

217. Kayser, W.: *Interpretación y análisis de la obra literaria*, Madrid, Gredos, 1961, 3.ª ed. (ed. orig.: 1954), 594 págs. (1968, 4.ª ed. rev.). Exposición sistemática de los aspectos teóricos y prácticos que se deben tener en cuenta para el estudio de la obra literaria.

218. Lapesa, Rafael: *Introducción a los estudios literarios*, Salamanca, Anaya, 1970, 3.ª ed. Tratamiento breve, muy clásico, de los aspectos generales de una teoría literaria.

219. *Literatura y Sociedad. Problemas de metodología en sociología de la literatura*, Barcelona, Martínez Roca, 1969, 234 páginas. Sólo con ciertos escrúpulos incluyo este simposio, ya que en contados momentos se discute una «metodología» en este sentido. V. al respecto el estado de la cuestión y una bibliografía en (219a) P. Jauralde: *El acercamiento al objeto literario*, Granada, 1978.

219b. Sobre crítica marxista se tendrán en cuenta fundamentalmente los corpus reunidos por F. J. Raddatz: *Marxismus und Literatur. Eine Dokumentation in 3 Bände*, Hamburgo, Rawolt Verlag, 1969, 3 vols. Y (219c) A. Sánchez Vázquez: *Esté-*

tica y marxismo, México, Eva, 1969, 2 vols. V. una bibliografía más detallada en Jauralde, 219a y 216.

220. Matamoro, Blas: *Saber y literatura. Por una epistemología de la crítica literaria,* Madrid, Ediciones de la Torre, 1980, 250 págs.

221. Mignolo, Walter D.: *Elementos para una teoría del texto literario,* Barcelona, Grijalbo, 1978, 383 págs. Representativo de un cierto tipo de obras teóricas que giran en torno al problema de la esencia del objeto literario y, a partir de ahí, extraen conclusiones sobre la tarea crítica. La abundante bibliografía del libro y su carácter ecléctico entre el contenidismo y el formalismo, le hacen especialmente apto como obra de iniciación en estos problemas.

222. Pagnini, Marcello: *Estructura literaria y método crítico,* Madrid, Cátedra, 1975 (ed. rev. y ampl. por el autor para la versión española), 268 págs. Contiene una bibliografía amplísima, no crítica, ordenada por materias.

223. Pécheux, Michel: *Hacia el análisis automático del discurso,* Madrid, Gredos, 1978, 374 págs.

224. Polo, José: *Lingüística, investigación, enseñanza. (Notas y bibliografía),* Madrid, Oficina de Educación Iberoamericana, 1972, 181 págs. Bibliografía muy dispersa, pero bastante útil, para iniciarse en el estudio de la filología.

225. Rickert, Edith: *New methods for the study of Literature,* Chicago, Chicago Univ. Press, 1927, 275 págs.

226. Russell, P. E. (ed.): *Spain. A Companion to Spanish Studies,* Londres, Methuen y Co., 1977, 2.ª ed. reimpr. con revisiones, 592 págs. Obra colectiva que podría ser la más típica de uno de los modos susodichos de iniciar la investigación literaria: la apertura de la totalidad del campo de estudio, en este caso mediante breves y a veces magistrales monografías sobre los distintos períodos de nuestra historia, en general, y de nuestra historia literaria. Tratamiento también conciso de otros aspectos: arte, música, etc. V. en la misma línea:

227. Rocchi Barbotta, M.ª Clara: *España a través de los siglos, perfiles histórico, literario, artístico; páginas escogidas de la literatura; láminas: tesoros del Arte hispánico,* Bolonia, Pà-

tron, 1970, 2 vols., 437 + 557 págs. Manual muy amplio y extenso, con criterio pedagógico, para la enseñanza del español en Italia. Muchos cuadros, mapas, etc. Sirve también como antología de la literatura española.

228. Gaillard, S. (et al.): *Introduction a l'étude critique.* *Textes espagnols*, París, A. Colin, 1972, 271 págs. «On ne trouvera dans cette *Introduction*... aucune théorie en règle des différentes méthodes actuellement en vigueur... Les auteurs s'en tiennent en effect à des applications pratiques qui correspondent à des positions critiques qui leur sont personelles». Se trata, pues, de comentarios de textos.

229. Serís, Homero: *Guía de nuevos temas de literatura española.* Transcrito, editado y cotejado por D. W. Mc Pheeters, Madrid, Castalia, 1973. Lo dejó papeleado en 1969, a su muerte, el gran bibliógrafo español. Pero desde que él redactó las papeletas hasta su muerte muchas cosas debieron cambiar. Se debe manejar con extraordinaria cautela. Muchos de los temas entonces apuntados, ya están hechos. Téngase en cuenta que la obra ya estaba iniciada en 1952 (trabajo de Homero Serís en el *Homenaje a Huntington*, Wellesley, Mass., 1952, págs. 541-569).

230. Simón Díaz, José: *La investigación bibliográfica sobre temas españoles*, Madrid, Instituto de Estudios madrileños, 1954. Cfr. la obra más completa del mismo autor 533.

231. Thorpe, J. (ed.): *The Aims and Methods of Scholarship in Modern Language and Literature*, Nueva York, Modern Language Association, 1963. Con una excelente bibliografía. Interesa sobremanera la exposición de Fredson Bowers sobre crítica textual, «a masterly section on textual criticism» (Bateson). Existe una versión abreviada de J. Thorpe (231a): *Literary Scholarship*, Boston, 1964.

232. Wellek, R. y A. Warren: *Teoría literaria*, Madrid, Gredos, 1966, 4.ª ed. (ed. orig.: 1953), 432 págs. En representación de otras muchas teorías literarias que dedican algunas páginas —aquí, principalmente, las págs. 57-83— a la investigación literaria y sus técnicas.

Referencias. — Véase el apartado I.2.2.2. sobre Repertorios de Libros de Referencia. El inmediatamente anterior, IV.2. Bibliografía, VII.2. Revistas sobre la Imprenta, Libros, Bibliotecas, en VII.6. Revistas de Archivos, en X.2. Crítica Textual, en XI; y los apartados iniciales sobre investigación de XVI, XVII, XVIII, XIX y XX. Véase también la bibliografía del apartado XII. Ampliación bibliográfica fuera de la que se reseña en este *Manual*, puede encontrarse en Homero Serís (815, págs. 72-74). No he podido consultar de G. Watson, *The Study of Literature* (1969).

IV.4. Obras técnicas sobre investigación científica

233. Ackoff, R. L.: *Scientific Method: Optimizing Applied Research Decisions*, Nueva York-Londres, J. Wiley et Sons, 1962.

234. Babbie, E. R.: *Survey Research Methods*, Belmont, California, Wadsworth Publ. Co., 1973.

235. Barzun, J. y H. F. Graff: *The Modern Researcher*, Nueva York, Harcourt, Brace y World, 1957.

236. Beth, E. W.: *Formal Methods*, Dordrecht, D. Reidee, 1962.

237. Beveriage, W. I. B.: *The Art of Scientific Investigation*, Nueva York, Vintage Books, 1967.

238. Bunge, Mario: *La investigación científica. Su estrategia y su filosofía*, Barcelona, Ariel, 1976, 5.ª ed. (1.ª ed.: 1969), 955 págs.

239. Churchmann, C. W. (et al.): *Introduction to Operations Research*, Nueva York y Londres, J. Wiley and Sons, 1957.

240. Henkin, L. (et al., eds.): *The Axiomatic Method*, Amsterdam, North-Holland, 1959.

241. Kenneth'Mees, C. E. y J. A. Llemakers: *The Organization of Industrial Scientific Research*, Nueva York, Mc Graw-Hill, 1950.

242. Kuhn, T. S.: *The Structure of Scientific Revolution*, Chicago, Chicago Univ. Press., 1962. Trad. espñ. en México, FCE.

243. Kyburg, H. E., Jr. y E. Nagel (eds.): *Induction: Some Current Issues*, Middletown, Conn., Wesleyan Univ. Press., 1963.

244. Nagel, E. (et al., eds.): *Logic, Methodology and Philosophy of Science*, Stanford, Stanford Univ. Press., 1962.

245. Popper, K. R.: *La lógica de los descubrimientos científicos*, Madrid, Tecnos, 1962 (ed. orig.: 1935).

246. Wilson, E. B., Jr.: *An Introduction to Scientific Research*, Nueva York, McGraw-Hill, 1952.

247. Whitney, Frederic L.: *The elements of research*, Nueva York Prentice-Hall Zie, 1937.

Referencias. —V. algunas de las entradas de V.2. (V.2.6.) y en VII.1. (496, 511, etc.).

EXCURSO:

LA PRESENTACIÓN DE ORIGINALES

Cuando se presenta una obra manuscrita o mecanografiada para su edición como libro o artículo debe tenerse en cuenta una determinada serie de condiciones que se resumen en una norma esencial: la futura obra, manuscrita o mecanografiada, debe acercarse lo más posible a su forma impresa, tanto en sus aspectos formales y estructurales —organización del libro, capítulos, ilustraciones, etc.—, como en el aspecto tipográfico y ortográfico.

Si la obra va a formar parte de una serie o colección con ejemplares ya publicados, el autor tendrá a la vista uno de ellos, que le servirá de modelo y le ayudará a decidir, en caso de duda, sobre sus características formales, tipográficas y ortográficas. Si no se da la condición anterior, el autor puede solicitar de la editorial o imprenta las normas pertinentes. O puede, en fin, observar todas y cada una de las que ahora se van a especificar, que son —por lo demás— las de uso más generalizado en la edición de impresos.

I. Aspectos formales

La estructura del original reproducirá aproximadamente la de la futura obra impresa, con indicación específica de cómo y dónde se colocarán las partes normales del libro. Es decir:

a) *Cubierta.* Tipo de cubierta y texto de la cubierta, normalmente con los siguientes datos: autor, título de la obra, editorial y año de edición, con indicaciones acerca de su disposición.

b) *Hoja de respeto.* Por lo general en blanco.

c) *Anteportada.* Es la hoja que precede a la portada o que sucede a la hoja de respeto. Puede faltar. Cuando se coloca: o puede ir en blanco, o puede adelantar algunos datos esenciales de la obra, fundamentalmente el del autor y título de la obra. Como todas las hojas falsas o como todas las que señalan las partes esenciales del libro lleva el texto en el anverso o recto de la hoja. La vuelta, verso o reverso casi siempre va en blanco. No obstante, los libros modernos aprovechan todas estas hojas preliminares para montar una presentación más atrevida y compleja, buscando combinaciones artísticas diversas.

d) *Portada.* Es la parte esencial de los preliminares del libro, algo así como su documento de identidad, el lugar donde el lector puede encontrar todos los datos fundamentales acerca de la obra, esto es:

> Nombre del autor; a veces con indicación de su condición profesional.
>
> Título del libro, frecuentemente con subtitulaciones que desarrollan este título genérico.
>
> Autor del prólogo o de la edición, si fuera el caso, también con indicación posible de su condición profesional.
>
> Traductor, si lo hubiera.
>
> Número de la edición, si no fuera la primera (en cuyo caso no se especifica).
>
> Pie de imprenta, que recoge los tres datos esenciales de lugar de la edición, editorial y año de la edición, preferentemente por este orden, para seguir las normas internacionales.
>
> Otros datos. Normalmente se aducen en la portada los de la colección a que la obra pertenece, la institución que financia la edición, etc. En muchos casos estos datos se relegan a la contraportada, e incluso a la anteportada.

Más que en ningún otro caso, la disposición de estos datos sigue las pautas establecidas por la editorial para sus ediciones o series. De no ir destinada la obra a una de ellas, se puede dejar su disposición y tipografía al arbitrio del componedor y del tipógrafo, sugiriéndole lo que se considere más adecuado.

e) *Contraportada.* Suele recoger desde hace unos años una serie de datos legales y formales, sobre todo el «copyright» [©], el ISBN, y el número de Depósito legal. El nombre de la imprenta, que antes solía colocarse en portadas al lado del nombre de la editora, es frecuente que vaya aquí. En las más recientes publicaciones —aunque por desgracia todavía no en las españolas— se añade la descripción bibliográfica internacional, la suministrada por alguna biblioteca nacional, por lo general la Biblioteca del Congreso de Washington, cfr. 576.

Por supuesto que en la presentación de originales bastará con señalar, a modo de maqueta, por ejemplo, que en tal lugar van tales datos, ya que en su mayoría éstos sólo se obtienen una vez impreso el libro.

f) *Dedicatoria.* Si el libro lleva dedicatoria, ésta ocupa una hoja falsa a continuación de la portada, en el anverso, conservando la vuelta en blanco.

g) *Prólogo o introducción.* Como la dedicatoria o, en su defecto, la contraportada terminaban la parte anterior en verso, está claro que debe ir en hoja impar o recto. Puede ir encabezada de otra falsa con el título escueto («Prólogo», «Advertencia preliminar», «Introducción», etc.) en el recto y la vuelta en blanco. Si existe un prólogo de otra persona, precede siempre al del autor de la obra.

h) *Índice o sumario de la obra.* La tradición española es la de llevar el índice al final del libro. Los libros anglosajones lo colocan al comienzo, solución quizás más acertada, porque «avanzan» lo que el lector va a encontrar en la obra. Se inicia, como siempre, en el anverso de la hoja o página impar.

i) Otros índices que el del contenido, cuando sea el caso: de grabados, cuadros, ilustraciones, etc.

j) *Texto de la obra.* Comienza siempre en página impar. Las subdivisiones del texto pueden señalarse de muy diversa manera. Las partes mayores pueden señalarse o tipográficamente (V. infra) o mediante la intercalación de hojas falsas que en su anverso las enuncien. Los capítulos y partes menores, dejando en blanco la parte de página en donde termina el capítulo anterior y comenzando el nuevo en otra página o en otra hoja, esto es: comenzando en página par o impar, con una disposición tipográfica especial. Es más elegante la solución de comenzar con página impar.

k) *Bibliografía.* Cuando el libro lleva aparato bibliográfico, éste puede colocarse al comienzo, inmediatamente antes del texto, o al final, inmediatamente después del texto. Su presentación puede ser tipográfica (V. infra) o mediante falsa, en consonancia con la estructura general del libro en este sentido. El actual sistema de citación bibliográfica de los anglosajones combina la bibliografía y las notas mediante un sistema de llamadas en el texto a base del apellido del autor citado, año de la publicación y página. La bibliografía general, más tarde, se ordena alfabéticamente primero y cronológicamente después. Cfr. pág. 147.

l) *Apéndices.* Como su nombre indica, añaden al final del libro asuntos y conceptos ligeramente al margen del texto o recogidos a última hora. Pueden ir con letra de cuerpo menor que el texto y encabezarse con una falsa. Lo mismo podríamos decir de las «notas», cuando en vez de ir a pie de página o a final de capítulo se acumulan al final del texto, lo que suele ser bastante frecuente.

m) *Índices.* Son preciosos instrumentos de trabajo en determinados libros y, por lo tanto, nunca deben faltar, o bien separados (analítico, onomástico, topográfico, de notas, etc.) o bien formando diccionario (ordenados todos juntos, alfabéticamente). Pueden presentarse mediante hojas falsas que los enuncien, como siempre al anverso. Naturalmente que los índices no podrán completarse debidamente más que cuando la paginación del impreso ya está hecha, es decir, en últimas pruebas; pero deben tenerse preparados al entregar el original. Pueden ir a dos o más columnas.

n) *Fe de erratas.* El libro clásico español (págs. 297-307) incluía siempre la fe de erratas, bien es verdad que por razones de censura y formulariamente. Los autores cuidadosos suelen exigir de las editoriales su inclusión, para que el libro salga perfecto.

Algunas editoriales han optado últimamente por confeccionarla en hoja suelta; pero es práctica poco aconsejable, porque se pierde con facilidad. Por esta última razón han aparecido, más recientemente todavía, hojillas sueltas, «prendidas» de alguna manera en el texto.

o) *Colofón.* Va en la última página del libro —par o impar— y recoge apretadamente los datos esenciales de la portada, señalando además —colofones tradicionales— el día o festividad en que se terminó de imprimir el último pliego y los técnicos e impresores que cuidaron de la impresión. Cuando la edición es artística o, sencillamente, de calidad, se suelen añadir otros datos interesantes al respecto: número de ejemplares tirados, calidad del papel, descripción de los tipos y cuerpos empleados en la composición, número del ejemplar si la edición va numerada, etcétera.

p) *Hoja falsa de guarda o posterior.* Normalmente va en blanco.

q) *Cubierta posterior.*

II. Aspectos generales

Completan todo lo dicho anteriormente las siguientes normas:

Las hojas deben ir sueltas, no cosidas ni grapadas.

En la presentación mecanografiada se dejará al menos doble espacio. En la manuscrita —sólo aceptable cuando el autor o el amanuense tenga una caligrafía clarísima—, un espacio interlineal generoso.

La numeración de las hojas será correlativa, o bien absoluta (desde la portada inclusive) o bien a partir del texto; en tal caso se numerarán con romanos todos los preliminares, lo que además permite su presentación posterior. La cifra de la última hoja numerada del original irá precedida de la conjunción «y», que sirve para indicar al impresor la terminación del libro.

Las notas, que normalmente van a pie de página, se deben colocar al final del capítulo a que se refieren, en hojas independientes del texto. Conviene que se inserten en la numeración correlativa del original para evitar su pérdida.

Las ilustraciones, cuadros, esquemas, etc., van en hoja aparte del texto, siempre y sólo una ilustración por hoja. El ideal sería presentarlas en papel vegetal. Deben llevar las indicaciones pertinentes del autor para su composición, si fuera el caso, e inserción; pero estas indicaciones, todas reunidas, deben presentarse en hoja aparte, haciendo referencia a una numeración que las haga corresponder con la ilustración.

El original escrito a máquina o manuscrito debe llevar amplios márgenes, sobre todo el izquierdo. Sobre el original mecanografiado deben corregirse a mano todos los errores, antes de entregarlo a la imprenta. Conviene que las correcciones se hagan sobre el texto mismo y no al margen, que es el lugar —a estas alturas— de las indicaciones fuera del texto del autor y del compositor tipógrafo. El ideal sería que la copia mecanografiada fuera ya la definitiva. Lo normal es, sin embargo, que el autor retoque el texto, apostillando aquí y allá, castigando el estilo en pequeños detalles, remendando la ortografía. Cuando no queda más remedio que hacer esto, se recomienda la máxima claridad en las correcciones, indicando incluso en el margen el tipo y valor de la corrección (preferentemente estas indicaciones se harán con otro tipo de tinta o encerradas en círculos, para diferenciarlas del «texto» y sus correcciones). Lo corregido, ya lo dijimos, no debe ir al margen, sino interlineado, superpuesto, sobrepuesto, etc. Cuando el número de correcciones agobie demasiado una hoja, debe volverse a pasar en limpio, o a copiar su parte más dañada y corregida en otro papel que se pegará encima del texto. También se puede emplear —para los mismos efectos— una copia del original sobre la que corregir con mayor pulcritud.

La cercanía del original al impreso debe entenderse hasta y sobre todo en sus menores detalles ortográficos, como son: acentuación, puntuación, abreviaturas, paréntesis, guiones, etc.

Una vez limpio, corregido y enmendado el original, el autor propondrá al editor la estructura de la obra y su configuración tipográfica. Puede hacerse en una o unas hojas adjuntas, sugiriendo detalles de composición: tipos de letras, ilustraciones, espacios en blanco, títulos, etc. Todo ello, como ya se apuntó arriba, depende de las características de la editorial y de la colección misma en donde vaya a imprimirse. «Conviene tener esto presente: los detalles que excedan de la pura tipografía, que no sean observables por la simple inspección, sin leer propiamente el texto, si el autor no los cuida y resuelve de modo expreso y claro, quedarán sin atender o serán resueltos según un criterio de uniformidad que puede no resultar bien, aplicado a un libro determinado» (Huarte Morton, 180).

III. ASPECTOS TIPOGRÁFICOS

Es también lo usual que la editorial elija los tipos y cuerpos de la impresión. Sobre esta elección, señala las variantes dentro de un mismo tipo (versales, versalitas, negritas, cursiva...) o de tamaño (cuerpo x, cuerpo menor, cuerpo mayor...), así como la disposición de blancos (sangrías, espacios interlineares, cuadratines...) que ayudarán a la mejor comprensión del contenido.

Como las máquinas de escribir más corrientes no producen más que mayúsculas y minúsculas, existe una especie de código para marcar en el original los tipos de letras —o, mejor aún: las variantes dentro de un tipo de letra—. Aconsejamos que tal código se emplee siempre sobre minúsculas, no sobre mayúsculas o tratando de alguna manera de reproducir la letra impresa al mismo tiempo que se emplea el signo convencional. Sólo en el caso de las versalitas —prácticamente iguales a las mayúsculas de la máquina de escribir— cabe prescindir del código y emplear las mayúsculas. El código consiste sencillamente, como es bien sabido, en distintos subrayados de la palabra, sintagma o fragmento que se quiera imprimir con una variante tipográfica: la redonda o «normal» no lleva subrayado alguno. Según la relación siguiente:

Cursivas	una raya
Negritas	una raya ondulada
Versalitas	dos rayas (o mayúsculas)
Versales	tres rayas
Versales cursivas	cuatro rayas o mayúsculas subrayadas
Versales negritas	tres rayas rectas + una ondulada

En el caso de las versalitas y de las versales se debe indicar si se quieren utilizar o no con mayúsculas que destaquen sobre el cuerpo normal.

Téngase en cuenta que las comillas normales («...») en el original son comillas también en el impreso.

El señalamiento del tipo de letra no debe faltar nunca en el caso de títulos, epígrafes, apartados, etc. Es decir: en aquellas partes que se distingan del texto simple.

En cuanto al cuerpo de letra, cuando se produzca una variante debe señalarse al margen, indicando a qué palabra, sintagma o fragmento atañe. No hace falta conocer exactamente los cuerpos, basta sobre el cuerpo medio que se presume va a llevar la obra hacer las indicaciones sencillas de «letra de cuerpo más pequeño» o «más grande», etc.

IV. Normas finales

Una vez preparado el original para la imprenta, quedan las dos últimas tareas:

Lectura nueva y total del original homogeneizando criterios y limando las últimas discordancias.

Señalamiento en hoja aparte, para el impresor, de todos los detalles que no se hayan hecho constar anteriormente o no se reflejen directamente en el original, para que los tenga en cuenta.

EXCURSO:

LA CORRECCIÓN DE PRUEBAS DE IMPRENTA

Una vez que la obra original ha sido compuesta y antes de que tiren definitivamente la edición completa, se imprime provisionalmente y se pasa a examen del técnico o del autor para corregir los posibles defectos de composición y tipografía. Estas impresiones provisionales son las que se denominan «pruebas»;

según el momento de la edición que recojan se denominan «primeras pruebas» o «galeradas», «segundas pruebas», etc. Las calas sobre los diversos momentos de la composición y edición del libro van de este modo aquilatando su pureza tipográfica y compositiva para asegurar la edición que se desea.

Está muy extendida la idea de que cuanto mayor sea el número de pruebas con más garantía de calidad nacerá la obra. Sin embargo, debería bastar con una sola prueba si el autor ha presentado correctamente el original y si el impresor, buen conocedor de su oficio, ha realizado bien su trabajo.

Las «galeradas» son las pruebas que se hacen sobre el impreso todavía sin paginar, en largos papeles o tiras. Normalmente un corrector de imprenta corrige estas galeradas («primeras») antes de enviárselas al autor, quien corrige las galeradas por segunda vez («segundas»). Cuando se vuelven a enviar posteriores pruebas ya paginadas, tal y como irán en el futuro libro, se denominan «pruebas compaginadas» o «terceras». Hay impresores que aún realizan otras pruebas antes del formulario y definitivo «tírese» con que el corrector de imprenta y el autor dan por cumplida su tarea.

Muchas imprentas y editoriales entregan circulares a sus colaboradores y autores sobre el sistema de corrección que emplean usualmente (V. una de ellas en el cuadro 5). Los Diccionarios y Manuales sobre estas materias (VII.1.) incluyen modelos y normas de corrección. En fin, el Instituto Nacional de Racionalización del Trabajo, organización dependiente del CSIC y en conexión con otros similares de todo el mundo, ha normalizado los signos de corrección en imprenta y mecanografía en sus normas UNE, núms. 1.082 y 1.083, que transcribimos íntegramente.

Sobre estas normas conviene hacer las advertencias o subrayados siguientes:

Es conveniente hacer las correcciones al menos dos veces: una por el autor, y otra por persona ajena a la obra.

El autor que tiene conocimientos básicos de tipografía y composición del libro puede hacer la corrección completa, es decir, indicando el error y proponiendo la solución adecuada. El que vacila en este tipo de conocimientos puede limitarse a señalar el error, dejando al tipógrafo la tarea de la solución concreta. Pero eso sí: señalando mediante los signos convencionales tanto el texto como el margen del texto, como diremos.

«En caso de duda sobre la existencia de errata o sobre el modo de corregirla, encerrará la indicación correspondiente en un óvalo o círculo, añadiendo un signo de interrogación y aun palabras explicativas de su duda, para que el tipógrafo lo acepte o no, según deba» (Huarte Morton).

La técnica de corrección de pruebas se guía por el mismo principio básico que la de presentación de originales. Su resultado debe ser un impreso lo más cercano posible al futuro libro impreso. Aspectos ortográficos, diacríticos, tipográficos, etc., nimios se tendrán, por tanto, especialmente en cuenta.

El sistema de corrección (V. el modelo) se basa en una serie de llamadas sobre los errores del texto, que se repiten en uno de los márgenes de la prueba, en donde además, según la corrección, puede proponerse la solución. De preferencia se utilizará el margen más próximo al error del texto; aunque hay tipógrafos que aconsejan utilizar un solo margen: el izquierdo. Téngase en cuenta que numerosas erratas pueden acumularse en una misma línea, en cuyo caso hace falta habilitar ambos márgenes. En estos casos se debe extremar el orden y la claridad en los signos de llamada y su disposición en los márgenes del texto. Como el linotipista sólo corrige lo que se le indica al margen, la corrección no señalada en los márgenes del texto —esto es: hecha sólo sobre el texto— corre el peligro de no advertirse.

En el caso de una corrección difícil, larga o compleja, o de un exceso de erratas en una sola línea, merece la pena volver a copiar la línea entera al margen, o añadir el texto correcto al lado de los signos de corrección marginales. Cuando no se tenga espacio bastante, estas correcciones largas pueden hacerse en los márgenes superior e inferior, márgenes empleados también para observaciones al linotipista.

Es aconsejable el uso de una tinta diferente (roja, verde, etc.) para lo que no es texto, sino advertencia al tipógrafo.

1. Regla principal

Se repetirá al margen todo signo de corrección empleado.

Todo signo de corrección que se marque en el texto, se repetirá al margen. La modificación se ~~pone~~ a la derecha de la llamada repetida, a menos que el signo empleado (como ⌊⌐⌐, ⌐) la indique por sí mismo.

⊢ anota

Para indicar las correcciones, se emplearán cuantos signos se quiera, evitando la repetición de cualquiera de ellos en una misma línea (⌐⌐⌐⌐⌐⌐⌐⌐⌐⌐⌐⌐⌐⌐⌐⌐).

2. Aclaraciones

Tipo de letra distinta para palabras o líneas.

Otro tipo de letra para palabras o líneas, se señala mediante el subrayado de lo que se ha de cambiar y anotando al margen la clase de letra deseada (negrita¹, cursiva², ver salitas³, versales⁴) o el cuerpo preferido (cuerpo 6, cuerpo 12, etc.), o bien ambas cosas (cursiva cuerpo 8, *redonda cuerpo* 6, etc.), valiéndose para ello de números si fuera preciso.

1 *negrita*
2 *cursiva*
3 *versalitas*
4 *versales*

⎯ (*redonda*)

Letras defectuosas confundidas o sucias.

Las letras defectuosas se tacharán como si se tratara de letras confundidas (V. más abajo). Las letras que erróneamente se hubieran puesto en otros tipos se tacharán y se repetirán al margen con indicación de su tipo o con el signo ⨦. Las letras sucias se marcarán y se hará la indicación en el margen mediante el signo ▭.

⌐ *a*
⌊ *s*

⌊ *o* (*redonda*)

⌐ ▭

Letras invertidas o atravesadas.

Las letras invertidas o atravesadas se señalarán al margen con el signo ⌐.

⌐ ⌐

Letras confundidas y puestas boca abajo.

Las letras confundidas se tacharán y se sustituirán al margen por las letras debidas.

⌐ *t*

Varias faltas en una línea.

Caso ⌐e haber varias faltas en ⌐na línea se usarán diferentes llamadas.

⌐ *d* ⌐ *a* ⌐ *u*

Continúa

Ligadura (dos letras fundidas en una pieza).	La ligadura (dos letras fundidas en una sola pieza) se exige tachando las letras que, en infinidad de casos, se componen, equivocadamente, por separado, repitiéndolas al margen con una curva debajo.
Cambio de palabra.	Una palabra confundida se tachará ~~por~~ entero y se pondrá al margen la debida.
Palabras en parte mal compuestas.	Tratándose de palabras en parte mal compuestas, sólo se tacharán las letras o sílabas equivoc~~ados~~ y se sustituirán al margen por las que se correspondan;
Falsas divisiones	esta regla tiene, asimismo, especial aplicación en las divisiones indebidas al final y al principio de las líneas.
Falta de letras.	Letras que faltan. Se tachará la letra precedente o la siguiente para repetirla al margen, añadiendo la que se dejó de poner.
Falta de palabras.	Falta de una o varias palabras. Se marcará ⌐hueco⌐ una llamada y se añadirá al margen lo omitido. Si se tratara de omisiones de consideración, se hará referencia al original o al manuscrito, por ejemplo: la máquina constaba de ⌐fue montada.
Omisiones importantes.	
Letras o palabras superfluas.	Las letras o palabras superfluas se tacharán y se señalarán al margen con ~~por~~ el signo ξ o con el φ .
Letras o palabras mal colocadas.	Las letras o palabras mal colocadas se señalarán con el signo de transposición, que indica el lugar que ⌐de⌐ han ocupar en la palabra o en la frase. Las palabras se deben numerar si se tratara de transposiciones importantes.
Línea mal colocada.	Cuando haya líneas mal colocadas, se indicará su posición anterior o posterior con el signo ▭. Por ejemplo:

Primeramente, ¡oh hijo!, has
⌐está la sabiduría y siendo sa-
de temer a Dios, porque en el temor⌐
bio no podrás errar en nada.

Continúa

Letras o palabras ilegibles en el original.	Letras o palabras ilegibles en el original. Para llamar la atención sobre la parte ilegible, se colocarán en su lugar letras o líneas de letras puestas boca abajo y que correspondan aproximadamente al ancho de lo ilegible, por ejemplo: Los hi~~xxxxxxxxx~~ son insectos con pro⊢====⊣ax inmóvil. El corrector trasladará entonces al autor la duda o anotará lo debido, de acuerdo con el original.	⎓.? ⊔ _lór_
Espaciado y supresión del mismo.	El espaciado se señalará marcando la palabra o parte de la misma que se desea espaciar y se pondrá al margen el signo para el ~~espaciado~~, la supresión del espaciado se marcará por el **s i g n o**, colocado debajo de la parte del texto que no ha de ir espaciado y se repetirá al margen dicho signo.	⊣⊢⊣⊢⊣⊢ 〰〰
Espaciado omitido, demasiado estrecho o ancho, entre palabras. **Supresión del espacio.**	El espacio omitido o demasiado estrecho entre palabras se señalará por el signo ⧧. Los espacios demasiado ⅂ anchos se marcarán con el signo ⅂. La supresión completa de una separación se indicará por el signo ⊃.	⅃# ⅂# ⅂ ⊃
Material blanco levantado.	El material blanco que se ha levantado y mancha en la impresión, se señalará al margen por el signo ✕.	⅂✕
Alineación defectuosa.	Las composiciones mal alineadas se marcarán arriba y abajo con rayas paralelas; del mismo modo se señalarán las letras o signos corridos hacia arriba o hacia abajo, al final de una línea.	═ ═
Falta de regletas. **Regletas sobrantes.**	La falta de regletas se señalará por una raya interlineal que termina al margen con un ángulo; cuando sobren regletas se pondrá también una raya interlineal que, en este caso, termina en el margen con una curva de unión.	⟨ ⟩

Continúa

Punto y aparte.	Un punto y aparte, se pedirá mediante el signo ⌐, tanto en el texto como al margen.
Punto y seguido.	La continuidad de un párrafo se señalará por una línea que una el final de una frase con el comienzo de la otra.⌐ ⌐Como en este ejemplo.
Sangría errónea.	Una sangría errónea se señalará por el signo [.
Sangría omitida.	Una sangría omitida se marcará todo lo más exactamente posible, por el signo ⊏, por ejemplo cuando se pide una sangría de dos líneas.
Correcciones erróneas.	Una corrección errónea se anulará tachando la corrección efectuada al margen y poniendo puntos debajo de la parte mal ~~corregida~~. Es inadmisible borrar lo corregido.
3. Casos especiales **Nueva composición de líneas.**	Nueva composición de líneas. Cuando hay letras defectuosas en una línea de composición de linotipia, llamadas «arañazos», tipos mal alineados u otros defectos, lo que requiere una nueva composición de la línea, se pone junto a ésta y al margen una raya horizontal (————).
Composición de partes dudosas del original.	Composición de partes dudosas. En vez de poner letras boca abajo (V. supra), lo que en composición de linotipia resulta imposible, se dejará en blanco el espacio correspondiente o se pondrán en su lugar caracteres llamativos, por ejemplo:————?————, mmmmmmm. Si se trata de números que el autor debe corregir o llenar, se calcularán ceros (0000000) o también en este caso se dejará en blanco el espacio necesario.
Ordenación de líneas.	Las líneas desordenadas se señalarán con la debida numeración correlativa o con el signo ⊏⊏⊐.

| Signos de corrección en mecanografía | UNE 1 083 1.ª Revisión |

1. Objeto

Esta norma tiene por objeto establecer los signos de corrección usados en mecanografía y facilitar su interpretación.

2. Correcciones más usadas y su significado

La esȼcritura mecanográfica es el principal elemento de trabajo y coordinador de las |grandes| actividades de las oficinas, tanto oficiales como particulares. Los signos empleados en las cofecciones de⌊textos mecanografiados, son los que se emplean ⌊las⌉en⌈correcciones de las pruebas de imprenta (UNE 1 082), pero sin que sean tantos como allí, ya que lφs errores y posibilidades de la mecanografía son mucho menores. Se⌉recomienda escribir las correcciones al nivel de la línea en ⌐donde existan y en el margen izquierdo.)

⌐Se pondrán las correcciones en el mismo orden que se hayan producido, desȼ el ȼorde⌊ del papel ȼcia la derecha, cuando existan varias en la misma línea y se emplearán signos distintos ⊤ cualesɭquiera. Las ⌐recomendaciones⌐ para el mecanógrafo, referentes a la mejor presentación del ⌊texto⌋ se escribirán al margen, rodeándolas DE un ⌐TRAZO⌐ de lápiz o de pluma.⌐Para fijar la separación o aproximación de las distintas líneas, se emplearán los signos de imprenta del mismo significado, pero cruzados con tantas rayitas como espacios deseamos dejar.

Suprimir una letra.

Suprimir una palabra.

Añadir una letra o una palabra.

Variar el orden de las palabras.

Sustituir una letra y una palabra.

Alinear hacia la derecha.

Sangrar (desalinear).

Alinear hacia la izquierda o quitar la sangría.

Punto y seguido.

Separar.

Varias correcciones en la misma línea.

Signos para emplear

Juntar: juntar totalmente.

Versales o mayúsculas.

No quitar la palabra tachada.

Espaciar.

Corrientes o minúsculas.

Punto y aparte.

Línea que se ha de separar a dos espacios.

Línea que se ha de aproximar hasta dos espacios.

Alinear horizontalmente.

V

ENCICLOPEDIAS, DICCIONARIOS Y GRANDES MANUALES

V.1. ENCICLOPEDIAS GENERALES

Los años setenta han sido también los de florecimiento en España de grandes enciclopedias. Prácticamente todas las grandes editoriales se han lanzado a publicar una enciclopedia general. Ocurre, como con los diccionarios de la lengua, que en su mayoría se organizan sobre el esqueleto o la estructura de las grandes enciclopedias ya conocidas —únicas que vamos a reseñar aquí— aunque redactando de nuevo la mayoría de los artículos.

Sobre esta actividad editorial suelen informar críticamente los libros de referencia (I.2.2.2.).

Excluimos por su carácter monográfico algunas colecciones que reciben el mismo nombre, del tipo por ejemplo de la (249) famosa *Encyclopédie de la Pléiade*, que bajo la dirección de R. Queneau (París, Gallimard, desde 1955) ha alcanzado ya los cuarenta volúmenes. Cada volumen, sin embargo, estudia un aspecto de las artes o las ciencias a modo de monografía independiente. Como tales publicaciones independientes y en su lugar aparecen, por tanto, citadas: 203, 804.

248. Brewer, A. M. (ed.): *Dictionaries, encyclopedias and other word-related books*, 1965-1974, Detroit, Gale, 1975, 591 págs. Puede servir como guía para el conocimiento de un campo que aquí sólo esbozamos.

248a. Kister, K. F.: *Encyclopedia Buying Guide. A Consumer Guide to General Encyclopedias in Print*, Londres-Nueva York, Bowker, 1978, 2.ª ed., 388 págs.

249. *Bol'shaia Sovetskaia Entsiklopediia*, Moscú, Sovetskaia Entsiklopediia, 1970-1978 y en publicación (31 vols.). Hay traducción inglesa: *Great Soviet Encyclopedia*, Nueva York y Londres, The Macmillan Co., 1973. También está en marcha una traducción española (Madrid, Akal). La edición original y base de la actual data de 1927-1947, y desde entonces ha venido limando muchas de sus asperezas dogmáticas. Excelente en los aspectos científicos, deja que desear en los artísticos y en los puramente formales (cartografía, ilustraciones, etc.).

250. *Brockhaus- Enzyklopädie...*, Wiesbaden, Brockhaus, 1966-1975, 21 vols., la 17.ª ed. rev. Se halla en publicación —se piensa que estará completa en 1981— la *Grosse Brockhaus*, que es en realidad una 18.ª ed., de la que han aparecido 13 volúmenes.

251. *Enciclopedia Británica*, Chicago, Enciclopedia Británica, 1978. La edición original data de 1768-1771. «The most famous encyclopedia in English, and for some purposes the best. Until modified in the 20th- century editions, it differed from most European and American encyclopedias in its fundamental plan, which called for a collection of important monographs on large subjects by specialists, often very scholary and important, with good bibliographies, excellent illustrations, but not separate treatment of small subjects and no biographical sketches of living persons...» (Winchell). Este plan ha sido poco a poco modificado en las nuevas ediciones, para dar cada vez mayor entrada a artículos cortos sobre cuestiones de más detalle. Así se ha hecho, al tiempo, más comercial.

252. *Enciclopedia Italiana di Scienze, Lettere ed Arti*, Roma, Instituto della Enciclopedia Italiana, 1929-1939, 36 vols. + apéndices. Es la más vetusta de todas las grandes enciclopedias, pero la mejor documentada en algunos aspectos, particularmente en el artístico, sobre todo por sus excelentes ilustraciones y reproducciones. Algunos otros aspectos de su contenido se resienten de la época de redacción. Artículos firmados. Bibliografía retra-

sada. Los suplementos han ido evolucionando en sentido contrario: peores ilustraciones, mejor contenido.

253. *Grande Enciclopedia Portuguesa e Brasileira*, Lisboa, Ed. Enciclopedia, 1935-1960, 40 vols. «Both dictionary and encyclopaedia, like the 'Espasa'. Includes many definitions of technical terms and much biographical and gazetteer information. Attractively produced, on loaded paper; some plates; the many illustrations in the text are not particulary clear. Occasional bibliographical references» (Walford).

254. *Enciclopedia Universal Ilustrada Europeo-Americana*, Barcelona y Madrid, Espasa-Calpe, 1907-1930 la ed. orig. La última edición es de 1934-1966, con suplementos anuales, el último de 1969-1970 (publicado en 1975), que hacen 99 volúmenes. Se anuncia como la más extensa del mundo, y así es. Es lástima que los artículos no vayan firmados y que la cuestión del papel y las ilustraciones deje que desear. Por el contrario, la cartografía es espléndida. Es, por su extensión, la más puntillosa de todas las grandes enciclopedias: biografías, denominaciones, etimologías, detalles, datos, etc. Según críticos extranjeros «demasiado centrada en España e Hispanoamérica» (Walford).

255. *Grande Encyclopédie Larousse*, París, Larousse, 1972-1977, ed. rev. en 21 vols. Una nueva edición en marcha prevé alcanzar los 60 volúmenes. Existen múltiples ediciones y traducciones —incluida la española—. Muy ponderada en todos los aspectos, la más clásica y pedagógica, se ha beneficiado de una redacción tardía.

256. *Encyclopedia Americana (The)*, Nueva York, Grolier Incorporated, 1973 (ed. orig.: 1829-1833), 30 vols. «As the title implies, the strength of this work is the emphasis on American History, geography, and biography (...) The writing is clear, the arrangement admirable, the index good, and the general format (including illustrations ant type size) adequate (...) The set is edited for the adult with a high school education» (W. A. Katz). Publica suplementos —*Americana Annual*— desde 1923.

Referencias. — Véase I.2.2. Grandes repertorios, en general.

V.2. Manuales y obras varias de ramas afines

Recensiono en este apartado tanto los libros generales de ramas afines o muy conectadas (Historias de España, Comunicación, Retórica...), como libros de carácter esencialmente instrumental (atlas, cronologías, mitologías, diplomática...) que facilitan la tarea investigadora. En el primer caso es difícil establecer una delimitación entre lo que sirve inmediatamente y lo que sólo sirve muy de vez en cuando: historias del pensamiento, de la iglesia, económicas, etc. Por eso se recogen sólo las más amplias y consagradas, representativas de una faceta: no todas las historias de España, pongo por caso, sino las tres o cuatro más clásicas o actuales, etc. Es, desde luego, el apartado en que mayores limitaciones se han impuesto.

V.2.1. *Historias generales de España*

Me refiero, primero, a dos libros indispensables para el tratamiento bibliográfico del tema, y que han de suplir la necesaria parquedad de la recensión:

257. Sánchez Alonso, Benito: *Fuentes de la Historia española e hispanoamericana...*, Madrid, CSIC, 1952, 3.ª ed. (1.ª: 1919), 3 vols. A partir de esta tercera edición (1953) puede uno mantenerse al día a través del *Índice Histórico Español (IHE,* 100).

258. Sánchez Alonso, Benito: *Historia de la Historiografía española,* Madrid, CSIC, 1941-1950, 3 vols.

259. Bleiberg, German (dir.): *Diccionario de Historia de España,* Madrid, Revista de Occidente, 1968, 2.ª ed. corr. y aum. (1.ª: 1952), 3 vols. Obra de calidad y riqueza sin parangón en el campo de la historiografía española, pero que necesita de una constante puesta a punto (bibliografía, sobre todo) y armonización.

260. Díaz Plaja, Fernando: *La historia de España en sus documentos*, Madrid, Instituto de Estudios Políticos, 1954-1958, 4 vols. Con un volumen posterior sobre el siglo XX.

261. Aguado Bleye, Pedro: *Manual de Historia de España*, Madrid, Espasa-Calpe, 1967 (ed. orig.: 1954-1956), 3 vols. Obra tradicional, cargada de datos, bastante práctica a nivel erudito, pero cuyo tercer volumen debe consultarse con cautela.

262. Artola, Miguel (dir.): *Historia de España Alfaguara*, Madrid, Alianza, 1973, 7 vols. V. s.u. en cada apartado correspondiente: 1160, 1360, 1555, 1631, 1635, 1752 y 1754e.

263. Menéndez Pidal, Ramón (dir.): *Historia de España*, Madrid, Espasa-Calpe, 1946 y sigs. Se han publicado 16 volúmenes, algunos ya en 2.ª ed., desde el volumen I «La España Prehistórica» hasta el de «La España de Fernando VII». Contenido de valor muy desigual; excelente presentación, ilustraciones y cartografía. La obra ha tomado recientemente nuevo impulso bajo la dirección de J. M.ª Jover. Cfr. 1631b, 1154.

264. Pericot García, Luis (dir.): *Historia de España. Historia General de los Pueblos Hispanos*, Barcelona, Gallach, 1958-1962, 6 vols.

265. Soldevilla, F.: *Historia de España*, Barcelona, Ariel, 1961-1964, 2.ª ed. (1.ª: 1952-1959), 8 vols. «Valiosa porque está al corriente de la bibliografía más reciente y por su intento de estudiar la historia española desde el punto de vista de las provincias periféricas más que desde el de Castilla» (Elliott).

266. Tuñón de Lara, M. (Dir.): *Historia de España*, Barcelona, Labor, 10 vols. En publicación.

267. Vázquez de Prada, V. (dir.): *Historia económica y social de España*, Madrid, Confederación Española de Cajas de Ahorros, 1978, 3 vols. aparecidos (hasta el siglo XVI-XVII).

268. Vilar, Pierre: *Historia de España*, Barcelona, Grijalbo, 1977, ed. renov. (1.ª ed. orig.: 1947), 184 págs. Manualillo clásico de un gran historiador que, como el de Vicens Vives, quedará como un modelo de breve síntesis de nuestra historia. Cierta desproporción en el tratamiento de los diversos períodos. Cfr. 1370, 1386.

269. Vicens Vives, J.: *Aproximación a la Historia de España*, Barcelona, Vicens Vives, 1976 (reed.) (ed. orig.: 1952), 192 páginas.

270. Vicens Vives, Jaime (dir.): *Historia de España y América*, Barcelona, Vicens Vives, 1971, 2.ª ed., 5 vols. Esta obra apareció publicada en 1957 bajo el título *Historia social y económica de España y América*, y reeditada en 1961 bajo el título *Historia de España y América*. Posteriormente, todavía, se ha hecho una edición de bolsillo. Su calidad —empieza a envejecer en algunos aspectos— alcanza también a la espléndida presentación. Cfr. 271.

Referencias. — V. los respectivos apartados de Historia en XVI, XVII, XVIII, XIX y XX para historias generales de algún determinado período.

V.2.2. Historias varias: arte, cultura, religión...

271. Vicens Vives, Jaime: *Manual de Historia Económica de España*. Con la colaboración de Jorge Nadal Oller, Barcelona, Vicens Vives, 1967, 6.ª ed. (1.ª ed.: 1959, última ed. corr., la 2.ª, de 1958), 782 págs. Compendio basado fundamentalmente en 270.

272. *Historia de la Espiritualidad*, Barcelona, Juan Flors, 1969, 4 vols. Cfr. 920, 920a,b,c y 1470-1485.

273. García Villoslada, R. (dir.): *Historia de la Iglesia en España*, Madrid, BAC, en publicación, 5 vols. V. especialmente el tomo II «Edad Media: la cristiandad en el mundo europeo y feudal», por R. García Villoslada, 4.ª ed., 904 págs. El tomo III «Edad Nueva (1303-1648)...», por R. García Villoslada y B. Llorca, 2.ª ed., 1.114 págs. Y el t. IV «La Edad Moderna», por F. J. Montalbán, 4.ª ed., en prensa.

274. Aldea Vaquero, Quintín (et al. dirs.): *Diccionario de Historia eclesiástica de España*, Madrid, CSIC, 1975, 4 vols.

275. Menéndez Pelayo, Marcelino: *Historia de los heterodoxos españoles*, Madrid, BAC, 1956, 2 vols. La ed. orig.: 1880-1882, refundida en la de 1911-1918.

276. Kamen, H.: *Historia de la Inquisición española*, Barcelona, Grijalbo, 1967, reeditada en Madrid, Alianza, 1973. «El más moderno resumen, avalado con investigaciones propias y de ecuanimidad de criterios poco frecuente» (Domínguez Ortiz). Recuérdese que existe una (276a) *Bibliographie der Inquisition*, por E. Van der Vekene (Hildesheim, Georg Olms, 1963, 323 páginas).

276b. Benassar, B. (et al.): *L'Inquisition espagnole: XVème-XIXème siècle*, París, Hachette, 1979, 402 págs. Cfr. 287, 287a, 288.

277. García Gallo, Alfonso: *Manual de Historia del Derecho Español*, Madrid, 1973, 5.ª ed., 2 vols. Se trata del manual más clásico y conocido. V. bibliografía adicional en Homero Serís (815, núms. 4.730-4.806).

278. Pérez Prendes, José: *Curso de Historia del Derecho Español*, Madrid, 1976. Panorama más agudo, avanzado y crítico que los de su serie.

279. Lalinde Abadía, Jesús: *Iniciación histórica al Derecho español*, Madrid, Ariel, 1970.

280. Gibert, Rafael: *Historia general del Derecho español*, Granada, 1969.

281. Fraile, Guillermo (O. P.): *Historia de la filosofía española desde la época romana hasta fines del siglo XVII*, Madrid, BAC, 1971, 419 págs. Ed. rev. y ultimada por Teófilo Urdanoz. «La vaste documentation de l'oeuvre, la multitude des auteurs, souvent obscurs, signalés à chaque époque, l'abondance des bibliographies, font de cet ouvrage un précieux manuel d'information» (J. Moreau). Cfr. 353.

282. Bruyne, E. de: *Historia de la Estética*, Madrid, BAC, 1959, 2 vols. Cfr. 1181 y 1181a.

283. Ajo G. y Sáinz de Zúñiga, C. M.ª: *Historia de las universidades hispánicas. Orígenes y desarrollo desde su aparición hasta nuestros días*, Madrid, Imprenta Lit. Ed. La Normal, 1957 y sigs. En 1977 había alcanzado los 10 volúmenes. Obra mayor del género, con una abundante y documentada información que suple la falta casi absoluta de perspectiva crítica. Cfr. 1180, 1560 y 1560a.

284. Peset, Mariano y José Luis: *La universidad española (siglos XVIII-XIX)...*, Madrid, Taurus, 1974, 807 págs.

285. Jiménez, Alberto: *Historia de la Universidad española*, Madrid, Alianza, 1971, reed., 522 págs. Recoge sus estudios sistemáticos, fechados entre 1936 y 1948 principalmente. Es el panorama más coherente, la mejor síntesis sobre la historia de la universidad española. Para bibliografía adicional, H. Serís (815, números 4.350-4.572).

286. Chatelet, François y G. Mairet (dirs.): *Historia de las ideologías*, Madrid, Zero, 1978, 2 vols. (ed. orig.: también de 1978).

287. Lea, Henry Charles: *A History of the Inquisition of Spain*, Nueva York y Londres, 1906-1907, 4 vols. Compendio que aprovecha todos los trabajos clásicos anteriores, incluido la (287a) *Historia Crítica de la Inquisición de España*, de J. A. Llorente (Madrid, 1822, 3 vols.). Recuérdense las obras citadas poco antes (276 y 276a).

288. Hauben, Paul J. (ed.): *The Spanish Inquisition*, Wiley, Chichester, 1969, 140 págs. Conjunto de estudios y antología de textos, «broad and intelligen selection of readings» (N. G. Round).

289. Amador de los Ríos, José: *Historia Social, política y religiosa de los judíos de España y Portugal*, B. Aires, 1943, 2.ª ed. (ed. orig.: 1875), 2 vols. Existe una reedición facsimilar reciente: Madrid, Aguilar, 1973.

289a. Caro Baroja, Julio: *Los judíos en la España moderna y contemporánea*, Madrid, Arión, 1962, 3 vols. Reed. luego en col. de bolsillo: Madrid, Istmo, 1977, 3 vols.

290. Domínguez Ortiz, Antonio: *Los judeoconversos en España y en América*, Madrid, Istmo, 1971. Cfr. 1374, 1378, 1384, 102, 818, 818a y 1132.

291. Rumeu de Armas, A.: *Historia de la censura literaria gubernativa en España; historia, legislación, procedimientos*, Madrid, Universidad, 1940, 231 págs. Se refiere esencialmente al Siglo de Oro. Bibliografía adicional y posterior, en H. Serís (815, núms. 945-946 y 6.963a-6.969). Para el reinado de Fernando VII, la obra (291a) de A. González Palencia, *Estudios his-*

tóricos sobre la censura gubernativa en España de 1800 a 1833,
Madrid, 1934-1941, 3 vols. V. también, con información bibliográfica interesante el artículo (291b) de Miguel de la Pinta en
Hispania (Madrid), 1952, XLVII. Cfr. más adelante (XVIII.2.
1544) el libro de Defourneaux, cuyo capítulo primero, «Los
orígenes y el desarrollo de la censura inquisitorial hasta la
mitad del siglo xviii» es una excelente síntesis de la cuestión.

292. Sierra Corella, A.: *La censura en España. Índices y catálogos de libros prohibidos*, Madrid, DGAB, 1947, 362 págs. Cfr.
1625 y 1743.

293. Saltillo, Marqués del: *Historia nobiliaria española*, Madrid, 1957, 2 vols.

294. Wellek, René: *Historia de la Crítica moderna (1750-
1950)*, Madrid, Gredos, 1959-1972, 3 vols. y en publicación. Su
disposición es: vol. I «La segunda mitad del siglo xviii» (396
páginas), vol. II «El Romanticismo» (498 págs.), vol. III «Los
años de transición» (488 págs.).

295. Wimsatt, William K. jr. y C. Brooks: *Literary Criticism.
A short History*, Londres, Routledge and K. Paul, 1970 (ed. orig.:
1957), 4 vols. Disposición: vol. I «Classical Criticism», vol. II
«Neo Classical Criticism», vol. III «Romantic Criticism» y vol. IV
«Modern Criticism».

296. Gómez Aparicio, Pedro: *Historia del periodismo español*, Madrid, Ed. Nacional, 1971, y en publicación, 3 vols. (se
anuncia un cuarto volumen en prensa). Disposición: vol. I «Desde *La Gaceta de Madrid* (1661) hasta el destronamiento de Isabel II», vol. II «De la revolución de septiembre al desastre colo-
nial», vol. III «De las guerras coloniales a la dictadura». A pesar
de manejar a veces información de primera mano, es conjunto
desmayado y falto de rigor. Cfr. 354, 1597-1601.

297. Schulte, H. F.: *The Spanish Press, 1740-1966*..., Urbana,
University of Illinois Press, 1968. Con graves errores y descui-
dos de detalle, aunque ponderado como visión de conjunto. Según García Pandavenes (XVIII.5. 1597) «no parece conocer las
excelentes obras de sus compañeros E. Helman y R. Herr», es
decir: *Trasmundo de Goya* (Madrid, 1963) y la citada de Herr
en XVIII.3.1. 1557.

298. Acosta Montoro, José: *Periodismo y literatura*, Madrid, Guadarrama, 1973, 2 vols.

299. Nadal, Jordí: *La población española (siglos XVI a XX)*, Barcelona, Ariel, 1971, 2.ª ed.

V.2.3. Cronologías, atlas, etc.

La siguiente recensión recoge una serie de librillos enormemente prácticos y curiosos para asentar estudios y trabajos sobre hechos objetivos y conocimientos ciertos y reales. La humildad de lo objetivo y seriable no impide en algunos casos la evaluación muy positiva de estas obras, por la sabia elección de datos y circunstancias o por la armonización del conjunto.

300. Barraclough, G.: *The Times Atlas of World History*, Londres, 1978, 360 págs.

300a. Engel, J. (dir.): *Grosser Historischer Weltatlas*, Munich, 1957.

301. Kinder, H. y W. Hilgemann, *Atlas histórico mundial*, Madrid, Istmo, 1973, 4.ª ed. (1.ª: 1970), 2 vols. Preciosa obra de orfebrería erudita y cartográfica, en la que se admira la sabia pedagogía de los cuadros y mapas que permiten una rápida asimilación de hechos, etapas, períodos, etc., históricos.

302. Langer, W. L.: *An Encyclopedia of World History...*, Boston, H. Mifflin, 1975, reed. (1.ª: 1972), 2 vols. Es en realidad reelaboración de una obra muy anterior (1925). Cfr. Winchell, 15, DA42.

303. Vicens Vives, Jaime: *Atlas de Historia de España*, Barcelona, Vicens Vives, 1966, 4.ª ed. Confeccionado con criterio escolar, contiene sólo lo más esencial.

304. Ubieto Arteta, A.: *Atlas histórico. Cómo se formó España*, Valencia, Impr. Anúbar, 1970, 2.ª ed. ampl. (1.ª: 1958). Mapas hasta el siglo XVI (inclusive), solamente históricos, preferentemente político-militares.

305. Welch, K. F.: *Time measurement. An Introductory History*, Newton Abbot, David and Charles, 1972. Véase también, más sencillo, (305a) de Paul Couderc, *Le Calendrier*, París, Puf, 1970, 4.ª ed.

306. Agramonte Cortijo, Francisco: *Diccionario cronológico Biográfico universal,* Madrid, Aguilar, 1961, 3.ª ed. corr. y aum., 1.338 págs.

307. Arias, Gonzalo: *Historímetro. Desde el siglo V hasta nuestros días,* Madrid, Graf. Rammar, s.a. Una hoja desplegable, que recoge el hilo de la historia a través de los datos político-militares más evidentes.

308. Arnold-Baker, Ch. y A. Dent: *Everyman's dictionary of dates,* Londres y Nueva York, Dent-Dutton, 1954, 404 págs.

309. Babini, R. de: *Los siglos de la historia. Tablas cronológicas,* México, FCE, s.a., 352 págs.

310. Cappelli, A.: *Cronologia, cronografia e calendario perpetuo dal principio dell'era cristiana ai nostri giorni,* Milán, Hoepli, 1969, 3.ª ed., 602 págs.

311. Casanovas, J. Agustí y Pedro Voltes Bou: *Manual de cronología española y universal...,* Madrid, CSIC, 1952, 508 págs. Es la obra más rica entre las de su serie editada en España, todo un diccionario de datos, fechas, reyes...

312. Coler, Ch.: *Diccionario por fechas de Historia Universal. Síntesis cronológica de historia, ciencia, literatura, técnica, arte y economía...,* Barcelona, Juventud, 1975, ed. ampl. y adaptada (ed. orig.: 1965), 475 págs.

313. Delorme, Jean: *Les grandes dates du Moyen Âge,* París, Puf, 1967, 2.ª ed. (1.ª: 1964) rev. y aum., 126 págs.

314. Delorme, Jean: *Les grandes dates des temps modernes,* París, Puf, 1968, 2.ª ed. puesta al día (1.ª: 1965), 125 págs.

315. Delorme, Jean: *Les grandes dates de l'époque contemporaine,* París, Puf, 1967, 2.ª ed. puesta al día (1.ª: 1965), 127 páginas.

316. Delorme, Jean: *Chronologie des civilisations,* París, Puf, 1949, 437 págs.

317. García Larragueta, Santos A.: *Cronología (Edad Media),* Pamplona, Eunsa, 1976, 108 págs.

318. Haberkern, Eugen y J. F. Wallech: *Hilfswörterbuch für Historiker Mittelalter und Neuzeit...,* Munich, Francke Verlag, 1964, 2.ª ed., 678 págs.

319. Josué, Eduardo: *Tablas para la comprobación de fechas en documentos históricos*, Madrid, 1911, 264 págs.

320. Keller, Helen Rex: *Dictionary of dates*, Nueva York, Mac Millan, 1934, 2 vols.

321. Steinberg, S. H.: *Historical Tables, 58 B.C.-A.D. 1963*, Londres, Mac Millan, 1964, 7.ª ed. (1.ª: 1939), 259 págs.

322. Van Tieghem, Paul (ed.): *Répertoire chronologique des littératures modernes*, publié par la Comission Internationale d'Histoire Littéraire Moderne, París, Droz, 1935, 413 págs. Cronología literaria por años, escritores y países, desde 1455 a 1900.

323. Weil, Gonthier et Jean Chassard: *Les grandes dates des littératures étrangères*, París, Puf, 1969, 128 págs.

Referencias. — V. una recensión más detallada en Winchell, 15, págs. 465-467. Muchas obras y enciclopedias históricas contienen una parte o dedican un volumen a cronologías, por ejemplo (323a) el vol. 13 de la *Cambridge Modern History*, o el 36 y final (323b) de la *Historia Universal Siglo XXI*.

V.2.4. *Mitología*

324. *Der Kleine Pauly*. Hrsg. von K. Ziegler und W. Sontheimer, Stuttgart, 1964-1975, 5 vols. Readaptación y refundición de la famosa *Pauly's Real-Encyclopädie der Classischen Altertumswissenschaft* (1894 y sigs., en un centenar de volúmenes). Y en ed. de bolsillo: Munich, Deutscher Taschenbuch, 1979, 5 vols.

325. Grant, Michael y J. Hazel: *Who's Who in Classical Mythology*, Londres, Weidenfeld and Nicolson, 1973, 447 págs. A modo de diccionario alfabético, ilustrado, bastante elemental.

326. Grimal, Pierre: *Dictionnaire de la mythologie grecque et romaine*, París, Puf, 1958, 2.ª ed., 576 págs.

327. Guirand, Félix (ed.): *Larousse Encyclopedia of Mythology*, Nueva York, Prometheus, 1959, trad. rev. y aum. (ed. orig.: 1935), 500 págs. «Presents articles on the mythologies of various countries and civilizations from prehistory to present times. Not

an encyclopedia in the usual sense of the term, as the material is presented in essay form with no easy approach to specific points. Includes various aspects of folklore, legend, and religious customs» (Winchell).

328. Haussig, Hans Wilhelm: *Wörterbuch der Mythologie,* Stuttgart, Ernst Klett, 1961.

329. Hammond, N. G. L. y H. H. Scullard (eds.): *The Oxford Classical Dictionary...,* Oxford, Clarendon Press, 1970, 2.ª ed., 1.176 págs., ed. de bolsillo en: Munich, Deutscher Taschenbuch, 1975, 2.ª ed. El tratamiento del material mitológico puede lograrse también, en esta línea, en el segundo tomo, en dos volúmenes (329a), del *Lexicon der Antike...* (Munich, Deutscher Taschenbuch Verlag, 1975 y sigs. la 2.ª ed.).

329b. Hunger, H.: *Lexicon der Griechischen und Römischen Mythologie,* Viena, 1969, 6.ª ed. (1.ª: 1953). «Presta inapreciables servicios como guía de las producciones pictóricas, escultóricas, musicales y literarias inspiradas en la mitología clásica desde la Antigüedad hasta nuestros días» (Ruiz Elvira).

330. Preller, L.: *Griechische Mythologie...* Erneuert von Carl Robert..., Dublin-Zurich, Weidmann, 1966-1967, 5.ª ed. (ed. orig.: 1854), 3 vols. Cfr. 332, pág. 30.

331. Roscher, Wilhelm H. (ed.): *Ausführliches Lexicon der griechischen und römischen Mythologie.* Fortgesetz und abgeschlossen durch prof. Dr. K. Ziegler, Leipzig, 1884-1937, 6 tomos en 9 vols., más un suplemento. Existe reedición facsimilar en Hildesheim, Georg Olms-B. G. Teubner, 1965. Una de las obras más completas en este campo. Artículos firmados por especialistas. Bibliografía selecta. Excelentes ilustraciones. Cfr. 332, páginas 30-31.

332. Ruiz Elvira, Antonio: *Mitología clásica,* Madrid, Gredos, 1975, 540 págs. Compendio muy pedagógico.

Referencias. — Para un tratamiento histórico del elemento mitológico en la literatura española, cfr. la bibliografía de H. Serís (815, núms. 8.425-8.445). Recuérdese la obra de José M.ª Cossío (956) como la más completa. Cfr. 1407.

V.2.5. *La comunicación*

333. Moles, A. (dir.): *La Comunicación y los mass media*, Bilbao, Mensajero, 1975 (ed. orig.: 1971, ed. espñ. según la francesa de 1973), 676 págs. La edición española ha suprimido la cómoda estructura —pestañas, llamadas, etc.— de la francesa. Es un diccionario de una serie, «Diccionarios del saber moderno».

334. Fages, J. B. y Ch. Pagaro: *Diccionario de los medios de comunicación*, Valencia, F. Torres, 1978, 2.ª ed. (1.ª: 1971), 286 páginas.

334a. Jacobson, H. B.: *A Mass Communications Dictionary: A Reference Work of common Terminologies for Press, Print, Broadcast, Film, Advertising, and Communications Research*, Nueva York, Greenwood Press Reprint, 1961.

335. Thayer, Lee: *Comunicación y sistemas de comunicación. En las organizaciones, en la gestión directa y en las relaciones interpersonales...*, Barcelona, Península, 1975 (ed. orig.: 1968), 448 págs.

336. Balbuena de la Fuente, Felicísimo: *La comunicación y sus clases. Aplicaciones a diversos campos de la actividad humana*, Zaragoza, Edelvives, 1979, 701 págs.

337. Viet, Jean: Thesaurus: *Mass Communication. Communication de Masse. Comunicación colectiva*, París, Unesco, 1972, 2 vols.

Referencias. — V. en VI.1.1. Diccionarios de Lingüística.

V.2.6. *Diplomática*

338. Giry, Arthur: *Manuel de Diplomatique*, Nueva York, Hildesheim, Georg Olms, 1972, reed. facs. (ed. orig.: 1894). La gran obra clásica en este campo, todavía en uso como manual. Puede verse también la obra de síntesis, algo floja de (338a) E. Serrablo Aguareles: *Nociones de Diplomática según las obras de Giry, Boüard, Muñoz Rivero, etc.*, Alcalá, 1941, 256 págs. Y

como muy clásico, ahora reeditado (338b) el *Lexicon Diplomati-cum* de J. L. Walther (ed. orig.: 1753), Hildesheim, G. Olms, 1973, 459 págs.

338c. Bouard, A. de: *Manuel de Diplomatique*, París, 1929.
339. Fino, J. Frederic y Luis A. Hourcade: *Tratado de bibliología. Historia y técnica de producción de los documentos*, Buenos Aires, 1954.
340. Paoli, Cesare: *Diplomatica*, Florencia, Sansoni, 1942, nueva ed. aggiornata da G. C. Bascapé, 369 págs.
340a. Rabikauskas, P.: *Diplomatica Generalia*, Roma, 1971.
340b. Tessier, A. G.: *Diplomatique*, París, Puf, 1952.

Referencias. — V. en general todo el apartado III. Documentación e Información. En VII.1. Imprenta, libros, bibliotecas. Obras generales. VII.4. Id. Técnicas de trabajo. VIII. Paleografía. X. Archivos. XVI. Edad Media.

V.2.7. *Retórica*

El tratamiento de la Retórica ha recibido un especial impulso en los últimos quince años. En este sentido se explica la diferencia entre las dos ediciones de la obra de Morier, obra ejemplar, a veces abrumadora. A su lado, la recopilación de Lausberg, con la síntesis más completa de la retórica tradicional. A nivel terminológico puede acudirse al *Diccionario* de Lázaro Carreter (367), más completo que el *Diccionario de la Lengua Española* (424), aunque éste conserva engastados los viejos nombres de las figuras. Los artículos de retórica en el *Diccionario de Literatura* (886) son pocos, pero excelentes, debido a la pluma de Salvador Fernández Ramírez. Otra enumeración, descripción y ejemplificación simple se hallará en Jauralde (216). Las retóricas de Warren y el Grupo μ representan dos obras de conjunto con el tratamiento actualizado, o intentado actualizar, de estos temas, lo mismo que la aportación mucho menos sistemática de Todo-rov (345). Otra faceta de esta resurrección se aprecia en las reediciones, principalmente en la de Fontanier (343a). Los grandes tratadistas españoles (Fray Luis de Granada —se le puede

I. FIGURAS DEL SIGNIFICANTE

A) METAPLASMOS
$\left\{\begin{array}{l}\text{Prótesis}\\\text{Epéntesis} \longrightarrow \text{Anaptixis}\\\text{Paragoge} \longrightarrow \text{Epítesis}\\\text{Aféresis} \longrightarrow \text{Deglutinación}\\\text{Síncope}\\\text{Apócope}\\\text{V. Figuras métricas (en IV)}\end{array}\right.$

B) FIGURAS
$\left\{\begin{array}{l}\text{expresión escrita} \longrightarrow \text{Letrismos}\\\\\text{expresión oral}\left\{\begin{array}{l}\text{«Mot valise»} \longrightarrow \text{Neologismos}\\\text{Palíndromo}\\\text{Anagrama}\\\text{Calambur}\\\text{Cazafatón}\\\text{Retruécano}\\\text{Paranomasia}\\\text{Onomatopeya}\\\text{Aliteración}\end{array}\right.\end{array}\right.$

Onomatopeya $\left\{\begin{array}{l}\text{Cacofonía}\\\text{Mitacismo}\\\text{Parequema}\end{array}\right.$

II. FIGURAS DEL SIGNIFICADO

A) POR ENCARÈCIMIENTO SEMÁNTICO
$\left\{\begin{array}{l}\text{de dicción}\left\{\begin{array}{l}\text{Sinatroísmo}\\\text{Separación}\end{array}\right.\\\\\text{de pensamiento}\left\{\begin{array}{l}\text{Obstentación}\\\text{Conmoración, Expolición}\\\text{Aporesis}\\\text{Suspensión}\\\text{Interrogación}\end{array}\right.\end{array}\right.$

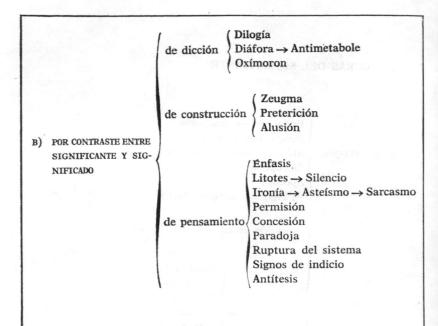

B) POR CONTRASTE ENTRE SIGNIFICANTE Y SIGNIFICADO

de dicción
- Dilogía
- Diáfora → Antimetabole
- Oxímoron

de construcción
- Zeugma
- Preterición
- Alusión

de pensamiento
- Énfasis
- Litotes → Silencio
- Ironía → Asteísmo → Sarcasmo
- Permisión
- Concesión
- Paradoja
- Ruptura del sistema
- Signos de indicio
- Antítesis

III. PROCEDIMIENTOS METAFÓRICOS

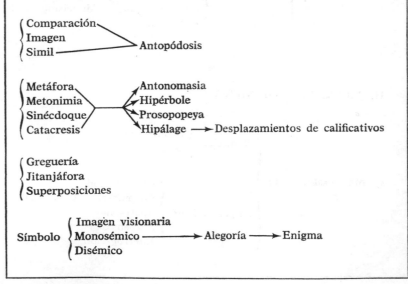

- Comparación
- Imagen
- Simil

→ Antopódosis

- Metáfora
- Metonimia
- Sinécdoque
- Catacresis

- Antonomasia
- Hipérbole
- Prosopopeya
- Hipálage → Desplazamientos de calificativos

- Greguería
- Jitanjáfora
- Superposiciones

Símbolo
- Imagen visionaria
- Monosémico → Alegoría → Enigma
- Disémico

IV. FIGURAS POR REITERACIÓN

A) DE SONIDOS

V. Figuras del significante

Figuras métricas
- Rima
- Ritmo
- Verso
- Estrofa

B) SEMÁNTICA
- Sinonimia
- Endíadis
- Tautología
- Perisología
- Expolición, Corrección
- Recapitulación
- (Paradiástole)

C) LÉXICA
- Anáfora
- Epífora
- Epanástrofe
- Epanalepsis
- Antepífora
- Epístrofe
- Epiceusis
- Anadiplosis
- Epímone

D) REITERACIÓN COMPLEJA
- Epánode → Poliptoton → Traductio → Clímax
- Acumulación → Enumeración → Gradación
- Concatenación → «Expletion» → Anticlímax
- Pleonasmo

V. FIGURAS Y CONSTRUCCIÓN SINTÁCTICA

A) DESVÍOS EN EL DESARROLLO PREDECIBLE DE UNA ORACIÓN
- Aposiopesis
- Prolepsis
- Hipobole
- Exclamación
- Apóstrofe
- Comunicación
- Epifonema
- Ecfonema
- Paréntesis

B) POR OMISIÓN
- Elipsis
- Braquilogía
- Asíndeton
- Supresión de la puntuación

C) POR EXCESO
- Polisíndeton
- Perífrasis
- Circunloquio
- Sintagmas no progresivos

D) PROCEDIMIENTOS HIPERBÁTICOS
- Hipérbaton
  - Anástrofe → Catáfora
  - Anacoluto → Anapódoton → Anantapódoton
- Tmesis

E) CONSTRUCCIONES ESPECIALES
- Dialogismo
- Quiasmo
- Paralelismos
- Pluraciones
- Membraciones
- Correlaciones
- Dinamismo expresivo

1. Figuras retóricas. Fuente: P. Jauralde (216).

leer en la *BAE*—, Capmany, Mayans, Hermosilla...) no han tenido por ahora la misma suerte y hay que leerlos en ediciones de la época. Es casi anecdótica la (341) reedición de *La Rethorica de M. Tullio Ciceron*, de Alfonso de Cartagena, hecha por Rosalba Mascagna (Nápoles, Liguori, 1969, 129 págs.). Al otro extremo, la tesis de J. A. Martínez (346) representa un esfuerzo considerable y valioso por el replanteamiento de estos problemas sobre una base lingüística actual. No se debe olvidar que los viejos estudios de retórica han encontrado frecuentemente lugar en la moderna estilística, remozándose incluso muchas veces, hasta el punto de etiquetarse y explicarse nuevas «figuras». La obra singular de Dámaso Alonso (949) es ejemplar en este sentido. Véase también (341a) la de Carlos Bousoño: *Teoría de la expresión poética*, Madrid, Gredos, 1970, 5.ª ed. muy aum., 2 vols.

341b. Binder, A. (et al.): *Einführung in Metrik und Rhetorik*, Regensburg, Scriptor Verlag Kronberg, 1973, 2.ª ed. (1.ª: 1970), 144 págs.

342. Lausberg, H.: *Manual de retórica literaria (Fundamentos de una ciencia de la literatura)*, Madrid, Gredos, 1966 (ed. orig.: 1960), 3 vols. Existe además (342a) una versión reducida y sintetizada con el título de *Elementos de Retórica literaria*, en la misma editorial y en un solo volumen.

343. Morier, Henri: *Dictionnaire de Poétique et de Rhétorique*, París, Puf, 1975, 2.ª ed. aum. y totalmente refundida (1.ª: 1961), 1.207 págs. Obra de extraordinaria complejidad y riqueza, recoge los conocimientos tanto de la retórica tradicional como algunos —y sólo algunos— de los más actuales. A veces demasiado «francesa», ignora la tradición retórica española, italiana, etc. Su apoyo esencial es Fontanier. Algunos de sus artículos (metáfora, verso, etc.) son auténticas monografías. Bibliografía muy parcial. En cuanto a Fontanier, Pierre, su obra más importante (343a) *Les figures du discours* (hacia 1830, en dos vols.) acaba de ser reeditada (París, Flammarion, 1977, 505 págs.).

344. Groupe μ: *Rhétorique générale...*, París, Larousse, 1970, 206 págs. El grupo está encabezado por Jean Dubois. La obra es un intento de sistematización desde una base lingüística, pero

basada en una clasificación apriorística, teórica —en realidad la tradicional— que deja mucho que desear.

345. Todorov, Tzvetan: *Literatura y significación*, Barcelona, Planeta, 1971 (ed. orig.: 1967), 236 págs. El apéndice «tropos y figuras» (págs. 203-236) es un repaso de figuras retóricas, algo desordenado y confuso.

346. Martínez, José Antonio: *Propiedades del lenguaje poético*, Oviedo, Universidad, 1975, 601 págs. Densa e importante aportación a —entre otras cosas— la retórica, desde una base lingüístico-estructural. Necesita ser limada y expurgada para alcanzar rigor y concreción, lo que la convertiría en la obra más importante española de este tipo. Cfr. 1962.

347. Corbett, Edward P. J.: *Classical Rhetoric for the Modern Student*, Oxford, Oxford Univ. Press, 1965, 596 págs.

347a. Lanham, Richard A.: *A Handlist of Rhetorical Terms*, Berkeley, University of California Press, 1968.

348. Brooks, C. y R. P. Warren: *Modern Rhetoric*, Nueva York, H. B. Jovanovich, 1979, 4.ª ed. renov., 402 págs.

V.3. DICCIONARIOS

349. *Diccionario de la Biblia.* Ed. castellana preparada por Serafín de Asenjo, Barcelona, Herder, 1967. Es traducción y adaptación del *Bibel-Lexicon* de Herbert Haag (Zurich-Colonia, Benziger, 1961, 4.ª ed. —1.ª: 1953—), 2.126 págs. Diccionario de cierta dignidad y bastante asequible. La obra de mayor importancia en este sentido, (349a) la *Encyclopaedia Biblica* (Jerusalén, desde 1950) está sin completar. Para otros diccionarios famosos que no reseñamos, V. Walford (pág. 22, 15): principalmente el de Hastings (1898-1904, 5 vols.) y el de Miller (1954).

350. Cotarelo y Mori, E.: *Diccionario biográfico y bibliográfico de calígrafos españoles*, Madrid, Tipografía de la RABM, 1914-1916, 2 vols. «Obra monumental y esencial en la materia, ordenada alfabéticamente por apellidos, incluyendo las biografías de los calígrafos estudiados con reproducción de facsímiles, textos, letrillas y descripción, a veces, de contenido de los libros fundamentales» (P. Sáinz Rodríguez). «Repertorio fundamental, construido con documentación de primerísima mano. Sus juicios, sin embargo, no siempre responden a la solidez informativa» (J. García Morales).

351. Schwartz, R. J.: *The Complete dictionary of abbreviations*, Nueva York, Crowell, 1955, 211 págs. «The most comprehensive dictionary of its kind, though the emphasis is on American usage» (Walford). Cfr. 39-44, 147, 356 y 355.

352. *Enciclopedia de la Cultura Española*, Madrid, Editora Nacional, 1962-1968, 5 vols. Más valiosa para los aspectos históricos que para los actuales. Juicios muy discutibles.

353. Ferrater Mora, José: *Diccionario de Filosofía*, Madrid, Alianza, 1979, 6.ª ed. renovada (1.ª: 1941), 4 vols. Cfr. 281.

354. López de Zuazo Algar, Antonio: *Diccionario del periodismo*, Madrid, Pirámide, 1978, 244 págs. Cfr. 296-298.

355. Praguer Froer, Héctor: *Diccionario Internacional de Siglas y abreviaturas*, Río de Janeiro, Muniz, 1956. Excelente diccionario que suele faltar en todos los libros de referencias.

356. Martínez de Sousa, José: *Diccionario internacional de siglas*, Madrid, Pirámide, 1978, 472 págs. Recuérdense las obras citadas en 39-44 y 147 para la abreviación de publicaciones periódicas.

357. Millán Contreras, Donato: *Diccionario internacional abreviado de siglas, contracciones y abreviaturas*, Madrid, Diasca, 1974, 238 págs. Muchos errores.

358. Pérez Rioja, J. A.: *Diccionario de símbolos y mitos*, Madrid, Tecnos, 1971, 2.ª ed. (1.ª: 1962), 434 págs. Cfr. 361.

359. Schawarz-Winklhofer, I. y H. Biedermann: *Das Buch der Zeichen und Symbole*, Graz, Austria, Verlag für Sammler, 1972, 281 págs.

360. *Wörterbuch der Reprographie*. Begriffe und Definiton in 1, deutsch-english-französisch; 2, english-französisch-deutsch; 3, französisch-deutsch-english, Munich, Verlag Dokumentation, 1976.

361. Cirlot, Juan Eduardo: *Diccionario de símbolos*, Barcelona, Labor, 1969, 495 págs. Cfr. 358-359.

Referencias. — V. III.3. Directorios. Los diccionarios específicos se verán en sus respectivos apartados: comunicación (V.2.5.), Historia de España (V.2.1.), aspectos culturales varios (V.2.2.), cronologías (V.2.3.), etc. Para los de lingüística V. el apartado siguiente (VI). Los de literatura y aspectos literarios en XII los universales, y en XIII.4. los españoles. Los relacionados con la imprenta, el libro y las bibliotecas se recensionan en VII.1.

VI

OBRAS Y ESTUDIOS LINGÜÍSTICOS

VI.1. OBRAS GENERALES

VI.1.1. *Diccionarios de Lingüística General. Bibliografías*

362. Serís, Homero: *Bibliografía de la lingüística española*, Bogotá, Instituto Caro y Cuervo, 1964, 981 págs. La más completa de las publicadas, aunque envejece rápidamente. Para bibliografía más actual y periódica, acúdase a Revistas profesionales, XXII.

363. Woodbridge, H. Ch. y P. R. Olson: *A tentative Bibliography of Hispanic Linguistics* (based on the studies of Y. Malkiel), Urbana, University of Illinois, 1952, 203 págs. Con unas 2.000 entradas y bastantes lagunas.

363a. Ball, W. y J. Germain: *Guide de Linguistique*, Lovaina, Peeters, 1979, 108 págs.

364. Dubois, J. (dir.): *Dictionnaire de Linguistique*, París, Larousse, 1972, 516 págs. Son muchos los diccionarios de este tipo. El que reseñamos posee, sin embargo, las características de cierta ponderación en el tratamiento de los aspectos más discutidos y una ordenación coherente y manejable que compagina el sistema diccionario con la presentación temática. Hay una traducción española (Madrid, Alianza, 1980).

365. Knobloch, J.: *Sprachwissenschaftliches Wörterbuch*, Heidelberg, Carl Winter, 1961-1976.

366. Hofmann, J. B. y H. Rubenhauer: *Wörterbuch der Grammatischen und Metrischen Terminologie*, Heidelberg, Carl Winter, 1963.

367. Lázaro Carreter, Fernando: *Diccionario de términos filológicos*, Madrid, Gredos, 1968, 3.ª ed. corr., 443 págs. A causa del avance vertiginoso de la Lingüística, lo más valioso de este diccionario estriba en todo el caudal de voces y conceptos tradicionales y en la información de un estado muy concreto de la Lingüística: el estructuralismo.

Referencias. — Una información más amplia se podrá encontrar en los repertorios de I.2.2. Véase también V.2.5. Comunicación; y, en seguida, XII, sobre el ámbito de la Romania.

VI.1.2. *Lenguas románicas*

Nos referiremos a los grandes estudios y manuales —con alguna concesión a obras muy pedagógicas— que pueden servir de entrada a un tan amplio campo como es éste. Algunos de los clásicos, en este terreno, se están reeditando: (368) Meyer-Lübke, W.: *Grammatik der Romanischen Sprachen* (1890-1902), reed. ahora en Hildesheim, G. Olms, 1972, 4 vols. La debida orientación bibliográfica puede conseguirse a través de las primeras entradas.

369. Bach, K. F. y G. Price: *Romance Linguistics an the Romance Languages: A Bibliography of Bibliographies*, Londres, Grant and Cutler, 1977, 194 págs.

369a. Ball, W. y J. Germain: *Guide Bibliographique de Linguistique Romane*, Lovaina, 1978, 267 págs.

370. Jauss, H. R. y E. Köhler (eds.): *Grundriss der Romanischen Literaturen des Mittelalters...*, Heidelberg, Carl Winter, 1968, y en publicación. Se prevé la aparición de trece volúmenes, de los que ya han visto tres la luz, el primero (1972) con estudios y bibliografía generales; el sexto, primera parte (1968), sobre literatura religiosa, didáctica, alegórica y satírica, y el sexto, segunda parte (1970), con la bibliografía y fuentes de aquellos mismos temas.

371. Braet, H. y J. Lambert: *Encyclopédie des études littéraires romanes*, Grand, Éditions Scientifiques, 1971.

372. Rohlfs, G.: *Romanische Philologie...*, su tercer volumen es el «Manual de Filología Hispánica. Guía bibliográfica, crítica y metódica», Bogotá, Instituto Caro y Cuervo, 1957, 379 págs. Se trata de una excelente guía, con abundantes notas críticas. Existe además una segunda edición del volumen primero de la misma obra: «Einführung in das Studium der Romanischen Philologie», Heidelberg, C. Winter, 1962.

373. Iordan, Iorgu: *Einführung in die Geschichte und Methoden der Romanischen Sprachwissenschaft...*, Berlín, Academie Verlag, 1962, 521 págs. Obra que data, en su redacción primitiva, de 1932 y ha sido traducida, refundida, adaptada, etc., numerosas veces. Debe acudirse, como más completas, o a la que reseñamos, o a la segunda edición rumana (Bucarest, 1962), o a la traducción y adaptación española, al cuidado de M. Alvar: *Manual de Lingüística románica*, de I. Iordan y M. Manoliu..., Madrid, Gredos, 1972, 2 vols., 698 págs. También M. Alvar reelaboró y editó su *Lingüística románica. Evolución, corrientes, métodos*, Madrid, Alcalá, 1967.

374. Bec, Pierre: *Manuel pratique de Philologie Romane*, París, Picard, 1970, 558 págs. El tomo I se refiere al italiano, español, portugués, occitano catalán y gascón, es el que hemos recensionado. El tomo II, al resto de la Romania (1971, 643 páginas).

375. Bourciez, E. y J. Bourciez: *Éléments de linguistique romane*, París, Klincksieck, 1967, 5.ª ed., 783 págs. «Breve y claro resumen de gramática comparada de las lenguas romances» (Tagliavini).

376. Lausberg, H.: *Lingüística románica*, Madrid, Gredos, 1965, 2 vols. aparecidos. La obra original apareció en Berlín, 1953 (4 vols.). Su estructura en la versión española: I, «Fonética» (556 págs.); II, «Morfología» (390 págs.). «Se trata de un excelente resumen de la gramática comparada de las lenguas neolatinas, cuyo único defecto es el ser excesivamente conciso» (Tagliavini). La edición española, más clara y legible que la original, se complementa con índices exhaustivos.

377. Monteverdi, A.: *Manuale di avviamento agli studi romanzi*. I. Le lingue romanze, Milán, 1952.

378. Palfrey, T. R. (et al.): *A Bibliographical guide to the romance languages and Literatures*, Evanston, Ill., Chandler, 1969, 7.ª ed., 122 págs.

379. Sergievskij, M. V.: *Vvedenic v romanskoe jazykoznanic* («Introducción a la lingüística romance»), Moscú, 1954, 2.ª ed. (1.ª: 1952). «Sin novedad en los resultados y no siempre al corriente de las investigaciones últimas, pero interesante por el planteamiento marxista» (Tagliavini).

380. Tagliavini, L.: *Orígenes de las lenguas neolatinas*, México, FCE, 1973 (según la 5.ª ed. ital.: 1969), 897 págs. «Un des manuels les plus complets, et d'un didactisme clair, pour tous les domaines relatifs à la romanistique» (Bec).

381. Varvaro, A.: *Storia, problemi e metodi della linguistica romanza*, Nápoles, 1968.

382. Vidós, B. E.: *Manual de Lingüística románica*, Madrid, Aguilar, 1963 (ed. orig.: 1956). Tiene menos valor que la obra de Tagliavini, a la que a veces sigue muy de cerca, aunque es más histórica y teórica que descriptiva. Tagliavini piensa, sin embargo, que es «excelente, informadísimo y profundo, y en buena parte enteramente personal».

383. Wartburg, W. von: *La fragmentación lingüística de la Romania*, Madrid, Gredos, 1952, 2.ª ed. aum., 208 págs. Es más completa la traducción francesa (París, 1967), revisada y puesta al día por el autor. Libro clásico, preciso y objetivo sobre la Romania, que puede tomarse como punto de partida.

Estas pocas papeletas finales recogen manuales menos eruditos y completos, con panoramas más sencillos y bibliografía ligera, no exentos de fallos que la simplificación lleva consigo.

384. Auerbach, E.: *Introduction aux études de philologie romane*, Frankfurt am Main, 1961, 2.ª ed.

385. Elcock, W. D.: *The Romance Languages*, Londres, Faber and Faber, 1975, ed. rev. por J. N. Green (1.ª: 1960), 589 páginas.

386. Posner, Rebecca: *The Romance Languages: A linguistic introduction*, Nueva York, Doubleday, 1966, obra elemental, para estudiantes americanos.

Referencias. — V. bibliografía adicional en XII.

VI.1.3. *El español*

En general y para cierto tipo de obras, como son gramáticas de la lengua española, diccionarios, etc., la recensión se apoyará muy mucho en los criterios de originalidad y rigor. Es frecuente que gramáticas y diccionarios de doctrina poco clara, en efecto, rehagan los manuales más clásicos retocándolos aquí y allá. Evidente en lo que se refiere a diccionarios léxicos. Las gramáticas, por otro lado, sufren como ninguna otra obra de los vaivenes de las teorías de vanguardia. Hemos procurado dar entrada a aquellas que, aun siendo así, han alcanzado cierto «clasicismo», junto a las que representan una línea renovadora dentro de un sistema coherente de entender la lengua. El excelente y equilibrado manual de Hockett (389), compensará las lagunas que se puedan encontrar en este terreno.

387. Pottier, Bernard: *Introduction à l'étude de la philologie hispanique*, París, Éditions Hispanoaméricaines, 1960, 2.ª ed. (1.ª: 1957-1958), 2 vols., ed. retocada en París, Éds. HA, 1972, 246 págs. Aunque bastante parcial en sus planteamientos y excesivamente expeditivo, son escasos los libros que, como éste, abren el panorama general de la Filología española.

388. *Enciclopedia Lingüística Hispánica*, dirigida por Manuel Alvar (et al.), Madrid, CSIC, 1960-1962 (vol. 1.º y suplemento), 1967 (vol. II). En publicación. Ambicioso plan del que sólo han aparecido las partes de «Antecedentes. Onomástica» (vol. 1.º) y «Elementos constitutivos del español» (vol. 2.º) además de un suplemento debido a Dámaso Alonso.

389. Hockett, Charles F.: *Curso de Lingüística moderna*, Buenos Aires, Eudeba, 1971 (trad. y adap. de la 4.ª ed. inglesa: 1962), 623 págs. Excelente adaptación de un clásico de la lingüística contemporánea, tomando como base la lengua española en todos sus aspectos: históricos, fonológicos, gramaticales, etc. Esta perspectiva sólo se podrá hallar de manera más esporádica en otro lingüista español: Rodríguez Adrados.

390. Rodríguez Adrados, F.: *Lingüística estructural*, Madrid, Gredos, 1974, 2.ª ed. rev. y aum., 2 vols. Compendio sistemático que puede servir de base a los estudios lingüísticos actuales.

391. Sánchez de Zavala, Víctor (ed.): *Semántica y Sintaxis en la Lingüística transformatoria*, Madrid, Alianza Universidad, 1974-1977, 3 vols. Corpus de estudios básicos presentados por V. Sánchez de Zavala, y ordenados temática y cronológicamente para seguir el desarrollo de la corriente generativista. En su mayor parte —todavía a nivel teórico— toman como punto de referencia la lengua inglesa.

392. *Presente y futuro de la lengua española*. Actas de la Asamblea de Filología del I Congreso de Instituciones Hispánicas, Madrid, OFINES-Cultura Hispánica, 1964, 2 vols. Las diversas ponencias constituyen, a veces, síntesis sobre aspectos esenciales de nuestro idioma hoy. De no ser por la irregularidad y los desniveles, podría recomendarse como una enciclopedia de la lengua española.

393. Alcina Franch, Juan y José Manuel Blecua: *Gramática Española*, Barcelona, Ariel, 1975, 1.244 págs. La más rigurosa y completa de las gramáticas actuales de la lengua española, sólo superada en algunos aspectos por el *Esbozo* de la Real Academia Española (394). Extensa bibliografía.

394. Real Academia Española: *Esbozo de una nueva gramática de la Lengua española*, Madrid, Espasa-Calpe, 1973, 592 páginas. En ella se han integrado, muy renovados, los conocidos trabajos gramaticales de Salvador Fernández Ramírez y Samuel Gili Gaya. Es la más importante renovación de la doctrina gramatical de la Real Academia, recogiendo mucho de lo ya asentado por la lingüística contemporánea, sobre todo en el terreno de la Fonología. En cuestiones normativas se debe preferir a cualquier otra.

395. Seco, Manuel: *Gramática esencial del español. Introducción al estudio de la Lengua*, Madrid, Aguilar, 1972, 259 págs.

A pesar de su brevedad y aparente sencillez —es uno de sus muchos méritos—, se trata de una preciosa síntesis de nuestro idioma, escrita con amenidad y rigor.

396. Alonso, Amado y P. Henríquez Ureña: *Gramática castellana...*, Buenos Aires, Losada, 1966, 21.ª ed. (ed. orig.: 1948), 2 vols. Manualillos para la enseñanza media en Hispanoamérica, que durante mucho tiempo se han venido citando como ejemplares. Sin menoscabo de su evidente valor, hoy resulta algo enteca y atrasada, al haber aparecido en el mercado manuales del mismo género más completos y atractivos, como el del propio Seco (395).

397. Jauralde Pou, Pablo: *Introducción al conocimiento de la Lengua Española*, León, Everest, 1973, 444 págs. Panorama general y sencillo de la lengua española a todos los niveles (normativo, histórico, etc.). V. también el volumen VIII de la *Enciclopedia Universal Básica* (Madrid, Más Actual, 1978).

398. Marcos Marín, Francisco: *Aproximación a la gramática española*, Madrid, Cincel, 1974, 2.ª ed. ampl. (1.ª: 1972). Intento serio de incorporar a los estudios concretos de la lengua española las novedades en el terreno de la lingüística contemporánea. Como todo ensayo, está falto de una tradición que poco a poco irá alcanzando. Su última versión, muy depurada: *Curso de Gramática Española*, Madrid, Cincel-Kapelusz, 1980, 541 págs.

399. Saporta, Sol y H. Contreras: *A Phonological Grammar of Spanish*, Seattle, Univ. of Washington, 1962, 43 págs.

400. Navarro Tomás, Tomás: *Fonología española*, Nueva York, Las Américas, 1946 (reeditado en 1966), 224 págs. Es una fonología diacrónica.

401. Alarcos Llorach, Emilio: *Fonología española*, Madrid, Gredos, 1965, 4.ª ed. (1.ª: 1950), 232 págs. Según las doctrinas de la Escuela de Praga.

402. Macpherson, I. R.: *Spanish Phonology: Descriptive and Historical*, Manchester, 1975.

403. Harris, James W.: *Fonología Generativa del Español*, Barcelona, Planeta, 1975, 404 págs. No es una fonología sistemática, sino una recopilación de trabajos que cubren un amplio

campo en el terreno de la fonología española, desde el punto de vista de la gramática generativa.

404. Navarro Tomás, T.: *Manual de Pronunciación Española*, Madrid, Revista de Filología Española, 1972, 17.ª ed. (1.ª: 1918), 328 págs. Manual clásico que, en conjunto, todavía no ha sido superado; aunque para el tratamiento de muchas cuestiones deben buscarse ya otras fuentes de información más actuales, por ej. Alcina-Blecua (393) y el *Esbozo* (394) para la fonología.

405. Navarro Tomás, Tomás: *Manual de Entonación Española*, Nueva York, Hispanic Institute, 1948, 2.ª ed. (1.ª: 1944). También un modelo en su género, muy clásico, inserto en un corpus de doctrinas que han hecho escuela (métrica, fonología, pronunciación...). Se ha reeditado en España recientemente (Madrid, Guadarrama).

Los aspectos históricos de la lengua española deben comenzar a considerarse a través del magistral manualillo de Rafael Lapesa (408) o por calas y estudios concretos de épocas o autores determinados (para lo cual V. infra). Son clásicos en este sentido que no se deben olvidar:

406. Menéndez Pidal, Ramón: *Manual de gramática histórica española*, Madrid, Espasa-Calpe, 1966, 12.ª ed. (1.ª: 1904). Obra clásica y todavía vigente. Su título más exacto, sin embargo, sería el de «fonética y morfología históricas». No existe, como obra de conjunto, una sintaxis histórica de la lengua española. Por otro lado, y en tanto no se publiquen engavillados el conjunto de trabajos sobre historia de la lengua que publicó el maestro de la filología española, debe acudirse a su serie de publicaciones en la editorial Espasa-Calpe (col. «Austral»), en donde se hallan recolectados. En su mayoría se citan en el período a que se refieren (1294 y 1294a, 1233-1234d y 1507-1507d).

407. García de Diego, Vicente: *Gramática histórica española*, Madrid, Gredos, 2.ª ed., 1961, 442 págs.

408. Lapesa, Rafael: *Historia de la lengua española*, Madrid, Gredos, 1980, 8.ª ed. rev. y muy aum., 682 págs. Excelente manual, cuyo uso es indispensable. Su autor trabaja hace tiempo

en una sintaxis histórica del español, de la que han aparecido capitulillos sueltos, muy dispersos, por lo que reseñamos algunos de los más importantes, habida cuenta de su calidad y de la dificultad de encontrar una bibliografía más amplia y más completa en este campo. 408a. «El, la, lo como antecedente de relativo en español», apud F. Marcos Marín, 398, págs. IX-XVII. 408b. «Evolución sintáctica y forma lingüística interior en español», en las *Actas del XI Congreso Internacional de Lingüística y Filología Románicas* (Madrid, 1965), Madrid, CSIC, 1968, páginas 201-213. 408c. «Sobre problemas y métodos de una sintaxis histórica», en el *Homenaje a X. Zubiri*, Madrid, 1970, páginas 201-213. 408d. «Los casos latinos: restos sintácticos y sustitutos en español», *BRAE*, 1964, XLIV. 408e. «La ruptura de la 'consecutio temporum' en Bernal Díaz del Castillo», en *Anuario de Letras* (México), 1968-1969, VII, págs. 73-83. 408f. «Sobre las construcciones 'con sola su figura', 'Castilla la gentil' y similares», *Ibérida*, III, págs. 83-95. 408g. «Del demostrativo al artículo», *NRFH*, 1961, XV, págs. 23-44. 408h. «El artículo como antecedente del relativo en español», en *Homenaje* (Instituto de Estudios Hispanoportugueses e Iberoamericanos, Universidad de Utrech, La Haya), 1966, págs. 287-298. 408i. «El artículo con calificativo o participios no adjuntos a sustantivo en español», en ... *Mélanges*... *G. Straka*, Lyon-Estrasburgo, 1970, vol. II, páginas 78-86. 408j. «El artículo ante posesivo en castellano antiguo», en *Sprache und Geschichte Festschrift für Harri Meier*, Munich, 1971, págs. 277-296. 408k. «Sobre los orígenes y evolución del leísmo, laísmo y loísmo», en *Festschrift W. von Wartburg*, Tubinga, 1968, págs. 523-551. 408l. «Personas gramaticales y tratamientos en español», en *RUM*, Homenaje a M. Pidal, 1970, XIX, páginas 141-167. 408m. «Las formas verbales de segunda persona y los orígenes del voseo», en las *Actas del III Congreso Internacional de Hispanistas*, México, El Colegio de México, págs. 519-531. 408n. «Los provenzalismos del Fuero de Valfermoso de las Monjas (1189)», *Phil. Q.*, 1972, LI, págs. 54-59. 408o. «Un/una as the indefinite article in Spanish», en *Issues in Linguistics. Papers in Honor of Henry and Renée Kahane*, Urbana, University of Illinois Press, 1973, págs. 492-503. 408p. «El sustantivo sin actualizador en español», en *Estudios Filológicos y Lingüísticos*, Homenaje a Ángel Rosenblat, Caracas, 1974. 408q. «Sobre dos tipos de subordinación causal» en *Estudios Ofrecidos a Emilio Alarcos Llorach*, Oviedo, Universidad, 1978, vol. III, págs. 173-205. En fin, véanse además dos importantes recolectas de artículos, preferentemente literarios, pero el apoyo lingüístico es siempre sustancial, en: 408r. *De la Edad Media a nuestros días...*, Madrid, Gredos, 1967, 310 págs. Y 408s. *Poetas y prosistas de ayer y de hoy...*, Madrid, Gredos, 1977, 424 págs.

409. Bolaño e Isla, Amancio: *Manual de historia de la lengua española*, México, Porrúa, 1971, 3.ª ed. (1.ª: 1959), 221 págs. Simplificación escolar de la obra mayor de Lapesa.

410. Alonso, Amado: *De la pronunciación medieval a la moderna en español*, Madrid, Gredos, 1967-1969, 2.ª ed. (1.ª ed. del vol. I: 1955), 2 vols. y en publicación. La obra fue ultimada por Rafael Lapesa. Obra riquísima que acomete el estudio en profundidad y extensión de los problemas históricos de la *b/v*, de la *d*, de la *ç/z/c* (todo ello en el volumen primero), y de la *-s-/-ss-*, con el problema del ceceo y el seseo, y *s/z/j* finales (volumen segundo).

411. Marrero, Carmen: *Cuarenta lecciones de historia de la lengua española*, Madrid, Playor, 1978, 155 págs. Se ocupa de los hitos de la historia de la lengua española a través de alguna gran obra o autor. Es ensayo de divulgación, escrito con amenidad.

412. Trend, John B.: *The Language and History of Spain*, Londres, Hutchinson University Library, 1953, 189 págs.

413. Spaulding, Robert K.: *How Spanish Grew*, Berkeley y Los Ángeles, University of California Press, 1968, 2.ª ed. (1.ª: 1962).

414. Entwistle, William: *Las lenguas de España*, Madrid, Istmo, 1972 (ed. orig.: 1936), 420 págs. Panorama de las lenguas de España a través de un estudio de su historia.

Para dilucidar cuestiones ortográficas debe acudirse a las publicaciones académicas, principalmente al *Esbozo* (394) y al *Diccionario* (424), o bien a la siguiente sucinta exposición:

415. Real Academia Española: *Ortografía*, Madrid, Real Academia Española, 1974 (reed.).

416. Gili Gaya, Samuel: *Ortografía práctica española*, Barcelona, Bibliograf, 1977, 7.ª ed., 101 págs.

417. Polo, José: *Ortografía y ciencia del lenguaje*, Madrid, Oficina de Educación Iberoamericana, 1974, 580 págs. Con tratamiento extenso y consideración crítica de estos aspectos.

418. Rosenblat, Ángel: *Las nuevas normas ortográficas y prosódicas de la Academia Española*, Madrid, Oficina de Educación Iberoamericana, 1970, 3.ª ed., reimpr. También la exposición se acompaña de jugosos y certeros comentarios críticos. Téngase en cuenta que en nuestro país existen, en este sentido, pocas obras que puedan recomendarse sin reservas (V. no obstante toda la serie 393-398), al contrario que en otros países donde la ortografía es motivo constante de preocupación. Como ejemplos:

418a. Borner, W.: *Die Französische Ortographie*, Tubinga, Niemeyer, 1977, 95 págs.

418b. Blanche-Benveniste, Claire y A. Cheruel: *L'Ortographe*, París, Maspero, 1978, nueva ed. aum.; 260 págs. Lo único que se puede encontrar son las series y muestras, es decir, los diccionarios ortográficos:

419. *Diccionario abreviado ortográfico de la lengua española*, Barcelona, Bibliograf, 1976, reed., 416 págs. O las obras que sólo tangencialmente se refieren a la ortografía:

420. Mata I Garriga, Marta y J. M.ª Cormand I Muñoz: *Cuadros de fonología castellana para la enseñanza de la lectura y la escritura*, Barcelona, Bibliograf, 1978, 136 págs. Otros libros son exposiciones asépticas y poco útiles que se deben desaconsejar:

420a. Onieva, Antonio J.: *Tratado de ortografía razonada*, Madrid, Paraninfo, 1969, 238 págs. La Lingüística ha avanzado lo suficiente en estos últimos años como para que el problema ortográfico se explique y se trate a partir de sus raíces históricas y de sus razones lingüísticas.

En el terreno de la dialectología nos contentaremos con reseñar los dos trabajos más completos existentes, a nivel general el primero, a nivel de la dialectología española el segundo. Ambos con soportes bibliográficos suficientes como para profundizar en el campo:

421. Pop, Sever: *La Dialectologie: Aperçu historique et méthodes d'enquêtes linguistiques*, Lovaina, Universidad de Lovaina-Unesco, 1950, 2 vols.
422. Zamora Vicente, Alonso: *Dialectología española*, Madrid, Gredos, 1967, 2.ª ed. (1.ª: 1960), 588 págs.

Referencias. — Cada uno de los apartados de lengua en XVI, XVII, XVIII, XIX y XX recoge la bibliografía específica del período correspondiente.

VI.2. DICCIONARIOS Y REPERTORIOS

VI.2.1. *Diccionarios y repertorios generales y léxicos*

422. Alonso, Martín: *Enciclopedia del idioma: Diccionario histórico y moderno de la lengua española (siglos XII al XX), etimológico, tecnológico, regional e hispanoamericano*, Madrid, Aguilar, 1958, 3 vols. Enorme caudal de material lingüístico, mal ordenado, mal interpretado y mal estudiado.
423. Real Academia Española: *Diccionario de Autoridades*, Madrid, Gredos, 1963, ed. facs. (ed. orig.: 1726), 3 vols. La primera y brillante empresa de la Real Academia fue la confección de este diccionario. Obra colectiva, no exenta de rigor, que aporta un material abundante y precioso. De este diccionario derivan, en realidad, todos los restantes de la Real Academia y, a través de éstos, muchísimos de los diccionarios actuales en el mercado. Para léxico del Siglo de Oro, modismos y refranes no conozco repertorio más rico.
424. Real Academia Española: *Diccionario de la Lengua Española*, Madrid, Real Academia Española, 1970 (19.ª ed.). Deriva, por decantación de las sucesivas ediciones, del *Diccionario de Autoridades*. El mayor problema que tiene no es, como muchos piensan, «ponerse al día» acogiendo novedades léxicas y semán-

ticas (acepciones) —tarea que en esta última edición realiza un apéndice debido a Rafael Lapesa—, sino desprenderse del lastre de lo ya viejo e inusual. Es el modelo sobre el que se han confeccionado todos los diccionarios comerciales, excepto algunos pocos, que son los únicos que reseñamos.

425. Real Academia Española: *Diccionario manual e ilustrado de la lengua española*, Madrid, Espasa-Calpe, 1980, 8.ª reimpr. de la 2.ª ed. (1950), 1.572 págs.

426. Alemany y Bolufer, José: *Nuevo diccionario de la lengua española*, Barcelona, Sopena, 1964 (1.ª ed.: 1957), 1.130 págs.

427. Casares, Julio: *Diccionario ideológico de la lengua española*, Barcelona, Gustavo Gili, 1969, 2.ª ed. Intenta —y lo hizo prematuramente desde un punto de vista estrictamente lingüístico— una clasificación onomasiológica, es decir: suponer un universo semántico al que se refiere el léxico. Eso hace que sirva como excelente diccionario de sinónimos y antónimos. Se está quedando anticuado.

428. *Diccionario Anaya de la Lengua*. Presentación de F. Lázaro Carreter, Salamanca, Anaya, 1978, 696 págs. Interesante ensayo de un diccionario para escolares.

429. *Diccionario General Ilustrado de la Lengua española*, Barcelona, Bibliograf, 1973, 3.ª ed. corr. y ampl. Revisión por Samuel Gili Gaya. Más audaz que el de la Real Academia, integra el excelente *Diccionario de sinónimos* (435) de Gili Gaya y añade partes (ilustraciones, prácticas, cuadros...) enciclopédicas.

430. Moliner, María: *Diccionario de uso del español*, Madrid, Gredos, 1966, 2 vols. Extraordinaria aportación al estudio de la lexicografía española. Al margen de algunas mojigaterías, que es de esperar se corrijan en sucesivas ediciones, su sistema de ordenación —varios tipos de letras según el uso del término, por familias lingüísticas...— y la cantidad de información (gramatical, etimológica, sinónimos y antónimos, modismos...) que contiene hacen de él un instrumento de ayuda y consulta indispensable.

431. Toro y Gisbert, M. de: *Pequeño Larousse ilustrado*, reformado y aum. por R. García Pelayo y Gross, París, Larousse,

1970, 7.ª ed. Contiene, además del diccionario propiamente dicho, una parte enciclopédica de tipo onomástico.

432. Zamora Vicente, Alonso: *Diccionario moderno del español usual*, Madrid, Sader, 1975, 1.063 págs. Con una inteligente revisión de algunos de los aspectos inmaduros en el *Diccionario* de la Academia, por ejemplo en lo que se refiere a americanismos.

433. Andrés, M. F.: *Diccionario español de sinónimos y equivalentes*, Barcelona, Aedos, 1969, 5.ª ed., 338 págs. Obra de poco valor, pero de fácil consulta.

434. Barcia, Roque: *Diccionario de sinónimos castellanos*, Buenos Aires, Librería el Ateneo, 1944, 3.ª ed. (1.ª: 1939).

435. Gili Gaya, Samuel: *Diccionario de sinónimos*, Barcelona, Bibliograf, 1968, 3.ª ed. corr. y aum. Es el mejor de toda la serie y, en realidad, el único original, ya que no sólo prové de listas léxicas, sino que explica los matices en que se asientan los juegos sinonímicos y antonímicos, aprovechando aportaciones anteriores valiosas.

436. Sáinz de Robles, Federico Carlos: *Diccionario español de sinónimos y antónimos*, Madrid, Aguilar, 1965, 6.ª ed., 1.150 páginas. A pesar de su volumen, tiene poco valor y está escrito apresuradamente. La siguiente edición (la 7.ª, en 1967) lleva el título de *Ensayo de un diccionario español de sinónimos y antónimos*.

437. Santamaría, Andrés: *Diccionario de sinónimos, antónimos e ideas afines*, Barcelona, Sopena, 1969.

VI.2.2. *Otros diccionarios y repertorios lingüísticos*

438. Alfaro, Ricardo: *Diccionario de Anglicismos*, Madrid, Gredos, 1970, 2.ª ed. aum. (1.ª: 1950), 519 págs.

438a. Pratt, Ch.: *El anglicismo en el español peninsular contemporáneo*, Madrid, Gredos, 1980, 276 págs.

439. Fernández García, Antonio: *Anglicismos en el español*, Madrid, 1973, 293 págs.

440. Baralt, Rafael María: *Diccionario de galicismos*, Madrid, Imprenta Nacional, 1855. Se ha reeditado, junto con otras obras

literarias suyas, por G. Díaz Plaja en la *BAE* (Madrid, Rivadeneyra, 1967, págs. 163-461).

441. Terlingen, J. M.: *Los italianismos en español (desde la formación del idioma hasta principios del siglo XVIII)*, Amsterdam, 1943.

442. Morínigo, Marcos A.: *Diccionario Manual de americanismos*, Buenos Aires, Muchnik, 1966, 738 págs.

443. Besses, Luis: *Diccionario de argot español o lenguaje jergal, gitano, delincuente profesional y popular*, Barcelona, Sucesores de Manuel Soler, 1905. Para bibliografía más amplia consúltese el artículo de Carlos Clavería en 388. Se acaba de reeditar en facsimilar el repertorio de R. Campuzano (443a): *Origen, usos y costumbres de los gitanos...*, Madrid, 1980, 199 págs.

444. Cela, Camilo José: *Diccionario secreto*, Madrid, Alfaguara, 1969 (volumen primero), y Madrid, Alianza, 1974 (volúmenes segundo y tercero).

444a. León, Víctor: *Diccionario de argot español y lenguaje popular*, Madrid, Alianza, 1980, 157 págs.

445. Martín, Jaime: *Diccionario de expresiones malsonantes del español. Léxico descriptivo*, Madrid, Istmo, 1974, 382 págs. Estudio sincrónico hecho sobre fuentes orales, en Madrid, entre 1970-1973.

446. Juilland, A. y E. Chang-Rodríguez: *Frecuency Dictionary of Spanish Words*, La Haya, etc., Mouton, 1964, 500 págs.

447. Stahl y Gary, F. A. y E. A. Scavnicky: *A Reverse Dictionary of the Spanish Language*, Urbana, etc., Univ. of Illinois Press, 1973, 181 págs. Es una lista de palabras, ordenadas alfabéticamente a partir de la última letra de cada una. Trabajo hecho con computadoras, poco práctico en realidad: rimas, sufijos...

448. Moreno, Álvaro J.: *Voces homófonas, homógrafas y homónimas castellanas*, México, Porrúa, 1977, 2.ª ed. aum. (1.ª: 1975), 325 págs.

449. Real Academia Española: *Diccionario histórico de la lengua española*, Madrid, RAE, 1960 (fascículos). El último publicado, el XIII, comprende «Alexifármaco-Alitierno». Una de las mayores empresas de la filología española. Se piensa que

todavía tardará unos cuarenta años en terminarse. Se redacta por el Seminario de Lexicografía de la Real Academia, que dirige Rafael Lapesa.

450. Meyer-Lübke, W.: *Romanisches Etymologisches Wörterbuch*, Heidelberg, Carl Winters, 1930-1935, 2.ª ed. Última reimpresión: 1968.

451. Corominas, Joan: *Diccionario Crítico Etimológico de la Lengua Castellana*, Madrid-Berna, Gredos-Francke, 1954, 4 vols. Obra monumental, única en el panorama de la filología española. Ha comenzado a publicarse la 2.ª ed.: J. Corominas y J. A. Pascual: *Diccionario Crítico Etimológico Castellano e Hispánico*, Madrid, Gredos, 1980 y en publicación. Han aparecido los cuatro primeros vols. de los 6 que tendrá la nueva edición.

452. Corominas, Joan: *Breve Diccionario Etimológico de la Lengua Castellana*, Madrid, Gredos, 1961. Versión sucinta del anterior, sin el aparato bibliográfico ni las discusiones críticas. Téngase en cuenta que, pese a su brevedad y sencillez, acoge algunas de las correcciones que se hicieron a la edición monumental en cuatro volúmenes.

453. García Hoz, Víctor: *Diccionario escolar etimológico*, Madrid, Magisterio español, 1977, 7.ª ed. (1.ª: 1966), 738 págs.

454. García de Diego, Vicente: *Diccionario etimológico español e hispánico*, Madrid, Saeta, 1954.

455. García de Diego, Vicente: *Diccionario de voces naturales*, Madrid, Aguilar, 1968, 723 págs. Fundamental para el lenguaje onomatopéyico y expresivo.

456. Cuervo, Rufino José: *Diccionario de construcción y régimen de la lengua castellana*, Barcelona, Herder, en publicación y continuación la edición original (París, A. Roger y F. Chernoviz, 1886-1893, 2 vols.: A-B y C-D). El volumen III, por fascículos, llega al noveno de ellos, hasta «entregar».

457. Eseverri Hualde, C.: *Diccionario etimológico de helenismos españoles*, Burgos, Imprenta Aldecoa, 1945. Reed. en Madrid, 1979, 2.ª ed., 727 págs.

458. Alvar, Elena: *Índices de voces y fonemas de la RFE (tomos I-XLV)...*, Madrid, CSIC, 1969.

459. Fontecha, Carmen: *Glosario de voces comentadas en ediciones de textos clásicos*, Madrid, s.a., 1941.

460. Seco, Manuel: *Diccionario de dudas de la lengua española*, Madrid, Aguilar, 1970, 5.ª ed., 2.ª reimpr. Es la obra más recomendable entre las de su serie, pero, como todas ellas, no se ha puesto al día recogiendo las continuas disposiciones académicas. Debe consultarse, pues, con cautela.

461. Corripio, Fernando: *Diccionario de incorrecciones*, Barcelona, Bruguera, 1975, 655 págs.

462. Martínez Amador, Emilio: *Diccionario gramatical*, Barcelona, Sopena, 1961, 1.498 págs. Se refiere a los campos de la gramática, la retórica, la ortografía y aspectos dispersos varios (abreviaciones, títulos, etc.).

463. Martínez de Sousa, José: *Dudas y errores del lenguaje*, Barcelona, Bruguera, 1977, 2.ª ed. (1.ª: 1974), 430 págs.

464. Bellsola, Domingo G.ª: *Diccionario de la rima, con brebres nociones de preceptiva literaria*, Madrid, 1973, 273 págs.

465. Nehama, J.: *Dictionnaire Judéo-espagnol*. Avec la collaboration de J. Cantera, Madrid, 1977, 610 págs.

466. Arthaber, A.: *Dizionario comparato de proverbi e modi proverbiali italiani, latini, francesi, spagnoli, tedeschi, inglesi e greci antichi*, Milán, Hoepli, 1952, 2.ª ed. (1.ª: 1929), 892 págs. Por sus correspondencias idiomáticas es muy práctico, aunque el más extenso es el (466a) *Stevenson's Book of proverbs, maxims and familiar phrases* (Nueva York, Mac Millan, 1948, 2.957 páginas), que recoge unos 70.000 refranes.

467. Goicoechea Romano, Cesáreo: *Diccionario de citas, verdades y semiverdades, axiomas y paradojas, flores del genio y del ingenio...*, Madrid, Labor, 1962, 2.ª ed. (1.ª: 1952), 889 páginas.

468. Sintes Pros, Jorge: *Diccionario de aforismos, proverbios y refranes. Con su interpretación para el empleo adecuado y con equivalencias en cinco idiomas*, Barcelona, Sintes, 1967, 4.ª ed. (1.ª: 1961), 894 págs.

469. Sbarbi, José María: *El refranero general español*, Ma-

drid, A. Gómez Fuentenebro, 1874-1878, 10 vols. Reed. en Madrid, Atlas, 1980, 10 vols.

470. Sbarbi, José María: *Diccionario de refranes, adagios, proverbios, modismos, locuciones y frases proverbiales de la lengua española*, Madrid, Hernando, 1922, 2 vols.

471. Martínez Kleiser, Luis: *Refranero general ideológico español*, Madrid, Hernando, 1978, 2.ª ed. (1.ª: 1953), 783 págs. Es una de las mejores colecciones actuales, por su ordenación y por la selección, que evita la mezcla con otras unidades lingüísticas muy semejantes.

472. Campos, Juana G. y Ana Barella: *Diccionario de refranes*, Madrid, Real Academia Española, 1976, 534 págs.

473. Caballero, Ramón: *Diccionario de modismos de la lengua castellana*, Buenos Aires, El Ateneo, 1942, reed. (ed. orig.: 1905), 1.179 págs. Nos falta un buen diccionario de modismos. El que reseñamos, a pesar de ser el más completo de la serie, padece de los problemas tradicionales sobre definición, descripción y ordenación de los modismos. Cfr. Correas, 1493, y lo dicho en 423.

474. Iribarren, José María: *El porqué de los dichos. Sentido, origen y anécdota de los dichos, modismos y frases proverbiales de España...*, Madrid, Aguilar, 1974, 4.ª ed. (1.ª: 1955), 732 págs. Puede utilizarse como diccionario de modismos —explicados— y recolecta de curiosidades literarias.

475. Vega, Vicente: *Diccionario ilustrado de frases célebres y citas literarias*, Barcelona, Gustavo Gili, 1966, 4.ª ed. (1.ª: 1952), 939 págs.

476. Montoto, Luis: *Personajes, personas y personillas que corren por las tierras de ambas Castillas...*, Sevilla, Gironés, 1921-1922, 2.ª ed. (1.ª: 1911-1913), 2 vols. Obra fundamental para la interpretación de dichos populares, alusiones folklóricas, etc.

Referencias. —Los Diccionarios sobre la Imprenta, el libro y las bibliotecas, en VII. En el apartado anterior, el V, se recogieron los de ciencias afines, aspectos auxiliares, etc. En XVI, XVII, XVIII, XIX y XX los referidos a cada período. Una relación más completa se hallará en los libros reseñados en I y III.

VII

IMPRENTA. LIBROS. BIBLIOTECAS

El objeto literario se trasmite fundamentalmente por escrito. El «texto» ha pasado en muchos casos a ser sinónimo de «lo literario». Como instrumento trasmisor a veces ha impuesto muchas de sus condiciones materiales al contenido y carácter mismo de la obra: folletines, publicaciones periódicas, libros artísticos... Como sostén a través de los siglos del testimonio literario, su papel es esencial. Todo ello hace que el conocimiento del mundo de los libros sea inseparable del estudio y la investigación de la Literatura.

Los estudios de biblioteconomía, bibliografía, etc., han variado, sin embargo, enormemente con el paso del tiempo y la aplicación de nuevos métodos a la producción de textos. Hoy se habla de una «textología» como introducción al estudio crítico de los textos (V. en Crítica textual); pero para los primeros tiempos de la literatura española son además los conocimientos de Paleografía y de Archivística (VIII y X) los que interesa poner en juego. El conocimiento del libro y de las bibliotecas de otrora es objeto de la Bibliología. La organización de las bibliotecas, de la Biblioteconomía. La elaboración y estudio de lo escrito en torno a un autor, obra o tema, de la Bibliografía, etcétera. Como se verá, el campo es muy extenso. Su complejidad y extensión se acrecienta hasta lo inabarcable en nuestros días, tanto por la diversidad de procedimientos en uso para la producción de textos, como por su cantidad y dispersión (V.I.1. Control bibliográfico).

Algunas grandes editoriales se han especializado en el campo de la producción del libro y organización de las bibliotecas: conviene que el estudioso conozca al menos la labor de la casa Bowker (Londres y Nueva York) y Verlag Dokumentation (Munich). Sus aportaciones bibliográficas más importantes se han integrado en la bibliografía de este *Manual*. La primera de ellas produce una serie de publicaciones que representan el esfuerzo más considerable para mantenerse al tanto de lo que se publica hoy en todo el mundo, y preferentemente en América, por ejemplo:

477. *American Book Publishing Record Annual Cumulatives*, desde 1950.

477a. *American Book Publishing Record Cumulative 1950-1977* (1979, 15 vols.).

477b. *American Book Trade Directory 1978-1979*, edición revisada anualmente (la última, 1978, 1.021 págs.).

477c. *American Library Directory*, revisada anualmente (1978, 1.699 págs.).

477d. *Books in Print 1979-1980*, anual, última ed. 1979, con suplementos periódicos.

477e. Tebbel, J.: *History of Book Publishing in the United States*, 1972 (en publicación), 3 vols. (falta el 4.º y último). Etc. Publica también series similares, aunque menos completas, para España (reseñado en 105), Canadá, Australia, Inglaterra, y otros países. Su corpus de publicaciones sobre el mundo del libro cubre un área muy amplia, con títulos como:

478. *The Bowker Annual of Library and Book Trade Information*, 1979, es la 24.ª ed. de una publicación anual.

478a. Plamer, R. Ph.: *Case Studies in Library Computer Systems*, 1973, 214 págs.

478b. Johnston, Donald: *Copyright Handbook*, 1978, 309 páginas.

478c. Smith, D. C. Jr.: *Guide to Book Publishing*, 1966, 244 páginas, existe edición española. Todo ello sin referirnos al tratamiento específico de muchos problemas y aspectos relativos al libro, de los que son muestra:

479. Peters, Jean (ed.): *Book Collecting*, 1977, 288 págs., colectivo que ha tenido su continuación en:

479a. *Collectible Books*, 1979.

479b. Rice, Stanley: *Book Design*, 1978, 2 vols.: I. «Systematic Aspects», 274 págs.; II. «Text Format Models», 215 páginas.

479c. Hamilton, B. y W. B. Ernst: *Multitype Library Cooperation*, 1977, 216 págs.

479d. Knight, D. M. y Sh. Nourse: *Libraries at Large*, 1969, 664 págs. Etc.

Divido la sección en seis apartados: para Bibliografía del tema, Directorios, Diccionarios y obras generales el primero de ellos; sobre Bibliografía el siguiente; trata todos los aspectos históricos el tercero; el cuarto recoge algunas técnicas de trabajo de organización del mundo del libro; en el quinto se relacionan algunas obras sobre sociología del libro, y, por fin, el sexto y último apartado es una recensión de revistas y publicaciones periódicas sobre el tema.

VII.1. BIBLIOGRAFÍA, DIRECTORIOS, DICCIONARIOS Y OBRAS GENERALES

480. Lehmann-Haupt, Hellmut: *One hundred books about bookmaking: a guide to the study and appreciation of printing*, Nueva York, Columbia University Press, 1949, 87 págs. Bibliografía clasificada y anotada.

481. Mc Murtrie, Douglas C.: *The invention of printing; a bibliography...*, Chicago, Chicago Club of Printing House Craftsmen, 1942, 413 págs. Reseña alrededor de 3.000 títulos, brevemente comentados.

482. Legenfelde, Helga y G. Hauser: *Die Fachliteratur zum Busch und Bibliothekswesen*, Munich, Verlag Dokumentation, 1976, 704 págs. Reseña unas 9.000 publicaciones aparecidas entre 1973-1975, ordenada por países.

483. Linares, Emma: *Bibliografía Bibliotecológica*, Washington, Pan American Union, 1960, 233 págs. Es la bibliografía que contiene más referencias a trabajos españoles y sobre España.

484. Petzholdt, J.: *Bibliotheca Bibliographica*, Nieuwkoop, B. de Gaaf, 1972.

485. Amstutz, W.: *Who's who in graphic art...*, Zurich, Amstutz and Herdeg Graphic Press, 1962, 586 págs. Ordenada por países, amplia bibliografía sobre unos 400 tipógrafos, compositores, etc.

486. Fang, J. R. y A. H. Songe: *International Guide to Library, Archival and Information Science Associations*, Londres-Nueva York, Bowker, 1976, 354 págs.

487. *International Book Trade Directory*, Nueva York-Londres, Bowker, 1979, 512 págs. Provee de información sobre unas 30.000 empresas editoriales de 170 países del todo el mundo, excepto Estados Unidos.

488. Sheppard, R. y J. (eds.): *International Directory of Book Collectors*, 1978-1980, Beckenham, Kent, Trigon Press, 1979, 2.ª ed., 278 págs. Relación de coleccionistas, con su nombre, dirección, principales fondos bibliográficos de la colección, libros de calidad o interés, etc.

489. Taubert, Sigfred (ed.): *Book Trade of the World*, Hamburgo, Verlag für Buchmarkt-Forschung, 1972-1979, 3 vols. El volumen primero (1972, 543 págs.) se refiere a Europa. Sobre este campo puede uno obtener información periódica a través de 489a. *The Bowker Annual of Library and Book Trade Information*.

490. Albani, Juan (et al.): *Manual de Bibliotecología*, Buenos Aires, Kapelusz, 1968, 2.ª ed., 212 págs.

491. Allen, E. M.: *Harper's Dictionary of the graphic arts*, Nueva York, Harper, 1963, 295 págs. Diccionario de unas 60.000 entradas que incluye no sólo la definición del término, sino también principios de impresión, prácticas, metodología, etc.

492. Becker, Gustav: *Catalogi bibliothecarum antiqui...*, Hildesheim, G. Olms, 1973, reed. de la ed. orig. (1885). La casa Olms

viene reeditando los grandes diccionarios, repertorios, etc. Recuérdense especialmente:

492a. Ebert, F. A.: *Allgemeines Bibliographisches Lexicon* (1821), reed. en 1965, 2 vols.

492b. Weller, E.: *Lexicon Pseudonymorum...* (1866) reed. en 1963, 627 págs. También obras españolas, entre las cuales la de Dionisio Hidalgo (98), Elías de Molíns, etc.

493. Buonocore, Domingo: *Diccionario de Bibliotecología*, Santa Fe (Argentina), Castellví, 1963, 336 págs.

494. Carter, J. W.: *Taste and Technique in book collecting*, Londres, 1970, reed. (ed. orig.: 1948), «Is an elegant account of a pursuit that has always had a considerable effect upon bibliographical studies» (Gaskell).

495. Carter, J. W.: *ABC for Book-collectors*, Londres, Hart-Davis, 1972, 5.ª ed. «Contains much miscellaneous information which bibliographers will find useful» (Gaskell). «Is indispensable for its lucid exposition of technical terms» (Bateson).

496. Clason, W. E.: *Elsevier's dictionary of library science, information and documentation...*, Amsterdam, Elsevier, 1973, 597 págs. En seis idiomas, entre ellos el español.

497. *Enciclopedia della Stampa*, Turín, SEI, 1969, 4 vols.

498. Gates, Jean Key: *Libros y bibliotecas. Guía para su uso*, Buenos Aires, Bowker Argentina, 1972, 351 págs.

499. Gianni, Enrico: *Stampa Legatoria. Cartotecnia. Dizionario tecnico in italiano, franchese, inglese, spagnolo*, Milán, Urico Hopli, 1974. No tiene mucho valor.

500. Glaister, G. A.: *Glossary of the Books...*, Londres, Allen and Unwin, 1960, 484 págs. Existe también ed. americana (Cleveland, Ohio, World, 1960) como *An Encyclopedia of the Book*. «An encyclopedie dictionary written primarily from the British point of view but international in coverage. Authoritative, well edited, and well illustrated» (Winchell).

501. Kunze, H. y G. Ruckl: *Lexicon des Bibliothekswesens*, Leipzig, Verlag für Buch- und Bibliotheken, 1974-1975, 2.ª ed., 2 vols. Sustituye ventajosamente a otros dos conocidos léxicos germánicos, el de Löffler y Kirchner (1935-1937) y el de Kirchner (1952-1956).

502. Labarre, E. J.: *Dictionary and Encyclopedia of Paper and Paper-making*, Londres-Toronto, Oxford University Press, 1952, 2.ª ed., 488 págs. Reeditado en Amsterdam, 1969, con un suplemento publicado en 1967. Diccionario muy técnico, riguroso y preciso, con equivalencias en francés, alemán, inglés, holandés, español y sueco.

503. Landau, Thomas (ed.): *Encyclopaedia of Librarianship*, Londres, Bowes and Bowes, 1966, 3.ª ed., 484 págs.

504. Langfeldt, J.: *Handbuch des Büchereiwesens*, Wiesbaden, Harrassowitz, 1961-1973, 2 vols.

505. Lee, Marshall: *Bookmaking. The Illustrated Guide to Design, Production, Editing*, Nueva York y Londres, Bowker, 1979, 2.ª ed. Revisión de un clásico en la materia, ahora mejor ilustrado y puesto al día.

506. Martínez de Sousa, José: *Diccionario de tipografía y del libro*, Barcelona, Labor, 1974, 545 págs. La obra española más completa de este tipo. Se observa cierto desorden y vacilación en la denominación léxica, quizá por seguir demasiado de cerca repertorios extranjeros. Excelentes gráficos. Apéndices muy útiles. Bibliografía.

507. Massa de Gil, Beatriz: *Dizionario tecnico di biblioteconomia. Italiano, spagnolo, inglese*, México, Trillas, 1971, ed. renov. (1.ª: 1964). Pobre en todos los aspectos.

508. Masson, André y Paule Salvan: *Les Bibliothèques*, París, Puf, 1975, 4.ª ed., 128 págs. Manual muy sencillo, de iniciación a su historia, estudio y organización.

509. Milkau, F.-Leyh, G. (eds.): *Handbuch der Bibliothekswissenschaft*, Wiesbaden, Harrassowitz, 1953-1955, 2.ª ed. (1.ª ed.: 1931-1940), 4 vols. «A comprehensive and fully documented work, with contributions by specialists» (Walford).

510. Mummendey, Richard: *Von Büchern und Bibliotheken*, Damstadt, Wissenschafliche Buchgesellschaft, 1976, 5.ª ed. corr. y aum. (1.ª: 1966), 363 págs. Muy centrado en el mundo germánico.

511. Peters, Jean (ed.): *Bookman's Glosary*, Nueva York y Londres, Bowker, 1975, 5.ª ed., 169 págs. Recoge unos 1.600 tér-

minos usados en la historia, impresión, edición, publicidad y venta del libro.

512. Pipics, Zoltan (ed.): *Wörterbuch des Bibliotekars in 22 Sprache...*, Munich, Verlag Dokumentation, 1974, 6.ª ed., 385 páginas. La primera parte presenta el léxico a modo de tablas en los 22 lenguajes; sirve de encabezamiento el término inglés. La parte segunda recoge un millar de términos. Es uno de los más completos entre los de su serie.

513. Shaw, R. R. (ed.): *The State of the library art*, New Brunswick, N. J., Graduate School of Library Service, 1960-1961; 5 vols. Conjunto de trabajos monográficos abarcando todos los aspectos del mundo del libro, escritos por especialistas. Excelente bibliografía.

514. Shipley, Joseph T.: *Dictionary of World Library terms*, Boston, The Writer Inc., 1970.

515. Thompson, Anthony (ed.): *Vocabularium bibliothecarii...*, París, Unesco, 1962, 2.ª ed. (1.ª: 1953), 627 págs. La parte española cuenta con la colaboración de Domingo Buonocore. En francés, inglés, alemán, español y ruso. Unos 3.000 términos.

Referencias. — V. en I.2.2.2. repertorios de libros de referencias. III.1. Documentación e Información: Obras generales. III.3. Directorios.

VII.2. BIBLIOGRAFÍA

516. Binns, N. E.: *An Introduction to historical bibliography*, Londres, Association of Assist. Librarians, 1962, 2.ª ed. rev. y aum., 387 págs. «A history of bookmaking, from the manuscript book to the printed word, in various countries, with additional chapters on publishing and bookselling, copyright, and development of booktrade bibliography» (Winchell).

517. Bowers, Fredson: *Principles of Bibliographical Description*, Nueva York, 1962 (ed. orig.: Princeton, Princeton University Press, 1949, 505 págs.). «Contains a wealth of bibliographical wisdom and is much more than a mere textbook»

(Gaskell). «Somme de la bibliographie analytique à sa parution. Difficile, dogmatique, souvent vielli mais exceptionnellement riche. Reste la référence indispensable dont on se doit s'écarter qu'avec prudence» (Laufon). Cfr. 706-707.

518. Carlot, F. y G. Thomas: *Guide pratique de Bibliographie*, París, Delagrave, 1950, 2.ª ed. rev.

519. Chakraborti, M. L.: *Bibliography in theory and practice*, Calcuta, The World Press Private, 1971, 345 págs.

520. Esdaile, A.: *Manual of Bibliography*, Londres, 1967, 4.ª ed.

521. Fleischhack, C. (et al.): *Grundriss der Bibliographie*, Leipzig, Harrassowitz, 1957, 263 págs. «Destiné ... à l'enseignement. L'introduction historique et méthodologique est très importante. Donne place à de nombreuses bibliographies d'Europe septentrionale, centrale et orientale. Analyse les répertoires les plus importants» (Malclés).

522. Foxon, David F.: *Thoughts on the History and Future of Bibliographical description*, Los Ángeles, California, School of Library Services, 1970, 31 págs. Obra en la que «the theoretical basis of midtwentieth-century bibliography is now being reexamined» (Gaskell).

523. Gaskell, Philip: *A new introduction to bibliography*, Oxford, Clarendon Press, 1972, 438 págs. Dice ser un manual que actualiza el clásico de Mac Kerrow (527), aunque en realidad es bastante más. Predomina el tratamiento de los aspectos históricos. Estupendos apéndices finales sobre técnicas de descripción bibliográfica.

524. Koppitz, Hans-Joachim: *Grundzüge der Bibliographie*, Munich, Verlag Dokumentation, 1977, 327 págs. Muy próximo a lo que hemos llamado (I.2.2.2.) libro de referencias. El tratamiento de lo español es escaso (págs. 91-93 y 195-196, principalmente). Buena bibliografía.

525. Malclés, L.-N.: *La Bibliographie*, París, Puf, 1967, 3.ª ed., 136 págs.

526. Malclés, Louise-Noëlle: *Manuel de Bibliographie*, París, Puf, 1975, 3.ª ed. puesta al día y rev. por A. Lhéritier, 398 págs. También se trata de un repertorio de libros de referencia o una

bibliografía general, ordenada por materias; en este caso una de las más completas en el mercado, síntesis de su obra mayor (12).

527. Mac Kerrow, R. B.: *An Introduction to Bibliography for literary students*, Oxford, Clarendon Press, 1928, 359 págs. Libros clásicos del género, del que parten prácticamente todos los estudios modernos. Debe preferirse ahora el Gaskell (523).

528. Millares Carlo, Agustín: *Prontuario de bibliografía general*, Maracaibo, Universidad de Zulía, 1966, 140 págs. También editado en Caracas, Universidad Católica Andrés Bello, 1973, 144 págs. Además de estar escrito con autoridad (V. todavía más completo 570), informa cumplidamente del mundo bibliográfico hispanoamericano, muy descuidado en otros panoramas y manuales.

529. Millares Carlo, Agustín: *Técnica de la investigación bibliográfica*, Caracas, Universidad católica Andrés Bello, 1973, 84 págs.

530. Padwick, E. W.: *Bibliographical Method. An Introductory survey*, Cambridge-Londres, James Clarke and Co., 1966, 250 págs.

531. Robinson, A. M. Lewin: *Systematic Bibliography. A practical guide to the work of compilation*, Londres, Clive Bingley, 1971, 3.ª ed. (1.ª: 1966).

532. Schneider, Georg: *Handbuch del Bibliographie*, 4. Lepzig, Hiesermann, 1969, reed. (ed. orig.: 1923). La parte histórica y teórica se desgajó en 1936 para formar volumen aparte:

532a. *Einführung in die Bibliographie* (Leipzig, Hiersemann, 1936, 203 págs.) «... en se limitant à la bibliographie générale ou professionnelle, il démontre que celle-ci sert d'assise à tout l'édifice bibliographique et que sa connaissance est indispensable à l'élaboration de toute bibliographie secondaire spécialisée. Son classement raisonné, ses exposés théoriques, ses descriptions et ses analyses font du *Handbuch* un traité fondamental jusqu'en 1930» (Malclés).

533. Simón Díaz, José: *La bibliografía. Conceptos y aplicaciones*, Barcelona, Planeta, 1971, 331 págs. Recoge un conjunto de trabajos varios, teóricos y prácticos, entre los cuales quizá el

más interesante se refiera a la elaboración del libro en el Siglo de Oro. Cfr. 230.

534. Sitarska, A.: *Nowe metody i techniki bibliografii*, Varsovia, Polish Scientific Publishers, 1971.

535. Stokes, R.: *The function of bibliography*, Londres, 1969.

536. Totow, W. (et al.): *Handbuch der Bibliographischen Naschlagewerke...*, Frankfurt am Main, Klosterman, 1966, 362 páginas.

537. Varet, Gilbert: *Histoire et savoir. Introduction théorique a la bibliographie...*, París, Les Belles Lettres, 1956.

Referencias. — Véanse principalmente I.1. Control bibliográfico; I.2.2. Grandes repertorios; I.2.2.2. Repertorios de libros de referencias; IV.2. Guías para la investigación: guías de ciencias afines; IV.3. Guías para la investigación literaria; XI. Crítica Textual.

La siguiente y corta recensión informa sobre algunos aspectos secundarios del libro, tales como encuadernación, iluminación, filigranas, etc.

538. Bradley, John W.: *A Dictionary of Miniaturists, illuminators, calligraphers and copysts, with references to their works, and notices of their patrons. From the establishement of cristianity to the Eighteenth Century...*, Nueva York, Burt Franklin, 1973, reproducción facs. (ed. orig.: 1887-1889), 3 vols.

539. *Le Livre illustré en Occident. Du Haut Moyen Âge à nous jours. Catalogue*, Bruselas, Bibliothèque Royale Albert Iᵉ, 1977, 238 págs. + láms.

540. Cochet, G.: *El grabado; historia y técnica*, Buenos Aires, 1943.

541. Hind, A. M.: *The processes and schools of engraving*, Londres, 1952, 4.ª ed.

542. Diringer, David: *The Illuminated Book. Its History and production*, Londres, Faber and Faber, 1958, 2 vols.

543. Weitzmann, K.: *Ancient Book Illumination*, Cambridge, Mass., Martin Classical Lectures, 1959.

544. Domínguez Bordona, J. Leonardo: *La miniatura española*, Barcelona, Gustavo Gili, 1930, 2 vols. Existe un librito divulgador del mismo: (544a) *La miniatura* (Barcelona, Argos, 1950, 56 págs.) y un artículo: (544b) «Diccionario de iluminadores españoles», en el *BRAH*, 1957, CXL, págs. 49-

170. Son las obras, principalmente la primera, de mayor autoridad en la materia.

545. Castañeda, Vicente: *Ensayo de un diccionario biográfico de encuadernadores españoles*, Madrid, Imprenta y editorial Maestre, 1958, 330 páginas. Contiene, además, una segunda parte muy interesante con datos diversos (disposiciones, precios, tipos, etc.) sobre la encuadernación y el libro. El diccionario llega hasta 1900.

546. Diehl, E.: *Bookbindings, its background and technique*, Nueva York, Rinehart, 1946, 2 vols. El volumen primero es fundamentalmente histórico; el segundo, práctico y descriptivo, sobre técnicas de encuadernación.

547. Harthan, J. P.: *Bookbindings*, Londres, 1961, 2.ª ed.

548. López Serrano, Matilde: *La encuadernación española*, Madrid, Asociación Nacional de Bibliotecarios, 1972 (1.ª: 1942), reed., 34 págs.

549. Briquet, Charles Moise: *Les filigranes. Dictionnaire historique des marques de papier dès leur apparition vers 1282 jusqu'en 1600*, París, Picard, 1907, 4 vols. Luego reeditado en Lepzig, 1923, y finalmente en Hildesheim-Stuttgart, G. Olms, 1977, 4 vols.

550. Vindel, Francisco: *Escudos y marcas de impresores y libreros en España durante los siglos XV al XIX (1485-1850)...*, Barcelona, Orbis, 1942, 636 págs. Existe reedición facsimilar en 1978.

Referencias. — En los subapartados correspondientes de XVI.2., XVII.2., XVIII.2., XIX.2. y XX.2. se encontrará la bibliografía específica de cada período.

VII.3. Imprenta. Libros. Bibliotecas. Su historia

551. Vervliet, H. D. L. (ed.): *Annual bibliography of the History of the Printed Book and Libraries...*, (ABHB), under the auspices of the IFLA, La Haya, M. Nijhoff, desde 1969, 5 vols. Contiene la mejor bibliografía sobre el tema.

552. *Art of the printed books 1455-1955. Masterpieces from the collections of the Pierpont Morgan Library New York*, Londres y Nueva York, The Bodley Head Ltd., 1974, 192 págs. Preciosa e ilustrada colección de impresos a lo largo de cinco siglos.

553. Audin, Maurice: *Histoire de l'imprimerie...*, París, Picard, 1972, 481 págs.

554. Bailey, Herbert S.: *The Art and science of book publishing*, Nueva York, Harper and Row, 1970. Existe edición en Londres, 1971.

555. Berkeley Updike, Daniel: *Printing Types. Their history, forms, and use. A study in survivals...*, Cambridge, Mass., Harvard University Press, 1922, 2 vols. (3.ª ed.: Cambridge y Londres, Belknap, 1962). Obra fundamental para el estudio de los tipos de imprenta y su evolución.

556. Bohigas, Pedro: *El libro español (Ensayo histórico)*, Barcelona, Gustavo Gili, 1962. Un clásico en el mundo hispánico, riguroso y con abundantísima información.

557. *Book Marin in Diderot's Encyclopédie. A facsimilar reproduction of articles and plates* with an introduction by G. S. Barker, Gregg International, 1973, sin paginar ni foliar.

558. Dahl, Suend: *Historia del libro...*, Madrid, Alianza, 1972 (ed. orig.: 1927). La traducción española, con adiciones, de F. Huarte Morton. Obra clásica, en la que se concede mayor importancia a los aspectos decorativos y artísticos del libro que a los meramente tipográficos.

559. Dreifus, J.: *Type Specimen facsimiles...*, Londres, Dowes and Dowes Head., 1963-1972, 2 vols.

560. Dupont, P.: *Historie de l'imprimerie*, París, 1954, 2 vols.

561. Einsenstein, Elizabeth: *The Printing Press as an Agent of change*, Cambridge, Cambridge University Press, 1979, 2 vols.

562. Febvre, Lucien y H.-J. Martin: *La aparición del libro*, Madrid, Uteha, 1962 (ed. orig.: 1957), 439 págs.

563. Flocon, Albert: *L'univers des livres. Étude historique des origines à la fin du XVIII siècle*, París, Hermann, 1961, 709 páginas.

564. *Historia de la imprenta en España*, Madrid, Editora Nacional (se anunciaba en prensa en junio de 1979). Constaban como colaboradores: Romero de Lecea, Millares Carlo, Odriozola, etc.

565. Hunter, Dard: *Papermaking. The History and Technique of an ancient craft*, Nueva York, Knopf, 1947, 2.ª ed. rev. y aum., 611 págs.

566. Labarre, A.: *Histoire du livre*, París, Puf, 1974, 2.ª ed., 128 págs.

567. Lewis, John: *Anatomy of printing. The influences of art and history on its design*, Londres, Faber and Faber, 1970, 228 págs.

568. *Liber librorum. Cinq mille ans d'art du livre*. Un panorama historique de Fernand Baudin (et al.), Bruselas, Arcade, 1973, 511 págs. Poca importancia, por no decir nula, al libro español.

569. Martin, H.-J.: *Histoire du livre*, París, 1964, 2 vols. V. del mismo (569a): *Le livre et la civilisation écrite*, París, École National Superieure de Bibliothèques, 1968-1970 (y en publicación), 2 vols.

570. Millares Carlo, Agustín: *Introducción a la historia del libro y de las bibliotecas*, México, Fondo de Cultura Económica, 1971. Frente a otras historias, la del insigne paleógrafo y erudito español resulta más documentada, más prieta de datos y noticias, más erudita y, quizá por ello, menos pedagógica. Excelente bibliografía, constantemente manejada.

571. Mumby, F. A. y I. Norrie: *Publishing and Bookselling. A history from the earliest times to the present day*, Londres, Jonathan Cape, 1974, 5.ª ed., 649 págs. Se refiere a Inglaterra, y especialmente al período 1870-1970.

572. Steinberg, S. H.: *500 años de imprenta*, Barcelona, Zeus, 1963 (ed. orig.: 1955, 2.ª: 1961), 379 págs.

573. Vindel, Francisco: *Los bibliófilos y sus bibliotecas desde la introducción de la imprenta en España hasta nuestros días* (conferencia), Madrid, Imprenta Góngora, 1934.

574. Worstius, J.: *Grundzüge der Bibliotheksgeschichte* Leipzig, 1941, 3.ª ed.

VII.4. Técnicas de trabajo

575. *CDU. Clasificación decimal universal*, Madrid, IRANOR, 1975, 3.ª ed. (abreviada española) totalmente rev. y act., 324 págs. Según las normas FID núm. 517 y UNE 50.001, 2.ª revisión. Se anuncia (1980) una nueva ed. en prensa.

576. Matthis, R. E. y D. Taylor: *Adopting the Library of Congress Classification System*, Nueva York y Londres, Bowker, 1971, 209 págs.

577. García Ejarque, Luis: *Organización y funcionamiento de la biblioteca*, Madrid, Servicio Nacional de Lectura, 1969, 147 págs.

578. Gaskell, Philip: *From Writer to Reader. Studies in editorial method*, Oxford, Oxford University Press, 1978, 284 páginas.

579. Heyd, W. P.: *Der Korrektor*, Pullach, Verlag Dokumentation, 1971.

580. Huarte Morton, Fernando: *Cartilla de tipografía para autores*, Madrid, Alfaguara-Castalia, 1970, 2.ª ed.

581. Martínez Sicluna, V.: *Teoría y práctica de la tipografía*, Barcelona, Gustavo Gili, 1945.

582. Monnet, Pierre: *Monographie de l'édition*, París, Cercle de la Librairie, 1970.

583. Morato, Juan José: *Guía práctica del compositor tipógrafo*, Madrid, Hernando, 1933, 3.ª ed. «Una obra muy completa, casi inmejorable» (F. Huarte).

584. Nicholas, David y M. Ritchie: *Literature and Bibliometrics*, Londres-Hamdem, Conn., Clive Bingley-Linnet Books, 1978, 183 págs. Nueva ciencia o nueva perspectiva técnica de una ciencia llamada a efectuar importantes misiones en el terreno de la bibliografía.

585. Verry, H. R.: *Algunos procedimientos de impresión y reproducción*, París, Unesco, 1955.

586. Vindel, Francisco: *Manual de conocimientos técnicos y culturales para profesionales del libro*, Madrid, 1948, 2.ª ed.

Referencias. — V. en I.2.2.2. los repertorios de libros de referencias. Información similar o fronteriza, en III. Documentación e información; IV. Guías para la investigación; V.2.6. Diplomática; y más adelante, en X., Archivos.

VII.5. Sociología del libro

587. Asdbury, Roy: *Bibliography and Books Production*, Oxford, Pergamon Press, 1967, 260 págs.

588. Balle, F. y J. G. Padioleav (eds.): *Sociologie de l'information. Textes fondamentaux*, París, 1973.

589. Barker, R. E.: *Books for all*, París, Unesco, 1956.

590. Barker, R. E. y Robert Escarpit: *La faim de lire*, París, Unesco, 1973, 169 págs. Hay trad. española.

591. Barthes, Roland: *L'empire des signes*, Ginebra-París, 1970. Y recuérdense 207 y 207a.

592. Derrida, J.: *De la gramatología*, Madrid, Siglo XXI, 1973 (ed. orig.: 1967), 2.ª ed., 420 págs.

593. Dumazedier, J. y J. Hassenforder: *Eléments pour une sociologie comparée de la production, de la diffusion et de l'utilisation du livre*, París, 1962.

594. Escarpit, Robert: *La revolución del libro*, Madrid, Alianza, 1968, 2.ª ed. (1.ª: 1965), 205 págs.

595. Escarpit, Robert: *Escritura y comunicación*, Madrid, Castalia, 1975, 158 págs.

596. Gastón, Enrique: *Sociología del consumo literario*, Barcelona, Los Libros de la Frontera, 1974, 179 págs.

597. Ivins, W. M.: *Print and visual communication*, Nueva York, 1969.

598. Mc Luhan, M.: *La Galaxia Gutenber. Génesis del «Homotipographicus»...*, Madrid, Aguilar, 1969 (ed. orig.: 1962), 399 páginas.

599. Pol Arrojo, Jesús: *El libro y su comercialización*, Madrid, Paraninfo, 1970.

600. Richaudeau, R.: *La lisibilité*, París, 1969.

601. Wellershoff, Dieter: *Literatura y praxis*, Madrid, Guadarrama, 1970, 144 págs. Cfr. XX.2.

VII.6. Revistas sobre la Imprenta, el Libro, las Bibliotecas

Una bibliografía de estas publicaciones recogiendo más de 250, se encontrará en:

602. Winckler, P. A.: *Library periodicals directory. A selected list of periodicals currently published throughout the world relating to library work*, Brookville, Nueva York, Graduate Library School of Long Island University, 1967, 76 págs. y en:

603. *Library, documentation and archive serials*, La Haya, FID, 1975, 4.ª ed., 200 págs.

604. *La Bibliofilia. Rivista di storia del libro e di Bibliografia...*, Florencia, Leo S. Olscchki, desde 1899.

605. *Bibliografía Española. Revista general de la imprenta, de la librería y de las industrias que concurren a la fabricación del libro*, Madrid, 1901-1922, 22 vols. Repertorio bibliográfico que se continuaría a partir de 1923 con la *Bibliografía General Española e Hispanoamericana* (hasta 1942), y desde entonces (1942-1957) con la *Bibliografía Hispánica*. Su continuación lógica, desde entonces, es *El Libro Español* (desde 1958), 619.

606. *Bibliografía Española*, Madrid, Ministerio de Educación y Ciencia, desde 1958 (en publicación), anual. Es una recensión de todas las publicaciones ingresadas en el Depósito Legal. Cfr. 613.

607. *Bibliografía General Española e Hispanoamericana*, Madrid, 1923-1942, 16 vols. V. más arriba *Bibliografía Española* (605).

608. *Bibliographische Berichte*, Frankfurt am Main, desde 1959, Klostermann, anual —dos fascículos por año—, con un índice acumulador al final de cada año. Cfr. 9 y 632.

609. *Biblioteconomía*, Barcelona, Escuela de Bibliología de la Diputación, desde 1944, anual.

610. *Bibliotheca Hispana, Revista de Información y de Orientación Bibliográfica*, Madrid, CSIC, desde 1943, anual, aunque de periodicidad real muy cambiante e irregular.

611. *Boletín Bibliográfico del CSIC*, Madrid, CSIC, desde 1956.

612. *Boletín de la Librería Española*, Madrid, 1974-1909, 36 volúmenes.

613. *Boletín del Depósito Legal de Obras Impresas*, Madrid, Dirección General de Archivos y Bibliotecas, 1958-1969. Fue sustituido por *Bibliografía Española* (606).

614. *Boletín de la Unesco para Bibliotecas*, París, Unesco, desde 1947, bimensual. Publica edición completa en español, francés, inglés y ruso.

615. *Bulletin des Bibliothèques de France*, París, Bibliothèque Nationale, Direction des Bibliothèques et de la lecture Publique, desde 1956, anual. Con una espléndida sección bibliográfica (V. la entrada siguiente).

616. *Bulletin de Documentation Bibliographique*, París, Service Technique de la Direction des Bibliothèques de France, desde 1956.

616a. *Cuadernos Bibliográficos*, Madrid, CSIC, de periodicidad irregular.

617. *Gutenberg-Jahrbuch...*, Mainz, Verlag den Gutenberg-Gesellschaft, desde 1926 —excepto el período 43-49—, anual.

618. *Ifla Journal*, La Haya, International Federation of Library Associations (IFLA), desde 1966, trimestral; de carácter esencialmente informativo, no profesional.

619. *El Libro Español*, Madrid, Instituto Nacional del Libro Español, desde 1958 (en publicación), mensual. A efectos de información bibliográfica, lo más interesante es la sección «Repertorio bibliográfico clasificado por materias», con tirada aparte. Es continuación de *Bibliografía Española* (605) a través de otras publicaciones posteriores.

620. *International Library Review*, Londres, etc., Academic Press, desde 1969, trimestral.

621. *Journal of the Printing Historical Society*, Londres, desde 1965. Sucedió a (621a) *The Black Art* (Londres, 1962-1965).

622. *Liber Bulletin*, Leiden, Ligue des Bibliothèques Européennes de Recherche, desde 1971, semestral. Muy técnica y profesional.

623. *Library Literature*, Chicago, American Library Association, desde 1934. Su dirección actual ha cambiado (Nueva York, Wilson) como, frecuentemente, su periodicidad. En la actualidad es trimestral. Riquísima información bibliográfica.

624. *Library Trends*, Urbana, University of Illinois, Graduate School of Library Science, desde 1952, trimestral, con números normalmente monográficos.

625. *Library Quarterly*, Chicago, Graduate Library School of the University of Chicago, desde 1931, trimestral.

626. *Library Review*, Glasgow, W. and R. Holmes, desde 1927, trimestral.

627. *Litterae Textuales.* A series on manuscripts and their texts..., Leiden, E. J. Brill, desde 1976.

628. *Revista de la Biblioteca, Archivo y Museo del Ayuntamiento de Madrid*, Madrid, desde 1924-1935, y luego desde 1944, con periodicidad irregular.

629. *Revista de Archivos Bibliotecas y Museos*, Madrid, Dirección General de Archivos y Bibliotecas, se ha publicado durante los períodos siguientes: 1871-1878, 1883, 1897-1931 y 1947-1978, con algunos baches. Se trata de una de las más antiguas y de mayor prestigio en el mundo hispánico. Su contenido atañe frecuentemente a la literatura española.

630. *Studies in Bibliography*, Charlottesville, Va., publicación de la Bibliographical Society of the University of Virginia, desde 1948, anual.

631. *The Library*, Londres, Bibliographical Society of London, desde 1889, trimestral. Seguramente la más importante de las revistas sobre el mundo del libro.

632. *Zeitschrift fur Bibliothekwesen und Bibliographie*, Frankfurt am Main, V. Klostermann, desde 1954, bimensual. Hasta 1959 publicó como anejo *Bibliographische Berichte* (608) o bibliografía de bibliografías periódicas. A partir de ese año se publica independiente.

Referencias. — V. I.1. Control bibliográfico. La información bibliográfica general que proporcionan muchas de las publicaciones periódicas de este apartado puede encontrarse, en el campo hispánico, en las obras reseñadas más adelante XII. y en II. Bibliografía general española. Véase además III.2. Revistas sobre documentación; e inmediatamente, X.2. Revistas sobre archivos. Muchas veces las guías para la investigación (IV.2. y IV.3.) son guías bibliográficas.

EXCURSO:

TIPOS DE IMPRENTA

La fabricación de tipos de imprenta para la producción de impresos comenzó por ser un arte, más o menos reducido a pequeñas familias o gremios, y ha terminado por ser una técnica que aúna la elaboración artística del tipo, en su origen, a su reproducción industrial.

En los albores del libro impreso el artista tomaba como modelos para la acuñación de tipos las letras manuscritas que conocía y que iban a permitir la legibilidad del texto sin grandes dificultades. Por eso los tipos reprodujeron la escritura manual del período inmediatamente anterior, incluso con sus hábitos más corrientes, como las abreviaturas —muy socorridas para ajustar las líneas— y a veces hasta dejando iniciales y otros aspectos para ser dibujados a mano.

En general, los tipos góticos dominaron en los primeros años. Siguiendo la terminología de Gaskell, la letra «gótica formal» era el tipo más ortodoxo, aun con tener muchas variedades, con menor cantidad de curvas. A su lado, la «rotonda» o «redonda», muy usada a lo largo del siglo XVI que es, como indica su nombre, una deformación de la gótica formal, suavizando su forma angular. Aún tuvo auge en España, como resto arcaico, a lo largo de la primera mitad del siglo XVII.

La otra gran variedad, los tipos itálicos, derivan de la letra manuscrita humanística que se propagó desde la Italia renacentista, sobre todo a lo largo de la primera mitad del siglo XV. Era la letra preferida para la edición de los clásicos y la que se

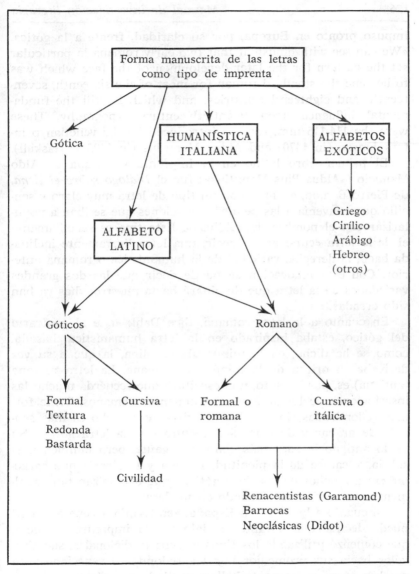

2. La evolución de los tipos de imprenta, a partir de la obra de Gaskell (523).

impuso pronto en Europa, por su claridad, frente a la gótica. «We can see with hindsight that two early romana in particular set the pattern for the later developmen of the face which was to become the standard roman for most of the sixteenth, seventeenth, and eighteenth-centuries, and which is still the fundamental influence upon twentieth-century typography. These were the 114-115 mm. romans introduced by the venetian printers Jenson (in 1470) and Aldus Manutius (in 1495)» (Gaskell).

El primer libro latino en la imprenta veneciana de Aldo Manucio («Aldus Pius Manutius») fue el *Diálogo sobre el Etna*, de Pietro Bembo, en 1495, con un tipo de letra muy claro y sencillo que convenía a las pequeñas ediciones que se iban a popularizar con el nombre de «aldinas». Este tipo es sencillamente el de la letra «cursiva», es decir, una letra ligeramente inclinada hacia la derecha, variedad de la humanística o romana anterior. Con esta innovación se puede decir que las dos grandes variedades de la letra que dominará hasta nuestros días ya han sido creadas.

En cuanto a la letra romana, dice Dahl, «que al contrario del gótico, estaba inspirado en la letra humanística, basada, como se ha dicho, en la minúscula carolina, la que a su vez derivaba en origen de la minúscula romana. La letra romana (antigua) es, por lo tanto, una escritura que recuerda mucho las inscripciones de los antiguos monumentos romanos. Tiene formas redondeadas sin ángulos ni aristas y por ello es más sencilla de grabar y de más fácil lectura que la letra gótica. Su estilo antiguo la hace más clara y elegante, pero también más sobria, y carece de la plenitud, la vida y la alegría que caracterizan a muchos de los tipos góticos que armonizan tan cabalmente con el vigoroso grabado en madera».

En cuanto a los tipos en España, «en términos generales (...) puede decirse que durante el siglo XVI la imprenta española, que comenzó utilizando los tipos góticos tradicionales, substituyólos hacia sus promedios por los redondos o venecianos; en muchos casos es frecuente hallar, mediado este siglo, ediciones, sobre todo de hojas sueltas, bandos, pragmáticas, etc., en los que se usan al mismo tiempo los dos tipos. Durante todo el reinado de Felipe II (1556-1598) la letra gótica se empleó solamente por excepción; todas las ediciones cuidadas que salieron de las imprentas hispanas, o muestran los caracteres redondos o un tipo derivado del aldino» (A. Millares).

Aunque a partir de cada una de estas variedades, los tipos creados posteriormente han sido numerosísimos, el «estilo» peculiar de la gótica y la romana con sus subvariedades (angular, redondeado, inclinado) informa el fondo de todos los subtipos, «la evolución principal de los tipos de imprenta ha tenido un carácter técnico y ha sido su norte la creación de caracteres dotados de mayor precisión y más aptos para la lectura. Dos clases de letras jalonan la evolución aludida: en el Renacimiento, la creada por Claudio Garamond, que puede considerarse como un verdadero canon tipográfico, y, a fines del siglo XVIII, la grabada por Didot, nacida de las investigaciones muy notables de Baskerville y de Bodoni, y que en el siglo XIX habían de lograr su desarrollo y perfección geométrica» (A. Millares).

EXCURSO:

REFERENCIA Y DESCRIPCIÓN BIBLIOGRÁFICA

Tradicionalmente las referencias bibliográficas en un impreso se hacían, en nota o entre paréntesis, aludiendo breve e informalmente a sus datos esenciales. En los últimos años esta tradición se ha roto por el tipo de referencia bibliográfica «a la americana», consistente en citar tan sólo el apellido del autor, el año de la publicación a que se hace referencia y, si interesa y es el caso, la página de esta publicación. Según este ejemplo:

(Chomsky: 1970, 27)

La referencia se explica acudiendo a la bibliografía general de la obra, en donde se especifican los restantes datos que identifican la cita: título, lugar de la edición y editorial. Esta bibliografía se ordena por autores y, bajo cada autor, cronológicamente por la fecha de publicación de sus distintas obras. La referencia se repite cuantas veces haga falta a lo largo del texto, variando sólo el número de la página. En el caso de la referencia tradicional, lo usual era que la primera referencia se hiciera de modo completo:

> J. Lynch, *España bajo los Austrias...*, Barcelona, Península, 1973, 2.ª ed., I, pág. 90.

Pero las siguientes se hacían abreviadamente, recordando que ya se había citado la obra:

> J. Lynch, *Ob. cit.*, I, pág. 70.

Si el autor había sido citado por varias obras, se copiaba el comienzo del título para evitar confusiones:

> J. Lynch, *España...*, ob. cit., I, pág. 70.

Estas normas sin embargo se han venido aplicando con poca pulcritud y muy desigualmente; además varían mucho cuando se trata de bibliografías generales, de redactar fichas para bibliotecas, de catalogar, etc.

En efecto, conviene establecer de una vez por todas que la cita bibliográfica puede ser de tres tipos diferentes:

> referencial
> bibliográfica y
> catalográfica.

Referencial. — Es la cita bibliográfica hecha al paso durante el desarrollo de otro texto, a modo de apoyo, referencia, etc., que interesa momentáneamente resaltar. Puede ir en nota a pie de página, entre paréntesis, introducida por llamada que reenvíe a unas páginas finales, etc. Su propia naturaleza exige que sea breve, pero concisa, es decir: que se forme con los pocos datos que son esenciales para la localización del libro:

Nombre y apellido o apellidos: título completo o abreviado, lugar de la editorial, nombre de la editorial, año de edición, si no es la primera edición se indica su número, página o páginas citadas.

Se debe mantener la puntuación señalada, como en el siguiente ejemplo:

A. von Martin: *Sociología del Renacimiento*, México, Fondo de Cultura Económica, 1977, 6.ª ed., pág. 29.

Existe un modo de referencia todavía más conciso que suprime el nombre de la editorial:

A. von Martin: *Sociología del Renacimiento*, México, 1977, 2.ª ed., pág. 29.

Tanto ésta como otras supresiones usuales (por ejemplo, la del número de la edición, y aun la del lugar de la edición) deben evitarse, al menos sistemáticamente, pues sirven para la localización comercial del libro, que es uno de los fines de la referencia.

La cita referencial puede hacerse también «a la americana» —como se dijo—:

A. von Martin: 1977, 29.

Pero entonces los datos suprimidos deben aparecer en la relación bibliográfica a que se remite.

En la cita referencial de artículos, los datos esenciales son los mismos en realidad:

Nombre y apellidos del autor: título entrecomillado del artículo, nombre o siglas de la revista, en cursiva, año de publicación, volumen, páginas.

Según este ejemplo:

Sebastián Mariner Bigorra: «Lógica y Lingüística», *RSEL*, 1978, VIII, págs. 273-286.

Es frecuente invertir la colocación de los datos año, de publicación y volumen:

Sebastián Mariner Bigorra: «Lógica y Lingüística», *RSEL*, VIII, 1978, págs. 273-286.

Cita bibliográfica. — En el aparato bibliográfico que acompaña a cualquier trabajo serio de investigación, la cita puede hacerse a base de los datos arriba expresados, puesto que —como vimos— son suficientes para la localización del libro o artículo, que es de lo que se trata. Pero también puede hacerse, es lo aconsejable, de manera más rigurosa añadiendo una descripción bibliográfica internacional. Esta descripción no debe faltar en las obras que, por su carácter, manejan un material bibliográfico difícil, antiguo, muy técnico, valioso, etc. Como no se han extendido todavía unas normas claras al respecto, es frecuente que el autor describa bibliográficamente añadiendo algunos datos sueltos que él considera de interés (número de páginas, tamaño, nombre del prologuista y del traductor...). Más abajo reenviamos a las Normas Internacionales para la Descripción Bibliográfica, que pueden y deben presidir la confección de estos repertorios.

Cita catalográfica. — La descripción catalográfica es la que se hace, por técnicos y profesionales del libro, minuciosamente, según unas normas muy precisas (V. más adelante 307-319), cuando el libro descrito debe de ser totalmente identificado por su rareza, antigüedad o valor. Su nombre se justifica porque es el sistema empleado en la redacción de catálogos, así como en las fichas de las grandes bibliotecas sobre fondos raros, antiguos o valiosos.

Normas internacionales para la descripción bibliográfica. — La Federación Internacional de Asociaciones de Bibliotecarios, a través de la Reunión Internacional de Expertos de Catalogación (IMCE), redactó unas Normas Internacionales para la Descripción Bibliográfica (ISBD: «International Standard Bibliographic Description») como instrumento para la comunicación internacional de la información bibliográfica. Dado el rigor de estas normas y su ya amplia acogida y difusión (por la Bibliographie de la France, la Deutsche Bibliographie, la British National Bibliography, etc.), su uso debe conocerse y primar sobre cualquier otro método. En España se han dado a conocer a través del *Boletín de la ANABA* (1972, XXII, págs. 7-37), en versión de la Directora del Gabinete de Estudios de la Dirección General de Archivos y Bibliotecas, Isabel Fonseca Ruiz.

Téngase en cuenta que al ser su función facilitar el intercambio internacional y la mecanización de la información bibliográfica, nada dicen acerca del encabezamiento, que variará de acuerdo con la recensión y circunstancias de cada caso (cfr. 182 y 183).

VIII

PALEOGRAFÍA

633. Mateu Ibars, Josefina y M.ª Dolores: *Bibliografía paleográfica*, Barcelona, Universidad, 1974. Obra muy completa. V. también en H. Serís (815, núms. 872-841) una selección suficiente, muchos de los cuales (Rodríguez Cristóbal, Terreros y Pando, etc.) no incluimos aquí, por superados.

634. Agiré, Imand (seud. de Manuel Aguirre): *La escritura en el mundo. Iniciación al estudio de las lenguas literarias*, Madrid, Reliex, 1973, 514 págs. Curioso y entretenido compendio que recoge muestras de toda clase de escrituras, alfabetos, etc.

635. Cohen, Marcel: *La grande invention de l'écriture et son évolution*, París, Klincksieck, 1958, 3 vols. Comprende: «Texte, planches, documentation et index».

636. Cencetti: *Instrumenti di storia della scrittura latina*, Bolonia, 1950.

637. Etiemble: *La escritura*, Barcelona, Lábor, 1974 (ed. orig.: 1973), 122 págs. Corto y algo confuso ensayo que intenta una superación del tratamiento meramente objetivo y descriptivo del tema.

638. Février, James G.: *Histoire de l'Écriture...*, París, Payot, 1948, 607 págs. Existe una reedición de 1959.

639. Gelb, J. J.: *Historia de la escritura*, Madrid, Alianza, 1976 (ed. orig.: 1952), 349 págs.

640. Hicounet, Charles: *L'Écriture*, París, Puf, 1955, 136 páginas.

641. Silvestre, J.-B.: *Paléographie universelle*, París, Didot, 1839-1841, 4 vols.

642. Costamagna, Giorgio: *Studi di paleografia e di diplomatica*, Roma, Il Centro di Ricerca editore, 1972, 354 págs.

643. Battelli, Giulio: *Lezioni di Paleografia*, Cittá del Vaticano, Pontificia Scuola Vaticana di Paleografia e Diplomatica, 1949, 3.ª ed. (1.ª: 1936), 274 págs.

643a. Battelli, Giulio: *Nomenclatura des écritures humanistiques*, París, 1954.

644. Arribas Arranz, Filemón: *Paleografía documental hispánica*, Valladolid, Sever-Cuesta, 1965, 2 vols., de láminas y transcripciones, carece de teoría o introducción.

645. Burnan, John M.: *Palaeographia Iberica. Fac-similés de manuscrits Espagnols et portugais, IXème-XVème siècles...*, París, Champion, 1912-1925, 3 vols. de hojas sueltas.

646. Cabanes Pecourt, M.ª Desamparados: *Elementos de paleografía*, Zaragoza, Anúbar, 1972, 144 págs.

647. Floriano Cumbreño, Antonio C.: *Curso general de paleografía y diplomática españolas*, Oviedo, Universidad, 1964, 2 vols. «... revela en el autor cualidades de competencia y entusiasmo poco frecuentes; su encendido amor por la enseñanza le ha dado ánimos para superar todas las dificultades, y ha conseguido ofrecer al estudioso una guía útil en los estudios paleográficos» (L. Sánchez Belda).

648. García Villada, Zacarías: *Paleografía española, precedida de una introducción sobre la paleografía latina*, Madrid, Junta para la Ampliación de Estudios, 1923, 2 vols. Existe reproducción anastática en Barcelona, El Albir, 1979, 2 vols. «Abarca este libro la historia de la escritura en España desde la época romana hasta el siglo XVII. Su parte más lograda es, indudablemente, la anterior al siglo XII, y en especial la consagrada a la escritura libraria visigótica. La segunda está menos meditada y trabajada; la exposición es poco clara y los resultados no superan a los de Muñoz Rivero. Con todo, la obra de García Villada supone un esfuerzo estimable y tiene, entre otros, el mérito de haber incorporado a nuestra disciplina las principales conclusiones de la bibliografía extranjera» (Millares Carlo-Mantecón).

648a. Mallon, Jean: *Paléographie Romaine*, Madrid, CSIC, 1952.

649. Millares Carlo, Agustín: *Tratado de paleografía española*, Madrid, Hernando, 1932, 2.ª ed. corr. y aum., 2 vols. Muy difícil para no iniciados.

650. Millares Carlo, Agustín y José Ignacio Mantecón: *Album de paleografía hispanoamericana de los siglos XVI y XVII*, México, Fournier, 1955, 2 vols. Hay reproducción anastática reciente: Barcelona, El Albir, 1975, 2 vols., I. Introducción y trascripción; II. Láminas. A pesar de sus limitaciones cronológicas, es la obra mayor de la paleografía española.

651. Muñoz y Rivero, Jesús: *Manual de paleografía diplomática española de los siglos XII al XVII*, Madrid, Atlas, 1970 (reproducción de la ed. de Madrid, Daniel Jorro, 1917, 2.ª ed. corr. y aum.), 500 págs.

652. Stiennon, Jacques: *Paléographie du Moyen Âge*, París, A. Colin, 1973, 352 págs. Aunque referido a Francia, muy completo y pedagógico.

652a. Universidad Nacional de educación a distancia: *Paleografía y diplomática*, Madrid, UNED, 1978, 154 págs.

Referencias. — Véase el apartado I.2.2.2. Repertorios de Libros de referencias. V.2.6. Diplomática. X. Archivos. XVI. Edad Media. XVI.2.2. principalmente.

IX

BIBLIOTECAS

Del deficiente conocimiento de nuestras bibliotecas se quejaba ya Homero Serís (815, pág. 149), cuyas entradas 1477-1492 y 7253-7328 recogen la escasa información dispersa. Desde entonces se ha avanzado poco. La reciente creación del Instituto Bibliográfico Hispánico puede venir a remediar una situación caótica en el estado y conocimiento de nuestras bibliotecas, que lo sería aún más de no mediar la abnegada y fecunda labor de los cuerpos auxiliar y facultativo de archiveros y bibliotecarios. Pero el Instituto Bibliográfico Hispánico ha comenzado intentando una ordenación desde Madrid, a base de recolectas postales de datos sobre bibliotecas. El resultado (653) ha sido catastrófico. Sólo a través de centros provinciales y locales se podrá controlar, ordenar, clasificar y catalogar las bibliotecas de España. Estamos todavía muy lejos de saber lo que tenemos a nivel de bibliotecas, lo cual quiere decir que por ahora no puede ni pensarse en conocer la riqueza de nuestros fondos bibliográficos. De donde se concluye que investigar sobre un tema, autor, obra, etc., en España —a este nivel— significa efectuar una labor de erudito viajero, a modo antiguo, recorriendo lugares y visitando centros en los que se sospecha que se puede hallar el libro o documento que interesa. Los catálogos, en su mayor parte, se quedan rápidamente anticuados, no se terminan y hasta pertenecen a bibliotecas hoy desaparecidas o integradas en otras bibliotecas. Sólo una tarea sistemática y continuada, mediante la colaboración de un personal suficiente y especializado, puede poco a poco ir cambiando este panorama ciertamente desolador. Cfr. 1394.

En el cuadro adjunto (V. cuadro 3) enumeramos las grandes bibliotecas españolas, sobre todo en consideración de sus fondos antiguos, o aquellas en las que es presumible se puedan encontrar cosas interesantes. Para fondos modernos literarios, algunas de las universitarias (Salamanca y Barcelona, sobre todo) se acercan a la más rica de todas: la del Consejo Superior de Investigaciones Científicas (Madrid). Para épocas determinadas, habría que especificar. Por ejemplo, la biblioteca del Ateneo de Madrid contiene los mejores fondos bibliográficos de la segunda mitad del siglo XIX y primer tercio del nuestro. Las Hemerotecas provinciales, es otro ejemplo, son muchas veces las únicas capaces de suministrar material «regional» o «provincial». Etc.

En la recensión de este apartado se da noticia tan sólo de los catálogos o repertorios de catálogos de la Biblioteca Nacional de Madrid. Repertorios generales de manuscritos y de incunables se encontrarán en la obra de Millares Carlo (570, págs. 63-67 los manuscritos, págs. 113-119 los incunables), Homero Serís (815, núms. 1.477-1.627) y Simón Díaz (817, vol. II).

653. Ministerio de Cultura. Dirección General del libro y Bibliotecas: *Guía de Bibliotecas españolas*, Madrid, M.º de Cultura, 1977, ed. provisional. No se puede efectuar esta tarea desde un despacho ministerial, sin contar con la tarea de investigadores provinciales y locales. El resultado es decepcionante. A modo de ejemplo, citaré que de ciudades como Valencia no se reseñan bibliotecas tan importantes como la de la Sociedad Económica de Amigos del País —con catálogo publicado—, la biblioteca de Serrano Morales —en el Ayuntamiento—, la del Patriarca, la formada por el Arzobispo Mayoral —en las Escuelas Pías—, etc. De Granada, se olvidan de la de la Abadía del Sacromonte, Fundación Rodríguez Acosta, Seminario Conciliar, Curia Diocesana, y hasta una veintena más, entre las que están

1. **BIBLIOTECA NACIONAL**
   Biblioteca Nacional de Madrid.

2. **GRANDES BIBLIOTECAS.**
   Real Biblioteca del Monasterio de El Escorial.
   Biblioteca del Palacio Real (Madrid).
   Biblioteca colombina (del cabildo), Sevilla.
   Biblioteca M. Menéndez Pelayo, Santander.
   Biblioteca(s) del Consejo Superior de Investigaciones Científicas (Madrid).

3. **BIBLIOTECAS DE INSTITUCIONES DOCENTES**
   3.1. Universitarias (Madrid, Facultades de Filosofía y Letras y de Derecho de la Complutense, Salamanca, Barcelona, Central, Sevilla, Granada, Murcia, Valladolid, Zaragoza, Oviedo, Santiago de Compostela y Valencia).
   3.2. Colegios Universitarios (Logroño, Cáceres, Teruel...).
   3.3. Colegios Mayores (en Valladolid, Salamanca...).
   3.4. De las Escuelas Normales.
   3.5. De las Escuelas de Artes y Oficios Artísticos (Barcelona, Cádiz, Granada, Córdoba...).
   3.6. De los Reales Conservatorios de Música (Córdoba, La Coruña, Oviedo, Valladolid...).
   3.7. De las Universidades Laborales (Huesca, Sevilla...).
   3.8. De los Institutos Nacionales de Bachillerato.
   3.9. De los Institutos de Ciencias de la Educación
   3.10. Otras.

4. **BIBLIOTECAS ESTATALES, A NIVEL REGIONAL, PROVINCIAL Y LOCAL**
   4.1. Bibliotecas de los Archivos Históricos (Palma de Mallorca, Sevilla, Granada, Cáceres, León, Valladolid, Simancas, Barcelona...).
   4.2. De los Ministerios.
   4.3. De los Ayuntamientos.
      4.3.1. En los mismos Ayuntamientos (Barcelona, Valencia...).
      4.3.2. Públicas, populares o municipales (Mahón, Jerez de la Frontera, Córdoba, Zaragoza...).
   4.4. De las Diputaciones (Barcelona, Burgos, La Coruña, León, Madrid, Murcia...).

4.5. De las Audiencias Territoriales y provinciales.
4.6. De las comandancias y centros de la Guardia Civil.
4.7. De los centros penitenciarios.
4.8. De los Museos.
4.9. De las Casas de Cultura y Centros Coordinadores de Bibliotecas.
4.10. Otras.

5. RELIGIOSAS

5.1. Arzobispales y episcopales.
5.2. Catedralicias (Jaén, Toledo, León...).
5.3. De los cabildos eclesiásticos (Córdoba, Granada, Sevilla, Zaragoza...).
5.4. De los seminarios conciliares, diocesanos, mayores, etc. (Gerona, Sigüenza, Astorga, Ávila, Palma de Mallorca, Granada...).
5.5. De Facultades de Teología (Vitoria, Burgos, León, Salamanca...).
5.6. De las Universidades Pontificias (Comillas).
5.7. Conventuales y de órdenes religiosas.
5.8. Otras.

6. DE INSTITUCIONES SOCIALES, CULTURALES Y PROFESIONALES

6.1. Sociedades Económicas de Amigos del País (Valencia, Badajoz, Barcelona...).
6.2. Ateneos (Madrid, Sevilla, Barcelona...).
6.3. Reales Academias (Real Academia Española de la Lengua, Real Academia Española de la Historia...).
6.4. De las Cajas de Pensiones para la Vejez y Ahorro.
6.5. De Fundaciones y círculos culturales varios (Bartolomé March, en Madrid; Rodríguez Acosta, en Granada; Institución Fernán González, en Burgos; etc.).

7. BIBLIOTECAS PARTICULARES

7.1. De casas nobiliarias.
7.2. De escritores, eruditos o bibliófilos ilustres.
7.3. De grandes editoriales y librerías.
7.4. Otras.

las más importantes de la ciudad. Sin embargo, se dan continuas noticias equivocadas acerca de presuntas bibliotecas que no pasan del centenar de volúmenes. Hay que rehacerlo todo de nuevo.

654. Hoecker, Rudolf: *Das Spanische Bibliothekswesen. Versuch einer Bibliotheco-Bibliographie*, Linz a.d. Donau, Franz Winkler, 1928.

655. Mateu Ibars, Josefina: *Aportación bibliográfica para el estudio de las bibliotecas universitarias españolas*, separata de la *RABM*, 1958, 72 págs.

656. Dirección General de Archivos y Bibliotecas: *Catálogo colectivo de obras impresas en los siglos XVI al XVIII existentes en las bibliotecas españolas*, Madrid, Biblioteca Nacional de Madrid, 1972, en publicación. Han aparecido ocho volúmenes, que reproducen impresos del siglo XVI a base de fotocopiar las fichas de las diversas bibliotecas oficiales. Muy deficiente.

657. Biblioteca Nacional de Madrid: *Guía de catálogos publicados*, Madrid, Biblioteca Nacional, 1972, 42 págs.

658. Biblioteca Nacional de Madrid: *Inventario general de manuscritos de la Biblioteca Nacional*, Madrid, Dirección General de Archivos y Bibliotecas, 1953-1970, 9 volúmenes. Parece haberse detenido después de haber catalogado unos 3.500 manuscritos.

659. García Rojo, Diosdado y Gonzalo Ortiz de Montalbán: *Catálogo de incunables de la Biblioteca Nacional*, Madrid, Blass, 1945, 627 págs. Existe un suplemento de 40 págs. publicado en 1958.

En cuanto a las bibliotecas extranjeras, nos referiremos tan sólo a las grandes bibliotecas, o a las que tienen especial interés para el estudio de la literatura española (Hispanic Society of America). Una recensión más amplia se encontrará en Homero Serís (815, núms. 1.628-1.644 y 7.329-7.355). Recuérdense, además, los grandes directorios (III.3.) ya reseñados. Particularmente:

660. Steele, Colin R.: *Major Libraries of the World: A selectiva Guide*, Londres, Bowker, 1976, 479 págs. Se refiere a 300 bibliotecas —nacionales, universitarias, públicas y especiales—

de 79 países; con descripción de su carácter y noticias sobre su funcionamiento.

661. Brummel, L. y E. Egger: *Guide des catalogues collectifs et du prêt international...*, La Haya, Nijhoff, 1961, 89 págs. Publicación que, bajo los auspicios de la IFLA, reseña unos 200 catálogos, en francés e inglés.

662. Bibliothèque Nationale. París: *Les catalogues imprimés de la...*, París, Bibliothèque Nationale, s.a., 204 págs. Recoge sólo los aparecidos hasta 1952.

663. Mérigot, L. y P. Gasnault: *Bibliothèque Nationale de Paris. Les catalogues du département des manuscrits*, París, Bibliothèque Nationale, 1974, 103 págs.

664. Mérigot, L.: *Bibliothèque Nationale. Les catalogues du département des imprimés*, París, Bibliothèque Nationale, 1970, 55 págs.

665. Bibliothèque Nationale. París: *Catalogue générale des livres imprimés de la...*, París, Impr. Nationale, 1897 y sigs., con suplementos quinquenales, 225 vols. Para otros detalles sobre este catálogo, cfr. Malclés (526, págs. 56-58).

666. Bruner y Prieto, F.: *Los incunables ibéricos de la Bibliothèque Nationale de París*, Palma de Mallorca, Imprenta Soler Prats, 1924, 60 págs.

667. *Catalogues of the British Museum*, Londres, British Museum, 1951-1959, 3 fasc. debidos a F. C. Francis («Printed Books»); T. C. Skeat («The Catalogues of the Manuscript collections») y F. C. Francis («Oriental printed books and manuscripts»).

668. British Museum. Londres: *General catalogue of printed books... to 1955*, Londres, British Museum, 1959-1966, 263 vols. En 1968 se acabaron de publicar 50 vols. más de suplementos (para lo entrado hasta 1965). En 1971-1972 se publicaron 26 volúmenes más como suplemento para las entradas entre 1966-1970. Existe una edición abreviada en cuanto al tamaño de la letra y número de volúmenes (669).

669. British Museum. Londres: *General catalogue of printed books to 1955*. Compact edition..., Nueva York, Readex Mi-

croprint Co., 1967-1969, 32 vols. (27 + 5 de suplementos hasta 1965).

670. Thomas, Henry: *Short-title catalogue of Spanish, Spanish-American, and Portuguese books printed before 1601 in the British Museum*, Londres, British Museum, 1966 (reimpr. de la ed. orig.: 1921), 169 págs.

671. Goldsmith, V. F.: *A Short-title catalogue of Spanish and Portuguese books 1601-1700, in the Library of the British Museum*, Folkstone, Dawson, 1974, 250 págs.

672. *Catalogue of books printed in the XVth Century now in the British Museum*. Vol. X: *Spain. Portugal*, Londres, Longmans, 1969.

673. Aguilar Piñal, Francisco: *Impresos castellanos del siglo XVI en el British Museum...*, Madrid, CSIC, 1970, 137 págs.

674. Penney, Clara L.: *Printed Books, 1468-1700 in the Hispanic Society of America. A listing*, Nueva York, Hispanic Society of America, 1965, 2.ª ed. (1.ª: 1938), 614 págs.

674a. Rodríguez Moñino, A.: *Catálogo de los manuscritos poéticos castellanos existentes en la Biblioteca de The Hispanic Society of America (siglos XV, XVI y XVII)...*, Nueva York, HSA, 1965-1966, 3 vols.

675. U. S. Library of Congress: *Library of Congress Catalog-Books: Subjects, a cumulative list of works represented by Library of Congress printed cards*, Washington, D. C., desde 1950.

676. *The National union catalog. A cumulative author list representing Library of Congress printed cards and titles reproted by other American Libraries, 1953-1957*, Washington, D. C., 1961, 28 vols. Con dos series de suplementos, en 125 volúmenes, que cubren el período 1958-1967.

677. U. S. Library of Congress. *Library of Congress and National Union Catalog Author list, 1942-1962*, Detroit, Gale Research, 1969, en publicación.

678. *The National Union Catalog: pre-1956 imprints*, Chicago, American Librarie Association, desde 1968. Resume los fondos de medio millar de bibliotecas de los Estados Unidos y Canadá. Han aparecido ya unos 450 volúmenes.

679. U. S. Library of Congress. *A catalog of books represented by Library of Congress printed cards issued to July 31, 1942,*
Ann Arbor, Edwards Br., 1942-1946, 167 vols. Suplementos posteriores: hasta 1952, en 66 vols. más.

Referencias. — Funcionan estos catálogos como grandes repertorios bibliográficos (I.2.) y suelen surtir —incluso con salas
especiales dedicadas a ellos— de repertorios de referencia
(I.2.2.2.). Para las bibliotecas de cada período histórico, consúltese la bibliografía de los apartados correspondientes: XVI,
XVII, XVIII, XIX y XX, 1.º-2.º de vds. revic.

X

ARCHIVOS

X.1. Obras generales

Podríamos hablar de los grandes archivos de España, aunque no en términos tan duros, como de las bibliotecas, lamentándonos de su abandono. Quizá son número menor y se han podido controlar con mayor facilidad; aunque en el caso de los grandes archivos falta todavía mucho por hacer. Damos noticia sólo de los más importantes. Pero el cuadro adjunto (V. cuadro 4), resume, siguiendo a González Palencia, las variedades más frecuentes y enumera otros más. Para los extranjeros (recuérdese III.3.) existe en publicación una (680) *Guide Internationale des Archives...*, publicada por el Instituto de Cooperación Internacional.

681. Brauman, A.: *Guía de archivística*, Barcelona, F. Casanovas, 1965, 3.ª ed.

682. Casanova, Eugenio: *Archivistica*, Siena, Stab. Arti Grafiche Lazzeri, 1928, 2.ª ed. (hay reproducción anastática en Turín, Bottega d'Erasmo, 1966), 533 págs.

683. Clark, Robert L. Jr. (ed.): *Archive-Library relations*, Nueva York y Londres, Bowker, 1976, 218 págs. Nueve ensayos sobre los problemas actuales —generalmente de tipo profesional y en la investigación— que acarrea la división de documentación impresa entre archivos y bibliotecas.

1. ARCHIVOS HISTÓRICOS OFICIALES

1.1. Histórico Nacional (Madrid).
1.2. De Simancas, Valladolid.
1.3. De la Corona de Aragón (Barcelona).
1.4. De Indias (Sevilla).
1.5. De Valencia.
1.6. De Galicia.
1.7. De Mallorca.
1.8. De la Real Chancillería, de Valladolid.
1.9. De la Real Chancillería, de Granada.
1.10. De las distintas universidades.
1.11. De la Cámara de Comptos de Navarra.

2. ARCHIVOS MUNICIPALES

(Madrid, Sevilla, Toledo, Cuenca, Valladolid, León, Zaragoza...).

3. ARCHIVOS ECLESIÁSTICOS

3.1. Parroquiales.
3.2. Catedralicios.
3.3. Diocesanos.

4. ARCHIVOS NOTARIALES

5. ARCHIVOS PARTICULARES

5.1. Archivo de la Real Casa y Patrimonio.
5.2. Archivos nobiliarios (de la casa Ducal de Osuna, de Medinaceli, de la casa de Altamira, etc.).
5.3. Otros.

4. Archivos en España. Fuente: A. González Palencia, 687.

684. Direction des Archives de France: *Manuel d'Archivistique. Théorie et pratique des Archives publiques en France...*, París, Direction des Archives de France, 1970.

685. Duckett, K. W.: *Modern Manuscripts. A practical Manual for their management, care and use...*, Nastaville, Tenn., American Association for State and Local History, 1975, 375 páginas. El «modern» se refiere: desde el siglo XVIII hasta hoy.

686. Muller, F. y F.: *Manuel pour le classement et la description des archives*, La Haya, A. de Jaeger, 1910.

686a. Núñez de Cepeda, M.: *Elementos de Archivología*, Pamplona, 1943.

686b. Zanodi, A.: *Manual de Archivología Hispano-Americana*, Córdoba (Arg.), 1961.

687. González Palencia, Ángel: *Los archivos españoles y las investigaciones literarias...*, Madrid, Centro de Intercambio Intelectual Germano-español, 1926. Conferencia.

688. Sánchez Belda, Luis (dir.): *Bibliografía de archivos españoles y de archivística...*, Madrid, Dirección General de Archivos y Bibliotecas, 1963, 340 págs. (existe una nueva ed., 3.ª, de 1967).

689. Inspección General de Archivos: *Censo-Guía de Archivos españoles*, Madrid, Inspección general de Archivos, 1972, 2 vols.

690. Comisaría Nacional de Archivos: *Guía de los archivos estatales españoles. Guía del investigador*, Madrid, Servicio de publicaciones del M.º de Educación y Ciencia, 1977, 152 págs. Información sobre 85 archivos administrativos y 57 históricos, con datos de tipo práctico, someros pero suficientes.

691. Rodríguez Marín, Francisco (dir.): *Guía histórica y descriptiva de los Archivos, Bibliotecas y Museos Arqueológicos de España que están a cargo del Cuerpo Facultativo...*, Madrid, Tipografía de la Revista de Archivos, 1916-1925, 2 vols.

692. Alcocer, Mariano: *Guía del investigador de el Archivo de Simancas*, Valladolid, Imprenta de la Casa Social Católica, 1923, 205 págs. Se debe preferir la de Á. de la Plaza (694).

693. Dirección General de Archivos y Bibliotecas: *Guía del Archivo general de Simancas*, Madrid, DGAB, 1958, 140 págs.

694. Plaza, Ángel de la: *Archivo general de Simancas. Guía del investigador*, Madrid, Dirección General de Archivos y Bibliotecas, 1962, CVIII + 288 págs.

695. Archivo de la Corona de Aragón: *Guía abreviada*, Madrid, Dirección General de Archivos y Bibliotecas, 1958.

696. Peña y Cámara, José María de la: *Archivo general de Indias de Sevilla. Guía del visitante*, Madrid, Dirección General de Archivos y Bibliotecas, 1958, 206 págs.

697. Sánchez Belda, Luis: *Guía del Archivo Histórico Nacional*, Madrid, DGAB, 1958.

698. Fernández Cantón, José María (dir.): *Los archivos de la Iglesia en España*, León, CSIC, 1978, 294 págs.

699. Matilla Tascón, A.: *Breve guía de los principales archivos de Madrid*, Madrid, Anaba, 1958.

Referencias. — Véase I.2.2.2. Libros de referencias. III. Documentación e información. V.2.6. Diplomática. VIII. Paleografía.

X.2. REVISTAS DE ARCHIVOS

700. *American Archivist*, Washington, Society of American Archivists, desde 1938, trimestral.

701. *Archivum*, París, Consejo Internacional de Archivos, desde 1951, anual. Sus números monográficos constituyen el *Anuario Internacional de Archivos*.

702. *Boletín de la Anaba*, Madrid, Asociación Nacional de Archiveros, Bibliotecarios y Arqueólogos, desde 1949, trimestral.

Referencias. — Véase en III.2. Revistas de Documentación. En VII.6. Revistas sobre la imprenta, el libro y las bibliotecas. En XXII. Revistas profesionales.

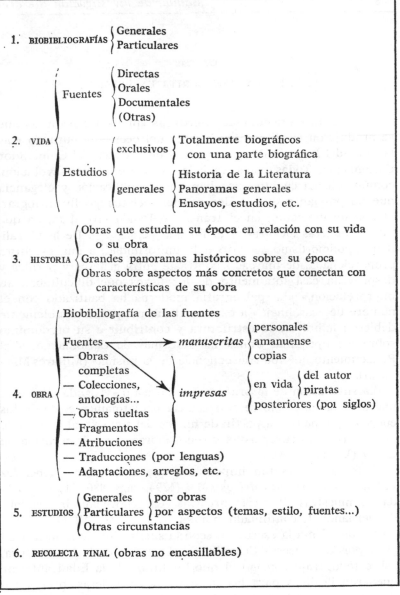

1. **BIOBIBLIOGRAFÍAS** { Generales / Particulares

2. **VIDA**
   - Fuentes { Directas / Orales / Documentales / (Otras)
   - Estudios
     - exclusivos { Totalmente biográficos / con una parte biográfica
     - generales { Historia de la Literatura / Panoramas generales / Ensayos, estudios, etc.

3. **HISTORIA** { Obras que estudian su época en relación con su vida o su obra / Grandes panoramas históricos sobre su época / Obras sobre aspectos más concretos que conectan con características de su obra

4. **OBRA**
   - Biobibliografía de las fuentes
   - Fuentes → *manuscritas* { personales / amanuense / copias
   - — Obras completas
   - — Colecciones, antologías... } *impresas* { en vida { del autor / piratas } / posteriores (por siglos)
   - — Obras sueltas
   - — Fragmentos
   - — Atribuciones
   - — Traducciones (por lenguas)
   - — Adaptaciones, arreglos, etc.

5. **ESTUDIOS** { Generales { por obras / Particulares { por aspectos (temas, estilo, fuentes...) / Otras circunstancias

6. **RECOLECTA FINAL** (obras no encasillables)

5. Ordenación de un complejo bibliográfico.

LA LETRA MANUSCRITA EN ESPAÑA

Hoy se suelen denominar escrituras «precalorinas» a las que se produjeron en diferentes lugares del occidente europeo tras la caída del Imperio Romano y antes de la época del Emperador Carlomagno. Todas estas variedades sufrieron una evolución, común sólo en cuanto buscaban una simplificación y elegancia que no poseían y que la decantación del tiempo iba a lograr. «Hubo un momento, en el tránsito del siglo VIII al IX, en que tales tentativas alcanzaron el fin que perseguían. De la pluralidad o polimorfismo se pasó a la uniformidad, a una escritura proporcionada, de marcado contraste entre gruesos y perfiles y desprovista casi totalmente de los nexos que dificultaban su interpretación.» «La paleografía moderna ha bautizado con el nombre de «carolingia» a esa escritura, porque indudablemente debieron influir en su estructura y contribuir a su predominio sobre los tipos más afines las reformas de Carlomagno, y el Renacimiento que fue consecuencia de la misma» (Millares-Mantecón).

La sustitución de la precarolina ibérica o «visigoda» por esta nueva modalidad sólo se conseguiría paulatinamente, desde los enclaves pirenaicos, a partir de finales del siglo XI, al arrimo de otras corrientes europeístas y renovadoras, como la reforma de Cluny (V. cuadro 6).

Este cambio es tan importante que a él refiere Menéndez Pidal, en *Los orígenes del español* (1294, págs. 480-481) la pérdida de muestras literarias arcaicas. La renovación innovadora de Fernando I, continuada por su hijo Alfonso VI (1072-1109) afectó también a la escritura, «con la sustitución de la letra visigoda por la francesa» ('carolina'). «La reforma de la escritura, sobre todo, trajo consigo el que los libros de la Edad anterior quedaran ilegibles para las generaciones venideras, produciéndose con esto un brusco olvido de la literatura del pasado».

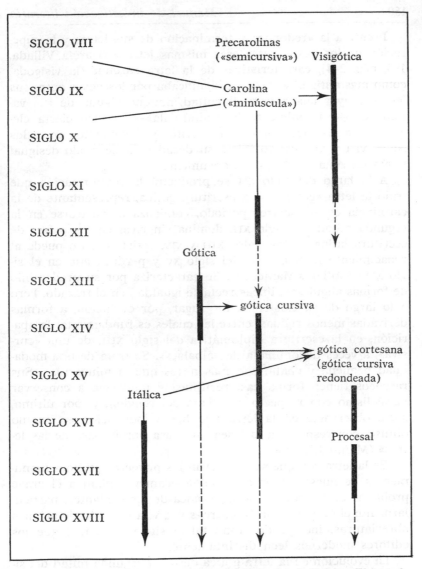

6. La evolución de la letra manuscrita en la Península Ibérica. El trazado grueso indica su mayor vigencia; el trazado simple, su uso; la línea punteada, su decadencia. Las líneas horizontales señalan algún tipo de influencia.

Frente a la «redondez y terminación de sus letras y la superación de los nexos entre esas mismas letras» (García Villada, 195, pág. 244), características de la letra carolina, la visigoda, como más antigua y tosca, se significaba por los nexos entre sus letras, mayor anarquía y dificultad, aunque alguna de sus variedades —especialmente la «minúscula»— alcanzó cierta elegancia. La visigoda dominó en escritos y documentos entre los siglos VIII y XI, cuando inició su decadencia de modo desigual según las zonas y el tipo de documentos.

A lo largo del siglo XII se producirá la trasformación que trajo la letra «gótica». «La escritura gótica, representante de la carolingia en su postrer período, comienza a mostrarse en la segunda mitad del siglo XII, domina sin rival en los países de escritura latina en los siglos XIII y XIV, resiste cuanto puede al renacimiento humanístico del siglo XV y perdura aún en el siglo XVI» (Millares-Mantecón). Se caracteriza por su predominio de formas angulosas, líneas rectas e igualdad en el trazado. Pero a lo largo de su existencia dio lugar, por evolución, a formas derivadas menos rígidas, entre las cuales es fundamental la aparición, en la escritura diplomática del siglo XIII, de una «cursiva», a veces denominada de «albaláes». Se trata de una modalidad pequeña y chata, con más nexos que la minúscula. «Sus rasgueos tienen forma casi rectilínea y tendencia a conservar paralelismo con respecto a la caja del renglón, y, por último, suele observarse en la letra una ligera inclinación en ángulo obtuso, con respecto a la línea que pasa por la base de las letras» (Muñoz Rivero).

Es la letra con que se conservan los primeros grandes monumentos de nuestra literatura. Filológicamente plantea el grave problema de la representación gráfica de las sibilantes, particularmente el de la distinción entre -*s* y -*z* y la solución de algunas abreviaturas, incluyendo como tal al signo tironiano, que los editores modernos leen distintamente.

La evolución de la letra gótica desde la segunda mitad del siglo XIV fue en sentido de facilitar el trazado al escriba y la rapidez de copia, por lo cual se complicó cada vez más, aumentó los nexos, disolvió las diferencias más marcadas y suprimió las angulosidades. Éste es el origen de la letra «cortesana», que duró hasta entrado el siglo XVI, en competencia con la itálica o humanística, que habían traído las nuevas corrientes renacentistas. La humanística era una letra clara, sencilla y elegante, muy acorde con el nuevo espíritu de la época. «Trátase de una modalidad caligráfica clara, regular, con inclinación a la derecha, unión a la manera actual de la *c* a la letra siguiente en los grupos *ca, ce, co, cr, ct, cu,* casi desprovista de nexos y con abultamiento y curvadura a la diestra de las letras *b, d, e, h*» (Millares-Mantecón).

Aunque la itálica influyó sobre la escritura en general del siglo XVI —y ya en adelante—, la burocratización y el comercio siguieron manteniendo, sobre todo en documentos, un tipo de escritura cada vez más extravagante, enredada y difícil, que se suele llamar «procesal». A su dificultad se alude en *El Quijote* por boca de su protagonista. «La separación irregular de las palabras, el continuo ligado de la escritura, la poca fijeza en materia de abreviaturas, la confusión resultante de la imperfecta figura de las letras, algunas de las cuales, como *b, c, e, l* y *s* presentaban con frecuencia trazado semejante, y la profusión de rasgos inútiles, son características que hacen de la procesal del siglo XVI una escritura de difícil interpretación» (Millares-Mantecón).

La letra «procesal» sólo desaparecerá entrado el siglo XVII, después de producir múltiples y difíciles variedades. Pero ya la letra de los grandes autores del siglo XVI revela, en muchos casos, esa mezcla típica de rasgos que, junto a la impronta personal, será típica de la caligrafía moderna.

XI

CRITICA TEXTUAL

Muchos de estos aspectos se tratan en los manuales de investigación literaria (IV.3.) o en las grandes obras sobre bibliografía (VII.2.). Por otro lado, las buenas ediciones (XV.4.1.) contienen tanto noticias sobre las técnicas textuales como, desde luego, la puesta en práctica de estos métodos. El campo de posibilidades de una edición es muy amplio y deriva, en principio, de dos elementos básicos determinantes: carácter del texto, manuscrito o impreso; y tipo de edición que se pretende. En Europa priva esencialmente el método neolachmaniano (sus obras clásicas son la edición del *Nuevo Testamento*, en 1842, e *In T. Lucretti Cari de rerum natura libros commentarius*, de 1855), retomado y afinado por obras tan características como la de Paul Maas (733), sobre todo Pasquali (740) y últimamente West (751). A él se refieren las más de las últimas ediciones de nuestros clásicos (por ej. la de Chiarini del *Libro de Buen Amor*, o (702a) la de Charles Amiel de *El siglo Pitagórico...*, de A. Enríquez Gómez, París, 1977, por citar una francesa y otra italiana). Téngase en cuenta que la monumental obra de Pasquali es, en todo caso, una rectificación de la de P. Maas, y ésta, por su parte, una interpretación rígida de Lachmann. En fin, la doctrina de Quentin, 742, es una renovación original de este mismo método.

En el mundo anglosajón constituyen autoridad los grandes estudios y ediciones en torno al teatro isabelino, principalmente

en torno a la obra dramática de Shakespeare (V. la bibliografía
de Howard-Hill, 712a, y el panorama de Kirsop, 730), hasta el
punto de que los hispanistas anglosajones se han podido aprovechar de sus investigaciones para las ediciones de nuestros
clásicos (por ejemplo, Crosby, que comenzó dentro de una tradición neolachmaniana, en 713, lo hizo en su excelente edición
de Quevedo, *Política de Dios...*, 1082). Una corriente paralela
es la constituida por la crítica textual referida a textos grecola-
tinos —y, por supuesto, bíblicos—, de la que damos someras
referencias —aparte Lachmann, Pasquali, etc.— principalmente
a través de Groningen, 725; Severyns, 746, y Willis, 752; señalando en todo caso cuál es lo valioso de cada uno de ellos para
el terreno de la literatura románica, española. Bibliografías adicionales se encontrarán, además de las citadas explícitamente
como tales, en Martens-Zeller, 736. Deben consultarse, además,
los diversos números —a modo de monografías colectivas, de
periodicidad diversa— de *Voprosy Tekstologii* (Moscú). Allí se
hallará abundante noticia de los nuevos métodos que se aveci-
nan, con aprovechamiento de técnicas mecanizadas, y que tienen
su representación en la reseña de Froger, 722.

703. Kurbisowna, B.: *Studia Zrodtoznawege, Commenta-
tiones*, I (Poznar, 1957), págs. 79-84. Bibliografía de unos 250
items.

704. Bédier, J.: prefacio a su edición de *Lai de l'Ombre*,
de Jean Renart, París, Société des Anciens Textes Français,
1913. Obra clásica —y superada— que justifica los procedimientos subjetivos en la elección y corrección del manuscrito. V.
también (704a) del mismo «La tradition manuscrite du 'Lai de
l'Ombre'. Réflexions sur l'art d'éditer les anciens textes», *Romania*, 1928, LIV, págs. 182-196.

705. Bidez, J. y A. B. Brachmann: *Emploi des signes critiques, disposition de l'apparat dans les éditions savantes des textes
grecs et latins. Conseils et recommendations*. Nueva edición por
A. Delatte y A. Severyns, Bruselas, Palais des Académies-Les
Belles Lettres, 1938, 50 págs.

706. Bowers, F.: *Textual and Literary Criticism*, Cambridge, CUP, 1959. V. sus otras obras en Bibliografía, 517. Y además:

707. Bowers, F.: *Bibliography and Textual Criticism*, Oxford, OUP, 1964.

708. Brack, M. M., Jr. y W. Barnes (eds.): *Bibliography and Textual Criticism*, Chicago, 1969. Recolección de artículos.

709. Buescu, Victor: *Problèmes de critique et d'histoire textuelle...*, París, 1973, reimpresión (ed. orig.: 1942), 237 págs.

710. Clark, A. C.: *Recent Developments in Textual Criticism*, Oxford, Oxford Lectures on Classical Subjects, 1914. Clásico que abre el panorama al origen de los conocimientos sobre crítica textual en nuestro siglo. V. del mismo (710a) *The Descent of Manuscripts*, Oxford, Clarendon Press, 1969, reimpresión (ed. orig.: 1918), 464 págs.

711. Collomp, P.: *La critique des textes*, París, Les Belles Lettres, 1931, 128 págs. Exposición sencilla, clásica y ecléctica, que recoge panorama bibliográfico de la etapa anterior (páginas 4-6).

712. Croll, M.: «The Baroque Style in Prose», en *Studies in English Philologie... in Honour of F. Klaeber*, Minneapolis, Minn., 1929. Para la bibliografía shakesperiana en general V. (712a) T. H. Howard-Hill: *Shakespearian Bibliography and Textual Criticism: A Bibliography*, Oxford, OUP, 1971, 324 págs.

712b. Howard-Hill es el autor también de los vols. IV y V del *Index to British Literary Bibliography*, que versan sobre «British Bibliography and Textual Criticism. A Bibliography», Oxford, OUP, 1979, 2 vols.

713. Crosby, James O.: *The Text Tradition of the Memorial «Católica, Sacra, Real Magestad»*, Lawrence, Kansas, University of Kansas Press, 1958, 81 págs. Un modelo práctico referido a un ejemplo de poesía española del Siglo de Oro.

714. Dain, A.: *Les manuscrits*, París, Les Belles-Lettres, 1975, 3.ª ed. renov. (ed. orig.: 1949), 198 págs. A veces se ha criticado a la obra de Dain de excesivamente subjetivista, con todo, es uno de los panoramas más completos, aunque excesivamente dominado por el concepto «ejemplar de biblioteca».

715. Dahlmann, H. y R. Merkelbach (eds.): *Studien zur Textgeschichte und textkritik...*, Colonia y Opladen, Westdeutscher Verlag, 1959, 307 págs.

716. Dearing, Vinton A.: *A Manual of Textual Analysis*, Berkeley, California, California University Press, 1959. «Outside Shakespeare..., the most ambitious recent investigation» (Bateson), utilizando procedimientos matemáticos y computerizados.

717. Dearing, Vinton A.: *Methode of Textual Editing*, Los Ángeles, California, California University Press, 1962.

718. Escuela de Estudios Medievales: *Normas de transcripción de textos y documentos*, Madrid, Escuela de Estudios Medievales, 1944, 53 págs. Referidas esencialmente al español y al latín. Publicaciones similares en otros países:

718a. M. Siemienski: *Les symboles graphiques dans les éditions critiques de textes; projet d'unification*, Varsovia, 1927.

718b. Académie Royale de Belgique: *Instructions pour la publication des textes historiques*, Bruselas, 1922, 2.ª ed.

719. Faider, P.: «Du manuscrit d'auteur à la première édition», en *Bull. de la Classe des Lettres*, de la Académie Royale de Belgique, 1938, XXIV, págs. 497-511.

720. Frank, I.: «De l'art d'éditer les textes lyriques», en *Recueil de Travaux offert à Cloris Brunel*, I, París, 1955, páginas 463-475.

721. Fränkel, H.: *Testo critico e critica del testo*, Florencia, 1960. Es traducción de una parte, la teórica, de su obra mayor *Einleitung zur kritischen Ausgabe der Argonautica des Apollonius*, Göttingen, 1964.

722. Froger, J.: *La critique des textes et son automatisation*, París, Dunod, 1968, 280 págs. «Excellent mise au point et initiation aux problèmes de l'automatisation pour littéraires dont la portée dépasse la latinité médiévale» (Laufer). Tomado, por ejemplo, como modelo teórico en la reciente edición del *Rimado de Palacio* (761), de M. García. Es un terreno que se puede ampliar con:

722a. H. Love: «The Computer and literary editing: achievements and prospects», en *The Computer in Literary and Lin-*

guistic Research, ed. por R. A. Wisbey, Cambridge, 1971, páginas 47-56.

722b. W. Ott, «Computer applications in textual criticism», en *The Computer in literary studies,* ed. por A. J. Aitken (et al.), Edimburgo, 1973, págs. 199-223.

723. Greg, Walter: *The Editorial Problem in Shakespeare; A survey of the foundations of the text,* Oxford, OUP, 1954, reed. (ed. orig.: 1942). Recoge y refunde su obra anterior más conocida (723a): *The Calculus of variants. An Essay on Textual criticism,* Oxford, OUP, 1927, 63 págs. Ambas pueden completarse con:

724. Greg, W.: *Collected Papers,* ed. por J. C. Maxwell, Oxford, OUP, 1966. Contiene además valiosos artículos sobre la descripción bibliográfica.

725. Groningen, B. A. van: *Traité d'histoire et de critique des textes grecs,* Amsterdam, Nortd-Hollandische Uitgerers Maatschappy, 1963, 126 págs.

726. Ham, Edward B.: «Textual criticism and common sense», *RPh,* 1958, XII, págs. 185-215. Breve repaso a la historia reciente de la crítica textual, con una corta y bien comentada bibliografía. El mismo papel puede desempeñar el artículo de (726a) F. Peeters, «La Technique de l'édition (1926-1936)», en *Antiquité Classique,* 1937, V. págs. 319-356.

727. Havet, L.: *Manuel de critique verbale appliquée aux textes latins,* París, Hachette, 1911, 481 págs. «An important book, but the useful theoretical sections are lost in the mass of examples, not all of which are important or appropriate» (P. Maas). Existe una reimpresión de 1967.

728. Hellinga, W. Gs.: «Principes linguistiques d'édition de textes», *Lingua,* 1953, III, págs. 295-308.

729. Hinman, Charlton: *The Printing and proof-reading of the first folio of Shakespeare,* Oxford, Clarendon Press, 1963, 2 vols.

730. Kirsop, W.: *Bibliographie matérielle et critique textuelle. Vers une collaboration,* Minard, 1970. «Bon état présent, utile en particulier sur les controverses des années 60 en Angleterre» (Laufer).

731. Langosch, Karl (ed.): *Geschichte der Textüberlieferung der Antiken und Mittelalterlichen Literatur*, Zurich, Atlantis, 1964. El vol. II: «Uberlieferungsgeschichte der mittelalterliche literatur», 843 págs. La parte referida al español (págs. 439-597), por A. Steiger.

732. Laufer, Roger: *Introduction à la textologie. Vérification, établissement, édition des textes*, París, Larousse, 1972, 159 págs. Exposición clara, a veces desenfadada o rompiendo con la terminología y los métodos tradicionales de exposición de estas técnicas.

733. Maas, Paul: *Textkritik...*, Leipzig, Gercke-Norden, 1960, 4.ª ed. (ed. orig.: 1927). La última reedición que conozco es la de Florencia, 1963. Interpretación rígida y excesivamente seca del método de Lachmann. Trabajo fundamental para los casos de trasmisión cerrada, pero sólo para ellos. Ténganse en cuenta las siguientes obras anteriores, precursores clásicos de la obra de Maas:

733a. Th. Birt: *Kritik und Hermeneutik...*, Munich, Beck, 1913.

733b. H. Kantorowicz, *Einführung in die Textkritik*, Leipzig, 1921.

733c. M. O. Stählin, *Editionstechnik*, Leipzig, Teubner, 1914, 2.ª ed. (1.ª: 1914). Y las ya citadas de Havet, 727, y Clark, 710.

734. Macrí, Oreste: *Ensayo de métrica sintagmática*, Madrid, Gredos, 1969, 296 págs. Contiene, entre otras cosas, una erudita exposición del método neolachmaniano basándose en la edición que hizo Chiarini del *Libro de Buen Amor*.

735. Marichal, R.: «La critique des textes», en *L'Histoire et ses Méthodes* (203, págs. 1.247-1.366). «Rempli d'examples concrets qui rendent sa lecture attrayante, cet exposé s'achève pour une bibliographie commentée, qui permet au lecteur d'y voir clair. L'auteur fait ressortir le rôle de la critique textuelle comme préambule et fondement des études historiques» (Froger).

736. Martens, G. y Hans Zeller (eds.): *Texte und varianten. Probleme ihrer Edition und Interpretation*, Munich, C. H. Beck'sche Verlagsbuchhandlung, 1971, 441 págs. Conjunto de 21

ensayos sobre crítica textual, teóricos y prácticos, a veces centrados en textos españoles: Manfred Engelbert sobre la edición del teatro del Siglo de Oro. Bibliografía muy completa y actualizada.

737. Martin, V.: *Les manuscrits antiques des classiques grecs et la méthode philologique*, París, 1919. Como representante clásico de los papirólogos eclécticos, tratando de dar cuenta de una tradición manuscrita generalmente muy contaminada mediante un procedimiento crítico cuidadoso, pero subjetivo. Bibliografía adicional sobre este terreno en Collomp, 711, páginas 82-83, y en Sanaran, 735, págs. 524-527.

738. Masai, Francisco: «Principes et conventions de l'édition diplomatique», en *Scriptorium*, 1950, IV, págs. 177-193.

739. Mc Kerrow, Ronald B.: *Prolegomena for the Oxford Shakespeare. A Study in Editorial Method*, Oxford, Clarendon Press, 1969, reed. (1.ª: 1939), 128 págs. «Remains an admirable introduction to the textual bibliography of the Elizabethan Jacobean period» (Gaskell). Cfr. 527.

740. Pasquali, G.: *Storia della tradizione e critica del testo*, Florencia, Le Monnier, 1964, 3.ª ed. (1.ª: 1934), 525 págs. Revisión de la interpretación que Maas hizo del método lachmaniano. «Work of monumental erudition and superlative scholarship» (E. B. Ham).

741. Prokhorov, E. I.: *Tekstologija. Principy izdanija klassiceskoj literatury*, Moscú, 1962.

742. Quentin, H.: *Essais de critique textuelle. (Ecdotique)*, París, A. Picard, 1926, 178 págs. Nuevo replanteamiento del objetivismo neolachmaniano, intentando encontrar una nueva vía que la de las «faltas comunes». Para una bibliografía más detallada sobre este replanteamiento, Collomp, 711, págs. 72-73.

743. Reisser, S. A.: *Paleografija i Tekstologija*, Moscú, Prosvescenie, 1970.

744. Reynolds, L. D. y N. G. Wilson: *Scribes and Scholars. A guide to the Transmission of Greek and Latin Literature*, Oxford, Clarendon Press, 1975, 2.ª ed. rev. y aum. (1.ª: 1968), 275 págs. «It es more a history of textual transmission than an analytical study of faults and their correction; 'Textual Criti-

cism' is the title of an admirably judicious but all too brief chapter...» (J. Willis). V. las págs. 186-213 para ese capítulo.

745. Roques, Mario: «Règles pratiques pour l'édition des anciens textes français et provençaux», en *Bibliothèque de l'École de Chartres*, 1926, LXXXVII, págs. 453-459.

746. Severyns, Albert: *Texte et apparat. Histoire critique d'une tradition imprimée...*, Bruselas, Palais des Académies, 1962, 374 págs. Aunque fundamentado en textos griegos, es sumamente práctico, tanto por el planteamiento teórico de casos como por el «index» de términos técnicos (págs. 361-366).

747. Shepard, W. P.: «Recent Theories of Textual Criticism», *Modern Philology* (Chicago), 1930, XXVIII, págs. 129-141.

748. Shoenbaum, S.: *Internal Evidence and Elizabethan Dramatic Autorship*, Chicago, 1966. «A masterly survey of the world problem of internal and external evidence..., which is not entirely confined to the special case of the Elizabethan drama» (Bateson).

749. Simpson, Percy: *Shakesperean Punctuation*, Oxford, 1911. Una consideración importante de sus sugerencias en la ed. de la *Política de Dios*, de Quevedo (1082), hecha por Crosby.

750. Timpanaro, Sebastiano: *La genesi del metodo del Lachmann*, Florencia, Le Monnier, 1963, 141 págs. Se debe preferir la ed. alemana, revisada: Hamburgo, 1971. Y completar con el trabajo de Jean le Clerc (750a) en *Ars Critica*, vol. II, Amsterdam, 1967. «The principle of difficilior lectio seems to have been first expressly formulated as a criterion by Jean le Clerc» (Reynolds-Wilson).

751. West, M. L.: *Textual Criticism and editorial technique...*, Stuttgart, Teubner, 1973, 155 págs. «Valuable advice on dealing with contaminated traditions (...)» «This book is intended to replace to a great extent both Paul Maas's (aquí, 733) and O. Sthählin's (aquí, 733c)» (Reynolds-Wilson).

752. Willis, James: *Latin Textual Criticism*, Urbana, etc., University of Illinois Press, 1972, 237 págs. Manual cuyos capítulos iniciales («Fundamentals») pueden servir de excelente introducción al tema. Sigue de cerca a Housman (752a): «The

Application of Thought to Textual Criticism», en *Selected Prose*, Cambridge, CUP, 1961.
753. Wilson, E. M. y D. W. Cruickshank: *The Textual Criticism of Calderons*, ed. por..., Londres, Gregg International-Tamesis Books, 1973, 219 págs. Es el volumen primero de las *Comedias* de Calderón, en edición facsimilar, que recoge una serie de trabajos sobre los problemas textuales del dramaturgo, y del teatro español del Siglo de Oro en general.

Referencias. — Véase I.2.2.2. Repertorios de libros de referencias. Suele abordarse este estudio en las guías de investigación (IV.2 y 3), particularmente en las referidas a Historia (IV.2.) y, desde luego, en las literarias (IV.3.). Los grandes manuales sobre bibliografía (VII.2.) también lo tienen en cuenta. Su práctica, a través del muestrario de grandes ediciones (XV.3.). Bibliografía adicional, en Homero Serís, 815, págs. 78-80 (núms. 814-841).

EXCURSO:

LAS EDICIONES

Editar un texto consiste en darlo a conocer a través de su reproducción moderna. Ejercer esta tarea con un texto literario —poesía, prosa, teatro, ensayo, etc.—, que es a lo que aquí nos referimos, supone poner en relación dos momentos históricos distintos: el de la producción del texto mismo y el actual de su reproducción, y poner en relación, por tanto, también, toda clase de circunstancias históricas que delatan en cada caso la edad del texto: desde las puramente tipográficas hasta las ideológicas pasando por las lingüísticas.

Cuanto mayor sea la distancia —cronológica y cultural— entre el momento de producción del texto y el de su reproducción, más serán los aspectos que los diferencien y mayores posibilidades de manipulación a la hora de reproducirlo para su adecuación al momento actual. Pero la adecuación al momento actual es sólo una de las posibilidades de la edición de textos; puesto que el estudioso y el editor moderno pueden optar, como es obvio, por la reproducción del texto tal y como apareció por primera vez, o por la adecuación muy variada de toda una escala de circunstancias.

Las razones que presiden la manipulación de un texto a la hora de reproducirlo o editarlo son, sencillamente, de público, comerciales: dependen de la finalidad de esta reedición: es para los estudiosos de la época que vio nacer el texto, para los filólogos, para el público general, etc.

La tradición editorial ha consagrado una serie de tipos de reedición que —aunque nunca suelen coincidir en todos sus términos— pueden dar cuenta de las manipulaciones básicas que sufre un texto literario a la hora de reproducirlo en razón del público a que va dirigido. Son:

Edición facsímil.
Edición diplomática o paleográfica.
Edición crítica.
Edición fonética.
Edición modernizada.
Versión moderna.

Todos estos tipos se refieren a las manipulaciones ejercidas sobre el texto mismo. Existe, además, el acompañamiento del texto, es decir, noticias críticas de muy variada índole que acompañan al texto en razón también de esta discordancia histórica de la que hablábamos. Generalmente se presentan a modo de:

Prólogos, introducciones o estudios preliminares.
Bibliografía.
Notas.
Glosario, apéndices, índices.

La combinación de los criterios textuales con los críticos produce variados tipos de edición, desde la edición monumental, que suele ser textualmente edición crítica y acompañarse de toda clase de noticias (estudio preliminar, bibliografía, notas, glosario, apéndices...), hasta la escueta edición paleográfica que reproduce con la mayor limpieza posible el texto modelo.

No se pueden dictar normas rígidas sobre lo que conviene a cada texto. Insistimos que por un lado dependen de la vocación de público que se sostenga, y por otro lado de las cualidades mismas del texto y de sus circunstancias históricas. De esta manera, los textos más antiguos y los que se conservan manuscritos pueden ser objeto de una edición paleográfica; tipo de edición que resulta impertinente para obras impresas, porque reproducirían el modo de escritura del cajista o tipógrafo, no el del autor.

Dedicaremos más adelante (págs. 165-80) unas páginas a las normas esenciales que rigen para cada uno de estos tipos de edición. Vamos ahora a definirlas y caracterizarlas brevemente.

Edición facsímil. — Es la reproducción total y exacta de una edición anterior, incluso con sus características tipográficas y, aunque no siempre sea esto posible, materiales: tipo de papel, encuadernación, errores y deterioros, etc.

Son valiosísimos instrumentos de trabajo para el historiador (de la lengua, del libro, de la cultura, del arte, etc.), por cuanto le ofrecen todas las circunstancias históricas íntegras. Resultan, por la misma razón, por lo general, ediciones para especialistas o coleccionistas, ya que sólo aquellos que conocen bien las variantes históricas (por ejemplo: la tipografía) pueden acceder sin problemas a la lectura y conocimiento del texto. En muchos casos, y por estas mismas razones, la edición facsímil se acompaña de una trascripción moderna que facilita su consulta. Véanse algunos ejemplos de distintas épocas:

754. *Poema de Mío Cid*, ed. facs. del Códice de Per Abat, conservado en la Biblioteca Nacional, Madrid, DGAB, 1961, 2 vols. Vol. I: edición facsímil (81 hojas); vol. II: transcripción paleográfica por R. Menéndez Pidal (116 págs.).

755. *Comedia de Calisto e Melibea*, Toledo, 1500..., facsimile, Colonia-Génova, Bibliothèque Bodmeriana, 1961, 13 págs. + 80 hojas.

756. *La Dorotea / Acción en Prosa / de / Frey Lope Félix de Vega Carpio /* (Madrid, 1632). Sale nuevamente a la luz reproducida en Facsímil / por acuerdo de la / Real Academia Española / Madrid / 1951, 3 hojas + 8 hojas de prels. + 276 fols. + 1 hoja moderna de colofón.

757. Antonio Machado. / *Los Complementarios* / Ed. crítica / por / Domingo Ynduráin / Madrid, Taurus, 1972, 2 vols. Vol. I: Facsímil (1 hoja + 208 hojas texto + 1 hoja moderna de colofón). II: Transcripción (244 págs. + 1 hoja de colofón).

EDICIÓN PALEOGRÁFICA. — Es la reproducción de una obra —que normalmente se hallaba manuscrita— respetando todas las características gráficas del texto originario. A veces se le llama también «diplomática». En realidad entre la edición diplomática y la paleográfica debe existir una distinción: la paleográfica respeta todas las grafías; la diplomática, además, respeta la disposición espacial del texto y toda una serie de signos no alfabéticos, esencialmente los signos diacríticos.

En ambos tipos de ediciones se produce por tanto, ya, una ligera manipulación del texto originario para adaptarlo a una forma «tipo» —la que se llama «edición paleográfica»— que, como veremos, exige el conocimiento de determinadas técnicas y rasgos filológicos.

La edición paleográfica constituye también precioso instrumento de trabajo para el filólogo y el historiador de la lengua; resulta la más especializada de las ediciones y por tanto la que a menos cantidad de público puede llegar. Por la misma razón hay veces en que se acompaña de transcripción o versión moderna. He aquí algunos ejemplos, que se pueden añadir a la transcripción paleográfica del *Poema de Mío Cid*, citado en 754.

758. Juan Ruiz, Arcipreste de Hita: *Libro de Buen Amor*, estudio histórico y transcripción textual del códice de Salamanca por César Real de la Riva, Madrid, Edilán, 1975, 2 vols. El vol. II es una edición paleográfica; el vol. I es una ed. facs.

759. Lope de Vega Carpio, Félix: *La Desdichada Estefanía*, ed. paleográfica por J. H. Arjona..., Garden City, N. J., Adelphi University, 1967, 114 págs.

760. *A Paleographic edition of Lope de Vega's Autograph Play «La nueua Victoria de D. Gonzalo de Cordoua»*, by Henryk Ziomek, Nueva York, Hispanic Institute in the United States, 1962, 211 págs.

EDICIÓN CRÍTICA. — La edición crítica trata de reconstruir el texto perdido o presuntamente deformado por el proceso de trasmisión, para acercarse lo más posible a la voluntad del autor. Para ello utiliza, por un lado, todas las fuentes textuales del autor y la obra; por otro, una serie de técnicas y métodos que constituyen un corpus de conocimientos específicos muy peculiares (cfr. 703-753).

La edición crítica es la más valiosa quizá de todas las ediciones, al menos desde un punto de vista puramente científico. En cuanto a su audiencia, dependerá de los restantes criterios que la acompañen: introducción, notas, etc.; así como del grado de modernización o conservadurismo que presida la manipulación del texto en otros aspectos. Corrientemente la edición crítica es conservadora a nivel gráfico —aunque no tanto como la paleográfica—, fonético, sintáctico y léxico.

Características peculiares de las ediciones críticas es ofrecer al lector las variantes del texto desechadas, junto con el razonamiento —general o concreto— de cada elección. Precisamente al tipo de edición que sin llegar al rigor de la edición crítica ofrece todas o algunas de las variantes, se le denomina «edición con variantes» o «edición con notas críticas».

He aquí algunos ejemplos de ediciones críticas:

761. Pero López de Ayala: *Libro de Poemas o Rimado de Palacio*, ed. crít., introd. y notas de Michel Garcia, Madrid, Gredos, 1978, 2 vols.

762. Fernando del Pulgar: *Claros varones de Castilla*, a critical edition with introd. and notes bay Robert Brian Tate, Oxford, At the Clarendon Press, 1971, CXVIII + 118 págs. + 1 hoja.

763. Lope de Vega Carpio, Félix: *La Corona de Hungría*, ed. crit. de Richard W. Tyler, University of North Carolina, Estudios de Hispanófila, 1972, 313 págs.

En cuanto a ediciones con variantes («variorum») o notas críticas, véanse:

764. Alfonso de Valdés: II. *Diálogo de Mercurio y Carón*, ed., introd. y notas por José Fernández Montesinos, Madrid, Espasa-Calpe, 1965 (ed. orig.: 1929), XXV + 248 págs.

765. Pedro Calderón de la Barca: *En la vida todo es verdad y todo mentira*, ed. por Don William Cruickshank, Londres, Tamesis Books, 1971, CXXXIX + 255 págs. + 2 láms.

766. Ramón Pérez de Ayala: *La pata de la raposa*, ed., pról. y notas de Andrés Amorós, Barcelona, Labor, 1970, 323 págs.

EDICIÓN FONÉTICA. — Es aquella que al reeditar un texto conserva de alguna manera tan sólo aquellos rasgos lingüísticos que tenían en la época valor fonético. Es el tipo de edición más frecuente en las grandes colecciones de clásicos *(CC, CCast., THM*, etc.). Con ellas se trata de acercar al gran público las obras clásicas lo más posible, pero sin llegar a modernizarlas tanto que se desvirtúen hasta los valores fonéticos, tan esenciales en algunos casos que con ellas se perderían valores métricos y rítmicos.

Obviamente, las manipulaciones que se pueden efectuar en un texto con este criterio variarán según la época del texto, esto es: según el sistema fonológico vigente en cada etapa del español. Como veremos más adelante, al menos habrá que distinguir tres grandes etapas para el español: la medieval (español prealfonsino y español literario medieval), la clásica (siglos XVI y XVII) y la moderna. Por poner un ejemplo sencillo: no se podrá regularizar con criterios modernos el uso de la *b / u, v*, consonánticas en los textos anteriores al siglo XVI; sólo según su origen geográfico durante los Siglos de Oro; esta regularización se impone desde el siglo XVIII hasta hoy.

Mucho más discutibles son —como también en otros tipos de edición— los aspectos modernizadores que atañen a hechos

fronterizos, tales como la disposición espacial (la separación de palabras, por ejemplo, incide en la pronunciación), la puntuación y la acentuación. Los editores adoptan criterios muy variables en este sentido, que en todo caso deben de quedar explicados y justificados en el prólogo.
Véanse algunos ejemplos de típicas ediciones fonéticas:

777. _Poema de Mío Cid,_ ed., introd. y notas de Ian Michel, Madrid, Castalia, 1976, 450 págs.

778. Villena, Enrique de: _Los doze trabajos de Hércules,_ ed., pról. y notas de Margherita Morreale, Madrid, Real Academia Española, 1958, LXXX + 146 págs. + 1 hoja.

779. Villamediana: _Obras,_ ed., introd. y notas de J. M. Rozas, Madrid, Castalia, 1969, 398 págs.

780. Espronceda, José de: _Poesías líricas y fragmentos épicos,_ ed., introd. y notas de Robert Marrast, Madrid, Castalia, 1970, 319 págs.

EDICIONES MODERNIZADAS. — Son aquellas que intentan acceder a un público más numeroso mediante la modernización de todos los aspectos, esencialmente lingüísticos, del texto originario, incluso sin respetar valores fonéticos arcaicos. Sin embargo, no suelen modernizar la estructura sintáctica ni el componente léxico del texto, por lo que frecuentemente se quedan en trabajos confusos a medio camino, que borran del texto lo que aparentemente o a primera vista es más extraño para un lector actual (grafías antiguas, consonantes dobles, etc.). Hoy día están bastante desprestigiadas, pues el editor que va más allá de la edición fonética en la modernización del texto, es para ensayar una versión moderna. De todos modos, no es raro encontrarse en ediciones de bolsillo, colecciones de divulgación o series de clásicos editados anónimamente, textos modernizados, en los que el editor mismo explica sus dudas sobre hasta dónde llegar en la modernización. Véanse dos ejemplos bien claros:

781. Alonso de Contreras: _Vida, nacimiento, padres y crianza del Capitán Alonso de Contreras,_ pról. de José Ortega y Gasset. Ed. y notas de Fernando Reigosa, Madrid, Alianza, 1967, 274 pá-

ginas. «... se han modernizado todas las palabras cuya grafía no corresponde a la actual, se ha unificado la de muchos nombres geográficos, etc. Todo ello por mor de facilitar la lectura. Dudo que se haya logrado tal finalidad, pues para ello hubiera sido necesaria mucha más sintaxis en el lenguaje de Contreras y variar ésta sería variar el texto que, con las salvedades apuntadas, hemos procurado mantener con la mayor fidelidad permitida».

782. Zayas y Sotomayor, María de: *Novelas ejemplares y amorosas o Decamerón español*, selec., pról. y notas de Eduardo Rincón, Madrid, Alianza, 1968, 226 págs. + 3 hojas. «... he querido guardar en ella la mayor fidelidad al texto, corrigiendo exclusivamente la ortografía —modernizándola, siempre que no restara demasiado carácter a la prosa—, y la puntuación y redacción cuando el texto resultaba demasiado oscuro, intentando con ello servir la obra a los lectores con la mayor fidelidad posible...»

VERSIÓN MODERNA. — Cuando el editor se decide a modernizar un texto más allá de la edición fonética, y, si es consecuente, accede a la versión moderna, es decir, a aquella en que todos los aspectos lingüísticos reciben un igual tratamiento: el gráfico, el fonético, el morfosintáctico y el semántico, además de los aspectos espaciales, estructurales, tipográficos, etc. La versión moderna es, por tanto, una delicadísima tarea, muy cercana a la traducción, con la que se pretende acercar una obra a un público actual no profesional, desmontando cuidadosamente el viejo texto para reconstruirlo con un lenguaje moderno. Son los textos más viejos, los medievales, como es lógico, los más necesitados de estas versiones. Y son a su vez estas versiones las que más exigen del profesional, del filólogo, para no quedar desvirtuadas en el proceso de traducción o reconversión a un lenguaje actual. Una salida airosa en estos casos es ofrecer junto a la versión modernizada el texto arcaico (V. el ejemplo de Sem Tob, citado en seguida). Y, en fin, un último paso es ya no sólo la versión, sino la refundición. He aquí los ejemplos pertinentes:

783. *Poema del Cid*, versión moderna de Pedro Salinas, Madrid, Revista de Occidente, 1967, 2.ª ed.

784. Gonzalo de Berceo: *Milagros de Nuestra Señora*, Madrid, Castalia, 1969, 234 págs. Col. «Odres nuevos». Versión moderna de Daniel Devoto.

785. Don Sem Tob: *Glosas de sabiduría o Proverbios morales y otras rimas*, texto, versión, introd. y coms., de Agustín García Calvo, Madrid, Alianza, 1974, 239 págs. «La finalidad de esta versión es simplemente la de ayudar al lector no habituado al castellano medieval a entender con la mayor precisión posible lo que las coplas dicen, y así con ella ahorrar una gran cantidad de notas explicativas...»

786. *Amadís de Gaula*, novela de caballerías refundida y modernizada por Ángel Rosenblat, Buenos Aires, Losada, 1963 (ed. orig.: 1940), 363 págs. «El Amadís no fue nunca una obra arcaica. Las refundiciones lo pusieron siempre al día y mantuvieron su popularidad. Cuando cesa esa labor, se transforma en libro erudito (después de 1586 no se edita en castellano hasta 1837). Su extensión y su lenguaje le hacen perder el favor del público. ¿No es continuar legítimamente la tradición original el refundirlo hoy dándole las dimensiones y la expresión propias de la novela moderna? Con la máxima devoción por la obra, sólo hemos suprimido episodios secundarios en que no intervienen los personajes centrales y quitado frases o palabras que nos parecían superfluas y el tráfago muchas veces embarazoso de detalles menudos y de personajes insignificantes. Hemos resumido, además, lo que nos parecía profuso y procurado dar a cada capítulo una unidad de tipo moderno. Creemos no haberle quitado nada de valor y, desde luego, nos hubiera parecido una profanación agregarle nada de propia cosecha ni modificar el desarrollo de la acción. Hemos querido quitarle así al Amadís algo de su aire vetusto, arrancarlo del ámbito erudito y restituirlo con todo su valor al gran público, al que siempre perteneció».

Las posibilidades de edición de un texto han podido quedar, de resultas de la exposición anterior, quizá demasiado clasificadas, demasiado delimitadas, cuando la realidad es que pocos textos y pocos editores ofrecen en este sentido doctrina clara, sobre todo en razón de problemas de fondo difíciles de solucionar tajantemente. Por otro lado, como ya dijimos, la edición crítica se coloca a distinto nivel que las ediciones fonética, paleográfica, etc. Esto es, se puede conjugar una edición crítica con criterios fonéticos o paleográficos.

Otras muchas veces son las peculiaridades de una obra o autor las que exigen criterios exclusivos no predeterminados. Así en esta excelente edición.

787. Luis de León, Fray: *De los nombres de Cristo*, ed. de Cristóbal Cuevas, Madrid, Cátedra, 1977, 659 págs. «... hemos respetado la ortografía original incluso en los muy numerosos casos de vacilación imputable al autor, lo que nos ha parecido indispensable, teniendo en cuenta que uno de los medios de que Fray Luis se sirve para dar carácter culto a la lengua española es la restauración de la ortografía con criterio etimológico...» No se trata, en rigor, por tanto, de una edición fonética, ni tampoco paleográfica —el editor explica a continuación algunas de sus correcciones ortográficas—; pero el término medio elegido es el más adecuado para el mejor conocimiento de características muy peculiares del autor.

EL ACOMPAÑAMIENTO DEL TEXTO. — En la edición de textos literarios es bastante usual añadir a la pura y simple edición, sea del tipo que sea, consideraciones críticas de variada índole que permiten al lector un mejor conocimiento de la obra. Suelen ser: un estudio crítico, a modo de prólogo, introducción, etc.; bibliografía, notas al texto, glosario, apéndice e índices.

El estudio crítico suele preceder al texto y preparar al lector histórica, literaria, biográficamente para «entrar» en la obra, dándole cuenta de las características de la época, vida del autor, relación de sus obras, interpretación y valoración de su quehacer literario, caracterización de su estilo y noticia de su éxito e influencia. Todo lo que este estudio crítico cumple desde una perspectiva general, hacen las notas al texto de modo específico en cuanto a detalles, asperezas, que podrían dificultar su lectura normal: aclaración de un término, explicación de una alusión lejana, localización de un personaje o lugar, conversión de una estructura lingüística desaparecida, etc. El conjunto de notas puede recogerse al final alfabéticamente, a modo de glosario, en cuyo caso sirve como precioso instrumento de trabajo para otros muchos textos de la época. Por la misma razón los índices deben de recoger también los nombres propios aparecidos —y eventualmente anotados— a lo largo del texto.

Los apéndices aportan documentación o información adicional sobre el texto o el estudio crítico.

En fin, la bibliografía, que puede o preceder al texto, inmediatamente después del estudio crítico, o sucederle, antes de los índices, puede ir desde la mera relación de fuentes y estudios hasta la bibliografía crítica del autor o la obra editados.

Como en el caso de los textos, ya se está viendo, las soluciones son muy variadas y caben toda clase de términos medios. De todos modos, nunca deben faltar los índices y, si precede un estudio crítico, nunca debe faltar la bibliografía. En otro apartado de este *Manual* (XV.4.) hemos seleccionado algunas grandes ediciones y ediciones anotadas modélicas, como instrumentos de trabajo. Añadimos ahora alguna más, a modo de ejemplo, que muestra una variada disposición de los elementos que acabamos de explicar.

788. Don Juan Manuel: *Libro de los Estados*, ed. with introd. and notes by R. B. Tate and I. R. Macpherson, Oxford, At the Clarendon Press, 1974, XCII + 3 hojas + 1 lám. + 322 páginas. Comprende: estudios, texto con notas críticas, notas al texto, bibliografía, glosario, índice onomástico.

789. Arguijo, Juan de: *Obra poética*, ed., introd. y notas de S. B. Vranich, Madrid, Castalia, 1972, 268 págs. Comprende: estudio crítico, bibliografía de fuentes y estudios, texto con notas y paráfrasis en las páginas pares, variantes, índices onomástico, topográfico y de voces comentadas.

790. Rioja, Francisco de: *Versos*, Std., testo, tradz. e comm. a cura di Gaetano Chiappini, Messina-Florencia, D'Anna, 1975, 527 págs. + 3 hojas. Comprende: bibliografía, estudio crítico, recensión textual, texto y traducción al italiano, notas, índice alfabético.

791. Alas, Leopoldo («Clarín»): *Palique*, ed., introd. y notas de J. M.ª Martínez Cachero, Barcelona, Labor, 1973, 309 págs. Comprende: estudio crítico, bibliografía crítica, texto con notas.

792. Alberti, Rafael: *Marinero en tierra. La amante. El Alba del alhelí*, ed., introd. y notas de Robert Marrast, Madrid, Castalia, 1972, 292 págs. Comprende: estudio crítico, bibliografía de fuentes y de estudios, texto con notas, apéndices, índice de primeros versos y de láminas.

Resumiendo todo lo expuesto, podríamos decir que la edición de un texto o su reproducción puede hacerse en principio de tres modos diferentes: 1.º) informalmente: no se dicen los criterios que han presidido la tarea de preparar la edición; 2.º) copiada: manifiesta que se siguen los criterios de x, o que se reproduce la edición de x; 3.º) original: establece sus propios criterios.

En este último caso, el único que aquí nos interesa, el establecimiento de criterios se efectúa en razón de otras tres cosas: el o los textos que se vayan a seguir para la reproducción o la reconstrucción del texto; el alcance de la modernización, si la hubiera; el acompañamiento crítico que enriquecerá la reproducción del texto. Aunque hay selecciones que se repelen, claro es (una edición crítica no puede ser al mismo tiempo una versión moderna, por ejemplo), estos criterios son independientes.

EXCURSO:

LA MODERNIZACIÓN LINGÜÍSTICA EN EDICIÓN DE TEXTOS CLÁSICOS

Según sea el grado de modernización —esto es: el tipo de edición—, así las manipulaciones que sobre el texto original deben hacerse. Desde no tocar nada —edición facsímil— o casi nada —edición diplomática—, hasta remozar totalmente la obra. En todo caso el conjunto de manipulaciones deben ser: 1.º) coherentes y 2.º) sistemáticas, abarcar por igual a todos los aspectos de un mismo nivel o tipo, y efectuarse a lo largo de todo el texto. Coherencia y sistematismo deben justificarse en la nota editorial previa a la presentación del texto. Los términos generales de esa nota ahorran al editor una justificación y anotación detallada, que se reserva para casos aparte y cuestiones dudosas. Véanse algunos tipos distintos de notas editoriales a otras tantas ediciones tipo:

793. Lope de Vega Carpio: *La desdichada Estefanía*, ed. paleográfica de J. H. Arjona, Garden City, Nueva York, Estudios de Hispanófila, 1967, 114 págs. «En la transcripción del manuscrito he observado toda la fidelidad posible, más aún de la que se acostumbra en trabajos de esta índole. No sólo he respetado la ortografía de Lope, caprichosa en extremo como es, sino que he dejado intactas sus abreviaturas, incluso las que él inventaba para los nombres de los personajes. He reproducido dichos nombres o abreviaturas en el mismo lugar en que Lope los puso, en medio de los versos a veces, entre dos rayitas o vírgulas. He hecho lo mismo con las acotaciones, incluyéndolas ya en el centro de la página o ya en los márgenes, tal cual se encuentran en el autógrafo. Siguiendo estas prácticas Lope no sólo economizaba papel, sino que reducía la posibilidad de errores en la rima y la versificación, los cuales, en vista de su enorme producción poética, admiran por su rareza.

»Para dar una idea más exacta aún del manuscrito y al mismo tiempo del proceso de composición, he incluido en las notas al pie de la página descripción detallada de borrones y tachaduras, tratando cuando ha sido posible, de interpretarlos. Finalmente, he mencionado los atajos hechos por el autor de comedias, el censor o por refundidores desautorizados que alteran y desfiguran por completo la pieza, así como las indicaciones afirmativas o negativas que confirman o invalidan dichas supresiones. Muchos de estos atajos explican las omisiones y errores de las ediciones existentes.

»Fuera de alguna que otra letra o sílaba que he añadido (siempre entre corchetes) porque se le quedó impensadamente a Lope en el tintero o porque ha desaparecido al desgastarse los bordes de los folios, y de separar las palabras que él engarzaba unas con otras al escribir rápidamente, me he permitido sólo tres libertades con el texto: lo he puntuado debidamente, he acentuado las palabras como corresponde, y he reducido el uso de las mayúsculas de acuerdo con las normas modernas. Estas alteraciones han sido necesarias para determinar el sentido del texto, pues como es sabido, Lope no se preocupaba por tales detalles».

794. Gonzalo de Berceo: *Martirio de San Lorenzo*, ed. crit. a cura de Pompilio Tesauro, Nápoles, Liguori, 1971, 73 págs. «Per il testo della nostre edizione seguiamo il ms. I adottando i seguenti principi: 1. Regolarizzazione secondo l'uso moderno di *v* vocalica e di *u* consonantica (...) 2. Regolarizziamo la scritura della *m* davanti alle consonanti labiali *p* e *b* (...) 3. La nasale palatale è scritta sia con *nn* che con *ñ*; usiamo quest'ultima, in tutti i casi. Lasciamo inalterata solo la grafia di 'enna' poiché si tratta dell'assimilazione e della contrazione della preposizione con l'articolo. 4. La velare iniziale delle parole *karidad* 10b, 47b e *katolicos* 2c la scriviamo con la *c*. 5. L'uso di *i, y, j* non è constante; per facilitare la lettura interviniamo in alcuni casi: regolarizziamo *i* ed *y* intervocalica, ed anche *i* iniziale seguita da *u* in *j* (...); l'avverbio *muy* lo scriviamo con la *y* quando è monosillàbico, con la *i* e la dieresi quando è bisillabico; scriviamo *oï* e *leï* perché sempre bisillabiche; lasciamo immutata la grafia del verbo *enoyar* 17b poiché l'étimologico INODIARE ed alcuni altri etimi aventi il gruppo -DI- hanno dato origine alla *y*. 6. In vari documenti emilianensi contemporanei a Berceo troviano le grafie *qe, qi, qa* per *que, qui, qua;* anche se l'uso non è constante in I ne lasciamo inalterata la scrittura. 7. Aggiungiamo la *h* alle forme monosillabiche di *haber*. 8. Le abbreviazioni *ihxpo* (con un trattino sulla *h* e sulla *p*) 5d, 25c, 44a, *xpo* (con un trattino sulla *p*) 60b, le svolgiamo in *Jesu-Christo, Christo;* cosí pure la parola *q'so* 76d la scriviamo 'queso' aggiungendo *ue* al posto del segno di abbreviazione. 9. La parola *ome*, anche se nel ms. I manca il titolo, la scriviamo *omne* in conformità con *lumne* 47d, 81c, 83d. 10. Dove il verso resulta ipermetro o ipometro correggiamo e diamo in apparato le lezioni dei due mss. 11. Aggiungiamo la punteggiatura e gli accenti secondo l'uso moderno. 12. Usiamo la dieresi per la metrica e su *mengüe* (v. 103d) per indicare la pronunzia. 13. Separiamo le parole che l'amanuense scriveva unite e uniamo le lettere della stessa parola, talora separate. 14. Scriviamo con iniziale maiuscola solo i nomi propri. 15. Le varianti grafiche del ms. S sono accolte in apparato ad eccezione di que, qui il cui uso in tale ms. è costante».

795. Villena, Enrique de: *Tratado de la consolación*, ed., pról. y notas de D. C. Carr, Madrid, Espasa-Calpe, 1976, CI + 153 págs. «En la transcripción de los manuscritos me he atenido a los siguientes criterios: *a)* Se emplean las letras mayúsculas conforme al uso actual. *b)* Se resuelven las abreviaturas. El signo tironiano se transcribe como *e* (*y* ocurre una sola

vez en S). Se hace caso omiso de la tilde en *mucho; ome*, con y sin tilde, se transcribe como *omne*. Excepciones: he conservado la abreviatura *etc.* y las abreviaturas numéricas. Los copistas siguen un proceder muy inconsistente en el uso de las formas cardinales y ordinales, por ejemplo, *siete, seteno, séptimo; onze, onzeno, undécimo*, y por esto he preferido mantener las abreviaturas 7.º, VIIº; 11.º, XIº, etc. (cuando aparecen), en vez de adivinar la forma en que pensaba el amanuense, o don Enrique de Villena. *c)* La *u* y la *v* se transcriben conforme a su valor fonético actual, pero se conserva la distinción gráfica entre *b* y *v*. *d)* Se han suprimido las letras mayúsculas y dobles empleadas esporádicamente por los escribanos. *e)* Se emplean los acentos según las normas establecidas por la Real Academia de la Lengua. He procurado limitar la puntuación solamente a lo necesario para la comprensión del texto, aunque quizá haya pecado por generosidad en algunos de los pasajes más enrevesados. *f)* Se transcriben las citas latinas tal como aparecen en los manuscritos, pero con las excepciones siguientes: 1.ª Se hace una distinción entre los valores consonánticos y vocálicos de *u* y *v*. 2.ª Se suprimen las letras dobles y mayúsculas cuando reflejan las tendencias ortográficas de los copistas, y no pertenecen a la grafía latina. 3.ª Se resuelven las abreviaturas. El signo tironiano se transcribe como *et*. 4.ª Se emplean las mayúsculas conforme al uso actual. 5.ª La puntuación se basa en la de las ediciones modernas. Las citas de la poesía latina se transcriben en versos, aunque aparezcan escritas en forma de prosa en los manuscritos».

ASPECTOS QUE PUEDEN CAMBIARSE

1. *Disposición general del texto.*—Cuando esa disposición, según el editor, está equivocada en el original, se puede rehacer críticamente acudiendo a testimonios extratextuales o a estudios estructurales:

796. Isabel Uría Maqua, *El Poema de Santa Oria, de Gonzalo de Berceo*, Logroño, Instituto de Estudios Riojanos, 1976, 207 págs.

La reordenación consiste, por lo general, en añadir a la disposición del texto originario epígrafes, capítulos, títulos, etcétera, destacar debidamente unas partes de otras mediante la utilización de espacios interlineales y sangrías, o mediante procedimientos tipográficos. En las ediciones críticas debe hacerse constar que se trata de innovaciones del editor mediante el sistema usual. En otro tipo de ediciones se debe señalar en la nota editorial todo lo que, en este sentido, es cosecha del editor. Véase un ejemplo:

797. *Poema de Mío Cid*, ed. corr. y notas por R. Menéndez Pidal, Madrid, Espasa-Calpe, 1963, 10.ª ed., 229 págs. Añade epígrafes tituladores a las diversas partes, por él supuestas. Separa por cantares y por fragmentos o partes. Distribuye versalmente, etc.

Atañe también al editor la presentación métrica del texto: distribución de los versos en estrofas, separación de las estrofas, etc. Es criterio a veces muy difícil de manejar, sobre todo cuando se trata de estrofas que permiten cesura versal variada (por ejemplo: lírica tradicional).

2. *La separación de palabras.* — Es algo que no suele hacerse debidamente en la edición de textos medievales.

Si se separa con criterio moderno, hay que consignarlo en la nota editorial, y si la edición es crítica, indicarlo mediante algún signo, generalmente la raya:

ms. *aluenir*   ed. crit.   *al- uenir*

o   *al -uenir*

Se plantean problemas cuando la separación significa destruir una amalgama, porque está en juego el valor fonético del texto:

ms. *damor*   ed.
$\begin{cases} d'amor \\ de\ amor \\ damor \end{cases}$

La solución más ponderada parece la primera, en cuyo caso se debe de indicar en nota el valor del apóstrofe. La solución *damor* sólo parece justificada en edición diplomática o paleo-

gráfica. La adición de la *e* preposicional, en edición crítica, debe
señalarse como adición del editor

ms. damor   ed. crít.   d[e] amor

Hay amalgamas consagradas que, cuando no se trata de ediciones totalmente modernizadas, no se deben destruir, porque son
típicas de la época: *esotro, aquestos, dello,* etc. Lo mismo que
si hoy interviniéramos las contracciones consagradas tipo *al* o
del.

El caso inverso es la unión de lo que está separado, con
criterio moderno, indicándolo en la nota editorial y señalándolo,
si la edición es crítica, mediante algún signo como la raya:

ms. por que no quiero   porque no quiero

ed. crít. por-que no quiero

ms. voluer ia   volvería

ed. crít. voluer-ia

Hay casos problemáticos, como los actuales *(enseguida* o *en seguida, asimismo* o *así mismo...*) o los antiguos adverbios en
-mente:

ms. buena mente ⎰ buena mente
                         ⎱ buena-mente
                         ⎰ buenamente

En muchos de estos casos, y particularmente en las formas pe-
rifrásticas del verbo, hay que acudir a la sintaxis histórica para
dirimir cuál es lo correcto en cada período.

3. *Puntuación y mayúsculas.* — Ambos aspectos son, al menos en determinadas circunstancias, interdependientes.

El actual modo de puntuar, esencialmente sintáctico y lógico,
se impuso a lo largo del siglo XVIII, sustituyendo a otro sistema,
también coherente, pero de base esencialmente suprasegmental.
Las ediciones paleográficas y críticas pueden intentar respetar
sistemas arcaicos de puntuación, aun cuando para el período
medieval ésta es caótica y depende del escriba o —como mu-

cho— de los grandes centros culturales de donde proceda el manuscrito. La edición paleográfica de textos medievales se las ve y se las desea a la hora de reproducir e interpretar tantos signos, algunas veces aparentemente arbitrarios, que el escriba acumula en el texto manuscrito, particularmente los puntos bajos separando palabras o sintagmas y las rayas verticales separando sintagmas y oraciones, a veces a modo de las actuales comas.

Más hacedero y comprensible es tratar de mantener la puntuación de textos clásicos impresos, de los siglos xvi y xvii (cfr. el caso de Crosby, en 1083), en cuyo caso se debe explicar en la nota editorial el valor y funcionamiento de ese sistema que se respeta. No es aconsejable en ninguno de los dos casos —textos medievales y clásicos— introducir la raya o guión, que es un signo diacrítico muy moderno.

En cuanto a los textos de los siglos xviii hasta hoy, las correcciones serán tanto más necesarias cuanto más arcaico el texto, dependiendo en muchos casos del modo peculiar de cada escritor: puntuación suprasegmental en la prosa modernista de Valle-Inclán; puntuación excesiva y agobiante en la poesía de Pedro Salinas; utilización abusiva de algún signo en textos muy concretos de Azorín; etc. En cada uno de estos casos el editor, si respeta la puntuación del texto originario, debe señalar su peculiaridad con respecto a las normas vigentes, que por otro lado son lo bastante elásticas como para no obligar a una modernización absoluta en el caso de textos actuales con rasgos diferenciales en este sentido.

La correcta puntuación acarrea la introducción de mayúsculas según las pautas de puntuación. En efecto, acentuación, puntuación y mayúsculas suelen ser los tres aspectos invariablemente modernizados tanto en ediciones diplomáticas, como críticas o fonéticas. No debería ser así. Ya hemos visto cómo la edición diplomática puede y debe mantener la puntuación originaria y, por tanto, también el sistema de mayúsculas. Ahora bien, cuando se decide a puntuar según normas actuales, el aspecto de las mayúsculas se ve atañido en unos casos, pero no en otros. Es razonable enmendar las mayúsculas según la puntuación, desde luego; pero —al menos en ediciones no totalmente modernizadas— también lo es conservar el sistema de mayúsculas empleado por el autor (o, eventualmente, por el amanuense o impresor) en cuanto se trata de un sistema expresivo peculiar: un medio de señalar la palabra afectada de mayúscula, por alguna razón. En ediciones críticas, desde luego, debe de proveerse de un sistema que señale inequívocamente lo que es *a)* mayúscula acarreada por la enmienda en la puntuación; *b)* mayúscula originaria en el texto. Queda tan sólo un tercer caso por considerar: palabras que según criterios actuales llevarían mayúscula y no la llevan en el texto originario. La edición paleográfica respetará esta peculiaridad; las restantes, si no la respetan, deben hacerlo constar en la nota editorial —edición fonética— o mediante señalamiento específico en cada caso —edición crítica—.

3. *Lectura de las abreviaturas.* — Tanto en manuscritos medievales y clásicos como en los impresos de la primera época —e incluso hasta en impresos del siglo XVII—, se presenta el problema de las abreviaturas usadas por el impresor o el escritor.

Algunas ediciones paleográficas presentan el texto reproducido con todas sus abreviaturas. Otras prefieren desarrollarlas. La primera solución es más coherente, si lo que se pretende es mostrar también un modo arcaico de escribir.

En todos los restantes tipos de edición, las abreviaturas deben desarrollarse, bien indicándolo en la nota editorial (edición fonética) o bien señalando las letras desarrolladas mediante un juego tipográfico peculiar —edición crítica— que suele ser la utilización de cursivas o negritas:

ms. *pra*	*para*
ms. *cō*	*con*
ms. *om̃e*	*omne*
ms. *ñr̃o*	*nuestro*
ms. *q̄*	*que*
ms. *pm'o*	*primero*, etc.

Se plantean diversos problemas cuando la resolución de la abreviatura es difícil o hay varias posibilidades:

ms. *remēbrar*	*remenbrar, remembrar*
ms. *om̄ē*	*ome, onne, omme, ombre*
ms. *z*	*et, e, y*
ms. *com̄o*	*como, commo*

Estos problemas deben preverse y resolverse con criterio uniforme, discutido previamente en la nota editorial. Existen varios procedimientos: 1.º) Observar si la palabra abreviada aparece alguna vez sin abreviar, en cuyo caso —y salvo que se arguya «vacilación medieval»— esa forma íntegra puede ser la que sirva para desarrollar las abreviaciones. 2.º) Acudir a otros testimonios de la época. O, de manera más amplia: al conocimiento de la fonética histórica. 3.º) Cuando se trata de obras en verso, observar la incidencia de la forma desarrollada sobre la estructura rítmica. El desarrollo del signo tironiano *z* como *et*, por ejemplo, en el *Libro de Buen Amor*, rompería posibles sinalefas y provocaría serios problemas métricos. Todos los editores leen por tanto *e*. Sin embargo, y casi sistemáticamente, en los textos en prosa de la misma época se desarrolla como *et* (cfr. por ejemplo:

798. Don Juan Manuel: *El conde Lucanor...*, ed., introd. y notas de José Manuel Blecua, Madrid, Castalia, 1969, 327 págs. Se lee siempre *et*, y se razona: «Lo he resuelto por *et*, ya que esa es la forma en que aparece muchas veces». Y lo mismo en la ed. de Tate-Macpherson del *Libro de los Estados* (788), e incluso en obras más tardías). Encuentro un solo caso de lectura *e*.

799. Don Juan Manuel: *Libro de los enxiemplos del Conde Lucanor e de Petronio*, ed. de Alfonso I. Sotelo, Madrid, Cátedra, 1976, pág. 58. Pero todos los editores de obras en verso de la misma época leen inequívocamente *e*: Pero López de Ayala: *Libro de Poemas...*, ed. cit. (761) de M. Garcia, I, pág. 59.

800. Juan Ruiz: *Libro de Buen Amor*, ed. with an intrd. and English paraphrase by R. S. Willis, Princeton, Nueva York, Princeton University Press, 1972.

801. *El Poema de Alfonso XI*, ed. de Yo Ten Cate, Madrid, CSIC, 1956, pág. XI.

Está claro, por tanto, que nos encontramos —en éste como en otros casos de abreviaturas, aducidos antes o no— ante dos problemas distintos: el gráfico y el fonético. Una cosa es cómo se escribía aquella palabra abreviada y otra cómo se pronunciaba. En consecuencia la disparidad de criterios se produce de la falta de doctrina clara por parte de algunos editores. El hecho es que, en el caso del signo tironiano, desde finales del siglo XIII la conjunción copulativa *et* había perdido totalmente su sonido consonántico final y se pronunciaba *e*. Ya hay casos de grafías *y* a comienzos del siglo XIV; pero la grafía arcaica se continuó hasta bien entrado el siglo XVI (Guevara, Alfonso de Valdés, etc.) manteniendo la abreviatura, o incluso como grafía arcaizante, aunque es más rara, *et*. Una edición paleográfica reflejará estas vacilaciones puntualmente. Una edición fonética transcribirá el signo τ según la fonética histórica le diga cómo era su pronunciación. La edición crítica —y, en casos, la fonética— deben de respetar las grafías arcaizantes siempre que la nota editorial prevenga sobre su auténtica pronunciación en la época. No parece haber razón suficiente para suprimir la *-t* de *et* en estos casos, aunque se trate de obras en verso, a no ser que lo que se intente es una transcripción fonética del texto, y no es ese el sentido de la «edición fonética» (cfr. págs. 159-60). Lo mismo ocurre con otros casos, entre los que hemos citado precisamente los más problemáticos: *com̄o, om̄e*, abreviatura de nasal ante labial *(cābiar)*, etc. Es diferente la cuestión de las dobles consonantes interiores de palabra, por cultismo o ultracorrección (cfr. infra).

4. *Acentuación.* — Los textos manuscritos medievales pueden conservar su típica —aunque no sistemática— acentuación, a modo de tilde corrida sobre la vocal *i*, en las ediciones paleográficas.

Cuando se acentúa con criterio moderno, debe entenderse: que se coloca acento gráfico según criterios modernos, pero de acuerdo con el acento prosódico de la época a que pertenece el texto. Por ejemplo, *médula*, en el famoso soneto de Quevedo:

medulas que han gloriosamente ardido

no se acentúa gráficamente, porque la pronunciación clásica de la palabra era /medúla/.

Ello plantea serios problemas, sobre todo en la edición de textos medievales, tan serios que ha habido editores como en 802. *Poema de Mío Cid*, ed. de Colin Smith, Madrid, Cátedra, 1976 (ed. orig.: 1972), pág. 119, que han preferido no acentuar en absoluto. Es un criterio exagerado. La fonética histórica provee de conocimientos suficientes para saber dónde y cómo se acentuaba la mayoría de las palabras.

En todo caso, es una de las tareas que con mayor descuido aparecen tratadas por editores e impresores de textos literarios de todos los tiempos.

Puede haber palabras exclusivas de una época, a las que se debe aplicar los criterios de acentuación moderna coherentemente. Por ejemplo el medievalismo *sí* (del lat. *sic*, 'ojalá', 'así'), debe de acentuarse, para distinguirlo del *si* condicional:

¡Sí Él salve a todos nos!

(*Libro de Buen Amor*, 1658d)

En ediciones modernas es cada vez más usual acentuar convencionalmente la *y* cuando representa un sonido vocálico, según el sistema gráfico medieval y clásico:

non la výa

Las mayúsculas, por supuesto, deben acentuarse (*Esbozo...*, 394, pág. 144). No acentuarlas en razón de su forma gráfica mayúscula es mezclar dos criterios distintos que son independientes: la grafía y la pronunciación.

5. *Grafías.* — Pueden conservarse:

1.ª) Todas: edición diplomática y paleográfica.

2.ª) Todas las actuales y todas las que, sin ser actuales, tenían un peculiar valor fonético.

3.ª) Sólo las que tienen valor fonético: edición fonética. Es el criterio usual —con concesiones paleográficas— en las ediciones críticas.

4.ª) Sólo las actuales: edición modernizada.

De ello se desprende que, en los tres últimos casos, se necesita conocer la fonología diacrónica del español para saber distinguir cuando una grafía es o no pertinente desde el punto de vista fonético. En el caso último, estos conocimientos permitirán la cabal transcripción o conversión de grafías arcaicas en modernas (por ejemplo: la *x* como *j*).

Cabe distinguir una serie de grandes períodos que se regían por sistemas distintos: el español arcaico y prealfonsino, el español medieval postalfonsino, el español áureo (siglos XVI y XVII) y el español moderno (desde el siglo XVIII hasta hoy), desde cuya perspectiva vamos a tratar de aclarar este aspecto.

En textos medievales preliterarios, arcaicos —anteriores al siglo XIII— nos encontramos con una falta de codificación constante que atañe sobre todo a los nuevos sonidos romances (sibilantes y palatales, cfr. págs. 180-91), como en seguida especificaremos. De hecho, teniendo en cuenta el fenómeno típico de esta falta de codificación (vacilación, ultracorrección, concurrencia de formas, etc.), sirve para el período preliterario lo que vamos a decir para el período medieval postalfonsino. En efecto, en textos medievales nos encontramos con los siguientes juegos de grafías:

GRAFÍA	CORRESPONDENCIA FONÉTICA
ſ, s-, -ss-	/s/ *dixesse ſeñor*
-s-	/z/ *rrosa*
b, -b-	/b/ *bien, lobo*
u, v (consonante)	/v/ /ƀ/ *cauallo, ave, uino*
u, v (vocal)	/u/ *uva, vno, aunque*
h- (muda)	*hora*

GRAFÍA	CORRESPONDENCIA FONÉTICA
h- (aspirada)	/'/ *hijo*
i, y, j (vocal)	/i/ *dezyr, bjen, dixo*
ñ (abreviatura)	/ŋ/ *año*
q, c	/k/ *quando, quiere, cara*
r, rr	/r̄/ *rrazón, onrra, reír*
r	/r/ *quiere*
ph, f	/f/ *philosopho, flor*
ç	/ts/ *caça*
z	/ds/ *dezir*
x	/š/ *dixo*
i, y, j, g	/ž/ *mujer, muger, oio*
a	/a/ *alto*
d	/d/ *dar*
e	/e/ *esto*
l	/l/ *luna*
m	/m/ *mar*
n	/m/ /n/ *canbiar, nada*
o	/o/ *reino*
p	/p/ *para*
t	/t/ *todo*
y	/y/ *yazer*

Sin referirnos a dobles consonantes sin valor fonético *(occupar, offrecer,* etc.) o a valores hoy en uso como el de la *u* muda *(quiero, seguir,* etc.). Una edición paleográfica debe mantener todas las grafías, incluso las concurrentes (ſ, s-, -ss-) para un mismo fonema, o las desaparecidas (ç, ſ). Una edición fonética, o sencillamente no paleográfica, puede reducir en la columna de la izquierda todos los dobletes que no sean de uso actual, buscando siempre que la solución —la grafía que se mantiene y sustituye a todas las variantes— no vaya en contra del criterio actual: para escribir por ejemplo el sonido /u/ debe preferirse la *u* y no la *v*.

Esta simplificación produciría el siguiente juego de grafías —usadas en ediciones fonéticas, modernizadas o incluso críticas—:

s- -ss-	*dijesse, señor*
-s-	*rosa*
b	*bien*
j	*Johan*
h	*hijo*
h	*hora*
i	*dezir, bien*
ñ	*año*
c. q	*cuando, quiero*
r-	*razón, honra*
r	*quiere*
f	*filósofo, flor*
ç	*caça*
z	*dezir*
x	*dixo*
j, g	*mujer*

En la reducción de las restantes —una sola grafía— no hay problema alguno: deben mantenerse.

Como se verá, no tiene sentido en una edición fonética mantener grafías inútiles como *quando, quanto, philosopho, rroto,* etcétera, cuyo único valor es paleográfico.

Sólo a partir del siglo XVI, y con determinadas cautelas dialectales y geográficas, se puede llegar a una modernización absoluta de las grafías, principalmente en los casos que venían hasta entonces afectando profundamente al sistema fonológico del español: las sibilantes, la *h-* inicial, las grafías *b, u, v,* para consonantes. Explicaremos brevemente y por separado, más adelante, estos tres casos (cfr. págs. 180-91).

Sin embargo, ni en esta época ni en posteriores deben intervenirse:

> La vacilación en el timbre de las vocales átonas *(eglesia, mormurar, rigoroso,* etc.).
> Los grupos cultos de consonantes o su reducción *(dino, mentecapto, setiembre, obstáculo...).*

Y como norma esencial para caso de duda: debe prevalecer el criterio de respetar al texto.

En cuanto al problema de las dobles consonantes, sobran cuando no se trata de edición paleográfica (aunque véase 787) y no tienen valor fonético, son meros cultismos gráficos. Hay algunos casos más discutidos

ms. *como*	*commo*
	o *como*

Principalmente los que afectan al nacimiento de la palatal nasal /ṇ/:

ms. *daño*	*danno*
	o *daño*

Como se explicó más arriba, deben resolverse acudiendo a otros testimonios de la obra, del autor o de la época.

7. *Ausencias y correcciones.* — Las posibles ausencias por error o deterioro del original pueden: señalarse como tales ausencias o intentar suplirse. La ausencia se señala mediante trazos o renglones de puntos, según se presuma su tamaño. Las correcciones forman parte de una casuística muy compleja que constituye la teoría de las ediciones críticas (cfr. Bibliografía de XI).

8. *Otros aspectos.* — Conviene describir el texto originario que se edita, dando noticia de su forma material, tipo de letra, estado en que se encuentra, localización, etc. Esta descripción debe ser mucho más concienzuda en el caso de ediciones que se pretendan rigurosas; obedecen entonces a unas normas fijas (V. 1141 para la descripción y catalogación de manuscritos. En págs. 301-313 la descripción del libro clásico español).

Cuando entre varios textos similares originarios se haya elegido uno, se debe razonar la edición y valorar los textos desechados en relación con el seleccionado. En el caso de la edición crítica y con variantes esta operación es una de las más importantes entre las que preceden a la edición propiamente dicha.

Todas las normas que se han indicado son de tipo general y preceden a la edición del texto en la nota editorial o introducción similar. Todo lo que escape a estas normas, si la edición es rigurosa, se debe explicar en nota.

La preparación del texto —como vimos al comienzo— conlleva su ordenación y numeración por líneas, párrafos, versos, capítulos, etc., para poderlo manejar más cómodamente. Pero se debe conservar de alguna manera —signo tipográfico tipo barra, corchetes interrumpiendo el texto, numeración al margen, etc.— la foliación o paginación originaria.

EXCURSO:

EL PROBLEMA DE LA B Y LA V

El latín conocía las grafías *b* y *u, v.* Hasta el siglo XVIII, en español, *u, v* han servido para representar dos fonemas cada una: el vocálico y el consonántico, con la misma duplicidad que en latín. La *v* se solía preferir a comienzo de palabra; pero no era norma rígida, de modo que nos podemos encontrar con:

un uezino cantaua su musica
vn vezino cantava sv mvsica

Este doble uso desaparece ya en la elaboración del *Diccionario de Autoridades* (primer volumen: 1726); desde entonces la *u* quedó como grafía para la vocal y *v* para la consonante, salvo en el caso de inscripciones y remedos de textos arcaicos («mvseo»).

El verdadero problema se ha planteado siempre por la concurrencia de la *b* y la *u, v* para un mismo sonido consonántico.

En latín la grafía *b* era /b/, en tanto que la grafía *u, v* era /w/. Su evolución en la Península, salvo casos particulares y dialectales, ha sido:

/b/	cuando era intervocálica	/-b-/ > /-ƀ-/, y
	en algunos lugares	/-b-/ > /v/
/w/	en cualquier posición	/b/
	y en algunos lugares	/v/

Quiere decir esto que, desde la época imperial, hay una desfonologización del fonema en posición intervocálica. Esta desfonologización pudo, al mismo tiempo, dar lugar a confusiones en otras posiciones.

En español medieval, gráficamente, nos encontramos con que:

b era siempre bilabial oclusiva sonora /b/. Así se representaba tanto la *b-* inicial como la procedente de la sonorización de la *-p-* latina intervocálica: «lupus» > «lobo», /lóbo/.

u, v Mediante esta grafía se representaba la fricativa bilabial sonora /ƀ/, que en algunas zonas era labiodental /v/. Es decir, concurrían en esta pronunciación y en esta grafía tanto la *v* etimológica («virtutem» > «virtud») como la *-b-* intervocálica latina («habere» > «aver»), que así se distinguía de la /-b-/, intervocálica también, pero procedente de *p* latina («ripia» > «riba»).

El español medieval estándar o modélico podría representarse, pues, según muestra el cuadro adjunto.

La confusión de la grafía *b* con la *u, v* se documenta desde los orígenes mismos del español, sobre todo en el norte peninsular. La distinción entre *b* y *u, v*, era más fácil, con todo, donde la *u, v*, se pronunciaban labiodentales /v/. Pero el matiz labiodental desapareció a lo largo del siglo XVI. Durante este mismo siglo comienzan a darse de modo generalizado los resultados modernos. Entonces la *b* /b/ procedente de la sonorización de la *-p-* latina se hace también fricativa («lupus» > «lobo», /lóƀo/). Por un lado dejan de diferenciarse /b/ y /ƀ/ por su procedencia; por otro, la nueva solución /ƀ/ fricativa entra en concurrencia con la pronunciación de la *u, v* /ƀ/. De modo que se produjo una variación de todo el sistema (según muestra el cuadro 8).

La Real Academia de la Lengua cuando se planteó el problema, en 1726, no encontraba criterios adecuados para normalizar

LATÍN	ESPAÑOL MEDIEVAL		ESPAÑOL MODERNO	
	GRAFÍA	PRONUNCIACIÓN	GRAFÍA	PRONUNCIACIÓN
b-	b	/b/	b-	/b/
-p-	-b-	/b/	-b-	/Ƀ/
u, v	v	/Ƀ/, /v/	u, v	/Ƀ/ o /b/
-b-	v	/Ƀ/, /v/	-b-	/Ƀ/

7. Escritura y pronunciación de la *b* y la *v* en español a lo largo de su historia.

LATÍN	ESPAÑOL MEDIEVAL	ESPAÑOL MODERNO
caballus /kabál.lus/	cauallo /kaƀáļo/	caballo /kaƀáļo/
lupus /lúpus/	lobo /lóbo/	lobo /lóƀo/
avem /áwe/	ave, aue /áve/, /áƀe/	ave /áƀe/
victoria /wiktórïa/	vi(c)toria /vitórja/	victoria /bigtórja/

8. Evolución del problema de la *b* y la *v* en español, ejemplos.

un uso que era a todas luces caótico. No sabía qué juicio tomar para diferenciar el uso de la *b* con el de la *u, v;* pero al mismo tiempo repugnaba identificarlas, al igual que repugnan hoy las faltas de ortografía a la persona culta. Acudió finalmente al criterio etimológico, con las deficiencias de un conocimiento todavía muy imperfecto, lo que dio lugar a errores, hoy consagrados, del tipo «barbecho» (lat. «verbactu»), «barrer» (lat. «verrere»), «abuelo» (lat. «aviolu»), etc. Aunque esta fijación tenga hoy lagunas caprichosas, el uso, la tradición, las ha consagrado.

EXCURSO:

EL PROBLEMA DE LAS SIBILANTES

El español antiguo tenía tres parejas de sonidos sibilantes, con sus variedades sorda-sonora: dos fonemas dentales, dos apicoalveolares y dos prepalatales, según se especifica a continuación.

/ts/ o /ŝ/ Sibilante dental africada sorda. Su pronunciación antigua era además «espessa», es decir, con gran intensidad articulatoria. Se escribía ç o *c*. Provenía de lo que Menéndez Pidal llamó (406, pág. 47) la «yod primera», esto es, de la palatalización del grupo latino TY o CY, en ç /ts/, cuando iban con consonante, preferentemente si era sorda; pero también de los grupos SC, NC, LC, cons. + Dy, a veces de la *c-* inicial, por asimilación, y a veces de DY intervocálica (lautia > «loça»; miscere > «meçer»; lancea > «lança»; dulce > «dulçe»; verecundia > «vergüença»; setaceu > «çedazo»; badiu > «baço», 'moreno'). La grafía ç es en su origen una mera variante de la letra *z*. En la escritura visigótica (cfr. págs. 142-5) la *z* se escribía con un amplio copete superior, que al ocupar toda la caja del renglón se convertiría en la ç; la cedilla es el resultado de atrofiarse el cuerpo antiguo de la *z*.

Durante el siglo XIII se fue estableciendo una diferencia, una distribución, que se asentaba en el uso cuidadoso de la cancillería real en tiempos de Alfonso X el Sabio. Hay entonces diferente utilización —dos grafías distintas— para dos fonemas distintos, lo que no ocurría en el español de orígenes: se transcribe el sonido /ts/ como ç, y /ds/ como z. La eliminación de la grafía ç se hace, sistemáticamente, en 1726, con el *Diccionario de Autoridades* (423). Desde entonces, el uso gráfico de la ç, z, c viene a ser el actual, con algunas concesiones para los grecismos, todavía durante algún tiempo («zelo», «zenit»...)

/ds/ o /ẑ/ Sibilante dental africada sonora. Era floja, es decir, se pronunciaba con poca tensión articulatoria. Se escribía z. Provenía, como acabamos de ver, de los sonidos latinos TY, CY intervocálicos (dicere > «dezir»; facere > «hazer») o de determinados grupos consonánticos, como RG, LG, NG (argilla > «arzilla»; spargere > «esparzer»). A partir de 1726 (cfr. supra) se establece el uso gráfico hoy vigente.

/ś/ Sibilante apicoalveolar fricativa sorda. Se pronunciaba con tensión articulatoria grande. Se escribía como s-, ſ- en principio de palabra o ante consonante y como -ss- intervocálica (o con cualquier combinación de la s y la ſ dobles). Su sonido era muy semejante al de nuestra actual s. Su origen más frecuente era la -ss- intervocálica latina (crassu > «grasso»; grossu > «gruesso»); o algunos grupos de consonante + s latinos, especialmente RS y PS (falsu > «falso»; sudare > «sudar»; transversu > «traviesso»; ipse > «esse»).

La grafía -ss- desapareció entre 1770 y 1776 aproximadamente.

/ż/ Sibilante apicoalveolar fricativa sonora. Era «floja», pronunciada con poca tensión articulatoria. Se escribía ſ o -s- intervocálica. Provenía de la -s- latina (casa > «casa»; rosa > «rosa») o de algunos grupos de consonante + s, principalmente de NS (pensare > «pesar»; sensu > «seso»).

/š/ Sibilante fricativa prepalatal sorda. Poca tensión articulatoria, «floja» según la terminología antigua. Se escribía x. Provenía de la -x- latina (exemplu > «exemplo»; laxus > «lexos») y a veces del latín -ss- (vessica > «vexiga»), incluso de s- (sepia > «jibia»); del árabe /š/ («axuar»); o del francés ch (chef > «xefe»).

LABIALES	PALATALES
/p/ /b/ /ƀ/ /v/ o /ƀ/	/ṡ/ /ż/ /š/ /ž/ /ĉ/ /y/
DENTALES	VELARES
/t/ /d/ /ŝ/ /ẑ/	/k/ /g/ /h̊/
Líquidas: /l/ /m/ /n/ /ṇ/ /r/ /r̄/	

9. Sistema consonántico del español medieval antes de la desfonologización de las sibilantes.

CORRELACIONES DE SIBILANTES EN EL ESPAÑOL ANTIGUO

1. *Correlación por sonoridad*

   sonoras   /ż/   /ẑ/   /ž/ o /ǧ/
   sordas   /ṡ/   /ŝ/   /š/

2. *Correlación por intensidad*

   flojas   /ż/   /ẑ/   /š/
   espesas   /ṡ/   /ŝ/   /ž/ o /ǧ/

3. *Correlación por el lugar de articulación*

   dentales   /ŝ/   /ẑ/
   apicoalveolares   /ṡ/   /ż/
   prepalatales   /š/   /ž/ o /ǧ/

10. La correlación en las sibilantes

Entre 1803 y 1817 se suprimió la *x* para el uso velar —al que había evolucionado la prepalatal—, que hasta entonces había venido representándose por *x*, *j*, *g*. Se conserva desde entonces para representar la *x* etimológica latina (examen, extremo). Antes, en estos últimos casos, sobre todo a lo largo del siglo XVIII, se solía marcar su pronunciación peculiar /ks/, no velar, con diéresis sobre la vocal precedente («ëxamen»). Queda hoy en arcaísmos gráficos muy particulares, como «México», «mexicano», etc. (que se deben leer con sonido velar, y no con /ks/).

/ǧ/ o /ž/ sibilante fricativa o africada prepalatal sonora. Sonido «espesso». Se escribía como *i*, *g*, *j* (cfr. págs. 190-1). Proviene de la *G-* o *-J* latina iniciales ante vocal posterior (jŏcu > «juego»; juvene > «joven»); de LY latino (mulierem > «mujer»; meliorem > «mejor»); de *c'l*, *g'l* latinos (ocŭlum > «ojo»; regŭlam > «reja»); de *G-* latino + *e*, *i* —sobre todo en cultismos— (gentem > «gente»); de /ǧ/ provenzal o francesa (viatge > «viaje»); y de un ﺝ árabe («tejo»).

La regularización de la *g*, *j*, con criterios entre etimológicos y tradicionales, data de comienzos del siglo XIX.

Las grafías que acabamos de explicar no nos sirven, sin embargo, para conocer la pronunciación real de cada época, puesto que se mantuvieron durante mucho tiempo después de la transformación fonológica, como documentan muchas faltas o trueques de sibilantes.

Desde la segunda mitad del siglo XVI hay tetimonios de velarización de las prepalatales /š/ y /ž/. Desde la Edad Media hay ejemplos de confusión entre la sorda y la sonora de la misma pareja. En efecto, los procesos de velarización y de sonorización que acarrearían la moderna /x/ son independientes. A finales del siglo XVI se ha cumplido, en todo caso, este doble proceso de desfonologización:

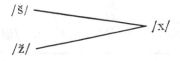

En la primera mitad del siglo XVI ya no existían en general las diferencias sorda-sonora de las sibilantes en Castilla la Vieja, Aragón, gran parte de León y Galicia. En los últimos años de la Edad Media menudean en manuscritos y documentos los ejemplos de ensordecimiento. Como todos los sonidos se desarrollaban en la parte anterior de la boca (cfr. cuadros 9 y 10) las confusiones eran fáciles. Estas confusiones se acentuaron más al fricatizarse los sonidos. Téngase en cuenta que el paso gradual de la oclusión a la estrechez era lo que constituía la naturaleza característica de estas articulaciones. El proceso de fricatización es el siguiente:

/ŝ/ > /ş/   escrita *c* / *ç*
/ẑ/ > /ẓ/   escrita *z*
/ǧ/ > /ž/   escrita *i, g, j*

El sistema medieval consonántico era, en consecuencia, muy irregular: 4 labiales, 4 dentales, 6 palatales alveolares, 3 guturales (en Castilla sólo 2, al no pronunciarse la *h-* proveniente de *f-*). Sobre este sistema iba a desarrollarse una regularización por medio de ensordecimientos y desplazamientos del punto de articulación (V. cuadros respectivos).

Por otro lado, cuando ocurre la neutralización fonológica, el archifonema coincide con el término que hemos definido como «flojo» en la correlación de intensidad. Prevalece el criterio de intensidad sobre el de sonoridad. Por esta misma razón, pues, en final de palabra o en posición implosiva, no nos podremos encontrar /ŝ/ ni /ž/, es decir, las grafías *ç, c, ss, g, j*.

El español medieval presenta ya estos tres tipos de confusiones:

1.ª) /ś/ con /š/ La apicoalveolar sibilante sorda cóncava), escrita *-ss-, s-*, con la prepalatal fricativa sorda, escrita *x*. La confusión es simplemente por el lugar de articulación, del paladar anterior a la zona alveolar: bassu > «bajo»; sapone > «xabón». Es posible que en esta confusión haya una cierta influencia árabe.

2.ª) /ǧ/ o /ž/ con /ẓ/, la africada, luego fricativa, sonora prepalatal rehilante con la fricativa apicoalveolar sonora cóncava. Es decir, desde el punto de vista gráfico, de la -s- con la g, j. Confusión del mismo tipo que en el caso anterior, pero entre las sonoras. Ejemplos: «registir», «vigitar», «relisión» (todos de St.ª Teresa), el antg. «tiseras», etc.

3.ª) Entre dentales y alveolares era muy frecuente el caso de asimilaciones: «çervicio», «çiervo» ('siervo'), etc. Confusión, pues, entre la /ts/ y la /ŝ/.

La confusión más frecuente es la de dental con alveolar y de alveolar con palatal, naturalmente. La confusión de palatal con dental es más difícil, por la posición de los órganos articulatorios.

El sistema fonológico del español experimentó pronto un cambio ante la necesidad de eliminar este confusionismo. El procedimiento fue diverso según unas u otras zonas.

Sistema antiguo.

$$/ş/ \quad /ŝ/ \quad /š/$$
$$/ẕ/ \quad /ż/ \quad /ž/$$

Sistema judeo-español. Adopta una solución conservadora, porque sigue manteniendo la oposición sorda-sonora. Elimina la serie de apicoalveolares, que pasaron a la serie de dentales. Queda, pues, sólo, la oposición dental/palatal. En otras palabras: el «ceceo», las eses dejaron de ser apicoalveolares para pronunciarse como la ç y la z antiguas:

$$/ş/ \quad /š/$$
$$/ẕ/ \quad /ž/$$

Sistema andaluz, que luego pasó a Canarias y a Hispanoamérica: sólo mantuvo dos sonidos:

/ş/ dental sordo
/'/ o /x/ velar sordo

Sistema castellano, y también de León, Aragón, Murcia y parte de Extremadura. Se caracteriza por la supresión de las sonoras de todas las correlaciones:

/&/ interdental fricativa sorda
/ŝ/ apicoalveolar fricativa sorda
/x/ velar fricativa sorda

El castellano no sólo altera las viejas correlaciones suprimiendo las oposiciones sorda-sonora, sino que altera los puntos y formas de articulación de las dos sibilantes extremas en cuanto a su punto de articulación (la anterior y la posterior), haciendo a una más anterior, la /ŝ/ o dental sorda, que se lleva hasta interdental /θ/; y a otra más posterior, la /š/ prepalatal sorda que se lleva hasta velar /x/. De este modo diferenciaba bien los tres sonidos (por ejemplo: «coser», «cocer» y «coger»). Obsérvese que la articulación alveolar, la /ŝ/, no necesitaba diferenciarse, por ocupar una posición media entre los puntos de articulación de la velar y la interdental. Por ello se mantuvo. La lengua toma en los tres casos actuales una postura más afilada. Este sistema pasó de Castilla a Toledo, Extremadura y Andalucía. Pero en tanto en Castilla el nuevo sonido velar no tenía competencia con ningún otro, en estas otras zonas aun en el siglo XVI se mantenía la aspiración de la *h-* inicial (de *f-* latina), confundiéndose por tanto la velar y la aspirada («juego» con «fuego», del lat. «focus»). Toledo adoptó la solución castellana de suprimir la aspiración de la *h-*; pero en Andalucía, un rincón de Asturias y Santander —al Este—, así como en casi toda Extremadura, confundieron ambos sonidos, con la particularidad de que la velar se pronunció como una aspiración y la *h-* inicial con sonido velar en la mayoría de los casos. En Andalucía esta confusión no llegó a extenderse en el antiguo reino de Jaén y parte de Córdoba; pero, por otro lado, la confusión llegó a Canarias y al Caribe.

La datación de todos estos procesos es harto difícil todavía. Hay una primera época en que la coherencia de las grafías puede no representar idéntica coherencia en la pronunciación, de la misma manera que la identidad gráfica revela a veces impericia del escritor, por ejemplo, en algunos textos de principios del siglo XIII no se hace distinción gráfica entre sordas y sonoras. A partir de la época de Alfonso X el Sabio hay una cierta regularidad, que aumenta con la imprenta y la regularización que exigían los cajistas y tipógrafos. Los manuscritos, en efecto, ofrecen mayor abundancia de trueques. Incluso en los manuscritos alfonsinos —y hasta en los salidos de la cámara regia— abundan los trueques.

En general durante la baja Edad Media va cundiendo al norte de la Península el ensordecimiento. Se ha llegado a plantear incluso si en algunas de esas zonas originarias —Aragón— el ensordecimiento no sería un fenómeno primitivo. Cuando llega a la Corte, ésta actúa como un foco de irradiación incontenible.

Hoy sólo quedan restos de las antiguas sonoras en portugués, catalán —excepto el valenciano de la capital, que las ensordeció—, islotes extremeños, en la provincia de Cáceres, algunos rincones de Salamanca... En Canarias se ha mantenido la *s* /ż/ sonora. La grafía, como vimos, tardó mucho en recoger estos cambios fonéticos y representarlos, de manera sistemática sólo a partir del siglo XVIII. El proceso de desfonologización, sin embargo, en las zonas más tardías, al sur de la Península, se había realizado totalmente antes de finalizar el primer tercio del siglo XVII.

EXCURSO:

EL PROBLEMA DE LAS GRAFÍAS i, y, j

Las grafías *i* (latina), *y* (griega) y *j* (i iota o jota) se usaron en español antiguo confusamente. A lo largo de la Edad Media y sobre todo después de la codificación que supuso la obra cultural de Alfonso X el Sabio, la *j* se fue especializando cada vez más como representante de fonema consonántico prepalatal sonoro posiblemente rehilante /ž/, y por tanto fue dejando de concurrir con la *i*, *y* vocálicas; aunque en la Edad Media y a veces en el Siglo de Oro la *i* se encuentre como prepalatal, africada o fricativa, sonora rehilante /ž/: «conseio». Su uso consonántico decrece a lo largo del Siglo de Oro.

En cuanto a la concurrencia de las grafías *y*, *i* para un mismo fonema, rara vez la *y* se ha empleado como consonante /ž/. Sin embargo es frecuente encontrarla como signo del sonido vocálico /i/. Si prescindimos de los casos de grecismo «nynpha», «cyma», «mytho»...), es probable que esta concurrencia se haya mantenido por el deseo de los escribas de diferenciar claramente la *i* de la multitud de trazos verticales semejantes. La *y* no permitía esta confusión, por su trazo largo y su cuerpo distinto. La confusión es más probable con los caracteres góticos —tanto manuscritos como impresos— y mucho menos con los itálicos. Es bastante probable que su paulatina desaparición haya ido de la mano con el avance de la letra humanística. El hecho es que la *y* vocálica es frecuentísima en la Edad Media y entra en regresión durante el Siglo de Oro, coincidiendo con la expansión de los nuevos caracteres tipográficos (cfr. págs. 142-5). Poco a poco se va imponiendo entonces el criterio —mayoritario, por ejemplo, ya en las obras de Nebrija— de que para la vocal debe de usarse la *i*. La regularización constante de la imprenta hizo el resto.

En los casos en que la *i* es implosiva semivocal /i̯/ —«soy», «doy», «voy»...— la vacilación se continuó hasta el siglo XVIII, cuando la arbitraria solución académica estableció el criterio hoy en vigor: se admite la grafía *y* /i/ en final absoluto implosivo: «voy», «estoy»...; en los casos restantes se optó por *i* («estáis», «vais»...). Esta solución no fue total y universalmente admitida; en algunos países hispanoamericanos, particularmente en Chile, por influjo de la doctrina de Andrés Bello, se radicalizó consecuentemente la distribución, empleándose *i* siempre que fuera vocal y reservando la *y* para el sonido consonántico /y/.

XII

BIBLIOGRAFÍA DE LA LITERATURA ESPAÑOLA

Información actualizada se consigue a través de las revistas profesionales (XXII.), principalmente de la *RFE, NRFH, PMLA, ZfRph, RF, RLit,* etc. Y en los manuales y panoramas actualizados de la literatura española (XIV.1.). La siguiente recensión acoge aportaciones bibliográficas cuyo campo es más amplio u oblicuo, pero esenciales en todo caso para la información bibliográfica.

803. Ávila, Pablo Luis: *Contributo a un repertorio bibliografico degli scritti pubblicati in Italia sulla cultura spagnola (1940-1969),* Pisa, Universidad, 1971, 109 págs.

804. Barrera y Leirado, Cayetano Alberto de la: *Catálogo bibliográfico y biográfico del teatro antiguo español, desde sus orígenes hasta mediados del siglo XVIII,* Madrid, Rivadeneyra, 1860, 2 vols. Existen dos ediciones facsimilares modernas: Londres, Tamesis Books, 1968, y Madrid, Gredos, 1969. Complétese la bibliografía teatral con Homero Serís (815, núms. 2.380-2.413).

805. *Bibliographical index for Spanish and Spanish American Studies in the United States,* Nueva York, Anaya-Las Américas, 1974, 589 págs. Catálogo comercial con muchos errores y referencias equivocadas; pero ordenando un enorme material bibliográfico disponible en el mercado.

806. Chatman, James R. y E. Ruiz Fornells: *Dissertations in Hispanic Language and Literatures,* Lexington, University of

Kentucky, 1970. Recoge tesis norteamericanas efectuadas entre 1876 y 1966.

807. Cioranescu, Alejandro: *Bibliografía francoespañola (1600-1715)*, Madrid, Real Academia Española, 1977, 705 págs.

807a. *Doctoral Dissertations on Literature in Spanish*, Londres, Univ. Microfilms Int., 1980, 62 págs. Catálogo de tesis disponibles en microfilme.

808. Dorn, Georgette M.: *Latin America, Spain and Portugal; An annotated Bibliography of (1512) Paperback Books*, Washington, Library of Congress, 1971, 180 págs. «It is quite a practical list of USA published material for a lecturer with students needing to buy a few recent books on a budget» (G. H. Green).

809. Golden, H. H. y S. O. Simches: *Modern Iberian Language and Literature: A Bibliography of Homage Studies*, Cambridge, Mass., Harvard University Press, 1958. Y luego reimpreso en Nueva York, Kraus Reprints, 1971. «List studies in homage works up to 1956. Concerned primarily with the Catalonian, Portuguese, and Spanish Languages and Literatures, with some articles relating to Spanish America and Brazil» (Bleznick).

809a. Graña Pérez, Valentín: *Indice de poetas españoles*, Madrid, CLA, 1980, 2 vols.

810. Grismer, Raymond L.: *Bibliography of the Drama of Spain and Spanish America*, Minneapolis, Minn., Burguess-Beckwith, 1967-1969, 2 vols.

811. Herrero Salgado, Félix: *Aportación bibliográfica a la oratoria sagrada española*, Madrid, CSIC, 1971, 742 págs. Recoge un corpus de autores y sermones de los siglos XVI al XX.

811a. Hoffmeister, G.: *España y Alemania (Historia y documentación de sus relaciones literarias)*, Madrid, Gredos, 1980, 310 págs.

812. Kelly, James Fitzmaurice: *Spanish Bibliography*, Oxford, University Press-Humprey Milford, 1925. «Publicada primeramente como apéndice de la primera edición de *A history of the Spanish Literature* (Londres, W. Heinemann, 1898) del mismo autor, las ediciones y traducciones ulteriores la omitieron. Se editó separadamente en francés, en 1913 *(Bibliographie*

de *l'Histoire de la Littérature Espagnole*, París, A. Colin) y fue reeditada ulteriormente (la 3.ª ed. 'refondue et augmentée' es de París, Klincksieck, 1928); la edición inglesa de 1925 de esta bibliografía es la última revisada por el autor» (D. Devoto).

813. Paci, Ana María: *Manual de Bibliografía española*, Pisa, Universidad, 1970, 828 págs. «In spite of the title, this does not set out to be a general bibliography, but a systematic listing of all articles relating to Spanish (under which is included Catalan) literature in all issues of over 100 periodicals up to 1968 (a total of 10.246 items)» (H. B. Hall).

814. Pérez, M. J.: *Indices de la biblioteca Románica Hispánica (Autores, obras y materias estudiados)*, Madrid, Gredos, 1975, 286 págs. Dada la calidad y extensión de la *BRH*, constituye un instrumento de trabajo bibliográfico fundamental.

815. Serís, Homero: *Manual de bibliografía de la literatura española*, Syracusa, Centro de Estudios Hispánicos, 1948-1954, 1.086 págs. Ordenación temática, con descripciones muy rigurosas y excelentes notas críticas. A pesar de haber quedado incompleto, se trata de uno de los panoramas bibliográficos indispensables.

816. Simón Díaz, José: *Manual de Bibliografía de la literatura española*, Barcelona, Gustavo Gili, 1963, 2.ª ed.: 1966. Sucesivos suplementos llegan hasta 1972. Recientemente ha aparecido la 3.ª ed. refundida, corregida y aumentada, publicada por la Edit. Gredos, Madrid, 1980, 1156 págs.

817. Simón Díaz, José: *Bibliografía de la literatura hispánica*, Madrid, CSIC, 1950 y sigs., 11 vols. aparecidos, hasta la letra *g*, inclusive, del Siglo de Oro. Los dos primeros (2.ª ed. corr. y aum., 1960 y 1962 respectivamente) sobre aspectos generales (historias de la literatura, colecciones de textos, antologías, catálogos, bibliotecas, etc.); el tercero, sobre literatura medieval. Con el cuarto comenzó la bibliografía de la literatura de los Siglos de Oro. Obra mayor de la bibliografía española que, si bien no está exenta de pequeños e inevitables fallos, es por su monumentalidad y calidad un trabajo sin parangón en nuestro campo.

818. Singerman, Robert: *The Jews in Spain and Portugal: A Bibliography*, Nueva York y Londres, Garland, 1975. Coincide su publicación con la obra de Michael Studemond (818a): *Bibliographie zum Judenspanischen*, Hamburgo, Helmut Buake, 1975. Cfr. 102, 290, 1374, 1378, 1384.

819. Thompson, Lawrence S.: *A Bibliography of Spanish Plays on Microcards*, Hamden, Conn., Shoe String Press, 1968, 490 págs. «Six thousand Spanish, Catalonian and Spanish American plays from the sixteenth century to the present, based on the holdings in the University of Kentucky Library» (Bleznick).

820. Siracusa, J. y J. L. Laurenti: *Relaciones literarias entre España e Italia. Ensayo de una bibliografía de literatura comparada...*, Boston, G. K. Hall, 1972, 255 págs. Con 2.880 entradas.

821. Widener Library Shelflist: *Spanish History and Literature*, Oxford y Cambridge (Mass.), oup y CUP, 1972, 771 págs. Tratamiento mediante computadoras de los fondos hispánicos de una gran biblioteca, con cerca de 30.000 entradas.

La siguiente y corta recensión acoge los repertorios bibliográficos más generales o referidos a aspectos especiales. Entre las revistas profesionales, citamos tan sólo las que contienen la bibliografía sistemática más rica y elaborada (para las restantes: XXII).

822. Modern Language Association. *International Bibliography of Books and Articles on the Modern Languages and Literatures*, Nueva York, MLA, 1921 y sigs., anual. Desde 1969 a modo de cuatro volúmenes anuales, el segundo incluye el área de la Romania; pero en el tercero se hace referencia a las obras lingüísticas. Desde 1939 es suplemento de la revista *PMLA*. Sus titulaciones han sido: 1921-1955: «American Bibliography»; 1956-1962: «Annual Bibliography»; 1963: «MLAI Bibliography». Toda la colección se halla reproducida por la casa Kraus Reprints de Nueva York. Cfr. 2094.

823. *Romanische Bibliographie. Bibliographie Romane. Romance Bibliography*. Se trata del suplemento bibliográfico de la *ZfRPh*, con datación muy diversa desde 1905. Las recensiones se recopilan luego en volúmenes. Tübingen, Max Niemeyer Verlag, 1940-1950, 19551-1955, 1956-1960, 1961-1962, 1963-1964.

824. Suchan, Elke (comp.): *Bibliographie Unselbständiger Literatur-Linguistic (BUL-L)*. Se han publicado los vols. I: 1971-1975, de 678 págs. (1976). II: 1976 «un nachträge für 1974 und 1975», de 316 págs. (1977). III: 1977, de 300 págs. (1978).

825. Hopper, V. F. (et al.): *Bibliography of European Literature*, Great Neck, Nueva York, Barron's Educational Series, 1954.

826. *Years Work in Modern Language Studies (The)*, Cambridge, Modern Humanities Research Association, 1931-1940, y anual desde 1950.

827. Olbrich, W.: *Der Romanführer*, Stuttgart, Hiesermann, desde 1950. El volumen sexto (1955) sobre «der Inhalt der französischen, italianischen, spanischen und portugiesischen Romane und Novellen, von den Anfängen bis zum Begin des 20. Jahrhunderts».

828. Hatzfeld, Helmut: *Bibliografía crítica de la nueva estilística aplicada a las literaturas románicas*, Madrid, Gredos, 1955 (ed. orig.: en 1953, luego ampliada hasta 1965). Cfr. 1197.

829. Baldensperger, Fernand y W. P. Friederich: *Bibliograpy of Comparative Literature...*, Chapel Hill, N. C., University, 1950, 701 págs. Con suplementos posteriores a través del (829a) *Yearbooks of Comparative and General Literature* (desde 1950). Reimpreso en Nueva York, Russel and Russel, 1960.

830. Unesco: *Bibliographie générale de littérature comparée*, París, Unesco, 1949-1958, 5 vols.

Referencias. — Además de las revistas profesionales (XXII) y las Historias de la Literatura (XIV) V. la bibliografía general española (II), y particularmente las bibliografías sobre las lenguas románicas (XII). En cada uno de los apartados del XVI al XX se encontrará la bibliografía particular de cada período.

XIII

DICCIONARIOS DE LA LITERATURA. HISTORIAS Y MANUALES. OBRAS AFINES

XIII.1. LITERATURA UNIVERSAL. DICCIONARIOS Y REPERTORIOS

XIII.1.1. Diccionarios generales

830a. Escarpit, Robert (dir.): *Dictionnaire International des Termes Littéraires*, Berna, Francke, 1978 y en publicación. Cada artículo se estructura: etimología, estudio semántico, equivalencias lingüísticas, comentario histórico y bibliografía. Firmados.

831. *Dizionario letterario Bompiani degli autori di tutti tempi e di tutte le letterature*, Milán, Bompiani, 1956-1957, 3 vols. La edición española (González Porto-Bompiani) en Barcelona, Montaner y Simón, 1963, 3 vols. Los directores de la sección española fueron Dámaso Alonso y Juan Sapiña. La ed. francesa, en dos vols.: París, SEDE, 1957-1958.

832. *Dizionario Letterario Bompiani delle opere e dei personaggi di tutti i tempi e di tutte le letterature*, Milán, Bompiani, 1947-1950, 9 vols. La edición española: Barcelona, Montaner y Simón, 1967, 2.ª ed., 11 vols. La mejor versión es la alemana: *Kindlers Literatur Lexicon*, Zurich, Kindler, 1956-1972, 7 vols., en 1974 apareció otro volumen de suplementos.

833. *Diccionarios Rioduero. Literatura.* I. Madrid, Rioduero, 1977. Es una versión (por José Sagredo) del *Herder Lexicon Literatur* de M. Muller (Friburgo, 1973). Repertorio bastante pobre e incorrecto.

834. Eppelsheimer, H. W.: *Handbuch der Weltliteratur von den Anfängen bis zur Gegenwart*, Frankfurt-a. -M., Klostermann, 1960, 3.ª ed. (1.ª: 1937), 808 págs.

835. Frauwallner, E. (et al.): *Die Weltliteratur. Biographisches, literar-historisches und bibliographisches lexicon in Ubersichten und Stichwörtern...*, Viena, Brüder Hollinck, 1951-1954, 3 vols.

836. Heinzel, Erwin: *Lexicon der Kulturgeschichte in Literatur, Kunst und Musik, mit Bibliographie und Iconographie*, Viena, Brüder Hollinck, 1962, 493 págs.

837. Hess, R. M. (et al.): *Literaturwissenschaftliches Wörterbuch für Romanisten*, Schwerpunkte Romanistik, 1971.

838. Jara, R. (et al.): *Diccionario de términos e ismos literarios*, Madrid, Porrúa Turanzas, 1972, 192 págs.

839. *Meyers Handbuch über die Literatur*. Hrsg. und bearb. von den Fachredaktionen des Bibliographischen Instituts, Manchein, Bibliographischen Instituts, 1964, 959 págs.

840. Pérez Rioja, J. A.: *Diccionario literario universal*, Madrid, Tecnos, 1978.

841. Pla, Roger (dir.): *Diccionario de la literatura universal...*, Buenos Aires, Muchnik, 1966, 3 vols.

842. Prado Coelho, Jacinto do (dir.): *Dicionário de Literatura*, Oporto, Livraria Figueirinhas, 1978, reed. (2.ª ed.: 1969, en dos vols.), 5 vols. Con abundantes entradas de estilística y retórica. Mayoritariamente centrado en las literaturas portuguesa, gallega y brasileña.

843. Preminger, Alex. (ed.): *Encyclopedia of Poetry and Poetics*, Princeton, Nueva York, Princeton University Press, 1965, 3.ª ed. (ed. orig.: 1958), 906 págs.

844. Queneau, R. (dir.): *Encyclopédie de la Pléiade... Histoire des Littératures*, París, Gallimard, 1955-1958, 3 vols. El primero de la serie (1955, 1.772 págs.) dedicado a las literaturas antiguas, orientales y orales. El segundo (1956, 1.976 págs.) a las literaturas occidentales, excepto la francesa. El tercero (1958, 2.059 págs.) a las literaturas francesa, conexas y marginales. Cfr. 249.

845. Ruiz, Luis Alberto: *Diccionario de la literatura universal*, Buenos Aires, Raigal, 1955, 3 vols.

846. Sáinz de Robles, Federico Carlos: *Ensayo de un diccionario de la literatura*, Madrid, Aguilar, 1953-1956, 3 vols. El tercero, referido a las literaturas extranjeras.

847. See, K. von (dir.): *Neues Handbuch der Literaturwissenschaft*, Frankfurt-a. -M., Athenäum, 1974 y en publicación. Obra monumental que se prevé alcanzará los 24 volúmenes.

848. Shipley, J. T.: *Dictionary of World Literay Terms...*, Boston y Londres, The Writer y George Allen and Unwin, 1970, ed. rev. y aum. (ed.

orig.: 1943), 464 págs. Existe versión española de la 1.ª inglesa: *Diccionario de la Literatura Mundial*, Barcelona, Destino, 1962.

849. Steinberg, S. H. (ed.): *Cassell's Encyclopaedia of World Literature...*, Nueva York, Funk and Wagnalls, 1954, 2 vols.

850. Thorlby, Anthony (ed.): *The Penguin Companion to Literature. 2. European*, Londres, Penguin Books, 1969, 906 págs.

851. Tieghem, Philippe Van (dir.): *Dictionnaire des Littératures...*, París, PUF, 1968, 3 vols., 4.351 págs.

852. Wilpert, Gero Von (dir.): *Lexicon der Weltliteratur; biographischbibliographisches Handwörterbuch nach Autoren und Anonymen Werken...*, Stuttgart, A. Kröner, 1975, 2.ª ed. (1.ª: 1963-1968), 2 vols. El volumen segundo (1.253 págs.) se subtitula: «Hauptwerke der Weltliteratur in Charakteristiken und Kurzinterpretationen».

XIII.1.2. *Literatura contemporánea*

853. Contemporary Authors. *The International biobibliographical guide to current authors and their Works*, Detroit, Gale Research Co., 1962, aparecidos 11 vols.

854. Grigson, Geoffrey: *The Concise Encyclopedia of Modern World Litterature*, Londres, Hutchinson, 1970, 2.ª ed. rev. (1.ª: 1963), 430 págs.

855. Gros, Bernard (dir.): *Les Dictionnaires du savoir moderne. La Littérature du symbolisme au nouveau roman...*, París, Denoel, 1970, 544 páginas.

856. Kunitz, S. J. (ed.): *Twentieth century authors; a biographical dictionary of modern Literature...*, Nueva York, H. W. Wilson Co., 1942, 1.577 páginas. Con suplementos posteriores.

857. *Las literaturas contemporáneas en el mundo*, Barcelona, Vicens Vives, 1977, 420 págs.

858. Mondatori, A. (dir.): *Dizionario Universale della Letteratura contemporanea...*, Milán, Mondatori, 1959-1963, 5 vols. Cubre el período 1870-1960.

859. Smith, H. (dir.): *A Dictionary of modern European Literature*, Nueva York, Londres, Columbia y Oxford University Press, 1947, 899 págs.

XIII.1.3. *Otras obras generales universales*

860. Armiño, Mauro (dir.): *Parnaso. Diccionario Sopena de Literatura. Resumen de 2.500 obras maestras*, Barcelona, Sopena, 1972, 3 vols. El primero se refiere a autores españoles e hispanoamericanos.

861. Aziza, Cl. (et al.): *Dictionnaire des types et caractères littéraires*, París, F. Natham, 1978, 207 págs.

862. Frenzel, Elisabeth: *Diccionario de argumentos de la literatura universal*, Madrid, Gredos, 1976, 496 págs.

863. Cirlot, J. Eduardo: *Diccionario de los ismos*, Barcelona, Argos, 1967, 2.ª ed. rev. y aum. (1.ª: 1949), 460 págs.

864. Horden, John (dir.): *A Dictionary of anonymous and pseudonymous. Literature*, Harlow, Longman, 1978, vol. I (1475-1640), 1.112 págs.

865. Queneau, Raymond (dir.): *Los escritores célebres*, Barcelona, Gustavo Gili, 1966, 3 vols. Según la 3.ª ed. francesa, de 1966. De la parte española ha asesorado Agustín del Saz. Se puede completar con (865a) G.-E. Clancier: *Les écrivains contemporaines*, París, Mazenod, 1965, 762 págs.

866. Rogers, P. P. y F. A. Lapuente: *Diccionario de seudónimos literarios españoles, con algunas iniciales*, Madrid, Gredos, 1977, 610 págs. Viene a cubrir una grave laguna, ya que sólo existían apuntes parciales sobre el tema, para Cataluña (Rodergas i Calmell) e Hispanoamérica (J. T. Medina y A. Scarone), y el trabajo muy parcial de Ponce de León Freyre (866a) *1.500 seudónimos modernos de la literatura española (1900-1942)*, Madrid, INL, 1942, 126 págs. Recuérdese la obra de Taylor (35).

867. Thompson, S.: *Motif-Index of Folk-Literature...*, Copenhague, Rosenkilde and Bagger, 1955-1958, ed. rev. y aum. (1.ª: 1932-1936), 6 vols. Existe otra edición en Bloomington y Londres, Indiana University Press, 1966, 6 vols.

XIII.2.   HISTORIAS DE LA LITERATURA UNIVERSAL

868. Gioan, P. (dir.): *Histoire générale des littératures*, París, Quillet, 1961, 3 vols.

869. Huschg, Walter: *Historia trágica de la literatura*, México, FCE, 1965 (según la 3.ª ed. alemana, de 1955, 1.ª: 1948), 717 págs.

870. Lavalette, Robert: *Historia de la literatura universal*, Barcelona, Destino, 1972, 2.ª ed.

871. Riquer Martín de y J. M.ª Valverde: *Historia de la literatura universal*, Barcelona, Planeta, 1968-1977, 4 vols. El primero, de la Antigüedad al Renacimiento, debido al primero de los autores; el segundo, del Renacimiento al Barroco, en colaboración; el tercero, sobre la Edad Moderna y Contemporánea, por José María Valverde; éste es el autor también del cuarto y último volumen, dedicado a la literatura Hispanoamericana.

872. Prampolini, Santiago (dir.): *Historia universal de la literatura*, Buenos Aires, Uteha, 1955, 2.ª ed. (1.ª ed. espñ.: 1940). Es traducción de

la 2.ª ed. italiana, con «revisión y ampliación de las literaturas hispánicas e hispanoamericanas», por Agustín Millares Carlo, 13 vols. En el vol. IV, páginas 484-524, la literatura castellana de los siglos XII al XIV. En el vol. VI la literatura castellana de los siglos XV al XVII. En el vol. IX, dedicado a las literaturas «ibéricas», incluye la castellana de los siglos XVIII al XX.

873. Thoorens, L. (dir.): *Historia de la literatura universal*, Barcelona, Daimon, 1968 y sigs.; aparecidos 7 vols. El IV (462 págs.) dedicado a la literatura española.

874. Tunk, Edvard von: *Historia universal de la literatura*, Madrid, Revista de Occidente, 1962 (ed. orig.: 1954), 3 vols.

875. Tieghem, Paul Van: *Historia de la literatura universal*, Barcelona, Bosch-Arimany, 1975, 3.ª ed. act., 618 págs.

XIII.3. ENCICLOPEDIAS, DICCIONARIOS, HISTORIAS, ETC., DEL TEATRO UNIVERSAL

876. *Enciclopedia dello Spettacolo*, Roma, Le Maschere, 1954-1962, 9 volúmenes y suplementos que van poniendo al día la obra.

877. Gassner, John y E. Quinn (dirs.): *The Reader's Encyclopedia of World Drama...*, Londres, Methuen, 1975, reimpr. (1.ª: 1969), 1.030 págs.

878. Gregor, J. (dir.): *Der Schauspielführer*, Stuttgart, Hiersemann, desde 1953. Bibliografía dramática por países, y dentro de cada país cronológicamente. En la primera parte del volumen tercero «Das Schauspiel der romanischen Völker». Deben de tenerse en cuenta publicaciones periódicas como (878a) la *Revue d'Histoire du Théatre* (París, desde 1948), y (878b) *The Stage Year Book* (Londres, desde 1908). Así como (878c) el *Who's Who in the Theatre* (Londres, Pitman, desde 1912, sucesivas ediciones). Cfr. 2020, 2095, 2121.

879. Hartnoll, Ph.: *The Oxford Companion to the Theatre*, Oxford, OUP, 1967, 3.ª ed., 1.104 págs. Existe ed. abreviada: *The Concise Oxford Companion to the Theatre* (1972, 650 págs.).

880. Del Hoyo, Arturo: *Teatro mundial. 1.700 argumentos de obras de teatro antiguo y moderno, nacional y extranjero, con descripciones, listas de personajes, críticas y bibliografías*, Madrid, Aguilar, 1955.

881. Díaz Plaja, Guillermo (dir.): *El teatro. Enciclopedia del arte escénico*, Barcelona, Noguer, 1958, 645 págs. Conjunto de breves monografías, no bien organizadas, en su mayoría con algo de provincianas y, desde luego, dejando muchos huecos.

882. D'Amico, Silvio: *Storia del teatro dramatico*, Milán, Garzanti, 1960, 4 vols. Existe edición de bolsillo, refundida en dos volúmenes: Milán, Garzanti, 1970.

883. Nicoll, Allardyce: *Historia del teatro mundial*, Madrid, Aguilar, 1964, 939 págs. Historia de períodos literarios, obras y autores, con lamentables y continuos errores en el caso de temas españoles (cfr. por ej. sobre García Lorca, págs. 806-807, confundiendo todos los personajes) y que se está quedando rápidamente anticuada.

884. Berthold, M.: *Historia social del teatro*, Madrid, Guadarrama, 1974, 2 vols. Traducción de *Weltgeschichte des Theaters*, es decir, en la que lo de «social» es un etiquetado comercial. La obra, a modo de ensayo ligero, cubre con más dignidad los aspectos más avanzados que el teatro clásico.

885. Mac Gowan, K. y W. Meitniz: *La escena viviente. Historia del teatro universal*, Buenos Aires, Eudeba, 1961 (ed. orig.: 1955), 529 págs. Trata fundamentalmente de la puesta en escena: bien informada e ilustrada.

XIII.4. DICCIONARIOS DE LITERATURA ESPAÑOLA

886. Bleiberg, G. y Julián Marías (dirs.): *Diccionario de la literatura española*, Madrid, Revista de Occidente, 1972, 4.ª ed. rev. (1.ª: 1949), 1.261 págs. Es la obra más completa del género, decantada por cuatro ediciones y parece ser que en marcha la quinta. Necesita aún limar y armonizar muchos aspectos, entre los cuales las llamativas ausencias en el terreno de la terminología retórica, la ecdótica y el mundo de los libros y las bibliotecas. A nivel concreto de autores y obras, algunas ausencias inexplicables (Alfay, Rodrigo de Reinosa, Salvá, etc.) deben irse supliendo. Faltan, en fin, amén de otras cuestiones de detalle —entre las cuales una entrada para «literatura»— referencias o explicaciones instrumentales básicas: corrección de pruebas, información y referencia bibliográfica, métodos de investigación, etcétera. Las últimas ediciones han extremado un objetivismo que sería deseable se generalizara totalmente.

887. Newmarck, Maxim: *Dictionary of Spanish Literature*, Nueva York, Philosophical Library, 1965, 2.ª ed. (1.ª: 1956), 352 páginas. Tiene escaso valor, a no ser como libro para una primera consulta muy superficial.

888. Ward, Ph.: *The Oxford Companion to Spanish Literature*, Oxford, OUP, 1978, 629 págs. Es un diccionario de las literaturas hispánicas, que acrecienta los defectos inherentes a este tipo de obras, con graves fallos y ausencias. Muy lejos de la calidad y relativa completividad del *Diccionario* de la Revista de Occidente (886), se limita a entradas de obras y autores, con algunos —muy pocos— conceptos, entre los que faltan los géneros literarios, retórica, etc., algunos nombres críticos —los errores son imperdonables—, etc. Lo peor es la absoluta desproporción de los artículos (compárese por ejemplo a Mateo Alemán con José Guevara o González Anaya) y la falta de un criterio selectivo riguroso (entrada, por ejemplo, para *El asno erudito;* pero faltan miles de títulos más importantes y representativos). No está, en fin, exento de errores en la escasa y desigual bibliografía (Blecua, por ejemplo, no ha editado las *Obras completas* de Quevedo, sólo las poesías y un primer volumen de las *Obras*, que contiene precisamente las poesías). De todos modos, es una tarea inicial que puede proseguirse hasta alcanzar un conjunto más equilibrado.

Referencias. — Recuérdese entre los de literatura universal el volumen de Sáinz de Robles (846).

XIV

HISTORIAS DE LA LITERATURA ESPAÑOLA

XIV.1. Historias generales de la literatura española

La recensión más amplia se halla en Simón Díaz (817, vols. I, 515 entradas). Debe completarse con el trabajo del mismo en *Cuadernos Bibliográficos*, 1979, XXXVIII. Las reseñas, en realidad, muestran que esta riqueza deriva en buena parte de los libros de enseñanza, que suelen ser compendios de compendios, como muchas historias literarias, incluso de las más vulgarizadas. Razones académicas han sido las que han impuesto, por épocas y aun por regiones, determinadas visiones históricas de nuestra literatura. El camino más reciente, el que va de Hurtado a Alborg, pasa en este sentido por una línea Valbuena, Díez Echarri, García López, etc., muy conocida en medios académicos. Véase la correcta información de Homero Serís (815, páginas 1-17).

889. Alborg, J. L.: *Historia de la Literatura española*, Madrid, Gredos, 1966 y en publicación. Aparecidos los cuatro primeros volúmenes, hasta el Romanticismo, inclusive. Historia muy extensa y documentada. Se la ha acusado a veces de estar confeccionada indirectamente —más sobre crítica que sobre textos—, lo que sólo es verdad en casos muy determinados de autores de segunda fila. Existe una evidente desproporción en el tratamiento prolijo de grandes autores frente a la simple nomi-

nación de los de segunda o tercera fila. Su distribución: I. «Edad Media y Renacimiento» (2.ª ed., 1.082 págs.); II. «Época Barroca» (2.ª ed., 996 págs.); III. «Siglo XVIII» (980 págs.); IV. «El Romanticismo» (934 págs.).

890. Amador de los Ríos, J.: *Historia crítica de la literatura española*, Madrid, Impresa a cargo de J. Fernández Cancelo, 1861-1865. Reimpreso en 1942, 7 vols. Existen dos reediciones facsimilares: Madrid, Gredos, 1969, 7 vols. Y Hildesheim, G. Olms, 1970, 7 vols. «Obra de excepcional importancia, aunque incompleta, formada casi siempre con materiales de primera mano. Muchos de sus capítulos siguen teniendo el mismo interés que cuando se compusieron, si bien ya no como novedad aceptable...» (Simón Díaz).

891. Aub, Max: *Manual de historia de la literatura española*, Madrid, Akal, 1974 (reed. de la de 1966), 575 págs. Obra muy irregular, de aluvión, con bastantes disparates y poco rigurosa; interesa por conocer la perspectiva del autor.

892. Aubrun, Charles: *La littérature espagnole*, París, PUF, 1976, 128 págs. Breve y sencillo compendio de iniciación a nuestra historia literaria.

893. Blanco Aguinaga, C., Julio Rodríguez Puértolas e Iris M. Zavala: *Historia Social de la literatura española (en lengua castellana)*, Madrid, Castalia, 1978, 3 vols. Reciente panorama que ha causado un enorme revuelo en el mundillo literario, por su aparente nuevo planteamiento. Sin menosvalorar algunos aspectos bien abordados, y sobre todo la novedad de muchas parcelas hasta ahora poco tratadas —sobre todo en el vol. III—, se trata de un manual bastante tradicional, quizá apresuradamente etiquetado como «social», que ha acentuado los dislates positivistas (por ejemplo, I, pág. 324: en 1613 ha iniciado ya su obra Calderón, ¡a los 13 años!). Los autores desconocen —aunque los citan en las listas bibliográficas— la crítica marxista de más alto vuelo que ya había aparecido en España, particularmente y para el vol. I la obra de Juan Carlos Rodríguez (1387). Obra prematura, en definitiva, que puede hacer mucho daño si, como es previsible, se lee y estudia indiscriminadamente en colegios y universidades; pero que cabe valorar positivamente

como un primer intento de sacar al estudio de la literatura de un anquilosamiento secular.

894. Blecua Perdices, J. Manuel: *Atlas de literatura española*, Barcelona, Jover, 1972, 43 fols. Cuadros y esquemas de los grandes períodos y autores de nuestra literatura.

895. Castro Calvo, José María: *Historia de la literatura española*, Barcelona, Credsa, 1965, 2 vols. De corte muy clásico en cuanto a su estructura, periodización y juicio, más inclinada hacia el lado erudito que hacia el lado valorativo.

896. Cejador y Frauca, Julio: *Historia de la lengua y literatura castellana...* desde los orígenes hasta Carlos V, Madrid, Tipografía de la RABM, 1915-1922, 2.ª ed.: 1927, 14 vols. Ed. facsimilar en Madrid, Gredos, 1972 (según la 3.ª ed. de 1932), 7 vols. «La más extensa de las obras sobre la materia aparecida hasta hoy (1959) y, por consiguiente, la más rica en datos de todas clases. Sin embargo, su eficacia queda muy restringida por una serie de errores capitales, como son: la caprichosa ordenación cronológica; la división de la parte dedicada a cada autor en dos mitades, impresas en distintas páginas y con diferente tipo de letra; la falta de índices adecuados y lo discutible de muchas de las personalísimas opiniones expuestas por el autor» (Simón Díaz). Ninguna historia literaria ha recibido tantas críticas negativas como ésta, quizá por el empecinamiento de Cejador en copiar juicios y estudios ajenos sin citar la fuente *(RFE*, 1921, VIII).

897. Chandler, R. E. y K. Schwartz: *A New History of Spanish Literature*, Baton Rouge, Louisiana State University Press, 1970, 2.ª ed. (1.ª: 1961), 696 págs.

898. Descola, Jean: *Historia literaria de España (De Séneca a García Lorca)*, Madrid, Gredos, 1969 (ed. orig.: 1966), 406 páginas.

899. Díaz Plaja, Guillermo (dir.): *Historia general de las literaturas hispánicas*, Barcelona, Vergara, 1969, reimpr. (1.ª: 1949-1967), 7 vols. A modo de monografías, de valor muy desigual, encomendadas a especialistas. Muchas de sus partes han quedado anticuadas; otras siguen siendo excelentes exposiciones básicas de algún tema: el Mester de Clerecía, la Literatura

histórica de los siglos XVI y XVII, Góngora, La poesía lírica durante el siglo XVIII, Jovellanos, el Costumbrismo, etc.

900. Díez Borque, José María: *Historia de la literatura española...*, Madrid, Taurus, 1980 (en 2.ª ed., 1.ª 1975), 3 vols. Conjunto de trabajos monográficos poco armonizados entre sí como tal historia y con el grave defecto de una apresurada ordenación y planificación (muchas erratas, ausencia de índices, etc.). Con todo, el trabajo de muchos especialistas prestigia algunas de sus partes. Los panoramas de los géneros literarios contemporáneos, de la postguerra, en el volumen III, son agobiantes catálogos de obras y autores.

901. Díez Echarri, E. y J. Roca: *Historia general de la literatura española e hispanoamericana*, Madrid, Aguilar, 1966, 2.ª ed. (1.ª 1960), 1.590 págs. Obra monumental de erudición y acopio de materiales, muchas veces con demasiada generosidad, sin distinguir —sobre todo en la bibliografía— entre lo aconsejable y lo intrascendente. Numerosas erratas. Muy tradicional en su estructuración y periodización, algo más atrevida en el enjuiciamiento de obras y autores, pero en ningún caso se adivina una norma clara de enjuiciamiento y valoración.

902. Fitzmaurice-Kelly, James: *A New History of Spanish Literature*, Nueva York, G. E. Stechert, 1926, 2.ª ed. rev. (1.ª: 1898), 551 págs. Reimpresa en Nueva York, Russell and Russell, 1968. Existe traducción española desde 1901 (Madrid, La España Moderna, 613 págs.), con anotaciones de A. Bonilla y San Martín y M. Menéndez Pelayo, es la que se debe consultar en su 4.ª ed. corr. (Madrid, Ruiz Hermanos, 1926, 548 págs.).

903. Flasche, Hans: *Geschichte der Spanischen Literatur...*, Berna y Munich, Francke, 1977. Se ha publicado tan sólo el vol. I: «Von den Anfängen bis zum Ausgang des Fünfzch ten Jahrhunderts», 487 págs.

904. Flores, Ángel: *La literatura de España*, Nueva York, Las Américas, 1970.

905. Gaos, Vicente: *Claves de literatura española*, Madrid, Guadarrama, 1970, 2 vols.

906. García López, José: *Historia de la literatura española*, Barcelona, Vicente Vives, 1977, 19.ª ed., 712 págs. Su embrión

se halla en una edición de Barcelona, Teide, 1948, 263 págs. Su historia textual es muy compleja, tanto como los planes de enseñanza para los que ha ido sirviendo. Es un manual sencillo, expositivo, correcto en líneas generales, que no aporta nada nuevo.

907. González López, Emilio: *Historia de la literatura española*, Nueva York, Las Américas, 1965-1972, reed. (ed. orig.: 1962-1965), 2 vols.

908. González Mas, Ezequiel: *Historia de la literatura española...* (Del siglo X al XVI), San Juan de Puerto Rico, Ed. Universitaria, 1968-1973, 2 vols.

909. Green, Otis H.: *Spain and the Western Tradition: The Castilian Mind in Literature from El Cid to Calderon*, Madison, University of Wisconsin Press, 1963-1964, 4 vols. Trad. española: *España y la tradición occidental...*, Madrid, Gredos, 1969, 4 vols. Denso y sugestivo panorama —no exactamente historia— cronológico de nuestra literatura, —desde una perspectiva europeísta, adecuado para equilibrar las teorías de signo contrario (A. Castro, Lida, etc.).

910. Hurtado, Juan y A. González Palencia: *Historia de la literatura española*, Madrid, Saeta, 1949, 6.ª ed. corr. y aum. (1.ª: 1921), 1.102 págs. Homero Serís (815), aconseja acudir a la 3.ª ed. Todavía en 1959 opinaba Simón Díaz: «Este manual continúa siendo, por su precisión, abundancia de datos y objetiva información, el más útil y autorizado de cuantos se han compuesto hasta la fecha». Era, efectivamente, su época de esplendor. En seguida dejaría paso en el favor académico a la obra de Valbuena, de signo idealista y totalmente distinto en cuanto a la estructura y carácter.

911. Jauralde Pou, Pablo: *Lenguaje y Literatura*, Madrid, Más Actual, 1978, 500 págs. La segunda parte es una historia y antología de la literatura española.

912. Jones, R. O. (dir.): *Historia de la literatura española*, Barcelona, Ariel, 1973-1974 (ed. orig.: 1971), 6 vols. Su estructuración es la siguiente: I, «La Edad Media», por A. Deyermond; II, «Siglo de Oro: Prosa y poesía», por R. O. Jones; III, «Siglo de Oro: Drama», por E. M. Wilson y Duncan Moir; IV, «El si-

glo xviii», por Nigel Glendinning; V, «El siglo xix», por D. L.
Shaw; VI, «El siglo xx», por G. C. Brown. Se trata de un excelente panorama, serio, objetivo, en algunos aspectos renovador
al entrar en recovecos —obras y autores— hasta hoy poco considerados. El volumen medieval resulta excepcionalmente correcto, aunque el objetivismo expositivo pueda resultar demasiado frío. Algunas partes son más confusas (el teatro durante
el siglo xvi) o están bastante descuidadas (la literatura actual).
El volumen dedicado a prosa y verso del Siglo de Oro resulta
asimismo excesivamente expositivo, poco crítico; quizá sea el
precio de su homogeneidad y rigor generales.

913. Río, Ángel del: *Historia de la literatura española*, Nueva York, Holt, Rinehart and Winston, 1967, reed. (ed. orig.:
1948), 2 vols. Ha gozado de bastante prestigio. En realidad el
volumen primero es mediocre, por repetitivo. A partir del siglo xviii el autor aventura una historia más crítica.

914. Romera-Navarro, Miguel: *Historia de la literatura española*, Boston, D. C. y C.ª, 1948, 2.ª ed. corr. y aum. (1.ª: 1928),
704 págs. «Excelente manual. Concede la debida importancia al
siglo xix, al que considera como el Renacimiento de la literatura
española» (H. Serís). El juicio crítico de H. Serís señala un
poco su valor, más que nada histórico, al plantear una reordenación y nueva valoración de nuestra historia literaria.

915. Ticknor, George: *History of the Spanis Literature*, Boston, Houghton, Osgood and. Co., 1879, 4.ª ed. (1.ª: 1849), 3 vols.
Edición española: Buenos Aires, Bajel, 1948, 3 vols. «Publicada
en 1849, es lógico que esa obra haya envejecido; pero no se debe
olvidar que constituye el primer intento orgánico de considerar
la totalidad de la literatura española desde sus orígenes, dando
a cada tema el lugar y las dimensiones apropiadas» (D. Devoto).

916. Torri, J.: *La literatura española*, México, FCE, 1952,
428 págs.

917. Valbuena Prat, Ángel: *Historia de la Literatura Española*, Barcelona, Gustavo Gili, 1950, 3.ª ed. (1.ª, en 2 vols., en
1937, existe una 4.ª ed., de 1968, en 4 vols., pero con pocas variantes esenciales), 3 vols. Obra muy personal y valiosa, aunque
a veces excesivamente digresiva. Ha ejercido una función bene-

ficiosa en la historiografía literaria española al contrarrestar el exceso positivista de otras historias. Es una pena que lo mucho y bueno que tiene de crítica literaria se halle difuminado en una masa difícil de asimilar.

918. Valverde, José María: *Breve historia de la literatura española*, Madrid, Guadarrama, 1980, 2.ª ed. (1.ª: 1969), 276 páginas. Rehace una obra suya anterior (Turín, 1955). Compendio modesto y sencillo.

919. Bravo Villasante, Carmen: *Historia de la literatura infantil española*, Madrid, 1972, 328 págs.

920. Cruz Moliner, José M. de la: *Historia de la literatura mística en España*, Burgos, El Monte Carmelo, 1961. V. del mismo (920a) *Historia de la Espiritualidad*, Burgos, El Monte Carmelo, 1971. Complétese con la obra de (920b) Pedro Sáinz Rodríguez: *La Espiritualidad española*, Madrid, Rialp, 1961. Y del mismo (920c) *Introducción a la historia de la literatura mística de España*, Madrid, Voluntad, 1927. Más bibliografía al respecto en 272-273 y 1470-1485.

XIV.2.   HISTORIAS DE LAS LITERATURAS REGIONALES

920d. Díez Borque, José M.ª (dir.): *Historias de las literaturas hispánicas no castellanas*, Madrid, Taurus, 1980, 995 págs.

XIV.2.1. *Catalana*

921. *Literatura catalana dels inicis als nostres dies*, por A. M. Espadaler, A. Carbonell, J. Llovet, A. Tayadella; se anunciaba en prensa en junio de 1979 por la ed. EDHASA de Madrid.

921a. Molas, J. (dir.): *Diccionari de la Literatura Catalana...*, Barcelona, 1979, 762 págs.

922. Riquer, Martín de (dir.): *Historia de la literatura catalana*, Barcelona, Ariel, 1980, 2.ª ed. (1.ª: 1964), 3 vols.

923. Terry, A.: *A literary History of Spain: Catalan Literature*, Nueva York y Londres, Barnes and Noble, 1972, 136 págs. V. del mismo autor y J. Rafel: *Introducción a la lengua y literatura catalana*, Barcelona, Ariel, 1978.

923a. Vallverdu, Josep: *Història de la Literatura Catalana*, Barcelona, 1978, 2.ª ed. rev. y ampl., 206 págs.

923b. Vidal Alcover, Jaume: *Síntesi d'història de la literatura catalana*, Barcelona, 1980, 2 vols.

924. Castellanos, Jordí (ed.): *Guia de literatura catalana contemporània*, Barcelona, Ed. 62, 1973, 440 págs. Basada en una encuesta, con la que se seleccionan y estudian cincuenta obras representativas.

925. Fuster, Joan: *Literatura catalana contemporània*, Barcelona, Curial, 1972. Existe versión española: Madrid, Ed. Nacional, 1975, 447 págs. Con excelente bibliografía, de Ramón Pla.

XIV.2.2. *Gallega*

926. Fernández del Riego, Francisco: *Historia da literatura galega*, Vigo, Galaxia, 1976, 4.ª ed. (1.ª 1971).

927. Carballo Calero, Ricardo: *Historia da literatura galega contemporánea*, Vigo, Galaxia, 1962-1970. La traducción española en Madrid, Editora Nacional, 1976. Para una bibliografía más completa, V. la bibliografía final de esta historia. Del mismo autor (927a) *Aportaciones a la literatura gallega contemporánea*, Madrid, Gredos, 1955, 227 págs.

928. Varela, José Luis: *Poesía y restauración cultural de Galicia en el siglo XIX*, Madrid, Gredos, 1958, 304 págs.

XIV.3. PANORAMAS CRÍTICOS

XIV.3.1. *Poesía*

929. Menéndez Pidal, Ramón: *La epopeya castellana a través de la literatura española*, Buenos Aires, Espasa-Calpe, 1959, 5.ª ed. (1.ª: 1910), 245 págs.

930. Sobejano, Gonzalo: *El epíteto en la lírica española*, Madrid, Gredos, 1970, 2.ª ed. rev., 452 págs.

931. Vossler, Karl: *La poesía de la soledad en España*, Buenos Aires, Losada, 1946 (ed. orig.: 1935-1938, 2.ª ed. corr.: 1941), 398 págs.

Referencias. — V. especialmente XIV.3.4. y los apartados correspondientes de XVI, XVII, XVIII, XIX y XX.

XIV.3.2.   *Panoramas críticos. Teatro*

932.   Aubrun, Ch.: *Histoire du théâtre espagnol*, París, PUF, 1965, 124 págs.

933.   Casalduero, Joaquín: *Estudios sobre el teatro español...*, Madrid, Gredos, 1967, 3.ª ed. (1.ª: 1962) aum., 324 págs. De Lope a Buñuel.

934.   Díaz de Escobar, Narciso y F. P. Lasso de la Vega: *Historia del teatro español: comediantes, escritores, curiosidades escénicas*, Barcelona, Montaner y Simón, 1924, 2 vols.

935.   Muñoz, Matilde: *Historia del teatro en España*, Madrid, Tesoro, 1965, 3 vols. Obra de divulgación, que concede gran importancia a la ópera (vol. II), y a la zarzuela y el género chico (vol. III).

936.   Parker, Jack Horace: *Breve historia del teatro español*, México, Eds. de Andrea, 1957, 213 págs.

937.   Polito, Antonio R.: *Spanish Theatre: A Survey from the Middle Ages to the XXth Century*, Salt Lake City, University of Utah, 1967.

938.   Ruiz Ramón, Francisco: *Historia del teatro español. I. Desde sus orígenes hasta 1900*, Madrid, Cátedra, 1979, 2.ª ed. (1.ª: 1967-1971). Se complementa con 1848. Reed. en Madrid, Cátedra, 1977-1979, 2 vols.

939.   Shergold, N. D.: *A History of the Spanish Stage from Medieval Times until the End the Seventeenth Century*, Oxford, Clarendon Press, 1967, 624 págs. El mejor y más documentado panorama sobre el período clásico.

940.   Valbuena Prat, Ángel: *Historia del teatro español*, Barcelona, Noguer, 1956, 708 págs. Cfr. 1444.

941.   Cotarelo y Mori, E.: *Historia de la zarzuela o sea el drama lírico en España desde su origen a fines del siglo XIX*, Madrid, Tipografía de la Revista de Archivos, 1934, 618 págs. Del mismo (941a): *Estudios sobre la historia del arte escénico en España*, Madrid, 1896. Sobre los orígenes de la zarzuela V. la obra de Aubrun (1432) y la ed. de Juan Vélez de Guevara (1085). Cfr. 963 y 1727.

942. Muñoz, M.: *Historia de la zarzuela española y el género chico*, Madrid, Tesoro, 1946, 343 págs.

XIV.3.3. *Panoramas críticos. Prosa.*

943. Menéndez Pelayo, Marcelino: *Orígenes de la novela*, Buenos Aires, Espasa-Calpe, 1946, 3 vols. La ed. orig. es de 1905. También, en los volúmenes 13-16 de sus *Obras Completas* (Madrid, CSIC, 1962).

944. Bleznick, Donald W.: *El ensayo español del siglo XVI al XX*, México, Eds. de Andrea, 1964, 140 págs.

945. Marichal, J.: *La voluntad de estilo (Teoría e historia del ensayismo hispánico)*, Barcelona, Seix Barral, 1957, 336 págs. Y luego en Madrid, Revista de Occidente, 1971, 271 págs.

946. Anderson-Imbert, E.: *El cuento español*, Buenos Aires, Columba, 1959, 47 págs.

947. Díaz Plaza, G.: *El poema en prosa en España, Antología y estudio crítico*, Barcelona, Gustavo Gili, 1956, 404 págs. Cfr. 1958.

XIV. 3.4. *Miscelánea*

948. Alarcos Llorach, Emilio: *Ensayos y estudios literarios*, Madrid, Júcar, 1976, 249 págs. Del *Libro de Buen Amor* a la literatura actual.

949. Alonso, Dámaso: *Obras Completas*, Madrid, Gredos, 1972-1978 y en publicación, 5 vols. aparecidos. Excepto el primero, los restantes interesan a la literatura española: II «Desde los orígenes románicos hasta finales del siglo XVI». III «Finales del siglo XVI, y siglo XVII». IV «Ensayos sobre literatura contemporánea». V «Góngora y el gongorismo». Cfr. 1414.

950. Aranguren, José Luis L.: *Estudios literarios*, Madrid, Gredos, 1976, 349 págs. De San Juan de la Cruz a la novela actual. Cfr. 1861.

951. Asensio, Eugenio: *La España imaginada de Américo Castro*, Barcelona, El Albir, 1976, 198 págs. Última puntualización en la apasionante discusión acerca de nuestra historia, cuyos argumentos esenciales se citan un poco más abajo (955 y 961). V. un trazado de esta contienda en (951a) José Luis Gómez-Martínez: *Américo Castro y el origen de los españoles: Historia de una polémica*, Madrid, Gredos, 1975, 242 págs.

952. Bataillon, Marcel: *Varia lección de clásicos españoles*, Madrid, Gredos, 1964, 443 págs. De Juan de Mena al teatro de Lope. Cfr. 1460.

953. Blecua, José Manuel: *Sobre el rigor poético en España y otros ensayos*, Barcelona, Ariel, 1977, 183 págs. Del Siglo de Oro a la poesía de la Generación del 27. Cfr. 1415.

954. Casalduero, Joaquín: *Estudios de literatura española*, Madrid, Gredos, 1973, 3.ª ed. aum. (1.ª: 1962), 478 págs. Del Cid a la Generación del 27.

955. Castro, Américo: *La realidad histórica de España*, México, Porrúa, 1967, reed. corr. y aum. (4.ª), 1971, 479 págs. Su historia textual es muy compleja: acúdase a 951a o a (955a) *El pensamiento de Cervantes*, nueva ed. ampliada y con notas del autor y de Julio Rodríguez Puértolas, Barcelona, Noguer, 1972, 410 págs. Cfr. 1374 y 1959.

956. Cossío, José María de: *Fábulas mitológicas en España*, Madrid, Espasa-Calpe, 1952, 907 págs. Desde los «antecedentes medievales» hasta el neoclasicismo, inclusive. Cfr. 324 a 332 y 1407.

957. Devoto, Daniel: *Texto y contextos (Estudios sobre la tradición)*, Madrid, Gredos, 1974, 609 págs.

958. Maravall, José Antonio: *Estudios de historia del pensamiento español*, Madrid, Eds. Cultura Hispánica, 1973-1975, 2 vols. y en publicación. Serie primera: «Edad Media», 2.ª ed. ampl. 1972 (1.ª: 1968), 502 págs. Serie tercera: «Siglo XVII», 1975, 407 págs.

958a. Montesinos, José F.: *Ensayos y estudios de literatura española*, Madrid, Rev. de Occidente, 1970, 303 págs.

959. Rico, Francisco: *El pequeño mundo del hombre. Varia fortuna de una idea en las letras españolas*, Madrid, Castalia, 1970, 307 págs. Sobre la Edad Media y Siglo de Oro.

960. Salinas, Pedro: *Ensayos de literatura hispánica (Del Cantar de Mío Cid a García Lorca)*, Madrid, Aguilar, 1961, 2.ª ed., 385 págs.

961. Sánchez Albornoz, Claudio: *España un enigma histórico*, Madrid, Edhasa, 1965, 6.ª ed., 2 vols. Contestación a Castro (955).

962. Vossler, Karl: *Escritores y poetas de España*, Buenos Aires, Espasa-Calpe, 1948, 2.ª ed. (1.ª: 1947), 162 págs. Del Cid a Benavente. Del mismo: (962a) *Algunos caracteres de la cultura española*, Madrid, Espasa-Calpe, 1962, 4.ª ed. (1.ª: 1942), 151 págs. y cfr. 1358.

963. Zamora Vicente, Alonso: *Presencia de los clásicos*, Buenos Aires, Espasa-Calpe, 1951, 147 págs. V. del mismo: (963a) *Lengua, literatura, intimidad*, Madrid, Taurus, 1969. Y (963b) *Voz de la letra*, Madrid, Espasa-Calpe, 1967.

964. Getto, G.: *Storia delle storie letterare*, Florencia, Sansoni, 1969, 2.ª ed.

965. Russell, D. A. y M. Winterbottom (eds.): *Ancient Literary Criticism...*, Oxford, Clarendon Press, 1972. Antología, con pequeñas introducciones.

966. Wellek, René: *Historia de la crítica moderna (1750-1950)*, Madrid, Gredos, 1959 y en publicación (ed. orig.: 1955-1956). Aparecidos tres volúmenes: I «La segunda mitad del siglo XVIII» (396 págs.); II «El romanticismo» (498 págs.); III «Los años de transición» (488 págs.).

967. Wimsatt, William K. Jr. y C. Brooks: *Literary Criticism. A short History*, Londres, Routledge and Kegan Paul, 1970, reimpresión en 4 vols. (1.ª: 1957). Muy centrada en la crítica anglosajona y también muy clásica en su confección, que cronológicamente se queda en Richards, Jung, Pound, etcétera.

XV

ANTOLOGÍAS DE LA LITERATURA ESPAÑOLA

XV.1. Antologías generales de la literatura española

968. Alonso, Dámaso (et al.): *Primavera y flor de la literatura hispánica*, Madrid, etc., Selecciones del Reader's Digest, 1969, 4 vols. El último volumen en una antología de la literatura Hispanoamericana, por Luis Rosales. Muy bella y bien seleccionada, pero con muchísimas erratas.

969. Bleiberg, G.: *Antología de la literatura española...*, Madrid, Alianza Universidad, 1976-1979 y en publicación, 2 vols. aparecidos: I, siglos XI-XVI (1976, 423 págs.); II, siglos XVI-XVIII (1979, 328 págs.).

970. Chandler, R. E. y K. Schwartz: *A new anthology of Spanish Literature...*, Louisiana University Press, 1967, 2 vols.

971. Díaz Plaja, Guillermo: *Antología mayor de la literatura española*, Madrid, Labor, 1959-1962, 4 vols. «Mayor» por su volumen y extensión cronológica: acoge incluso a escritores hispanolatinos.

972. Díaz Plaja, Guillermo: *Tesoro breve de las letras hispánicas*, Madrid, Magisterio Español, 1968-1972, 5 vols. Se han reeditado algunos volúmenes posteriormente.

973. Díez Borque, José María: *Antología de la literatura española*, Madrid, Guadiana, 1976, 6 vols. Bastante desordenada e incorrecta en cuanto a la pureza de los textos seleccionados.

974. Geysse, A. y E. Bagué: *Los autores españoles: trozos escogidos. Literatura. Historia. Civilización...*, París-Montreal, Bordás, 1970, 942 págs.

975. Marín, Diego: *Literatura española...*, Nueva York, Holt, Rinehart and Winston, 1968, 2 vols.

976. Mora, Carmen y E. Guzmán: *Lecturas españolas*, Madrid, Playor, 1976, 2 vols.

977. Pattison, Walter T. y D. W. Bleznick: *Representative Spanish Authors*, Nueva York, OUP, 1971, reed. (1.ª: 1942), 2 volúmenes.

978. Río, Ángel del y E. A. del Río: *Antología general de la literatura española*, Nueva York, Holt, Rinehart and Winston, 1960, 2.ª ed. corr. y aum. (1.ª: 1954), 2 vols. Hasta la guerra civil española.

979. Riquer, Martín de y José M.ª Valverde: *Antología de la literatura española e hispanoamericana*, Barcelona, Vicens Vives, 1965-1966, 2 vols.

980. Romera Navarro, Miguel: *Antología de la literatura española desde los orígenes hasta principios del siglo XIX*, Boston, D. C. Heath and Co., 1933, 425 págs.

981. Sánchez Polo, Carlos: *Antología de la literatura española*, Madrid, SGEL, 1976, 2 vols.

982. Vilanova, A.: *Antología literaria de autores españoles*, Barcelona, Teide, 1973, 4.ª ed. (1.ª: 1964), 798 págs.

983. Ynduráin, F. (dir.): *Literatura de España*, Madrid, Editora Nacional, 1972, 3 vols. Historia y antología de textos muy concretos, dejando intencionadamente huecos.

XV.2. ANTOLOGÍAS PARCIALES DE LA LITERATURA ESPAÑOLA

XV.2.1. *De teatro*

984. Espina García, Antonio: *Las mejores escenas del teatro español e hispanoamericano (desde sus orígenes hasta la época actual)*, Madrid, Aguilar, 1959, 1.172 págs.

985. Polito, Antonio R.: *Spanish Theatre: A Survey...*, V. 937.

986. Sáinz de Robles, F. C.: *El Teatro español. Historia y antología...*, Madrid, Aguilar, 1942-1943, 7 vols.

XV.2.2.   De poesía

987. Barnstone, W.: *Spanish Poetry: from its Beginnings through the Nineteenth Century. An Anthology...*, Nueva York, OUP, 1970, 548 págs.

988. Blecua, José Manuel: *Floresta de la lírica española*, Madrid, Gredos, 1968, 2.ª ed., 2 vols.

989. Gaos, Vicente: *Diez siglos de poesía castellana*, Madrid, Alianza, 1975, 496 págs.

990. Marín, Diego: *Poesía española: siglos XV al XX*, Chapel Hill, N. C., Estudios de Hispanófila, 1971, 537 págs.

991. Morales, M.ª Luz: *Libro de oro de la poesía en lengua castellana. España y América*, Barcelona, Juventud, 1970, 2 vols.

992. Onís, Federico de: *Antología de la poesía española e hispanoamericana (1882-1932)*, Nueva York, Las Américas, 1961, reed. (1.ª: 1934), 1.212 págs.

993. Peers, E. Allison: *A Critical Anthology of Spanish Verse*, Liverpool, University Press, 1948, 741 págs.

994. Sáinz de Robles, Federico Carlos: *Historia y antología de la poesía española*, Madrid, Aguilar, 1967, 5.ª ed. muy ampl. y rev. (1.ª: 1946), 2 vols.

995. Valverde, José María: *Antología de la poesía española e hispanoamericana*, México, Renacimiento, 1962, 2 vols.

996. Wardropper, Bruce: *Poesía elegíaca española*, Salamanca, Anaya, 1967, 173 págs.

997. Rodríguez Marín, F.: *Cantos populares españoles...*, Sevilla, F. Álvarez, 1882-1883, 5 vols.

Referencias. — V. esencialmente las papeletas sobre lírica tradicional, en XVI.5.3. (1241 a 1250), y las antologías de los apartados XVI, XVII, XVIII, XIX y XX. Rica bibliografía adicional, en H. Serís (815, núms. 5.641-5.830 y 8.593-8.596a).

XV.2.3. De prosa

998. Correa Calderón, E.: *Costumbristas españoles...*, Madrid, Aguilar, 1964, 2.ª ed. (1.ª: 1956). Con un excelente estudio introductorio.

999. Espinosa, Aurelio M.: *Cuentos populares españoles, recogidos de la tradición oral de España...*, Madrid, CSIC, 1946-1947, 3 vols. Es en realidad una segunda edición de la publicada en Stanford en 1923-1926. Cfr. para bibliografía adicional H. Serís (815, núms. 5.949-5.979).

1000. García Camarero, Ernesto y Enrique: *La polémica de la ciencia española*, Madrid, Alianza, 1970. Recoge —a partir del siglo XVIII— los textos más importantes sobre el tema. Precede una buena introducción.

1001. García Mercadal, José: *Antología de humoristas españoles del siglo I al XX*, Madrid, Aguilar, 1961, 2.ª ed. (1.ª: 1956), 1.773 págs.

1002. Menéndez Pidal, Ramón: *Floresta de leyendas heroicas españolas. Rodrigo, el último godo*, Madrid, Espasa-Calpe, 1925-1926, 3 vols.

1003. Menéndez Pidal, Ramón: *Antología de prosistas castellanos*, Madrid, Hernando, 1932, 6.ª ed. (1.ª: 1899), 383 págs. Refundido luego en Madrid, Espasa-Calpe, 1940.

1003a. Sáinz Rodríguez, Pedro: *Antología de la literatura espiritual española*. I. Edad Media, Madrid, FUE, 1980, 789 págs.

1004. Sanjuán, Pilar A.: *El ensayo hispánico: estudio y antología*, Madrid, Gredos, 1954, 412 págs.

1005. *Epistolario español...*, Madrid, BAE, 1945 (reimpr.), 1958, 5 vols. Los dos volúmenes iniciales datan de 1850 y 1870. Véase la selección de (1005a) Francisco López Estrada en Barcelona, Labor, 1961, 1.057 págs.: *Antología de epístolas...*

XV.3. COLECCIONES DE TEXTOS

En la selección de colecciones de textos clásicos he tenido en cuenta dos criterios aparentemente dispares: su actualidad comercial y su solera.

Es decir: que no falten ni las grandes colecciones de textos clásicos, sean de la época que sean, ni las colecciones más modestas, de incierto futuro todavía, que hoy día se pueden encontrar en el mercado. Se prescinde, por lo general, de las colecciones de libros de bolsillo —que no son exclusivamente literarias (de todos modos V. 1011), aunque entre sus fondos haya muchos clásicos de todos los tiempos; y de las colecciones de textos literarios de campo muy reducido (por ejemplo: de novela histórica, de poesía contemporánea, etc.). Muchas veces el deslinde resulta, desde luego, difícil. Cuando la colección tiene unas siglas consagradas *(BAC, CC, THM...)*, éstas siguen inmediatamente a su denominación. Tampoco se recoge, por dispersa y desigual, la importantísima tarea editorial de la mayoría de los departamentos de hispánicas o románicas de las universidades de todo el mundo.

1006. *Colección Almar*, «*Patio de Escuelas*», Madrid, distribuida por SGEL. Una docena de obras clásicas, prologadas y anotadas, de recentísima aparición.

1007. *Anejos de la Revista de Filología Española*, Madrid, CSIC (antes: *Centro de Estudios Históricos)*, desde 1926. Excelentes ediciones, a veces críticas, de textos clásicos medievales y del Siglo de Oro.

1008. *Colección Arbolí*, Tarragona, Tarraco. Una decena de números, muy recientes, de clásicos de todos los tiempos y antologías, con estudios introductorios y notas. Director: Enrique Miralles.

1009. *Colección Aubí*, Barcelona, Aubí. Intenta desde hace unos años reiniciar con más rigor la tarea de *El Libro Clásico* (1050), de Bruguera, con ediciones de clásicos, prologadas y anotadas. Unos 15 números. Directores: A. Cardona y J. L. Johnson.

1010. *Colección Aula Magna*, Madrid, Alcalá. Pequeña colección —unos 15 volúmenes— actual de clásicos prologados y anotados. Parece haberse detenido. Directores: M. Díez Taboada y J. M. Rozas.

1011. *Colección Austral*, Madrid, Espasa-Calpe. Se incluye como una de las pocas excepciones, ya que no se trata tan sólo de textos literarios, muy abundantes sin embargo entre sus fondos. Algunos, todavía imprescindibles *(Crótalon, Viaje de Turquía...)*. Desde hace unos cinco años ha tratado de renovarse con una subcolección *Selecciones Austral* (1011a), en la que los textos, prologados, están algo más cuidados.

1012. *Colección de Autores Españoles*, Madrid, publicados entre 1860-1867 por la casa Brockhaus de Leipzig. Clásicos, antologías y primeras ediciones del siglo XIX.

1013. *Biblioteca de Antiguos Libros Hispánicos*, Madrid, CSIC, desde 1948. Una treintena de volúmenes, fundamentalmente textos del Siglo de

Oro en ediciones fieles —no todas— y con escaso aparato crítico. Director: Joaquín de Entrambasaguas.

1014. *Biblioteca Anaya*, Salamanca, Anaya. La más popular de las colecciones de textos clásicos de todos los tiempos que se ha editado en nuestros días. Textos por lo general buenos, prologados y anotados. Superó el centenar de volúmenes; ha sido recientemente retomada por *Letras Hispánicas* (1049). Directores: Fernando Lázaro y E. Correa.

1015. *Biblioteca de Autores Cristianos (BAC)*, Madrid, Editorial Católica. Desde 1941. Textos de espiritualidad y órdenes religiosas. Ediciones monumentales de algunos clásicos (Fray Luis de León, Santa Teresa, el Beato Juan de Ávila, San Juan de la Cruz...).

1016. *Biblioteca de Autores Españoles (BAE)*, Madrid, Rivadeneyra, 1846-1880. Posteriormente fue reiniciada por la editorial Atlas, de Madrid también. Es todavía la que ofrece mayor caudal de textos, aunque a veces con los peligros de un criterio filológico totalmente superado y con un formato y tipografía incómodos. Algunos de sus viejos números (caso típico: la prosa de Quevedo) siguen siendo fundamentales. Su relanzamiento en los últimos años ha sido también irregular y con una marcada preferencia por textos históricos.

1017. *Biblioteca de Autores Modernos*, Madrid, Aguilar. Es la mejor colección de clásicos actuales —españoles o hispanoamericanos— de esta editorial, con tantas colecciones y tan desiguales. Generalmente obras completas. Los volúmenes más antiguos (Ayala, Alberti...) se resienten de imposiciones ajenas a lo literario.

1018. *Biblioteca Calleja*, Madrid, Saturnino Calleja. Clásicos de todos los tiempos y países en ediciones de divulgación. Cumplió su función divulgadora durante la primera mitad de siglo.

1019. *Biblioteca Clásica Castilla*, Madrid, Castilla, desde 1948. Clásicos, sobre todo del Siglo de Oro, en cuidadas ediciones de divulgación, sobre todo los primeros números.

1020. *Biblioteca Clásica y Contemporánea*, Buenos Aires, Losada. Da preferencia a clásicos contemporáneos —muchos de los escritores exiliados después de la guerra civil—, con algún texto clásico. Ediciones limpias, sin prólogos ni notas. Más de 300 volúmenes.

1021. *Biblioteca Crítica*, Barcelona, Barral. Recientes ediciones de obras completas de autores modernos, poetas de la Generación del 27. Excelente calidad de los textos.

1022. *Biblioteca Hispánica Puvill*, Barcelona, Librería Puvill. Reciente colección, con un espléndido programa de ediciones facsimilares. Director: Enrique Miralles.

1023. *Biblioteca de la Literatura y el Pensamiento Históricos*, Madrid, Editora Nacional. Colección reciente con unos 30 vols. de clásicos prologados y anotados, de valor muy desigual.

1024. *Biblioteca Literaria del Estudiante*, Madrid, CSIC, desde 1922. Publicó unos treinta volúmenes, preferentemente antologando libros, autores, géneros, etc., medievales y del Siglo de Oro.

1025. *Biblioteca Selecta de Autores Clásicos Españoles*, Madrid, Real Academia Española, desde 1866. Unos cincuenta volúmenes en sus dos series; la segunda contiene los textos de mayor interés, en su mayoría del Siglo de Oro, en ediciones limpias y con aparato crítico muy variado.

1026. *Bitácora*. «*Biblioteca del Estudiante*», Madrid, Narcea. Entre sus fondos, actuales, una decena de ediciones comentadas, de divulgación.

1027. *Bibliotheca Hispana*, Nueva York, Hispanic Society of America. Desde 1900. 22 volúmenes que recogen ediciones de Foulché Delbosc, Rouanet, Bonilla..., algunas todavía imprescindibles.

1028. *Colección Cisneros*, Madrid, Atlas, desde 1943. Detenida. Unos 100 volúmenes con clásicos de segunda fila y curiosos que, en casos, sólo aquí se pueden leer. Director: Ciriaco Pérez Bustamante.

1029. *Colección Crisol*, Madrid, Aguilar, desde 1943. Unos 400 volúmenes, prologados, con clásicos de todos los tiempos y todos los países en ediciones populares.

1030. *Clásicos Alhambra*, Madrid, Alhambra. Ediciones anotadas y prologadas de clásicos de todos los tiempos. Por ahora, una decena de volúmenes, algunos textualmente impecables (Pereda).

1031. *Clásicos Anaya*, Salamanca, Anaya. V. 1014.

1032. *Clásicos Castalia (CCast)*, Madrid, Castalia. La mejor colección actual de clásicos españoles. Ediciones generalmente muy buenas, con introducción, prólogos, notas, etc. Ha alcanzado su primer centenar de volúmenes. Director actual: Alonso Zamora Vicente (anteriores: Rodríguez Moñino, Montesinos, Lázaro Carreter).

1033. *Clásicos Castellanos (CC)*, Madrid, Espasa-Calpe, desde 1910 («La Lectura») y en publicación. Ha llegado ya a los 200 volúmenes. Clásicos prologados y anotados. Los más viejos —por ejemplo *El Libro de Buen Amor*— han comenzado a ser reemplazados por nuevas ediciones. Sería deseable que se continuara rápidamente esta labor. Las últimas ediciones (Valle Inclán, Azorín...) parecen indicar que se va a modernizar también en sentido cronológico: la ausencia de clásicos actuales y contemporáneos es uno de sus defectos de siempre.

1034. *Clásicos Ebro*, Zaragoza, Ebro. Desde 1939. Ediciones escolares, a veces excelentes, otras con textos expurgados. Estudios introductorios y notas. Más de 200 volúmenes. Director: J. M. Blecua.

1035. *Clásicos Españoles*, Madrid, Istmo. Pequeña colección de clásicos prologados y anotados que parece haberse detenido antes de alcanzar los 10 volúmenes. Director: Nicasio Salvador.

1036. *Clásicos Eternos*, Madrid, Aguilar. Grandes ediciones, monumentales, por lo general de obras completas. Constituyen un corpus valiosísimo para trabajar sobre muchos autores (Pereda, Alarcón, Galdós, Calderón, Tirso, Quevedo)..., aunque son muy graves sus defectos: poco respeto por el texto, expurgaciones, errores continuos, erratas...

1037. *Clásicos Hispánicos*, Madrid, CSIC, desde 1955. De aparición muy irregular, consta de ediciones de textos críticos o en ediciones facsimilares, generalmente valiosos.

1038. *Los Clásicos Olvidados*, Madrid, Nueva Biblioteca de Autores Españoles *(NBAE)*. Preciosa colección de 10 volúmenes publicados entre 1928-1931, que dirigió Pedro Sáinz Rodríguez.

1039. *Clásicos Noguer*, Madrid, Noguer-Gredos. Recientes ediciones de lujo de grandes autores u obras, presentados por especialistas (Larra, Cervantes, la picaresca...).

1040. *Clásicos Planeta*, Barcelona, Planeta. La colección mayor de *Clásicos Planeta* comenzó deslumbrantemente con una docena de volúmenes hoy famosos en la historia de las ediciones modernas de textos clásicos (La picaresca, Quevedo, Cervantes, Fray Luis de León, La Regenta, Larra, etcétera). Parece no continuarse. Desde hace unos años publica una colección más popular que reproduce en parte esta otra (1045).

1041. *Colección Diamante*, Barcelona, A. López, entre 1902 y 1918 publicó gran cantidad de clásicos en ediciones de divulgación.

1042. *Colección de Escritores Castellanos*, Madrid. Entre los años 1880 y 1929 publicó 161 volúmenes, en ediciones de divulgación, de clásicos de todos los tiempos.

1043. *Estudios de Hispanófila*, Chapel Hill, University of North Carolina. Clásicos prologados y anotados, a veces en ediciones críticas. Abundantes comedias del Siglo de Oro.

1044. *Exeter Hispanic Texts*, University of Exeter. Textos de clásicos poco conocidos (Corral, Gil, Guevara...) en ediciones tipográficamente muy modestas, pero textualmente valiosas, anotadas y prologadas.

1045. *Hispánicos Planeta*, Madrid, Cupsa. Ediciones recientes —unos 20 volúmenes— de clásicos de todos los tiempos, prologados y anotados. Reeditan los textos de *Clásicos Planeta* (1040) en algunos casos. Director: Antonio Prieto.

1046. *Colección Joya*, Madrid, Aguilar, desde 1931. Más de un centenar de volúmenes, entre los que se hallan *Obras Completas* de Góngora, Azorín, Benavente, etc.

1047. *Joyas Bibliográficas*, Madrid, Joyas bibliográficas. Publica libros raros o preciosos —unos 20 volúmenes— de inestimable valor.

1048. *La Fonte que mana y corre...*, Ediciones para bibliófilos. Cieza (Murcia). Editado por el insigne bibliófilo Antonio Pérez Gómez. Ha publicado unos 150 volúmenes en ediciones facsimilares de textos rarísimos, incunables, etc., en su casi totalidad ya agotados. Se detuvo la colección a la muerte del gran bibliófilo, en 1976. Comprende varias subcolecciones: «Libros raros de poesía de los siglos XVI y XVII» (10 volúmenes); «Reproducciones facsimilares de ejemplares únicos» (3 vols.); «Incunables poéticos castellanos» (13 vols.); «Duque y Marqués» (19 vols.); «Colecciones de romances» (5 vols.); «El ayre de la almena»; etc. Su labor en el campo de las ediciones facsimilares sólo tiene comparación con la desarrollada por Huntington en Nueva York a comienzos de siglo.

1049. *Letras Hispánicas*, Madrid, Cátedra. Recoge, en parte, la colección de *Clásicos Anaya* (1031) y la continúa, en un tono similar, preferentemente con autores contemporáneos. Los estudios preliminares, en su mayoría, han perdido calidad y extensión.

1050. *Libro Clásico*, Barcelona, Bruguera. Serie actual muy extensa y muy barata, con ediciones de clásicos de primera fila, antologías, etc., a veces prologados y anotados, de valor bastante irregular. Directores: A. Cardona.

1051. *Colección de Libros Españoles Raros o Curiosos*, Madrid, Publicados por el Marqués de la Fuensanta del Valle. 24 volúmenes aparecidos entre 1871 y 1896.

1052. *Colección de Literatura Española Aljamiado-Morisca*, Madrid, Gredos. De creación muy reciente, ha publicado sus tres primeros números. Director: Álvaro Galmés de Fuentes.

1053. *Colección de los mejores Autores Españoles*, París, Baudry. Entre 1838 y 1872 publicó 60 volúmenes. Se trata de una de las más tempranas recolecciones modernas de textos clásicos, también conocida por el nombre de su director: E. Ochoa.

1054. *Neblí*. «*Clásicos de Espiritualidad*», Madrid, Rialp. Desde 1956. Publica textos de escritores religiosos españoles, con limpieza, pero sin grandes alardes críticos. Actualmente se está reeditando.

1055. *Nueva Biblioteca de Autores Españoles (NBAE)*, Madrid, Bailly-Baillière. Publicó entre 1905 y 1918 veinticinco volúmenes, corpus abundante de nuestra historia literaria. Director: Marcelino Menéndez Pelayo.

1056. *Obras Maestras*, Barcelona, Iberia. Clásicos universales. Ediciones de divulgación, por lo general con un breve preliminar y sin aparato crítico alguno.

1057. *Odres Nuevos*, Madrid, Castalia. 10 volúmenes de clásicos medievales, en excelentes versiones, prologadas, anotadas y con glosario. Directora: M.ª Brey.

1058. *Colección de Obras Políticas*, publicadas por D. Ramón Fernández... Madrid. Se trata de la famosa colección «Estala», con 20 volúmenes, entre 1786 y 1904, de grandes clásicos.

1059. *Colección Plaza Mayor Scholar*, Madrid, Playor. Clásicos prologados y anotados, preferentemente obras dramáticas del Siglo de Oro.

1060. *Pódium*, Madrid, Zeus. Una veintena de clásicos universales, bellamente editados y concisamente presentados. Textos poco fidedignos.

1061. *Colección Polimnia*, Barcelona, Montaner y Simón. Desde 1941. Detenida. Bellos libritos, en formato minúsculo, a veces todavía imprescindibles para conocer poetas de segunda fila, sobre todo del Siglo de Oro.

1062. *Reformistas Antiguos Españoles*, Madrid. Entre 1847-1865 publicó 23 interesantísimos volúmenes de clásicos heterodoxos o reformistas.

1063. *Selecciones Bibliófilas*, Barcelona. Una decena de textos poco o mal editados con anterioridad (hacia 1950, la segunda serie).

1064. *Colección Selecta de Antiguas Novelas Españolas*, entre 1906 y 1909 publicó en Madrid 12 volúmenes de novelas cortesanas. Director: E. Cotarelo.

1065. *Sepan Cuantos...*, México, Porrúa. Colección general que incluye numerosas ediciones, muy desiguales, de clásicos universales, por lo general con estudio introductorio y notas.

1066. *Sociedad de Bibliófilos Andaluces (SBA)*, Sevilla, SBA. Publicó entre 1867 y 1907 51 volúmenes. Ediciones a veces todavía imprescindibles de nuestros clásicos. Reiniciada en 1977.

1067. *Sociedad de Bibliófilos Españoles (SBE)*, Madrid, desde 1866. Ha pasado por diversas vicisitudes hasta alcanzar su casi centenar de volúmenes. Corpus valiosísimo de textos clásicos.

1068. *Sociedad de Bibliófilos Madrileños (SBM)*, Madrid. Publicó 11 volúmenes entre 1909 y 1914. Reiniciada, de manera muy irregular, en 1948.

1069. *Studia Humanitatis*, Madrid, José Porrúa Turanzas. Ediciones críticas de textos clásicos. Tres volúmenes aparecidos. Director: Bruno Damiani.

1070. *Colección Támesis*, Serie B. Textos. Londres, Támesis Books. Una treintena de excelentes ediciones, muchas de ellas críticas, de clásicos de todas las épocas. Director: J. E. Varey.

1071. *Teatro Selecto Clásico*, Madrid, Escélicer. Hasta hace poco esta editorial publicaba también la más modesta y conocida colección de textos dramáticos actuales. Las obras a que nos referimos son ediciones de obras escogidas o completas de grandes autores clásicos —generalmente del siglo xvi— y contemporáneos, encomendadas a especialistas.

1072. *Temas de España*, Madrid, Taurus. Un centenar de volúmenes: clásicos en ediciones de divulgación, antologías, selecciones, etc. Normalmente llevan un pequeño estudio preliminar.

1073. *Textos Hispánicos Modernos*, Barcelona, Labor. Ediciones muy cuidadas y con excelente aparato crítico de autores de los siglos xviii, xix y xx —españoles e hispanoamericanos—. Lamentablemente parece haberse detenido. Director: Francisco Rico.

1074. *Textos Literarios*, Madrid, SM. Colección de clásicos, muy reciente, con cuatro números. Textos prologados.

1075. *Colección Universal*, Madrid, Espasa-Calpe. Desde 1919. Detenida. Una de las colecciones de clásicos más populares durante el primer tercio de siglo. Libros de divulgación.

XV.4. GRANDES EDICIONES

Esta corta selección de ediciones de textos clásicos de todas las épocas intenta ofrecer —como se dijo en XI— unos modelos prácticos de trabajo textual. La relación de XV.4.2., también de ediciones, se ha confeccionado por el valor instrumental (glosarios, notas, índices...) que aquellos textos ricamente editados tienen para el conocimiento de otras obras y autores de la época.

XV.4.1. *Grandes ediciones*

1076. Alonso, Dámaso: *Góngora y el Polifemo*, Madrid, Gredos, 1974, 6.ª ed. ampl., 3 vols. El primero es un estudio de la poesía barroca y de Góngora y el gongorismo en particular. El segundo antologa la obra del poeta cordobés, con abundantes notas, comentarios y paráfrasis. En el tercero se edita el *Polifemo*. Cfr. 949.

1077. Berceo, Gonzalo de: *El libro de Alixandre*, reconstrucción crítica de D. Arthur Nelson, Madrid, Gredos, 1979, 794 páginas.

1078. (Fernández de Andrada, Andrés). Dámaso Alonso: *La «Epístola Moral a Fabio»*, *de...*, ed. y estd., Madrid, Gredos, 1978, 285 págs.

1079. Fernández de Moratín, Leandro: *La Comedia Nueva...*, ed. con introd., notas y docs. de John Dowling, Madrid, Castalia, 1970, 346 págs.

1080. Garcilaso de la Vega: *Obras completas con comentario*, ed. crít. de Elías R. Rivers, Madrid, Castalia, 1974, 535 págs.

1081. Gracián, Baltasar: *El Criticón*, ed. crít. y com. por M. Romera Navarro, Filadelfia, etc., University of Pennsylvania Press, etc., 1938-1940, 3 vols. Reimpreso en Hildeshein, G. Olms, 1978, 3 vols.

1082. Quevedo, Francisco de: *La vida del Buscón llamado Don Pablos*, ed. crít. de Fernando Lázaro Carreter, Salamanca, Acta Salmanticensis, 1965. «Es la primera edición de un clásico castellano hecha por un filólogo español con aplicación exacta del método (neolachmaniano)» (O. Macrí).

1083. Quevedo, Francisco de: *Política de Dios. Govierno de Christo*, ed. de J. O. Crosby, Madrid, Castalia, 1966, 604 págs.

1084. Torres Naharro, Bartolomé: *Propalladia and other Works of...*, ed. J. E. Gillet, Bryn Mawr and Filadelfia, 1943-1962, 4 vols. Gillet editó los tres primeros volúmenes. Otis H. Green preparó, con los materiales que había dejado Gillet, el cuarto volumen, de estudios.

1085. Vélez de Guevara, Juan: *Los celos hacen estrellas*, ed. por J. E. Varey y N. D. Shergold, con una ed. y estd. de la música por Jack Sage, Londres, Tamesis Books, 1970, CXVII + 273 págs.

XV.4.2. *Ediciones-guía*

La siguiente recensión de ediciones tiene por objeto poner en conocimiento del estudioso la existencia de una serie de ediciones —son, claro, muchas más de las que aquí reseñamos— que por su riqueza en la anotación, glosarios, aportación documental, etc., constituyen valiosos instrumentos de trabajo para realizar tareas semejantes, para la lectura de clásicos de la misma época o, sencillamente, para buscar en ellas la solución a algún problema concreto (un término desconocido, una figura literaria, un hecho histórico, etc.). Muchas ediciones de este tipo se han reseñado ya por otros motivos a lo largo de este *Manual*, y otras tantas más aparecerán más adelante.

1086. Juan Ruiz: *Libro de Buen Amor*, ed. crít. de Joan Corominas, Madrid, Gredos, 1967, 670 págs. Anotación riquísima, sobre todo filológica y métrica, para servirse de ella en la lectura y estudio de otros textos medievales.

1087. Lucas Fernández: *Farsas y Églogas*, ed., introd. y notas de M.ª Josefa Canellada, Madrid, Castalia, 1977, 348 págs. Espléndido glosario sobre un léxico muy difícil.

1088. Garcilaso de la Vega y sus comentaristas: *Obras completas del poeta, acompañadas de los textos íntegros de los comentarios de El Brocense, Fernando de Herrera, Tamayo de Vargas y Azara*, ed., introd., notas, cronología y bibliografía e índices de autores citados por A. Gallego Morell, Madrid, Gredos, 1972, 2.ª ed. rev. y ad., 699 págs.

1089. Delicado, Francisco: *Retrato de la Lozana Andaluza*, ed. de Bruno Damiani, Madrid, Castalia, 1969, 288 págs. Especialmente interesante por el glosario, dada la dificultad léxica de la obra. Otra edición —se dice «crítica»— a cargo del mismo y de G. Allegra en Madrid, Porrúa Turanzas, 1975, 467 págs.

1090. *La novela picaresca española*, I. Introd. y notas de Francisco Rico, Barcelona, Planeta, 1967, 912 págs. Con una anotación muy variada y rica del *Lazarillo de Tormes* y el *Guzmán de Alfarache*.

1091. Cervantes, Miguel de: *El Ingenioso Hidalgo Don Quijote de la Mancha*, ed., pról. y notas de F. Rodríguez Marín, Madrid, Espasa-Calpe, 1967 (reed.), 8 vols. Anotación, incluso excesiva, de tipo fundamentalmente histórico y cultural. Otra edición posterior, en 10 vols., no añade nada nuevo.

1092. Arguijo, Juan de: *Obra poética*, ed., introd. y notas de Stanko B. Vranich, Madrid, Castalia, 1972, 268 págs. Excelentes paráfrasis temático-mitológicas, con notas.

1093. Lope de Vega, F.: *La Dorotea,* ed. de Edwin S. Morby, Madrid, Castalia, 1968, 2.ª ed. rev., 507 págs. Recomendable por la riqueza de sus anotaciones y el ponderado rigor con que moderniza el texto.

1094. Lope de Vega: *Servir a señor discreto,* ed., introd. y notas de Frida Weber de Kurlat, Madrid, Castalia, 1975, 323 páginas. Excelente edición anotada, con abundante manejo de textos dramáticos lopescos. V. de la misma autora (1094a) *Lo cómico en el teatro de Fernán González de Eslava,* Buenos Aires, Universidad, 1963.

1095. Tirso de Molina: *Por el sótano y el torno,* ed. de Alonso Zamora Vicente, Buenos Aires, 1949. Y también las ediciones del mismo Tirso (1096a) a cargo de Zamora Vicente y M.ª Josefa Canellada: *Comedias, II. El amor médico y Averígüelo Vargas,* Madrid, Espasa-Calpe, 1969, 3.ª ed.

1096. Valle-Inclán, Ramón del: *Tirano Banderas,* ed., introd. y notas de A. Zamora Vicente, Madrid, Espasa-Calpe, 1978, 282 páginas. Y véase para este mismo autor: (1926) Emma Susana Speratti Piñero: *De «Sonata de Otoño» al esperpento (Aspectos del arte de Valle-Inclán),* Londres, Támesis Books, 1968, 341 páginas.

Referencias. — La función de estas ediciones es muy similar a la de los diccionarios especializados (VI.2.1. y 2.) y los glosarios (véanse las secciones 6 de los apartados XVI, XVII, XVIII, XIX y XX).

XVI

EDAD MEDIA

El estudio de la literatura medieval exige conocimientos
mucho más específicos y técnicos que el de otras épocas posteriores, en razón de su naturaleza histórica e incluso material
(paleografía, manuscritos, etc.). La bibliografía que se necesita
manejar es, en consecuencia, más espesa, más técnica, para
llegar al texto literario. Ello explica, por ejemplo, el mayor número de publicaciones periódicas especializadas, o la inclusión
de apartados innecesarios en otros casos (por ejemplo: incunables).

Como contrapartida, el número de textos literarios es menor,
aunque la lengua —todavía compacta— no se había desarrollado
como para diferenciar niveles y registros que hoy reconocemos
fácilmente, por lo que el concepto de «literario» debe aplicarse
con generosidad en esta época.

Una diferenciación semejante y rotunda tampoco se ha efec-
tuado a nivel de las literaturas nacionales: el medievalismo no
tiene tantas fronteras como el estudio de la cultura y la literatura de otras épocas, los trabajos de los medievalistas de todo
el mundo se pueden aprovechar para una tarea común, porque
el desarrollo de la sociedad occidental no había diferenciado
todavía de manera espectacular modos de vida, de conducta, de
existencia. Esa es la razón por la que la bibliografía inmediata
tiene un cierto aire más internacional que la de los restantes
períodos.

XVI.1. Bibliografías, repertorios, fuentes

XVI.1.1. *Publicaciones periódicas*

1096b. Rouse, R. H.: *A Guide to Serial Bibliographies for Medieval Studies*, Berkeley, Los Ángeles, University of California, 1969, 150 págs. Bibliografía crítica de las bibliografías y estudios generales sobre historia medieval. Poca atención al mundo hispánico.

1097. *International Guide to Medieval Studies; a quaterly index to Periodical Literature*, Darien, Conn., American Bibliographic Service, desde 1961.

1098. *International Medieval Bibliography*, dirigida por R. S. Moyt ... y P. H. Sawyer, Minneapolis, University of Minnesota, 1968 y en publicación.

1099. *Anuario de Estudios Medievales*, Barcelona, Instituto de Historia Medieval de España, desde 1964, 8 volúmenes aparecidos. Detenido.

1100. *Bibliothèque de L'École de Chartres*, París-Ginebra, Droz, desde 1839, semestral.

1101. *Cahiers de Civilisation Médiévale*, Poitiers, Centre d'Études Supérieures de Civilisation Médiévale, desde 1958, bimestral.

1101a. *La Corónica*, Department of Modern Languages. Muskingum College, New Concord, Ohío 43762, Estados Unidos.

1102. *Le Moyen Âge*, Bruselas, desde 1888, trimestral.

1103. *Scriptorium. Revue Internationale des études relatives aux manuscrits* (desde 1946-1947), Bruselas-Amberes, semianual.

1104. *Speculum. Journal of Medieval Studies...*, Boston, Medieval Academy of America, desde 1926, trimestral.

1105. *Studi Medievali*, Turín, Centro Italiano para el Alto Medievo, desde 1960, semestral.

XVI.1.2. *Obras generales. Fuentes y guías de investigación*

1106. Aubrun, Ch.: «Inventaire des sources pour l'étude de la poésie castillane au XVème siècle», en *EMP*, Madrid, CSIC, 1953, IV, págs. 297-330.

1106a. Boscolo, Alberto: *Le Fonti della Storia medioevale...*, Sassari, Gallizzi, 1966, 157 págs.

1107. Cárdenas, A. (et al.): *Bibliography of Old Spanish Texts (Literary Texts, Edition, 2)*, Wisconsin, Madison, The Hispanic Seminary of

Medieval Studies, 1977, 128 págs. Es en realidad una nueva edición, aunque obra similar apareció en 1975: la materia prima con la que se está elaborando el DOSL («Dictionary of the Old Spanish Language»). Debe completarse con (1107a) A. Deyermond: «The loss literature of medieval Spain...», en *La Corónica* (Berkeley, California), 1977, V, núm. 2.

1108. Clare, L. y J.-C. Chevalier: *Le Moyen Âge Espagnol*, París, A. Colin, 1977, 322 págs. Manual que comprende tanto el tratamiento de aspectos generales y técnicos (h.ª de la cultura, de la lengua, etc.), como una síntesis de la literatura medieval y una breve antología de textos.

1109. Chevalier, Ulysse: *Repertoire des sources historiques du Moyen Âge*, I (A-I) y II (J-Z), Nueva York, Kraus Reprint, 1959 (ed. orig.: 1905-1907).

1110. Dahlmann-Waitz: *Quellenkunde der Deutschen Geschichte. Bibliographie der Quellen und der Literatur zur Deutschen Geschichte*, Stuttgart, Hiersemann, 1972 (5.ª ed.), y en publicación.

1111. Díaz y Díaz, M. C.: *Index Scriptorum latinorum medii aevi Hispanorum*, Salamanca, Universidad, 1958-1959, 586 págs., 2 vols.

1112. Droz, E. y J. Frappier: *La France au Moyen Âge. Littérature. Histoire*, Ginebra, Slatkine, 1977, 319 págs.

1113. Grant, Edward: *A source Book in Medieval Science*, Cambridge, Mass., CUP, 1974, 864 págs.

1114. Halphen, L.: *Initiation aux études d'histoire du Moyen Âge*, París, PUF, 1952, 3.ª ed. Obra teórica de tipo general, revisada por Y. Renouard.

1115. Keller, J. E.: *Motif-Index of Medieval Spanish Exempla*, Knoxville, University of Tennessell, 1949.

1116. Labande, E. R. y B. Leplant: *Répertoire international des médiévistes*, Poitiers, CESCM, 1971, 3.ª ed. Recoge información entre 1958-1965. Con suplementos posteriores.

1117. López Estrada, Francisco: *Introducción a la literatura medieval española*, Madrid, Gredos, 1979, 4.ª ed. renov., 606 págs. Obra completísima que abarca todos los aspectos contextuales de la literatura medieval española y que debe servir de guía a cualquier estudio inicial sobre la época. Debe manejarse la última edición (4.ª), muy renovada con respecto a las anteriores.

1118. Pacaut, M.: *Guide de l'étudiant en histoire médiévale*, París, PUF, 1973, 2.ª ed., 180 págs. Guía bibliográfica general y sistematizada, con notas críticas.

1119. Paetow, Louis J.: *A Guide to study of Medieval History*, Nueva York, Kraus Reprint, 1959 (ed. orig.: 1928). «No es obra definitiva; la parte española es insuficiente y anticuada» (López Estrada).

1120. *Repertorium Fontium Historiae Medii Aevi* («Nuevo Potthast»). Roma, Instituto Storico Italiano per il Medio Evo. Bibliografía internacional de fuentes, la más completa, que comprende: I «Series Collectionum» (1962); 2 «Fontes A-B» (1967); 3 «Fontes C» (1970); 4 «Fontes D-G» (1976). En publicación.

1121. Sáez, Emilio y M. Rossell: *Repertorio de medievalismo hispánico (1955-1975),* Barcelona, El Albir, 1976-1979 y en publicación. Comprende: I A-F (núms. 1-1.768); II G-M (núms. 1-1.908).

1122. Steunou, Jacqueline y L. Kapp: *Bibliografía de los Cancioneros castellanos del siglo XV y repertorio de sus géneros poéticos,* París, Éds. du Centre National de la Recherche Scientifique, 1975, vol. I, 800 págs.

1123. Stratman, C. J.: *Bibliography of medieval drama,* Nueva York, F. Unger, 1972, 2.ª ed. (1.ª: 1954), 2 vols. Véase especialmente el volumen II, 881-925.

1124. Várvaro, Alberto: *Manuale di Filologia spagnola medioevale,* Nápoles, Universidad, 1976 (reed.), 3 vols.

1125. Williams, Harry F.: *An Index of Mediaeval Studies published in Fetschriften 1856-1946,* Berkeley, University of California, 1951.

Referencias. — Véanse especialmente las obras reseñadas en Diplomática (V.2.6.); Bibliografía (VII.2.); Revistas sobre la imprenta, el libro, las bibliotecas (VII.6.); Revistas de archivos (X.2.), y Crítica textual (XI). La *Bibliotheca Hispana Vetus* de Nicolás Antonio (87) se refiere en su tomo II («ab anno M usque ad anno MD») a este período. Bibliografías adicionales desde una perspectiva más general, en los Repertorios de libros de referencias (I.2.2.2.), Guías para la investigación. Ciencias afines (IV.2.) y literarias (IV.3.).

XVI.2. IMPRENTA. LIBROS. BIBLIOTECAS

XVI.2.1. *Obras generales*

1126. Besterman, Th.: *Early Printed Books to the End of the Sixteenth Century. A Bibliography of Bibliographies...,* Nueva York, Rowman and Littlefield, 1969, 2.ª ed. rev. y muy aum. (1.ª: 1961), 344 págs. Editada al mismo tiempo en Ginebra, Droz.

1127. Bohigas, Pedro: «La introducción de la tipografía en España. Estado actual de la cuestión», en *Biblioteconomía,* 1966, XXIII, págs. 13-32.

1128. Cavallo, G. (ed.): *Libri e lettori nel medioevo. Guida storica e critica,* 1977, 322 págs. Me faltan otras referencias.

1129. Chaytor, H. J.: *From Script to Print (An Introduction to Medieval Vernacular Literature)*, Londres, Sidwick and Jackson, 1966 (1.ª ed.: 1945).

1129a. Díaz y Díaz, M. C.: *Libros y Librerías en la Rioja Altomedieval*, Logroño, Diputación, 1979, 389 págs. + láms.

1130. Guerrero Lovillo, José: *Las Cantigas: estudio arqueológico de sus miniaturas*, Madrid, CSIC, 1949, 435 págs.

1131. Haebler, Conrad: *Typographie ibérique du quinzième siècle (Reproducción en facsímiles de todos los caracteres tipográficos empleados en España y Portugal hasta el año de 1500, con notas críticas y biográficas)*, La Haya-Leipzig, M. Nijhoff, 1901-1902, 91 + LXXXVII págs. Nueva edición entre 1903-1917. Reproducido, finalmente, en Nueva York, Burt Franklin, 1962, 385 + 258 págs.

1132. Hain, L.: *Repertorium bibliographicum in quo libri omnes ab arte typographica inventa usque ad annum MD...*, Milán, Görlich, 1964, reed. (ed. orig.: 1826-1838, en 4 vols.). Con la descripción de más de 16.000 incunables, es la fuente básica y originaria para todo trabajo sobre incunables. Sus reajustes fundamentales: (1132a) W. A. Copinger: *Supplement to Hain's Repertorium Bibliographicum...*, Londres, 1895-1902, 2 vols. Reimpreso en Milán, Görlich, 1950. Y (1132b) D. Reichling: *Appendices ad Hainii-Copingeri Repertorium Bibliographicum*, Mónaco, Rosenthal, 1905-1910, 6 vols. Para el proyecto de un catálogo mundial de incunables V. Malclés (526, págs. 52-53).

1133. *Instrucciones para la catalogación de incunables*, Madrid, Dirección General de Archivos y Bibliotecas, 1957, 75 págs. Última reimpresión: 1969.

1134. Romero de Lecea, C. J.: *El Sinodal de Aguilafuente. I Facsímil del Incunable. II Aportaciones para su estudio*, por «El Aprendiz de Bibliófilo» (seud.), Madrid, Joyas Bibliográficas, 1965. Edición y estudio del primer incunable español.

1135. Romero de Lecea, C. J.: *El V Centenario de la introducción de la Imprenta en España, Segovia, 1472: Antecedentes de la imprenta y circunstancias que favorecieron su introducción en España*, Madrid, Joyas Bibliográficas, 1972, 291 págs. «The present work is an examination of Spanish interest and even active participation in the earliest stages of printing in Italy, and a consideration of how that interest may have reached Segovia» (F. J. Norton).

1136. Schiff, Mario: *La bibliothèque du Marquis de Santillane*, Amsterdam, Van Heusden, 1967, reimpr. de la ed. de París, 1905.

1137. *Los Libros del Marqués de Santillana; catálogo de la exposición de la Biblioteca del Marqués de Santillana (febrero, 1977)*, Madrid, Biblioteca Nacional, 1977. Para bibliotecas medievales, en general, consúltense los índices de la *RABM* (2100). Algo se encontrará disperso en ediciones de textos medievales, por ejemplo (1137a) en Fernán Pérez de Guzmán: *Generaciones y Semblanzas*, ed. crít. por R. B. Tate, Londres, Támesis Books, 1965, 112 págs., en las págs. 97-101 sobre la Biblioteca de Batre (ms. 5.938, fols. 331r-332v de la *BNM)*. Cfr. 1138.

1138. Thompson, J. W.: *The Medieval Library*, Nueva York, Haffner, 1957, 2.ª ed. (1.ª: 1939). «Se echan de menos las bibliotecas medievales españolas. R. Sánchez Ventura y M.ª Blanco tienen en preparación un complemento a esta obra, en el que tratarán de la parte española», decía Homero Serís (815, núm. 7.253) al reseñarla. V. allí mismo una bibliografía adicional (7.255-7.257) también muy escasa.

1139. Vindel, Francisco: *El arte tipográfico en España durante el siglo XV*, Madrid, Talleres Góngora, 1945-1953, 9 vols. Reproduce en facsímil más de 3.000 páginas de incunables.

XVI.2.2. *Manuscritos*

1140. Destrez, Juan: *La «pecia» dans les manuscrits universitaires du XIIIème et du XIVème siècles*, París, 1935. «Monografía fundamental, modelo de observación basada en el examen de un número considerable de manuscritos. Se trata de un capítulo interesantísimo de la historia del libro, cuya consulta será, de hoy más, obligada para editores de textos, bibliógrafos, paleógrafos e investigadores de la cultura» (Millares Carlo).

1141. *Instrucciones para la catalogación de manuscritos*, Madrid, Dirección General de Archivos y Bibliotecas, 1969 (reimpr. de la ed. de 1957), 79 págs.

1142. Kleinhenz, Ch. (ed.): *Medieval Manuscripts and Textual Criticism...*, Chapel Hill, North Carolina Studies in the Romanic Languages and Literature, 1976, 287 págs. Excelentes trabajos de Diringer (el libro en la Edad Media) y Frank (el arte de editar textos líricos), entre otros.

1143. Parke, M. B. y A. G. Watson (eds.): *Medieval Scribes, manuscripts and Libraries. Essays presented to N. R. Ker...*, Londres, Sedan Press, 1978, 395 págs. Con artículos esenciales, como el de G. Pallard sobre los «pecia», librerías medievales, etc.

1144. Richardson, E. C.: *Union World Catalogue of Manuscript Books*, Nueva York, 1933-1937. De esta obra magna véanse los volúmenes siguientes que conciernen a la Península Ibérica: II H. A. Grubbs: «The Manuscript Book Collections of Spain and Portugal», Nueva York, 1933. III Id.: «A List of Printed Catalogs of Manuscripts», Nueva York, 1935. V. Id.: «A Supplement to the Manuscript Book Collections of Spain and Portugal», Nueva York, 1935.

XVI.3. HISTORIAS DE ESPAÑA. EDAD MEDIA

XVI.3.1. *Historias generales de España. Edad Media*

1145. Tovar, Antonio y J. M. Blázquez: *Historia de la Hispania romana*, Madrid, Alianza, 1975, 383 págs. «The absence of an index is regrettable; but even without this the book is welcome as a solid and up-to-date account of the present state of a knowledge about Romain Spain and as an indication of the intensive study now being devoted to the province» (F. W. Walbanck).

1146. Orlandis, José: *Historia de España. La España visigótica*, Madrid, Gredos, 1977, 332 págs.

1147. Thompson, E. A.: *Los godos en España*, Madrid, Alianza, 1971 (ed. orig.: 1969), 451 págs. «Apoyado sobre un agudo análisis de las fuentes y algunas piezas claves de la bibliografía extranjera —la española la margina casi por completo—, este especialista inglés ha construido una evolución histórica de la referida minoría dominante (la visigoda), por lo que sólo en cuanto tiene relación con ella se traduce la actividad de la mayoría hispanorromana» (García de Cortázar).

1148. Pirenne, Henri: *Historia económica y social de la Edad Media*. Con un anexo bibliográfico y crítico de H. van Werveke, México, etc., FCE, 1975, 13 ed. (1.ª: 1933), 267 págs. Clásico de la historiografía medieval, puesto al día mediante una bibliografía muy útil. La amplitud de este último aspecto, precisamente, el bibliográfico, nos obliga a restringir la recensión de obras básicas de tipo general en este campo. Pueden tomarse como guías iniciales, además: (1148a) W. Kula: *Teoría económica del sistema feudal* (Madrid, 1975). (1148b) Robert Boutruche: *Señorío y feudalismo*, Buenos Aires, 1973. Y (1148c) Ch. Brooke: *The Twelfth-Century Renaissance*, Londres, 1969. La consideración de la Edad Media española es escasa en todos ellos, por eso reseñamos aparte:

1149. Romero, José Luis: *La Edad Media*, México, FCE, 1966, 7.ª ed. (1.ª: 1949), 208 págs. «Manual breve, pero cuidadosamente establecido, teniendo en cuenta el dominio español» (López Estrada).

1150. Ullman, Walter: *A History of the Political Thought. The Middle Ages*, Londres, Penguin Books, 1965.

1151. Cahen, C.: *El Islam, desde los orígenes hasta el comienzo del Imperio otomano*, Madrid, Siglo XXI, 1972. Es el volumen 14 de la *Historia Universal Siglo XXI*, y sirve para un encuadre global del mundo islámico medieval. También la bibliografía sobre la España musulmana ha crecido vertiginosamente en los últimos años. Puede consultarse con provecho, además de la que se cita aparte: (1151a) Titus Burckhardt: *La civilización hispano-árabe*, Madrid, 1977.

1152. Arié, Rachel: *L'Espagne musulmane au temps des Nasrides (1232-1492)*, París, Boccard, 1973, 524 págs. «Synthèse claire, documentée, précise sur l'histoire et la civilisation de l'Espagne musulmane au temps des Nasrides» (J. Pérez).

1152a. Chejne, Anwar G.: *Historia de España musulmana*, Madrid, Cátedra, 1980, 434 págs.

1153. Guichard, Pierre: *Al-Ándalus. Estructura antropológica de una sociedad islámica en Occidente*, Barcelona, Barral, 1976, 616 págs. Libro polémico, de enfoque inusitado: importante fondo étnico musulmán en la Península.

1154. Leví Provençal, E.: Tomos IV y V (Madrid, 1950 y 1957) de la *Historia de España*, dirigida por Menéndez Pidal (263). Así como la obra base de estos tomos: *La civilización árabe en España*, Madrid, Espasa-Calpe, 1969, 3.ª ed. (ed. orig.: 1938). Obras clásicas y todavía fundamentales para el conocimiento de la España musulmana.

1155. Read, J.: *The Moors in Spain and Portugal*, Londres, Faber and Faber, 1974.

1156. Sánchez Albornoz, Claudio: *La España cristiana, según los autores islamitas y cristiano-medievales*, Madrid, Espasa-Calpe, 1967, 4.ª ed. (1.ª: 1946). «La obra reúne todo tipo de testimonios literarios, crónicas, relatos, poesía, permite comparar la cosmovisión musulmana y la cristiana» (R. Pastor de Togneri).

1157. Vernet, J.: *La cultura hispano-árabe en Oriente y Occidente*, Barcelona, Ariel, 1978, 395 págs. V. del mismo: (1157a) *Literatura árabe*, Barcelona, Labor, 1968, 2.ª ed., 263 págs.

1158. Watt, W. M.: *Historia de la España Islámica*, Madrid, Alianza, 1970 (ed. orig.: 1965). «Buen enfoque de conjunto en el que se profundizan algo más los aspectos culturales» (R. Pastor de Togneri). V. del mismo, posterior (1158a) *The Influence of Islam in Medieval Europe*, Edimburgo, Col. Islamic Surveys, 1972.

1159. Dufourcq, Ch. E. y J. Gautier-Dalché: _Histoire économique et sociale de l'Espagne chrétienne au Moyen Âge_, París, A. Colin, 1970, 288 páginas. Manual muy sencillo, pero pedagógico y documentado. Se anuncia su trad. (Barcelona, El Albir).

1160. García de Cortázar, J. A.: _Nueva Historia de España en sus textos. Edad Media_, Santiago de Compostela, Pico Sacro, 1975, 795 págs.

1161. García de Cortázar, J. A.: _La época medieval_, Madrid, Alianza-Alfaguara, 1973, 530 págs. Es el volumen II de la _Historia de España Alfaguara_ (262). Espléndida síntesis de la historia medieval española.

1162. García Valdeavellano, L.: _Historia de España: de los orígenes a la baja Edad Media_, Madrid, Revista de Occidente, 1968, 4.ª ed. (1.ª: 1952), 2 vols. Llega hasta el año 1212.

1163. García Valdeavellano, Luis: _Curso de Historia de las instituciones españolas. Desde los orígenes al final de la Edad Media_, Madrid, Revista de Occidente, 1970, 2.ª ed. corr. y aum. (1.ª: 1968), 762 págs. El panorama más completo y mejor expuesto sobre instituciones medievales españolas.

1164. Hillgarth, J. N.: _The Spanish Kingdoms, 1250-1516._ Vol. I: 1250-1410, Oxford, Clarendon Press, 1976. Acaba de aparecer su traducción: _Los Reinos hispánicos, 1250-1516_, Barcelona, Grijalbo, 1979-1980, 2 vols.

1165. O'Callaghan, J. F.: _A History of Medieval Spain_, Ithaca y Londres, 1975.

1165a. Mackay, Angus: _La España de la Edad Media. Desde la frontera hasta el Imperio (1100-1500)_, Madrid, Cátedra, 1980 (ed. orig.: 1975), 158 páginas.

1166. Martín, José Luis: _La Península en La Edad Media_, Barcelona, Teide, 1976.

1167. Menéndez Pidal, Ramón: _La España del Cid_, Madrid, Espasa-Calpe, 1969, 7.ª ed. (1.ª: 1929). Son los vols. VI y VII de sus _Obras Completas._ Panorama histórico de la época y «el mejor relato de la vida del Cid y de los acontecimientos coetáneos, si bien no está completamente exento de elementos fantásticos» (I. Michael).

1168. Pastor de Togneri, Reyna: _Del Islam al cristianismo. En las fronteras de dos formaciones económico-sociales: Toledo, siglos XI-XIII_, Barcelona, Península, 1975, 186 págs. Libro que intenta abrir polémica sobre el carácter de los procesos de culturalización islámica.

1169. Sánchez Albornoz, Claudio: _En torno a los orígenes del feudalismo_, Buenos Aires, 1945, 3 vols. 1169a. V. ahora A. Barbero y M. Vigil: _La formación del feudalismo en la Península Ibérica_, Barcelona, Grijalbo, 1978, 438 págs.

1170. Sánchez Albornoz, Claudio: *Una ciudad de la España cristiana hace mil años. Estampas de la vida de León...*, Madrid, Rialp, 1978, 7.ª ed. (1.ª: 1965), 216 págs.

1171. Suárez Fernández, Luis: *Historia de España. Edad Media*, Madrid, Gredos, 1978, reimpr. (1.ª: 1970), 730 págs.

Referencias. — V. en V.2.1. las historias generales de España. En el apartado V.2.2. se recogen otros aspectos históricos generales. Mucho del material reseñado en VII. Imprenta, libros, bibliotecas, se refiere a esta época.

XVI.3.2. *Aspectos culturales, económicos, religiosos, etc.*

1172. Bühler, Johannes: *Vida y cultura en la Edad Media*, México, etc., FCE, 1977, 2.ª reimpr. (ed. orig.: 1931), 290 págs.

1172a. Dobb, Maurice: *Estudios sobre el desarrollo del capitalismo*, Madrid, Siglo XXI, 1976, 8.ª ed. (ed. orig.: 1945), 496 págs.

1173. Duby, Georges: *Hombres y estructuras de la Edad Media*, Madrid, Siglo XXI, 1977 (ed. orig.: 1973), 287 págs. Conjunto de artículos esenciales para entrar en el mundo cultural de la Edad Media. Interesa especialmente: «La vulgarización de los modelos culturales en la sociedad feudal» (págs. 198-208), y «Las sociedades medievales. Una aproximación de conjunto» (págs. 250-271). Del mismo autor: (1173a) *Economía rural y vida campesina en el occidente medieval*, Barcelona, Península, 1973, 2.ª ed. (ed. orig.: 1962), 546 págs. con una extensa bibliografía.

1174. Gilson, Étienne: *La Filosofía en la Edad Media (desde los orígenes patrísticos hasta el fin del siglo XIV)*, Madrid, Gredos, 1972, 2.ª ed., 1.ª reimpr. (ed. orig.: 1921), 732 págs. Puede verse también (1174a) Jean Jolivet: *La filosofía medieval en Occidente*, Madrid, 1974.

1175. Huizinga, Juan: *El otoño de la Edad Media. Estudios sobre las formas de la vida y del espíritu durante los siglos XIV y XV en Francia y en los Países Bajos*, Madrid, Alianza, 1978, reed. (ed. orig.: 1929), 496 páginas. Ha influido quizá demasiado sobre la historiografía y la crítica medieval española, que con frecuencia ha olvidado su subtítulo. V. por ejemplo la razonada crítica de (1175a) K. Whinnom a Wardropper en Diego de San Pedro: *Obras Completas*, II, Madrid, Castalia, 1972, pág. 41, nota: «Lo que dice Huizinga de la Europa del Norte no se puede aplicar a la España isabelina, optimista, que miraba hacia el porvenir, que, acababa la Reconquista de Granada (...) La realidad no era deprimente y la atmósfera era completamente distinta de la de los países por los que se interesa Huizinga».

1176. Linage Conde, Antonio: *Los orígenes del monacato benedictino en la Península Ibérica*, León, CSIC, 1973, 3 vols. El vol. I sobre «El monacato hispano prebenedictino»; el II sobre «La difusión de la «regula Benedeti», y el III «Monasticum Hispanum (398-1109)».

1177. Pérez de Urbel, J.: *Los monjes españoles en la Edad Media*, Madrid, Maestre, 1933-1934, 2 vols. Y en edición refundida (1177a) *El monasterio en la vida española de la Edad Media*, Barcelona, Labor, 1942.

1178. Le Goff, J.: *Los intelectuales de la Edad Media*, Buenos Aires, Eudeba, 1965 (ed. orig.: 1957), 233 págs. Del mismo: (1178a) *La civilisation de l'Occident médiéval*, París, Arthaud, 1972 (reed.), 700 págs.

1179. Maravall, José Antonio: *El concepto de España en la Edad Media*, Madrid, Instituto de Estudios Políticos, 1964, 2.ª ed., 523 págs.

1180. Verger, Jacques: *Les Universités au Moyen Âge*, París, PUF, 1973, 214 págs. Manualillo que debe completarse con las historias monumentales (283) o generales (284-285) ya citadas.

1181. Bruyne, Edgar de: *L'Esthétique du Moyen Âge*, Lovaina, Instituto Superior de Filosofía, 1947. Recuérdense su historia de la estética, ya citada (282) y también sus (1181a) *Estudios de estética medieval*, Madrid, Gredos, 1958 (ed. orig.: 1946), 3 vols.

1182. Neuman, A.: *The Jews in Spain: Their Social, Political and Cultural Life during the Middle Ages*, Filadelfia, The Jewish Publ. Society of America, 1942, 2 vols. Cfr. 102, 818, 818a, 1374, 1378 y 1384.

1183. Barnett, R. y M. Vallentine (eds.): *The Sephardi Heritage*. Vol. I. «The Jews in Spain and Portugal before and after the Expulsion of 1942», Londres, Mitchell, 1971, 640 págs. Conjunto de artículos (de Rèvah, Zimmels, Roth, etc.) esenciales para la historia y comprensión del fenómeno sefardita.

XVI.4. Historias generales de la literatura medieval española

XVI.4.1. *Historias generales de la literatura medieval española*

1184. Biancolini, Leonida: *Literatura española medieval (Del «Cid» a «La Celestina»). Introducción. Textos. Notas bibliográficas y críticas. Glosario*, Roma A. Signorelli, 1955, 434 págs.

1185. López Morales, Humberto: *Historia de la literatura medieval española*, I, Madrid, Hispanova, 1974. Este volumen abarca los orígenes y los siglos XII y XIII.

1186. Millares Carlo, Agustín: *Literatura española hasta fines del siglo XV*, México, Antigua librería Robredo, 1950, 352 páginas.

1187. Ragucci, R.: *Literatura medieval castellana*, Buenos Aires, Sociedad Editora Internacional, 1949, 426 págs.

1188. Samoná, Carmelo: *La letteratura spagnola del Cid ai Rei Catolici*, Milán, Sansoni, 1972.

Referencias. — Recuérdense especialmente las obras de Américo Castro (955) y Claudio Sánchez Albornoz (961) y las historias generales que la literatura española (XVI.1.). Algunas bibliografías, como la de Gallardo (95), son especialmente indicadas para este período. Entre los estudios críticos, el de Otis H. Green (909) contiene abundante material referido a esta época. Acaba de publicarse el vol. I (1188a) de la *Historia y Crítica de la Literatura Española*, que dirige F. Rico, y que está dedicado a la Edad Media y redactado por A. Deyermond (Barcelona, Crítica, 1980, 570 págs.).

XVI.4.2. *Aspectos culturales y literarios*

1189. Auerbach, Eric: *Lenguaje literario y público en la baja latinidad y en la Edad Media*, Barcelona, Seix Barral, 1969 (ed. orig.: 1958), 336 págs. V. especialmente el ilustrador trabajo final «El público occidental y su lengua», fundamental para la comprensión de los orígenes de las literaturas románicas.

1190. Curtius, E. R.: *Literatura europea y Edad Media latina*, México, FCE, 1976 (ed. orig.: 1948), 2 vols. Con extensa reseña incorporada a esta edición española de María Rosa Lida de Malkiel. Clásico sobre la trasmisión de la cultura grecolatina durante la Edad Media y la reelaboración de los «topoi».

1190a. Highet, G.: *La tradición clásica: influencias griegas y romanas en la literatura occidental*, México, FCE, 1954 (ed. orig.: 1949).

1190b. Lida de Malkiel, M.ª Rosa: *La tradición clásica en España*, Barcelona, Ariel, 1975, que es un conjunto de artículos.

1190c. Bolgar, R. R.: *The Classical Heritage and its Beneficiaries from the Carolingian Age to the End of the Renaissance*, Londres, CUP, 1954.

1191. Díaz y Díaz, M. C.: *De Isidoro al siglo XI. Ocho estudios sobre la vida literaria peninsular*, Barcelona, El Albir, 1976, 320 págs.

1192. Di Camillo, Ottavio: *El humanismo castellano del siglo XV*, Valencia, F. Torres, 1976, 308 págs.

1193. Dronke, Peter: *Medieval Latin and the Rise of the European Love Lyric*, Oxford, Clarendon Press, 1969, 2.ª ed., 2 vols.

1194. Dronke, Peter: *Poetic Individuality in the Middle Ages. New Departures in Poetry, 1000-1150*, Oxford, Clarendon Press, 1970, 244 págs.

1195. Faral, Edmond: *Les arts poétiques du XIIème et du XIIIème siècles. Recherches et documents sur la technique littéraire du Moyen Âge*, París, Champion, 1962 (ed. orig.: 1923).

1196. Faulhaber, Charles: *Latin Rhetorical Theory in Thirteenth and Fourteenth Century Castile*, Berkeley, University of California Press, 1972, 166 págs. Refundido luego en (1196a) «Retóricas clásicas y medievales en bibliotecas castellanas», *Ábaco*, 1973, IV, págs. 151-300. «This is a book of high quality and exceptional importance» (A. D. Deyermond). Complétese manejando (1196b): J. J. Murphy: *Medieval Rhetoric. A select Bibliography*, Toronto, Toronto University Press, 1971. Cfr. 1203.

1197. Gariano, Carmelo: *El enfoque estilístico y estructural de las obras medievales*, Madrid, Alcalá, 1968, 126 págs. Libro harto sencillo y escolar, pero que puede servir como guía inicial para un primer tratamiento de la cuestión. Una mayor profundización a través de (1197a) Helmut Hatzfeld: *Estudios de estilística*, Barcelona, Planeta, 1975, 365 págs. Cfr. 828.

1198. Gentil, Pierre le: *La poésie lyrique espagnole et portugaise à la fin du Moyen Âge*, Rennes, Phihon, 1949-1953, 2 vols. Fundamental para la evolución de las formas poéticas medievales. Cfr. XXI.

1199. Gilman, St.: *La España de Fernando de Rojas*, Madrid, Taurus, 1976 (ed. orig.: 1972). Cfr. con el trabajo más ligero e intuitivo de (1199a) José Antonio Maravall: *El mundo social de la Celestina*, Madrid, Gredos, 1976, 3.ª ed. rev., 188 págs.

1200. Lewis, C. S.: *The Discarded image. An Introduction to medieval and Renaissance Literature*, Cambridge, CUP, 1964. Trad. espñ. en prensa (Barcelona, Bosch).

1201. Lida de Malkiel, M.ª Rosa: *La originalidad artística de la Celestina*, Buenos Aires, Eudeba, 1962, 755 págs. Auténtica enciclopedia sobre la cultura y la literatura medieval en la España del siglo xv.

1202. Lida de Malkiel, M.ª Rosa: *Juan de Mena, poeta del prerrenacimiento español*, México, Panamericana, 1950, 589 páginas.

1203. Murphy, James J.: *Rhetoric in the Middle Ages: A History of rhetorical theory from Saint Agustine to the Renaissance*, Berkeley, University of California Press, 1974. Cfr. 1196. Y además, desde una perspectiva más general: (1203a) Martin, Jones: *Antike Rhetorik. Technik und Methode...*, Munich, C. H. Beck, 1974, 420 págs.

1204. Raby, F. J. E.: *A History of secular Latin Poetry in the Middle Ages*, Oxford, OUP, 1957, 2.ª ed., 2 vols.

1204a. Rico, Francisco: *Predicación y literatura en la España medieval*, Cádiz, Universidad Nacional de Educación a Distancia, 1977. Sobre el tema V. (1204b) G. R. Owst: *Literature and Pulpit in Medieval England...*, Oxford, Blackwell, 1961, 2.ª ed.

1205. Spearing, A. S.: *Criticism and Medieval Poetry*, Londres, Arnold, 1972, 2.ª ed.

1206. Spitzmuller, Henry: *Poésie latine chrétienne du Moyen Âge*, Brujas, Desclée de Brouwer, 1971, CXXXIII + 1.971 págs. Aunque muy centrada en el mundo galo, es importante por su aportación textual, comentada y anotada.

1207. Zumthor, Paul: *Essai de poétique médiévale*, París, Du Seuil, 1972, 518 págs.

1208. González Palencia, Ángel: *Historia de la literatura arábigo-española*, Barcelona, Labor, 1945, 2.ª ed.

1209. Ibn Hazm de Córdoba: *El collar de la paloma. Tratado sobre el amor y los amantes*, traducido por E. García Gómez, Madrid, Alianza, 1971, 3.ª ed. (1.ª: 1952), 338 págs. Importante texto narrativo hispanomusulmán, de discutida incidencia en la literatura española.

1210. García Gómez, Emilio: *Poemas arabigoandaluces*, Madrid, Espasa-Calpe, 1959, 4.ª ed. (1.ª: 1940), 147 págs.

XVI.5. Temas

XVI.5.1. *La poesía trovadoresca*

1211. Alvar Ezquerra, Manuel: *La poesía trovadoresca en España y Portugal*, Barcelona, Planeta, 1977. Como trabajo reciente, puede servir de base para un conocimiento del estado de la cuestión y bibliografía adicional.

1212. Bezzola, Reto R.: *Les origines et la formation de la littérature courtoise en Occident (500-1200)*, París, Champion, 1958-1963, 3 vols. V. especialmente el volumen último.

1212a. Boaese, R.: *The Origin and Meaning of Courtly Love: A critical study of European Scholarship*, Manchester, Manchester Univ. Press, 1977. Y del mismo (1212b) *The Troubadour Revival: A Study of Social Charge and Traditionalism in Late Medieval Spain*, Londres, Routledge, 1978.

1213. Lafitte-Houssat, Jacques: *Trovadores y cortes de amor*, Buenos Aires, Eudeba, 1966, 2.ª ed. (ed. orig.: 1950), 118 págs. Amena y sencilla introducción al tema con especial relieve de los aspectos socioculturales.

1214. Jeanroy, A.: *La poésie lyrique des troubadours*, París, Privat, 1934, 2 vols.

1215. Lazar, M.: *Amour courtois et fin'amors dans la littérature du XIIème siècle*, París, 1964.

1216. Mölk, Ulrich: *Trobar clus, trobar leu. Studien zur Dichtungtheorie der Trobadors*, Munich, 1966. Un resumen de estas cuestiones en (1215a) la introducción de P. Bec a la *Nouvelle anthologie de la lyrique occitane du Moyen Âge*, Avignon, 1970.

1217. Riquer, Martín de: *Caballeros andantes españoles*, Madrid, Espasa-Calpe, 1967, 170 págs.

1218. Riquer, Martín de (ed.): *Los trobadores. Historia literaria y textos*, Barcelona, Planeta, 1975, 3 vols. Reedición de una obra temprana del gran crítico catalán *(La ciencia de los tro-vadores...,* 1948).

XVI.5.2. *Cantares de gesta y épica*

1219. Bédier, Joseph: *Les légendes épiques. Recherches sur la formation des chansons de geste,* París, Champion, 1926-1929, 3.ª ed., 4 vols. Obra clásica y monumental que puede servir de punto de partida para el conocimiento del tema, lo mismo que los trabajos de M. Pidal que se van a citar inmediatamente. Como obras también clásicas, y anteriores a la de Bédier, con-súltense (1219a): F. Díez: *Leben und Werke der Troubadours...* (1882), reed. en Hildesheim, G. Olms, 1965, 506 págs. y del mismo (1219b): *Die Poesie der Troubadours...* (1883), reed. en Hildes-heim, G. Olms, 1966, 314 págs.

1220. Menéndez Pidal, Ramón: *La «Chanson de Roland» y el neotradicionalismo (Orígenes de la épica románica),* Madrid, Espasa-Calpe, 1959. Es su obra fundamental, de madurez, sobre el tema. V. además:

1221. Menéndez Pidal, Ramón: *Los godos y la epopeya española,* Madrid, Espasa-Calpe, 1969, 2.ª ed., 255 págs. Los estu-dios que se recogen en este volumen datan de 1936, 1951, 1954 y 1955. Otras obras clásicas de carácter general:

1222. Bowra, C. M.: *Heroic Poetry...,* Nueva York, etc., Mac Millan and St. Martin's Press, 1966 (ed. orig.: 1952), 598 págs. Y cfr. 1235.

1223. Chalon, Luis: *L'histoire et l'épopée castillane du Mo-yen Âge. Le cycle du Cid. Le cycle des comtes de Castille,* París, Champion, 1976, 586 págs.

1224. Deyermond, A. D.: *Epic Poetry and the Clergy: Stu-dies on the «Mocedades de Rodrigo»,* Londres, Tamesis Books, 1969, 312 págs. «A fascinating discussion of Spanish mediaeval epic —its development, motivation and transmission» (Gybbon-Monypenny).

1225. Lord, A. B.: *The Singer of Tales,* Cambridge, Mass., CUP, 1960.

1226. Parry, M.: *Serbocroatian Heoric Songs*, ed. por A. B. Lord, Cambridge, Mass., CUP, 1954.

1227. Pollmann, Leo: *La épica en las literaturas románicas. Pérdidas y cambios*, Barcelona, Planeta, 1973, 261 págs. Interesante como estudio de literatura comparada, claro que desde la vertiente francesa.

1228. Rychner, J.: *La Chanson de geste. Essai sur l'art épique des jongleurs*, Ginebra-Lille, Droz y Gard, 1955, 174 págs. «Is a skillful study of oral trasmission in the disemination and evolution of old French epic» (E. B. Ham).

1229. Siciliano, Italo: *Les chansons de geste et l'épopée. Mythes, Histoire, Poèmes*, Turín, Societta Ed. Internazionale, 1968.

1230. Vinaver, Eugene: *The Rise of Romance...*, Oxford, Clarendon Press, 1971, 558 págs. Pero V. toda la sección 1278f-i. Sobre el mundo de los juglares, muy en particular, las dos obras mayores son:

1231. Faral, E.: *Les jongleurs en France au Moyen Âge*, París, Champion, 1910 (existe una reproducción anastática en París, 1964). Y

1232. Menéndez Pidal, R.: *Poesía juglaresca y orígenes de las literaturas románicas. Problemas de historia literaria y cultural*, Madrid, Instituto de Estudios Políticos, 1957, 6.ª ed. corr. y aum. (escrita en 1924, 1.ª ed.: 1942), 413 págs. Existe una edición refundida en la col. «Austral» (Madrid, Espasa-Calpe).

XVI.5.3. *Lírica*

R. Menéndez Pidal se quejaba en sus trabajos sobre lírica antigua de la falta que hacía un capítulo dedicado al tema en las historias y panoramas de la literatura. En uno de sus últimos trabajos dedicado al tema, al considerar ya todo el camino recorrido, dice que ese capítulo inicial «en adelante no podrá faltar». He aquí lo esencial de sus contribuciones al tema:

1233. Menéndez Pidal, Ramón: «La primitiva poesía lírica española» (1919), en *Estudios literarios*, Madrid, Espasa-Calpe, 1968, 9.ª ed., págs. 157-212.

1234. «Poesía árabe y poesía europea» (1937), en el libro del mismo título, Madrid, Espasa-Calpe, 1963, 5.ª ed., págs. 7-78.

1234a. «Poesía popular y poesía tradicional en la literatura española» (1922), en *Los Romances de América y otros estudios*, Madrid, Espasa-Calpe, 1958, 6.ª ed., págs. 52-87.

1234b. «Sobre primitiva lírica española» (1943); «¡Ay! un galán de esta villa» (1930), y «Sobre un arcaísmo léxico en la poesía tradicional» (1948), los tres en *De primitiva lírica española y antigua épica*, Madrid, Espasa-Calpe, 1968, 2.ª ed., páginas 107-112, 123-128 y 129-133, respectivamente.

1234c. «La canción andaluza entre los mozárabes de hace un milenio» (1952) y «Cantos románicos andalusíes» (1951), en *España, eslabón entre la cristiandad y el Islam*, Madrid, Espasa-Calpe, 1956, págs. 9-3 y 61-153, respectivamente.

1234d. «Poesía tradicional en el romancero hispano-portugués» (1943), en *Castilla. La tradición, el idioma*, Madrid, Espasa-Calpe, 1966, 4.ª ed., págs. 41-73.

1235. Bowra, C. M.: *Primitive Song*, Nueva York, Mentor Book, 1963. Estudio de la lírica primitiva, tomando como referencia las canciones líricas de pueblos indígenas actuales. Mucho material también en su obra (1235a) *From Vergil to Milton*, Londres, 1945. Cfr. 1223, y las obras de Dronke 1193 y 1194, además de:

1236. Dronke, Peter: *La lírica en la Edad Media*, Barcelona, Seix Barral, 1978 (ed. orig.: 1968), 362 págs. Con excelente bibliografía, actualizada para la edición española. El tema de las jarchas ha desatado ya una amplia bibliografía (V. 1234c) recogida (1236a) por Richard Hitchcock: *The Kharjas: A Critical Bibliography*, Londres, Grant and Cutler, 1977, lo poco que reseñamos cubre el campo desde sus orígenes, Stern, hasta la edición más completa y documentada de Sola-Solé.

1237. Stern, Samuel M.: *Hispano-Arabic Strophic Poetry*, ed. de L. P. Harvey, Oxford, Clarendon Press, 1974. Reedición de la obra original (1948) del descubridor y primer editor de algunas jarchas.

1238. García Gómez, Emilio: *Las jarchas romances de la serie árabe en su marco. Edición en caracteres latinos, versión española en calco rítmico y estudio de 43 moaxajas andaluzas...*, Barcelona, Seix Barral, 1975, reimpr. de la 2.ª ed. (1965), 463 páginas.

1239. Sola-Solé, J. M.: *Corpus de poesía mozárabe (Las Harǧas Andalusíes)*, Barcelona, Hispam, 1973, 380 págs. Su publicación coincide con otra importante colección:

1240. Armistead, G. G. y J. M. Bennet: *Songs of the Christians in Moslem Spain. The Mozarabic Harǧas*, Berkeley, University of California Press, 1973.

1240a. Compton, Linda Fisch: *Andalusian Lyrical Poetry and Old Spanish Songs: The «muwashsah» and its «kharja»*, Nueva York, Nueva York Univ., 1976.

Esta última serie recoge estudios y antologías —a veces en un solo libro— de la lírica tradicional, considerando como tal frecuentemente a las jarchas.

1241. Alín, José María: *El cancionero español de tipo tradicional*, Madrid, Taurus, 1968, 786 págs. Muy pideliano y formalista, su amplio prólogo es el estudio estilístico más completo sobre el género. La antología, amplia y documentada.

1242. Alonso, Dámaso y José Manuel Blecua: *Antología de la poesía española: poesía española de tipo tradicional*, Madrid, Gredos, 1956. De Dámaso Alonso existe, además, un estudio interpretativo en (1242a): *Primavera temprana de la literatura europea...*, Madrid, Guadarrama, 1961, 253 págs. V. especialmente las págs. 17-79, recogido también en 949.

1243. Asensio, Eugenio: *Poética y realidad en el Cancionero peninsular de la Edad Media*, Madrid, Gredos, 1970, 2.ª ed. aum., 308 págs. Estudios de temática más amplia y fronteriza (cantigas de amigo, lírica provenzal, paralelismo, Gil Vicente...); pero esenciales para el contexto literario y la interpretación de la lírica tradicional.

1244. Beltrán, Vicente: *La canción tradicional. Aproximación y antología*, Tarragona, Tarraco, 1976, 287 págs. Con transcripciones musicales.

1245. Berlanga, A.: *Poesía tradicional. Lírica y romancero*, 1978, 270 págs. Me faltan otras referencias.

1246. Cejador y Frauca, Julio: *La verdadera poesía castellana. Floresta de la antigua lírica popular...*, Madrid, Revista de Archivos, 1921-1924, 5 vols. Como todas las obras de Cejador y dada su antigüedad, debe manejarse tan sólo como fuente documental variable.

1247. Cummins, John G.: *The Spanish Traditional Lyric*, Oxford, Pergamon, 1977.

1248. Frenk Alatorre, Margit: *La lírica popular en los siglos de oro*, México Universidad, 1966, 270 págs. Estudio y antología. Posteriormente ha editado (1248a): *Lírica española de tipo popular*, Madrid, Cátedra, 1977, 292 págs., que es una buena antología. Y (1248b): *Estudios sobre lírica antigua*, Madrid, Castalia, 1978, que recoge una serie de trabajos dispersos de la autora sobre el tema.

1249. Sánchez Romeralo, Antonio: *El villancico (Estudios sobre la lírica popular en los siglos XV y XVI)*, Madrid, Gredos, 1969, 624 págs. Estudio y amplia antología.

1250. Torner, Eduardo M.: *Lírica hispánica. Relaciones entre lo popular y lo culto*, Madrid, Castalia, 1966, 454 págs.

1250a. Welsh, A.: *Roots of Lyric: primitive poetry and modern poetics*, Princeton, Princeton Univ. Press, 1978.

1250b. Blecua, Alberto: *La poesía del siglo XV*, Madrid, La Muralla, 1975. Esta ponderada introducción general puede completarse con (1250c) K. Whinnom: «Hacia una interpretación y apreciación de las canciones del *Cancionero General*», en *Filología*, 1968-1969, XIII, págs. 361-381. La bibliografía general sobre cancioneros es muy escasa, se debe acudir muchas veces a estudiar muy antiguos o más generales:

1251. Fraker, Ch. F.: *Studies on the «Cancionero de Baena»*, Chapel Hill, University of North Carolina, 1966.

1252. Lange, Wolf-Dieter: *El fraile trovador*, Frankfurt, Klostermann, 1971. Estudio sobre Diego de Valencia, «con un amplio planteamiento de las cuestiones poéticas de la lírica de cancionero y una extensa bibliografía general...» (López Estrada).

1253. Salvador Miguel, Nicasio: *La poesía cancioneril. El «Cancionero de Estúñiga»*, Madrid, Alhambra, 1977, 346 págs. Para el tratamiento crítico de los cancioneros, recuérdese la obra de Lida (1202), algunos de los ensayos literarios de Lapesa incluidos en (408r) y las monografías sobre grandes poetas del siglo xv, especialmente la del mismo R. Lapesa (1253a): *La obra literaria del Marqués de Santillana*, Madrid, Insula, 1957. Y un estudio aspectual (1253b): K. R. Scholberg: *Sátira e invectiva en la España medieval*, Madrid, Gredos, 1971, 376 págs. Cfr. 1122, 1322.

1254. Alvar, M.: *El romancero. Tradicionalidad y pervivencia*, Barcelona, Planeta, 1970, 326 págs. Reúne estudios dispersos anteriores, pero «tiene además el atractivo adicional de su unidad: el hilo conductor de la tradicionalización nos lleva de la épica, pasando por el romancero y sus siete siglos de pervivencia» (M. Díaz Roig).

1255. Bénichou, Paul: *Creación poética en el romancero tradicional*, Madrid, Gredos, 1968, 190 págs. «... constituye un magnífico estudio sobre la creación poética moderna en el Romancero y una exposición muy clara de teorías e hipótesis que pueden abrir nuevos caminos» (M. Díaz Roig).

1256. Catalán, Diego y S. G. Armistead (eds.): *El romancero en la tradición oral moderna. Primer coloquio internacional (1971)*, Madrid, Gredos, 1972, 372 págs.

1257. Catalán, Diego: *Siete siglos de romancero (Historia y poesía)*, Madrid, Gredos, 1969, 215 págs.

1258. Foster, David W.: *The Early Spanish Ballad*, Boston, Twayne, 1971.

1259. Menéndez Pidal, Ramón: *Estudios sobre el romancero*, Madrid, Espasa-Calpe, 1973, 517 págs. Es el volumen XI de sus *Obras Completas*. Su prólogo a (1259a) *Flor nueva de romances viejos*, Madrid, Espasa-Calpe, 1959, 11.ª ed., 316 págs., continúa siendo, en su brevedad, la mejor lección sobre lo que es, significa y caracteriza al romancero.

1259b. Ochrymowycz, O. R.: *Aspects of Oral Style in the «Romances juglarescos» of the Carolingian Cycle*, Iowa, Univ. of Iowa Press, 1975.

1259c. Shergold, N. D. (ed.): *Studies of the Spanish and Portuguese Ballad*, Londres, Tamesis Books, 1972.

1260. Szertics, Joseph: *Tiempo y verbo en el romancero viejo*, Madrid, Gredos, 1967, 207 págs. Cfr. 1319-1321.

XVI.5.4. El Mester de Clerecía

1261. No existe una obra de conjunto sobre este movimiento o forma literaria. Lo más completo, a mi modo de ver, son las páginas de López Estrada (1117, págs. 367-379), las incluidas en algunas historias de la literatura, sobre todo las de Lapesa (en 408), los prólogos de Dutton a sus ediciones de Berceo y, en fin, las siguientes monografías:

1261a. Olivia C. Suszynski: *The Hagiographic-Thaumaturgic Art of Gonzalo de Berceo: «Vida de St.° Domingo de Silos»*, Barcelona, Hispam, 1976.

1261b. T. A. Perry: *Art and Meaning in Berceo's «Vida de St.ᵃ Oria»*, New Haven-Londres, 1968. Son introducciones muy elementales las siguientes:

1261c. Barcia, Pedro L.: *El Mester de Clerecía*, Buenos Aires, Centro Ed. de América Latina, 1967.

1261d. N. Salvador: *El Mester de Clerecía*, Madrid, La Muralla, 1973. Otros trabajos más aspectuales:

1261e. F. Rico: «Orto y ocaso del Mester de Clerecía», en *Cuadernos de Investigación Filológica* (Logroño), 1980.

1261f. R. S. Willis: «Mester de Clerecía: a Definition of the Libro de Alexandre», *RPh*, 1956-1957, X.

XVI.5.5. Teatro

1262. Axton, Richard: *European Drama of the Early Middle Ages*, Londres, Hutchinson University Library, 1974, 227 págs. Con una introducción general (págs. 15-74) muy aprovechable, y un panorama general de las manifestaciones teatrales europeas (El *Auto de los Reyes Magos*, págs. 105-108).

1263. Aubailly, Jean-Claude: *Le Théâtre médiéval profane et comique*, París, Larousse, 1975, 207 págs. «A le mérite d'être non seulement informatif, mais d'ouvrir quelques perspectives nouvelles de la recherche dans le domaine concerné» (H. Lewicka).

1264. Hardison, O. B.: *Christian Rite and Christian Drama in the Middle Ages*, Baltimore, 1965. Defensa de los orígenes litúrgicos del teatro medieval.

1265. Konigson, Elie: *L'espace théâtral médiéval*, París, CNRS, 1975, 329 págs. Fundamental para el estudio de la puesta en escena, desde supuestos semiológicos y estructuralistas, «l'ensemble est une lecture passionante dont l'intérêt dépasse largement le sujet indiqué dans le titre» (H. Lewicka).

1266. Young, Karl: *The Drama of the Medieval Church*, Oxford, Clarendon Press, 1933, 2 vols. Existe una reproducción anastática (Oxford, 1967). Sobre la evolución de los tropos litúrgicos hacia formas dramáticas embrionarias. Con abundantes textos.

1267. Donovan, R. B.: *The Liturgical Drama in Medieval Spain*, Toronto, Pontifical Institute of Medieval Studies, 1958, 229 págs.

1268. Hess, Rainer: *El drama religioso románico como comedia religiosa y profana (siglos XV y XVI)*, Madrid, Gredos, 1976 (ed. orig.: 1965), 334 págs.

1269. Hese, E. W. y J. O. Valencia (eds.): *El teatro anterior a Lope de Vega*, Madrid, Alcalá, 1971, 416 págs. Antología, con brevísimas presentaciones de cada obra, desde el *Auto de los Reyes Magos* hasta Cervantes. También una antología, y en versión moderna, es (1269a): F. Lázaro Carreter: *Teatro medieval*, Madrid, Castalia, 1976, 4.ª ed., 285 págs. Su estudio preliminar es una importante contribución al tema.

1270. López Morales, Humberto: *Tradición y creación en los orígenes del teatro castellano*, Madrid, Alcalá, 1968, 259 págs.

1271. Marban, Edilberto: *El teatro español medieval y del renacimiento*, Nueva York, Las Américas, 1972.

1272. Mazur, Oleh: *El teatro de Sebastián de Horozco, con una breve historia del teatro español anterior a Lope de Vega:*

tipos, modos y temas, Madrid, Rocana, 1977, 222 págs. Contiene un estudio y edición crítica. En apéndice, la «breve historia» a modo de esquemas y pequeñas síntesis.

1273. Torroja Menéndez, C. y M. Rivas Pala: *El teatro en Toledo en el siglo XV*. «*Auto de la Pasión*», de Alonso del Campo, Madrid, RAE, 1977.

XVI.5.6. *Prosa*

Tampoco abundan los estudios de conjunto sobre la prosa medieval española. Los libros que reseñamos son, en parte, corpus temáticos imprescindibles para moverse en este campo. Lo poco y disperso que hay —artículos, estudios parciales, etc.— se puede hallar reseñado en un breve estudio estilístico:

1274. Lapesa, Rafael: «Un ejemplo de prosa retórica a fines del siglo XIV: Los Soliloquios de Fray Pedro Fernández Pecha» (1975), en 4085, págs. 9-24. V. la bibliografía de la nota 17.

1275. Ayerbe-Chaux, Reinaldo: «*El Conde Lucanor*», *materia literaria y originalidad creadora*, México, Porrúa, 1975. Y recuérdese la obra de D. Devoto (211).

1275a. Lacarra, María Jesús: *Cuentística medieval en España: los orígenes*, Zaragoza, Universidad, 1979, 267 págs.

1276. Cuevas García, Cristóbal: *La prosa métrica. Teoría. Fray Bernardino de Laredo*, Granada, Universidad, 1972.

1277. López Estrada, Francisco: *La prosa medieval hasta el siglo XIV*, Madrid, La Muralla, 1974. Síntesis de su desarrollo y principales manifestaciones. V. también del mismo autor el cap. XV de 1117. Y aun (1277a): «La retórica en las *Generaciones y Semblanzas* de Fernán Pérez de Guzmán», *RFE*, 1946, XXX, págs. 310-352.

1278. Marsan, Rameline E.: *Itinéraire espagnol du conte médiéval*, París, Klincksieck, 1974, 695 págs. Imprescindible por su amplio contenido sobre la materia narrativa medieval. Recuérdense las obras de Lida (1201-1202).

1278a. Díaz y Díaz, M. C.: *Las primeras glosas hispánicas*, Barcelona, Univ. Autónoma, 1978.

1278b. Menéndez Pidal, R.: «De Alfonso a los dos Juanes. Auge y culminación del didactismo (1252-1370)», en *Studia Hispanica in Honorem Rafael Lapesa*, Madrid, S.º M. Pidal-Gredos, 1972, I, págs. 63-83.

1278c. Niederehe, H.-J.: *Die Spradauffassung Alfons des Weisen. Studien zur Sprache und Wissenschatgeschichte*, Tubinga, Max Niemeyer, 1975. La bibliografía sobre el Rey Sabio es muy extensa, V. (1278d): J. T. Snow: *The Poetry of Alfonso X, el Sabio: A Critical Bibliography*, Londres, Grant and Cutler, 1977. Y (1278e) Antonio Ballesteros-Beretta: *Alfonso X el Sabio*, Barcelona, Salvat, 1963.

1278e. Tate, Robert B.: *Ensayos sobre la historiografía peninsular del siglo XV*, Madrid, Gredos, 1970.

La bibliografía sobre los comienzos de la novela ha crecido durante los últimos años notablemente, aunque todavía son mayoría los estudios generales sobre la narrativa europea, románica:

1278f. Sharrer, Harvey L.: *A Critical Bibliography of Hispanic arthurian material. I. Texts: The prose romance cycles*, Londres, Grant and Cutler, 1977.

1278g. Samoná, Carmelo: *Studi sul romanzo sentimentale e cortese nella letteratura spagnola del quattrocento*, Roma, Carucci, 1960.

1278h. Stevens, John: *Medieval Romance: themes ann approaches*, Londres, Hutchinson, 1973.

1278i. Haidu, Peter (ed.): *Approaches to medieval romance*, New Haven, Yale French Studies, 1974. Y recuérdese la obra citada de Vinaver (1230) y el vol. IV del «Grundriss» cit.

XVI.6. Estudios lingüísticos

1279. *Libro de Apolonio.* Estudios, ediciones, concordancias de Manuel Alvar, Madrid, Castalia-F. J. March, 1976, 3 vols. Las ediciones deben manejarse con suma cautela, por la falta de rigor y criterio único en las enmiendas y la poca fidelidad, a veces, al manuscrito original. El volumen III incluye concordancias de la obra, muy útiles como glosarios. Y allí (pág. 11, nota) cita a (1279a) M. Alvar Ezquerra: *Proyecto de lexicografía española*, Barcelona, Planeta, 1976. «Este autor —dice— lleva a cabo un programa sistemático para la realización de concordancias...» No he podido ver las que se citan como ya confeccionadas.

1280. Araluce Cuenca, José R.: *El «Libro de los Estados», Don Juan Manuel y la sociedad de su tiempo*, México, Porrúa, 1976. Con un amplio glosario, como base del estudio.

1281. Arcipreste de Hita: *Libro de Buen Amor; glosario de la ed. crít.* de M. Criado de Val, Eric W. Naylor y J. García Antezana, Barcelona, Sociedad Española de reimpresiones y ediciones, 1973, 621 págs. No es un glosario, sino unas concordancias léxicas tomando como base todos los manuscritos conocidos. Deben verse los numerosos artículos de Margarita Morreale sobre el léxico del *Libro de Buen Amor*, principalmente (1281a): «Glosario parcial del *Libro de Buen Amor*: palabras relacionadas por su posición en el verso», en *HEFHL*, 1966, págs. 391-448. Y sus numerosas contribuciones similares en *BRAE*, 1963, XLIII; *BRAE*, 1968, XLVIII; *BRAE*, 1967, XLVII; *HR*, 1969, XXXVII; *HR*, 1971, XXXIX.

1281b. Asín, Miguel: *Glosario de voces romances registradas por un botancio hispano-musulmán*, Madrid, Granada, 1943, 420 páginas.

1282. Baldinger, Kurt: *La formación de los dominios lingüísticos en la Península Ibérica*, Madrid, Gredos, 1972, 2.ª ed. corr. y muy aum. (ed. orig.: 1958), 496 págs. Con excelente bibliografía.

1283. Boggs, R. S. (et al.): *Tentative dictionary of medieval Spanish*, Carolina, Chapel Hill, 1956, 537 págs.

1284. Bustos Tovar, José Jesús de: *Contribución al estudio del cultismo léxico medieval*, Madrid, RAE, 1974, 744 págs.

1285. Castro, A.: *Glosarios latino-españoles de la Edad Media*, Madrid, Centro de Estudios Históricos, 1936, 378 págs.

1286. Cejador y Frauca, Julio: *Vocabulario medieval castellano*, Nueva York, Las Américas, 1968, reed. (ed. orig.: 1929), 414 págs. Existe otra reproducción anastática en Hildesheim,

G. Olms, 1971. Aunque con lógicos errores filológicos —y algunos más— derivados de la época, es enormemente práctico por estar compuesto a modo de pequeño diccionario de autoridades, es decir, con citas contextuales.

1287. Criado de Val, Manuel: *Índice verbal de «La Celestina»*, Madrid, CSIC, 1955. Se debe manejar con mucha cautela.

1288. Gropp, G. M.: *Le vocabulaire courtois des troubadours de l'époque classique*, Ginebra, Droz, 1975, 509 págs. Recoge y estudia el de las canciones de amor del siglo xii en sus estratos no comunes, sino significativos.

1289. Gual Camarena, Miguel: *Vocabulario del comercio medieval. Colección de aranceles aduaneros de la Corona de Aragón (siglos XIII y XIV)*, Tarragona, 1968, 532 págs. Ed. facsimilar en Barcelona, El Albir, 1976.

1290. Gorog, R. de: «Una concordancia del Poema de Fernán González», *BRAE*, 1969, XLIX, 1970. Es autor de trabajos similares sobre las obras de Berceo *(BRAE*, 1966, XLVI, páginas 205-276), o sobre las de Berceo y el *Libro de Alexandre (HR*, 1970, XXXVIII, págs. 357-367). Además:

1290a. Gorog, R. de y L. S. de Gorog: *Concordancias del «Arcipreste de Talavera»*, Madrid, Gredos, 1978, 430 págs.

1291. Gorog, R. P. de y L. S. de Gorog: *La sinonimia en «La Celestina»*, Madrid, RAE, 1927, 169 págs.

1292. Guillén de Segovia, P.: *La Gaya ciencia*, ed. de J. M.ª Casas Homs, Madrid, CSIC, 1962, 2 vols.

1293. Huerta y Tejadas, F.: «Vocabulario de las obras de Don Juan Manuel», *BRAE*, 1854-1856, XXXIV-XXXVI.

1293a. Kasten, Lloyd y Jean Anderson: *Concordance to the «Celestina» (1499)*, Madison, Hisp. Sem. of Medieval Studies e HSA, 1976.

1293b. Kasten, Lloyd (et al.): *Concordances and Texts of the Royal Scriptorium Manuscripts of Alfonso X, el Sabio*, Madison, Hisp. Sem. of Medieval Studies, 1978 (en microfichas).

1294. Menéndez Pidal, Ramón: *Orígenes del español. Estado lingüístico de la Península Ibérica hasta el siglo XI*, Madrid, Espasa-Calpe, 1964, 5.ª ed. (la 3.ª es la última corregida). Existe una edición refundida y abreviada (1294a): *El idioma español en sus primeros tiempos*, Madrid, Espasa-Calpe, 1964, 6.ª ed. (1.ª: 1942), 160 págs.

1294b. Mignani, Rigo (et al.): *A Concordance to Juan Ruiz «Libro de Buen Amor»*, Albany, Suny Press, 1977.

1295. Muñoz Garrigós, J.: *Contribución al estudio del léxico de «La Celestina»*, extracto de tesis doctoral, Madrid, 1974, 128 páginas.

1296. Nebrija, Antonio de: *Vocabulario de romance en latín*, transcripción crítica de la edición revisada por el autor (Sevilla, 1516) con una introducción de Gerald J. Macdonald, Madrid, Castalia, 1973, 200 págs. V. del mismo Nebrija (1296a) la ed. facsimilar del *Dictionarium latino-hispanorum*, Madrid, RAE, 1951.

1297. Neuvonen, Ecro R.: *Los arabismos en el español del siglo XIII*, Helsinkin, Akstermienen Kirjakamppa, 1941, 331 páginas.

1298. Oelschlager, Víctor R. B.: *A Medieval Spanish Word-List. A preliminary Dated Vocabulary of first appearances up to Berceo*, Wisconsin, 1940.

1299. Palencia, Alonso de: *Universal vocabulario en latín y en romance*, ed. facsimilar de la de Sevilla, 1490, Madrid, Comisión Permanente de la Asociación de Academias de la Lengua Española, 1977, 2 vols.

1299a. Pellen, René: *Poema de Mío Cid. Dictionnaire lemmatisé des formes et de références*, Anejos de los «Cahiers de Linguistique Hispanique Médiévale», 1979, 307 págs.

1300. Peregrín Otero, Carlos: *Evolución y revolución en romance*, Barcelona, Seix Barral, 1971-1976, 2 vols. Despojado de su vehemencia y de algunos exabruptos fuera de tema, es interesante y renovador. Su tesis de los orígenes galleguistas del romance peninsular no es, con todo, tan revolucionaria como él mismo piensa.

1301. Reyes, Gabriel de los: *Estudio etimológico y semántico del vocabulario contenido en los «Lucidarios» españoles*, Miami, Ediciones Universal, 1975.

1302. Sas, Louis F.: *Vocabulario del «Libro de Alexandre»*, Madrid, RAE, 1976.

1303. Simonet, F.: *Glosario de voces ibéricas y latinas usadas entre los mozárabes*, Amsterdam, Oriental Press, 1967, reed.
1304. Teyssier, Paul: *La langue de Gil Vicente*, París, Klincksieck, 1959, 554 págs. Véase también (1304a) la edición de Dámaso Alonso de la *Tragicomedia de Don Duardos* de Gil Vicente, Madrid, CSIC, 1942. El estudio de esta edición se reproduce en 949. Cfr. los libros ya citados de Lihani y Canellada (1087).
1305. Waltman, F. M.: *Concordance to «Poema de Mío Cid»...*, University Park, Pennsylvania State University Press, 1973, 425 págs.

Referencias. — V. sobre todo los apartados generales sobre el español (VI.1.3. y VI.2.).

XVI.7. ANTOLOGÍAS

1306. Alvar, Manuel: *Poesía española medieval*, Barcelona, Planeta, 1969, 1.085 págs.
1307. Fotitch, Tatiana: *An Anthology of old Spanish*, Washington, The Catholic University of America Press, 1962, 253 páginas.
1308. Gayangos, Pascual de: *Escritores en prosa anteriores al siglo XV*, Madrid, BAE, 1860 (y reimpresiones posteriores), 606 págs. Tanto este volumen como el dedicado (1308a) a *Poesías castellanas anteriores al siglo XV*, formado por T. A. Sancha, F. Janer y P. J. Pidal (ed. orig.: 1779-1790), en sucesivas ediciones (completo en 1842), no son aconsejables, sobre todo por evidentes razones filológicas. De mejor calidad textual, aunque también más restringida cantidad, es la edición (1308b) de A. Paz y Meliá de *Opúsculos literarios de los siglos XIV y XV*, Madrid, SBE, 1892. Y del mismo tipo la edición (1308c) de H. Kunst, *Mittheilungen aus dem Eskurial...*, Tubinga, 1879. Todos ellos constituyen el legado del siglo XIX en ediciones de textos medievales.
1309. Gifford, D. J. y F. W. Hodcroft: *Textos lingüísticos del Medioevo español*, Oxford, Dolphin, 1959, 283 págs. Existe una reedición española más reciente (Barcelona, Gustavo Gili).

1310. González Ollé, E.: *Textos para el estudio de la lengua y literatura de la Edad Media española*, Barcelona, Ariel, 1979.

1311. González Simón, Luis: *Poesía medieval*, Madrid, CSIC, 1947, 290 págs.

1312. Herrero Salgado, Félix: *Narraciones de la España medieval*, Madrid, Magisterio español, 1968, 210 págs. Obra de divulgación.

1313. Köhler, Eugène: *Antología de la literatura española de la Edad Media. Anthologie... (1140-1500)*, París, Klincksieck, 1970, 2.ª ed. corr. y aum. (1.ª: 1957), 390 págs. «The present work can be used to convey a general idea of the natura of Spanish medieval literature but it is in no sense a proper introduction to old Spanish philology» (O. H. Green).

1314. Menéndez Pelayo, M.: *Antología de poetas líricos castellanos*, ed. preparada por E. Sánchez Reyes, Santander, CSIC, 1944-1945 (ed. orig.: 1888-1908), 10 vols. Es, en realidad, una historia crítica y una antología que incluye hasta Boscán, inclusive.

1315. Menéndez Pidal, Ramón: *Reliquias de la poesía épica española*, Madrid, Espasa-Calpe, 1951, LXXXIX + 292 págs.

1316. Menéndez Pidal, Ramón (acabada por Rafael Lapesa et al.): *Crestomatía del español medieval*, Madrid, S.º Menéndez Pidal-Gredos, 1965-1966, 2 vols. Se halla en prensa una 2.ª ed. corr. del vol. II. Es la mejor colección de textos medievales, por el rigor filológico, ordenación y selección de los textos.

1317. Menéndez Pidal, Ramón: *Textos medievales españoles*, Madrid, Espasa-Calpe, 1976, 552 págs. Recoge todos los «textos medievales y estudios» de M. Pidal ya editados con anterioridad: *Roncesvalles, Razón de amor con los denuestos del agua y el vino, Elena y María, Disputa del alma y el cuerpo, Auto de los Reyes Magos, Historia Troyana y Poema de Yuçuf.*

1318. Rodríguez Puértolas, Julio: *Poesía de protesta en la Edad Media castellana (Historia y antología)*, Madrid, Gredos, 1968, 348 págs.

1319. Menéndez Pidal, R.: *Romancero tradicional*. Publicado por..., Madrid, Gredos, 1953 y en publicación, 11 vols. Comprende: I «Romanceros del Rey Rodrigo y de Bernardo del Carpio»; II «Romanceros de los Condes de Castilla y de los Infantes de Lara»; III, IV y V «Romances de tema Odiseico»; VI, VII y VIII «Gerineldo. El Paje y La Infanta»; IX «Romancero rústico»; X y XI «La dama y el pastor».

1320. *Fuentes para el estudio del romancero. Serie sefardí*, Madrid, Gredos, 1978 y en publicación. Comprende: I «El romancero judeo español en el archivo Menéndez Pidal (catálogo-índice de romances y canciones)», por S. G. Armistead..., 3 vols. IV «Romanceros judeo-españoles de Tánger», recogidos por Z. Nahón. Ed. crít. y anotada por S. G. Armistead y J. H. Silverman..., 256 págs.

1321. *Las fuentes del romancero general* (Madrid, 1600), ed., notas e índices por A. Rodríguez Moñino, Madrid, RAE, 1957, 12 vols. Cfr. 1254-1260.

1322. *Cancionero castellano del siglo XV*, ordenado por R. Foulché-Delbosc, Madrid, NBAE, 1912-1915, 2 vols.

1323. *Prosistas castellanos del siglo XV*, Madrid, Atlas, 1959 y 1964, 2 vols. El primero, en edición de M. Penna (CLXXXVI + 402 págs.), incluye obras de Mosén Diego Valera, Alfonso de Cartagena, Rodrigo de Arévalo y Alfonso de Palencia. El II, en edición del P. Fernando Rubio (XLIX + 308 págs.), incluye obras de Fray Martín de Córdoba y Fray Lope Fernández de Minaya.

Referencias. — Recuérdense las antologías del teatro medieval: 1269 y 1269a.

XVII

EL SIGLO DE ORO

XVII.1. BIBLIOGRAFÍAS, REPERTORIOS, FUENTES

1324. *Recent Literature of the Renaissance,* llamado antes «Literature of the Renaissance» (1917-1952). Sólo desde 1939 acoge referencias a las literaturas románicas. Anual.

1325. *Bibliographie Internationale de L'Humanisme et de la Renaissance...,* avec le concours de l'Unesco, Ginebra, Droz, en publicación. El último volumen, aparecido en 1977, recoge los trabajos publicados en 1973.

1326. *Reviews in European History,* A Journal of criticism. The Renaissance to the present. Westport, Redgrave, desde 1974. Trimestral.

1327. *Revue D'Histoire Moderne et Contemporaine,* París, desde 1953. De este tipo se podrían citar muchas más; pero que, también como ésta, no tienen por objeto exacto la literatura de esta época, ni siquiera la historia. En el *Journal of Economic History,* la *Economic History Review, Hispania, Annales, Journal of Modern History, Revue D'Histoire Économique et Sociale, Revue Historique, Westdeutsche Zeitschrift für Geschichte und Kunst, American Historical Review, Past and Present, International Review of Social History, Voprosi Istorii, Cambridge Historical Journal,* etc. se encontrará abundante, pero muy disperso, material. Cfr. XXII.

1328. Beardsley, Th. S.: *Hispanoclassical translations* printed between 1482 and 1699, Duquesne University Press, 1970, 176 págs. «Ce volume marque une étape importante dans l'appréciation scientifique des éléments de la culture classique espagnole: au XVIème et au XVIIème siècles, l'histoire des traductions est aussi celle de la pensée et de la présence en Espagne des auteurs latins et grecs, explique l'épanouissement d'une littérature nationale nourrie d'allussions classiques» (M. Massaloux-Gendreau). Recuérdense las siguientes obras clásicas anteriores:

1328a. M. Vogel y V. Gardthausen: *Die Griechischen Schreiber des Mittelalters und Renaissance*, 1909, reed. en Hildesheim, G. Olms, 1966, 508 págs.

1328b. Robert Proctok: *The printing of Greck in the fifteenth century...*, 1900, reed. asimismo en Hildesheim, G. Olms, 1966, 222 págs.

1328c. *Catálogo colectivo de obras impresas en los siglos XVI al XVII existentes en las bibliotecas españolas*, Madrid, DGAB, 1972 y en publicación. Se confecciona con las fotocopias de las fichas de las distintas bibliotecas estatales. El último volumen (Madrid, 1979) recoge la letra *S* del siglo XVI.

1329. Escandell Bonet, Bartolomé: *Historia moderna... Bibliografía sistematizada*, Oviedo, Universidad, 1972, 141 págs.

1329a. Goldsmitch, V. F.: *A Short Title Catalogue of Spanish and Portuguese Books 1601-1700 in the Library of the British Museum*, Londres, Dawsons, 1974.

1330. Jones, William M. (ed.): *The Present State of scholarship in sixteenth century Literature*, Missouri, Missouri University Press, 1977, 272 páginas. Se refiere, mediante monografías breves, a las literaturas española, francesa, alemana, inglesa e italiana, principalmente.

1330a. Laurenti, J. L. y A. Porqueras Mayo: *The Spanish Golden Age (1472-1700). A Catalogue of Rare Books in the Library of the University of Illinois and in Selected North American Libraries*, Univ. of Illinois, 1979, 495 págs.

1331. Macrí, Oreste: *La historiografía del barroco literario español...*, separata del *BICC* («Thesaurus»), 1961, 72 págs. El hispanista italiano quizá enfrenta demasiado dos posturas críticas en la historiografía actual de nuestro barroco.

1332. Millares Carlo, Agustín: *Real Academia de la Historia (Fondo San Román). Libros españoles y portugueses del siglo XVI, impresos en la Península o fuera de ella, descritos y comentados por...*, Madrid, RAH, 1977, 423 págs. En representación de los muchos catálogos similares sobre fondos de los siglos XVI y XVII, éste, espléndido por la riqueza de los fondos descritos y por el sabio manejo de los instrumentos y las técnicas de descripción de Millares Carlo.

1333. Norton, F. J.: *A Descriptive Catalogue of Printing in Spain and Portugal, 1501-1520*, Cambridge, etc., CUP, 1978, 581 págs. 1368 items. Es una obra definitiva que describe catalográficamente todo lo impreso en la Península entre esos años.

1334. Pérez Pastor, Cristóbal: *Bibliografía madrileña o descripción de las obras impresas en Madrid (1566-1625)*, Madrid, Huérfanos, 1891-1907, 3 vols. Obra clásica que, pese a su antigüedad, continúa siendo una valiosa fuente de información sobre obras y autores clásicos.

1334a. Picatoste, Tello: *Apuntes para una biblioteca científica española del siglo XVI*, Madrid, Tello, 1891.

1335. Rodríguez Moñino, A.: *Diccionario bibliográfico de pliegos sueltos poéticos (siglo XVI)*, Madrid, Castalia, 1970, 738 págs. Recoge 1.175 noticias, en otras tantas entradas, de estos opúsculos. Es el mayor esfuerzo realizado nunca en este terreno, con el aval del rigor y la autoridad del autor.

1336. Rodríguez Moñino, A.: *Manual de Cancioneros y romanceros (siglo XVI)...*, Madrid, Castalia, 1972, 2 vols. Ya está anunciada, por la misma editorial, la aparición del *Manual de Cancioneros y Romanceros (siglo XVII)*, en 2 vols. La obra anterior recoge la noticia de unos 70 cancioneros del siglo XVI, con descripción bibliográfica, reproducción de portadas e historia bibliográfica.

1336a. Rodríguez Moñino, A. y M.ª Brey Mariño: *Catálogo de los manuscritos poéticos castellanos existentes en la biblioteca de The Hispanic Society of America (siglos XV, XVI y XVII)*, Nueva York, HSA, 1965-1966, 3 vols.

1337. Simón Díaz, José: *Cien escritores madrileños del Siglo de Oro (notas bibliográficas)*, Madrid, Instituto de Estudios Madrileños, 1975.

1338. Simón Díaz, José: *Impresos del siglo XVII. Bibliografía selectiva por materias de 3.500 ediciones príncipes en lengua castellana*, Madrid, Instituto Miguel de Cervantes del CSIC, 1972, 926 págs. Completa y avanza en cierto modo la monumental *BLH* (817), por lo que la mayoría de sus fichas corresponden a autores con apellidos entre la G y la Z.

1339. Simón Díaz, José: *Impresos del siglo XVI...*, Madrid, CSIC, 1964 y en publicación. Han aparecido ya numerosos relativos a «Religión» (1964, 60 págs. y 409 entradas); «Poesía» (1964, 55 págs. y 273 entradas); «Adiciones» a este último (en 1965, 16 págs. y 327 entradas); «Historia» (1965, 32 págs. y 171 fichas); «Novela y Teatro» (1966, 20 págs. y 125 entradas); «Varia» (1966, 56 págs.).

1340. Stubbings, Hilda U.: *Renaissance Spain in its Literary Relations with England and France. A Critical Bibliography*, Nashville, Vanderbiet University Press, 1969, 138 págs.

Referencias. — Recuérdese el volumen II de Nicolás Antonio (88, «qui ab anno MC ad MDCLXXXIV fluorere sive Hispanorum scriptorum notitia»), y la obra bibliográfica de Barrera (804).

XVII.2. IMPRENTA, LIBROS, BIBLIOTECAS

A la estructura del libro durante el Siglo de Oro dedicamos un excurso (págs. 291-301). Muchas noticias adicionales podrán encontrarse en las obras del apartado anterior, principalmente en Norton (1333) y en manuales y estudios ya citados, esencialmente en Millares Carlo (570) y Gaskell (523). El estudio más completo forma parte de la obra de Simón Díaz (533), quien parte del clásico de Amezúa (1343). De todos modos las fuentes directas están aún por estudiar. Cito, a modo de curiosidad, obras de la época sobre estos aspectos: desde (1341) la *Pragmática sobre libros de 1558* (Valladolid, 1559), hasta obras como (1341a) el *Arte de escribir*, de Francisco Lucas (Madrid, 1577); (1341b) *Arte para escribir y contar*, de Juan de Yciar Vizcaíno (Zaragoza, 1514); (1341c) *Discurso sobre la imprenta*, de M. de Cabreras (Madrid, 1675); etc. La reedición de la *Orthographia pratica* (1352) puede dar una idea del desarrollo de la imprenta durante los Siglos de Oro. Existe, en fin, una edición reciente de un libro que trata parte de estas cuestiones: (1341d) Antonio de Torquemada: *Manual de escribientes*, ed. de M.ª Josefa C. de Zamora y A. Zamora Vicente, Madrid, RAE, 1970, 267 págs. Para la descripción de las comedias españolas del Siglo de Oro V. *The Comedias of Calderón* (753), págs. 211-219. Una última y valiosísima aportación, que no he podido ya integrar en este volumen es la de Jaime Moll, «Problemas bibliográficos del libro español en el Siglo de Oro», en el *BRAE*, 1978.

1342. Agulló y Cobo, Mercedes: «Más documentos sobre impresores y libreros madrileños de los siglos XVI y XVII», en *Anales de Estudios Madrileños*, 1972, VIII, págs. 159-192; *Id.*, 1973, IX, págs. 127-172; *Id.*, 1974, X, págs. 155-169. Es autora de estimables trabajos sobre la historia del libro durante los siglos XVI y XVII, basándose fundamentalmente en documentos parroquiales madrileños. Lo más importante de todo es lo que reseñamos.

1343. Amezúa, Agustín González de: *Cómo se hace un libro en nuestro Siglo de Oro*, Madrid, Magisterio Español, 1946. Obrilla clásica que debe leerse ahora teniendo en cuenta el trabajo más elaborado y preciso de Simón Díaz (533).

1344. Andrés, Gregorio de: «Catálogo de los manuscritos de la Biblioteca del Duque de Uceda», en *RABM*, 1975, LXXVIII, págs. 1-40. Recoge los fondos manuscritos de esta biblioteca nobiliaria hacia 1696 aproximadamente. Puede dar idea del contenido de la biblioteca de un grande de

España en aquella época. Menudean este tipo de sugestivos trabajos, véanse por ejemplo: (1344a) G. de Andrés: «La biblioteca de un teólogo renacentista: Martín Pérez de Ayala», en *Helmántica*, Revista de Filología Clásica y Hebrea de la Universidad Pontificia de Salamanca, 1976, XXVII, número 28. (1344b) Jean Michel Lasperas: «Las librerías del Doctor Juan de Vergara», *RABM*, 1976, LXXIX, págs. 337-351. (1344c) A. Redondo: «La bibliothèque de Don Francisco de Zúñiga Guzmán y Sotomayor, troisièse duc de Bejar (¿1500-1574)», *MCV*, 1967, III, págs. 147-196. Como ejemplo típico de publicación sobre el tema de la misma época: (1344d) Maldonado y Pardo: *Biblioteca del Marqués de Montealegre* (Madrid, 1677).

1345. Chevalier, Maxime: *Lectura y lectores en la España del siglo XVI y XVII*, Madrid, Turner, 1976, 199 págs. Primera obra de conjunto que intenta plantear el problema de los libros, las bibliotecas y la cultura impresa en general durante los siglos XVI y XVII. El capítulo primero es todo un programa. La obra, no obstante, se mueve a veces en un plano teórico. La primera labor sería la de investigación y recopilación, todavía sin realizar mínimamente.

1346. Flores, R. M.: «The Printers of the Second Madrid edition of Don Quixote, Part I, and the consequences of the division of labour», *BHS*, 1971, XLVIII, págs. 193-217. Uno de los muchos ejemplos que muestran la aplicación de estos hechos tipográficos a la crítica literaria.

1347. González Palencia, Ángel: *Eruditos y libreros del siglo XVII...*, Madrid, CSIC, 1948, 448 págs.

1348. Hirsch, R.: *Printing, selling and reading 1450-1550*, Wiesbaden, 1967.

1349. Hobson, Anthony: *Apollo and Pegasus. An enquiry into the formation and dispersal of a Renaissance Library*, Amsterdam, Gérard Th. van Heusden, 1975.

1350. Martin, Henri-Jean: *Livre, pouvoirs et société à Paris au XVIème siècle (1598-1701)*, Ginebra, Droz, 1969, 2 vols.

1351. Romero de Lecea, Carlos: *La imprenta y los pliegos poéticos*, Madrid, Joyas bibliográficas, 1974, 166 págs.

1352. Yciar, Juan de: *Orthographia pratica*, Madrid, DGAB, 1973. Ed. facs. de la de Madrid, 1548.

1353. Ullman, B. L.: *The Origin and development of Humanistic Script*, Roma. Ed. di Storia e Letteratura, 1960, 164 págs.

XVII.3.   Historias de España. Siglo de Oro.

XVII.3.1.   *Historias generales de España. Siglo de Oro*

La historiografía de los Austrias —denominación más neutra que se viene prefiriendo para referirse a este período— es muy compleja, tanta como el período que abarca. El conjunto de obras que recensionamos recoge los trabajos de mayor extensión y calidad, en donde el interesado hallará material y bibliografía suficiente para indagaciones posteriores.

1354. Kamen, Henry: *El siglo de hierro; cambio social en Europa (1550-1660)*, Madrid, Alianza, 1977 (ed. orig.: 1971), 550 págs. Puede servir de introducción a la historia —europea— de todo este período. Especial relieve a la historia social. Valor similar tienen las siguientes publicaciones: (1354a) R. Romano y A. Tenenti: *Los fundamentos del mundo moderno...*, Madrid, Siglo XXI, 1972, 3.ª ed. (ed. orig.: 1967), 327 págs. (1354b) J. Stoye: *El despliegue de Europa, 1648-1668*, Madrid, Siglo XXI, 1974 (ed. orig.: 1969). (1354c) J. H. Elliott: *Europa dividida, 1559-1598*, Madrid, Siglo XXI, 1973 (ed. orig.: 1968). (1354d) H. Koenigsberger y G. Mosse: *Europa en el siglo XVI*, Madrid, Aguilar, 1973 (ed. orig.: 1968).

1355. Chaunu, Pierre: *La civilización de la Europa clásica*, Barcelona, Juventud, 1975 (ed. orig.: 1966). Idéntico papel puede desempeñar: (1355a) Roland Mousnier: *Historia general de las civilizaciones... Los siglos XVI y XVII*, Barcelona, Destino, 1967, 3.ª ed., 674 págs.

1356. Hilton, Rodney (ed.): *La transición del feudalismo al capitalismo*, Barcelona, Grijalbo, 1978, 2.ª ed. (1.ª: 1977, ed. orig.: 1976), 278 págs. Sobre este enfoque —de base marxista— del período, recuérdese la obra de M. Dobb (1173b). Y V. en seguida Rodríguez (1387).

1357. Bell, Aubrey F. G.: *El Renacimiento español*, Zaragoza, Ebro, 1944, 402 págs. Obra muy clásica, en muchos aspectos superada.

1358. Braudel, F.: *El Mediterráneo y el mundo Mediterráneo en la época de Felipe II*, Madrid, FCE, 1966, 2.ª ed. ampl. y renov. (1.ª: 1949), 2 vols. «Una de las más importantes obras de historia escritas en este siglo, ha abierto nuevas líneas de métodos e investigación y ha contribuido a situar el desarrollo social y económico de España en un contexto más amplio internacional» (Elliott).

1359. Carande, Ramón: *Carlos V y sus banqueros*, Madrid, Grijalbo, 1977, ed. abrev. (1.ª ed. 1943-1949, 1.ª ed. completa: 1967), 2 vols.

1359a. Cooper, J. P. (ed.): *The New Cambridge Modern History*. Vol. IV: *The Decline of Spain and the Thirty Years War 1609-1648/1659*, Cambridge, CUP, 1980 (reimpr. en ed. de bolsillo), 832 págs.

1360. Chaunu, Pierre: *La España de Carlos V*, Barcelona, Península, 1975 (1.ª ed. 1973), 2 vols. Buen panorama, aunque a veces desordenado y vehemente.

1360a. Domínguez Ortiz, Antonio: *El antiguo régimen: Los Reyes Católicos y los Austrias*, Madrid, Alianza-Alfaguara, 1973, 448 págs. (cfr. 262). La más completa de todas las historias de nuestro Siglo de Oro, hecha desde una perspectiva predominantemente social y económica. V. del mismo autor (1360b) *Desde Carlos V a la paz de los Pirineos, 1571-1660*, Barcelona, 1973.

1361. Elliott, J. H.: *La España Imperial (1469-1716)*, Barcelona, Vicens Vives, 1965 (ed. orig.: 1963), 451 págs. Excelente panorama de la época, en el que sin desentenderse de los aspectos económico-sociales y demográficos, hay un tratamiento suficiente de los acontecimientos políticos y culturales. Del mismo: (1361a) *The Revolt of the catalans. A Study in the Declin of Spain, 1598-1640*, Cambridge, CUP, 1963. Y recuérdese su brevísimo resumen sobre este mismo período histórico en 226.

1362. Fernández Álvarez, M.: *La sociedad española en la época del Renacimiento*, Madrid, Cátedra, 1974, 2.ª ed. (1.ª: 1970), 266 págs.

1363. Haring, C. H.: *The Spanish Empire in America*, Nueva York, A. Harbinger Book, 1963 (ed. orig.: 1947, 2.ª ed., orig. corr.: 1952), 371 págs. Clásico sobre una etapa histórica de la que no ofrecemos mayores noticias bibliográficas, por caer fuera de los límites impuestos.

1364. Lapeyre, H.: *Carlos Quinto*, Barcelona, O.-Tau, 1972 (ed. orig.: 1971), 122 págs.

1365. Larraz, José: *La época del mercantilismo en Castilla, 1500-1700*, Madrid, Aguilar, 1963, 151 págs.

1366. Lynch, John: *España bajo los Austrias*, Barcelona, Península, 1975, 3.ª ed. (ed. orig.: 1969), 2 vols. El volumen I es el más original y elaborado, por la tesis americanista del autor. El II sigue de cerca a Domínguez Ortiz.

1367. Pérez, Joseph: *L'Espagne du XVIème siècle*, París, Armand Colin, 1973, 256 págs.

1368. Pfandl, Ludwig: *Cultura y costumbres del pueblo español de los siglos XVI y XVII. Introducción al estudio del Siglo de Oro...*, Barcelona, Araluce, 1959, 3.ª ed. (1.ª: 1939, ed. orig.: 1924), 378 págs. Existe ed. facsimilar de la alemana de 1929: Hildesheim, G. Olms, 1967, 618 págs. Libro clásico, superado en muchos aspectos; pero válido todavía como panorama general y por la cantidad de noticias dispersas que ordena y comenta.

1369. Trevor Davies, R.: *El Siglo de Oro español (1501-1621)*, Zaragoza, Ebro, 1944, 335 págs. La ed. orig. es de 1937. Debe preferirse la 2.ª edición inglesa, incluso mejor que la reciente reedición española: *El gran siglo de España (1501-1621)*, Madrid, Akal, 1973, 375 págs. V. del mismo: (1369a) *La decadencia española, 1621-1700*, Barcelona, Labor, 1969 (escrito en 1953), 191 págs.

1370. Vilar, Pierre: *La Catalogne dans l'Espagne Moderne*, París, 1962, 3 vols. Existe una traducción catalana: Barcelona, Eds. 62, 1964-1968. «Es una obra fundamental que interesa no sólo a Cataluña sino a toda la historia económica y social de España en los siglos XVI a XVII» (Domínguez Ortiz).

XVII.3.2. Historia de España. Aspectos varios

1371. Arnoldsson, Suerker: *La leyenda negra. Estudios sobre sus orígenes*, Göteborg, Acta Univ. Gotgoburgensis, 1960, 215 págs. V. también (1371a) Julián Juderías: *La leyenda negra. Estudios acerca del concepto de España en el extranjero*, Madrid, Editora Nacional, 1974, 427 págs.

1372. Cardillac, Louis: *Morisques et chrétiens. Un affrontement polémique (1492-1640)*, París, Klincksieck, 1977, 543 págs. «De calidad y originalidad notables, no es un título más... en cuanto que atañe a la «historia profunda» de España y el destino de sus diferentes religiones» (M. García-Arenal).

1373. Caro Baroja, Julio: *Estudios sobre la vida tradicional española*, Barcelona, Península, 1968, 377 págs. Del mismo autor interesan para esta época especialmente los siguientes trabajos: (1373a) *Inquisición, brujería y criptojudaísmo*, Barcelona, Ariel, 1974, 3.ª ed. (1.ª: 1970), 315 págs. (1373b) *El señor inquisidor y otras vidas por oficio*, Madrid, Alianza, 1970, 2.ª ed., 248 págs. (1373c) *Las formas complejas de la vida religiosa. (Religión, sociedad y carácter en la España de los siglos XVI y XVII)*, Madrid, Akal, 1978, 622 págs.

1374. Castro, Américo: *De la edad conflictiva. I. El drama de la honra en España y su literatura*, Madrid, Taurus, 1961, 2.ª ed. muy ampl. y corr., 279 págs. Recuérdese su obra 290. Esta es, por otro lado, en la que con mayor rotundidad y claridad expone Castro sus teorías acerca de las tres castas peninsulares. Cfr. 955.

1375. Defourneaux, M.: *La vie quotidienne en Espagne au siècle d'Or*, París, Hachette, 1964, 283 págs. Cfr. con las obras de Herrero García (1380) y Deleito y Piñuela (1376).

1376. Deleito y Piñuela, José: *También se divierte el pueblo; recuerdos de hace tres siglos,* Madrid, Espasa-Calpe, 1966, 3.ª ed. (1.ª 1944), 302 págs. El autor lo es también de una serie de libros que, en conjunto, ofrecen un cuadro de la vida cotidiana bajo los Austrias, utilizando esencialmente fuentes literarias. El panorama es demasiado simple y festivo a veces, pero no deja de ser un material valioso para su reinterpretación. V. del mismo autor y en la misma editorial: (1376a) *El rey se divierte...* (324 págs.); (1376b) *Sólo Madrid es Corte. La capital de dos mundos bajo Felipe IV* (266 págs.); (1376c) *La mujer, la casa y la moda...* (270 págs.); (1376d) *La mala vida en la España de Felipe IV* (252 págs.); (1376e) *La vida religiosa española bajo el cuarto Felipe. Santos y pecadores* (384 págs.).

1377. Domínguez Ortiz, Antonio: *Las clases privilegiadas en la España del Antiguo Régimen,* Madrid, Istmo, 1973, 464 págs. Reproduce «en forma extractada» su (1377a) *Sociedad Española en el siglo XVII,* I (1963) y II (1970), con una nueva introducción.

1378. Domínguez Ortiz, Antonio: *La clase social de los conversos en Castilla en la Edad Moderna,* Madrid, CSIC, 1955, 252 págs. «Il suit le développement du problème jusqu'à son dénouement au XIXème siècle. Il présente l'influence importante sur ce développement de l'union d'Espagne et Portugal et il jette un coup d'oeil sur les derniers reflets de la question à Majorque. Pour finir, Domínguez Ortiz arrive à des conclusions assez suggestives sur les répercussions du souci de la pureté du sang en Espagne» (Sicroff). Cfr. 289, 290, 1384, 1374.

1379. Hamilton, E. J.: *El tesoro americano y la revolución de los precios en España, 1501-1650,* Barcelona, Ariel, 1975 (ed. orig.: 1934), 462 págs. «La tesis de Hamilton y las pruebas estadísticas en que se basa, son inexpugnables, aunque ha ido creciendo la crítica a algunos de sus métodos e interpretaciones (...) Con todo, a pesar de estas objeciones, nadie se ha ofrecido a reemplazar la obra de Hamilton, que sigue siendo indispensable» (Lynch). Para el correcto entendimiento de cuestiones monetarias y económicas que afloran constantemente a nuestros clásicos (por ejemplo: al *Guzmán de Alfarache),* recomendamos manejar 1382.

1380. Herrero García, Miguel: *Ideas de los españoles del siglo XVII,* Madrid, Gredos, 1966, 694 págs. Conjunto de temas y curiosidades, utilizando como fuente primordial textos literarios. Falta de perspectiva crítica en la selección y —escasa— interpretación del material.

1381. Kagan, R. L.: *Students and Society in early modern Spain,* Baltimore, 1974.

1382. Mercado, Tomás de: *Suma de tratos y contratos* (1571), Madrid, Editora Nacional, 1975, 506 págs. Indispensable para conocer los aspectos económicos del siglo XVI.

1383. Piñera, Humberto: *El pensamiento español en los siglos XVI y XVII*, Nueva York, Las Américas, 1970. En realidad son sólo seis ensayos sueltos sobre autores y movimientos.

1384. Sicroff, Albert A.: *Les controverses des Statuts de «Pureté de Sang» en Espagne du XVème au XVIIème siècle*, París, Didier, 1960, 318 páginas. Análisis de los orígenes y el desarrollo del problema de los judeoconversos en la época. Cfr. 288, 290, 1374, 1378.

1385. Vilar, Jean: *Literatura y economía. La figura satírica del arbitrista en el Siglo de Oro*, Madrid, Revista de Occidente, 1973, 336 págs.

1386. Vilar, Pierre: *Crecimiento y desarrollo*, Barcelona, Ariel, 1976, 3.ª ed. (1.ª: 1964), 422 págs. Conjunto de artículos, entre los que interesa destacar «El tiempo del Quijote» (págs. 332-346), de 1956, preciosa síntesis de España al filo de 1600.

1386a. Webster, Charles (ed.): *Health, Medicine and Mortality in the Sixteenth Century*, Cambridge, CUP, 1980, 417 págs.

Referencias. — Véanse las historias generales de España en V.2.1. Otros aspectos históricos generales se recogen en V.2.2.

XVII.4. LITERATURA ESPAÑOLA DEL SIGLO DE ORO

XVII.4.1. *Historia general de la literatura durante el Siglo de Oro*

No existe una obra de conjunto del período, a no ser las partes de las Historias generales de la literatura española que se refieren a esta época, reseñadas en XVI.1. Véanse particularmente las de Alborg, 889; la obra colectiva de la ed. Ariel (912) y la de Ediciones Taurus (900). Algunos de los panoramas más amplios acabados de reseñar —Pfandl, 1368— pueden servir como introducción al tema. Son abundantes sin embargo los panoramas de corrientes (XVII.5.1.2.4.) o géneros. A ellos se debe acudir para recomponer un panorama difícil y complejo. Las dos únicas entradas de este apartado recogen dos libros muy particulares y de signo contrario.

1387. Rodríguez, Juan Carlos: *Teoría e historia de la producción ideológica (Las primeras literaturas burguesas. Si-*

glo XVI), Madrid, Akal, 1974, 404 págs. Libro denso, complejo, difícil, poco conseguido, a pesar de que se adivina a veces el interés de su planteamiento —marxista-althuseriano—. No se trata, pues, y en rigor, de una historia de la literatura sensu stricto.

1388. Vossler, Karl: *Introducción a la literatura española del Siglo de Oro: seis lecciones*, México, Espasa-Calpe, 1961 (ed. orig.: 1934), 151 págs. Cfr. 962 y 962a. Colaboraciones más sucintas y concretas podrían ser:

1388a. Atkinson, W. C.: «Medieval and Renaissance...», *BHS*, 1948, XXV.

1388b. Parker, A. A.: «An Age of Gold: Expansion and Scholarship in Spain», en *The Age of the Renaissance*, ed. por D. Hay, Nueva York, McGraw Hill, 1967, págs. 221-248. Recuérdese la obra de Jones (1330).

1388c. García Berrio, A.: *Formación de la teoría literaria moderna. La tópica horaciana en Europa*, Barcelona, Planeta, 1977, 489 págs. Se acaba de publicar el vol. II de la misma obra: *...Teoría poética del Siglo de Oro*, Barcelona, Planeta, 1980, 575 págs.

XVII.4.2. *Aspectos generales de la literatura española en el Siglo de Oro*

1389. García de Enterría, M. C.: *Sociedad y poesía de cordel en el Barroco*, Madrid, Taurus, 1973, 402 págs. Ensayo que se abre a un terreno rico y poco explorado, pero con criterios metodológicos poco claros y con una total ausencia de espíritu crítico.

1390. Henkel, A. y A. Schone: *Emblemata. Handbuch zum Sinnbildkunst des XVI und XVII Jahrhunderts*, Stuttgart, 1967.

1391. Lázaro Carreter, Fernando: *Estilo barroco y personalidad creadora. Góngora, Quevedo, Lope de Vega*, Salamanca, Anaya, 1966, 200 págs. Sagaz conjunto de estudios sobre aspectos y autores de la época: el conceptismo, Lope, etc.

1392. Martí, Antonio: *La preceptiva retórica española en el Siglo de Oro*, Madrid, Gredos, 1972, 346 págs.

1393. Morreale, M.: *Castiglione y Boscán: el ideal cortesano en el Renacimiento español*, Madrid, RAE, 1959, 2 vols. «Sobre el italiano y el español renacentista y el estilo de vida que cada uno representa es fundamental la comparación léxico-semántica hecha por M. Morreale» (R. Lapesa). Desde un punto de vista más general o no español informan sobre estos aspectos libros como (1393a): Baldwin, Charles Sears: *Renaissance Literary Theory and Practice*, Gloucester, Mass., Peter Smith, 1959 (ed. orig.: 1939). (1393b): Mario Fubini: *Studi sulle letterature del Rinascimento*, Florencia, 1971. (1393c) Ed. W. Tayler: *Nature and Art in Renaissance Literature*, Nueva York y Londres, Columbia University Press, 1966.

1394. Rodríguez Moñino, A.: *Construcción crítica y realidad histórica en la poesía española de los siglos XVI y XVII*, Madrid, Castalia, 1965, 57 págs. Breve ensayo que intenta reconstruir la realidad histórica de la literatura, desconocida en su mayor parte en la época áurea, que la crítica ha ido historiando. Las apreciaciones de R. Moñino han tenido una incidencia que se necesita contrarrestar en algunos casos: es verdad que la crítica reconstruye la historia de la poesía áurea, pero también es verdad que esta historia es auténtica, porque se apoya en testimonios de la época auténticos, en testimonios nacidos de la época. De lo que se trata, en realidad, es de diferenciar entre una historia de la poesía, frente a una historia «externa» de la poesía, de los ambientes e incidencias literarias, etc. V. mi artículo (1394a) «Acerca de la realidad histórica de la poesía española de los siglos XVI y XVII», en *Ideologies and Literature*, 1981, número 15.

1395. Sánchez, José: *Academias literarias del Siglo de Oro español*, Madrid, Gredos, 1961, 357 págs. Sobre este tema tan interesante y poco estudiado V. la bibliografía adicional de H. Serís (815, núms. 4.031-4.197) y de Simón Díaz (816, núms. 3.274-3.284). Libro enormemente desordenado y confuso, en el que sin embargo se maneja un material muy rico. Cfr. 1396.

1396. King, Walsch F.: *Prosa novelística y academias literarias*, Madrid, RAE, 1963. Más elaborado y ordenado que el de Sánchez.

1397. Maravall, José Antonio: *La cultura del Barroco*, Barcelona, Ariel, 1975, 536 págs. Extensa exposición —a veces repetitiva— sobre una cultura que el autor piensa urbana, conservadora y dirigida hacia la plebe.

1398. Orozco Díaz, Emilio: *Temas del Barroco. De poesía y pintura*, Granada, Universidad, 1947, 251 págs. Como otras obras del autor, con una continua proyección estética sobre otros aspectos artísticos del Barroco, a cuyo concepto ha dedicado importantes estudios. Cfr. del mismo (1398a) *Manierismo y Barroco*, Salamanca, Anaya, 1970, 204 págs. (2.ª ed. ampl.: Madrid, Cátedra, 1975, 232 págs.). Y los núms. 1438, 1473a y 1473b.

1399. Shepard, Sanford: *El Pinciano y las teorías literarias del Siglo de Oro*, Madrid, Gredos, 1970, 2.ª ed. aum., 209 págs.

1400. Weinberg, B.: *A History of literary Criticism in the Italian Renaissance*, Chicago, Chicago University Press, 1963, 2.ª ed., 2 vols. «Because of the dependence of Spanish sixteenth- and seventeenth-century critical theory on Italy, essential for any detailed understanding of critical theory in Spain with reference to all the literary genres» (Russell).

1401. Bonilla y San Martín, A. («El bachiller mantuano», seud.): *Vejámenes literarios de Jerónimo Cáncer y Velasco y de Anastasio Pantaleón de Ribera*, Madrid, 1904. Para este peculiar género literario, V. también: (1401a) *Sales españolas o agudezas del ingenio nacional recogidas por Antonio Paz y Meliá*, Madrid, Atlas, 1964, 2.ª ed. (por Ramón Paz), 366 págs. Con muestras de Antonio Coello, Juan de Orozco y Francisco de Rojas. (1401b) María Soledad Carrasco Urgoiti: «Notas sobre el vejamen de Academias de la segunda mitad del siglo XVII», en *RHM*, 1965, XXXI, págs. 97-111. Añádase la bibliografía de Homero Serís (815, núms. 7.655-7.661).

1402. Entrambasaguas, Joaquín de: *Lope de Vega en las justas poéticas de 1605 y 1608*, Madrid, 1969, 152 págs. Puede verse como fuente de la época: (1402a) Lope de Vega: *Justa poética a la beatificación de San Isidro*, Madrid, 1620. Complétese con la bibliografía de H. Serís (815, núms. 7.640-7.654).

Algunos textos de la época son especialmente ricos o relevantes para el mejor conocimiento de la cultura, la literatura o simplemente la vida cotidiana de la época. Particularmente las misceláneas, tan gustadas y utilizadas por nuestros clásicos, florecieron a modo de repertorios de curiosidades o pequeñas enciclopedias del ingenio y la cultura popular. Consúltense:

1403. Laguna, Andrés: *Pedacio Dioscórides Anazarbeo*, Madrid, Instituto de España, 1969, ed. facs., 2 vols.

1404. Mal Lara, Juan de: *Philosophía vulgar*, ed. A. Vilanova, Barcelona, Selecciones Bibliófilas, 1958-1959, 4 vols. Se trata de un repertorio de refranes, modismos, proverbios, etc., comentados por el humanista sevillano.

1405. Mexía, Pedro: *Silva de varia lección*, ed. Justo García Soriano, Madrid, *SBE*, 1933, 2 vols.

1406. Pérez de Guzmán, Fernán: *Mar de historias*, Madrid, Atlas, 1944, 208 págs.

1407. Pérez de Moya, J.: *Philosophía secreta*, Madrid, Los clásicos olvidados, 1968, 2 vols. Obra publicada en 1598 y de la que presuntamente aprendieron mitología muchos de nuestros clásicos. Cfr. 324-332 y 956.

1408. Pineda, Juan de: *Diálogos familiares de agricultura cristiana*, ed. Juan Meseguer Fernández, Madrid, BAE, 1963, 4 vols. Verdadera enciclopedia que recoge los conocimientos, costumbres, etc., del siglo XVI.

1409. Suárez de Figueroa, Cristóbal: *Plaza universal de todas las ciencias y artes* (1615), Madrid, SBE, 1914, 549 págs.

1410. Torquemada, Antonio de: *Jardín de flores curiosas*, ed. A. González de Amezúa, Madrid, SBE, 1943.

1411. Santa Cruz, Melchor de: *Floresta española*, ed. de Rafael Benítez Claros, Madrid, SBE, 1933, 2 vols.

1412. Zapata, Luis: *Miscelánea* (1592), ed. de G. C. Horsman, Amsterdam, 1935. «Copiosa colección de dichos y escenas de la vida política, literaria, social, de su tiempo (...) Sobre todo para la historia concreta de su tiempo, es inestimable y difícilmente se encontrará un libro de más amena lectura» (A. Zamora Vicente).

XVII.5. Temas

XVII.5.1. *Poesía*

Aunque parezca mentira, no existe una exposición de conjunto sobre la poesía española del Siglo de Oro, ni tampoco por separado de la poesía renacentista o de la barroca, por lo menos digna de recomendarse como tal. Lo que más se le aproxima son los estudios de D. Alonso (949, 1414) y E. Orozco (1398a), aunque algunos aspectos parciales como el del primer renacimiento (Gallego Morell, 1418), el gongorismo (Jammes, 1419) y autores hayan sido estudiados en profundidad. Falta la síntesis que engaville tantos estudios de base en un panorama completo. Las primeras aproximaciones pueden intentarse a través de libros generales sobre el petrarquismo:

1413. Fucilla, José: *Estudios sobre el petrarquismo en España*, Madrid, RFE, 1960. Las páginas iniciales de (1413a) Rafael Lapesa: *La trayectoria poética de Garcilaso*, Madrid, Revista de Occidente, 1968, 2.ª ed. corr. (1.ª: 1948), 233 págs. contienen un material básico. Entre los estudios más generales, recuérdese el de (1413b) Leonard Forster: *The Icy Fire. Five Studies in European Petrarchism*, Cambridge, CUP, 1969, 203 págs. El estudio estilístico y formal de (1413c) Sharon Ghertman: *Petrarca and Garcilaso: A Linguistic Approach to Style*, Londres, T. Books, 1975, 144 págs. E incluso una publicación periódica (1413d): *Studi Petrarcheschi*, en Bolonia, desde 1948.

1414. Alonso, Dámaso: muchos de sus trabajos se refieren al petrarquismo y la poesía lírica de los siglos XVI y XVII. Recuérdese 949. Entre ellos se deben destacar *Góngora y el Polifemo* (6.ª ed.); *Estudios y ensayos gongorinos* (3.ª ed.); *Vida y obra de Medrano*, y *Poesía española...* (5.ª ed.).

1415. Blecua, José Manuel: *Sobre poesía de la Edad de Oro. (Ensayos y notas eruditas)*, Madrid, Gredos, 1970, 310 págs. El artículo que abre el libro, «Corrientes poéticas en el siglo XVI» (págs. 11-24) es una sencilla y clara exposición de las líneas gruesas de la poesía durante el siglo XVI. Algo más elaborada, la misma lección, en (953) el conjunto de ensayos del mismo: *Sobre el rigor poético en España, y otros ensayos*, Barcelona, Ariel, 1977, 183 págs. El artículo «Mudarra y la poesía del Renacimiento: una lección sencilla», de 1972, págs. 45-56, expone las coordenadas poéticas del siglo a través de los ejemplos poéticos de un cancionero musical.

1416. Caravaggi, Giovanni: *Studi sull'epica ispanica del Rinascimento*, Pisa, Universidad, 1974, 325 págs. Recopilación de trabajos anteriores, particularmente sobre la influencia de la épica italiana en la Península.

1417. Collard, Andrée: *Nueva poesía. Conceptismo, culteranismo en la crítica española*, Madrid, Castalia, 1967, 139 págs. Libro muy pedagógico, pero también muy discutible, sobre unas etiquetas críticas tradicionales.

1418. Gallego Morell, A.: *Estudios sobre poesía española del primer Siglo de Oro*, Madrid, Ínsula, 1970, 256 págs.

1419. Jammes, Robert: *Études sur l'oeuvre poétique de Don Luis de Góngora y Argote*, Burdeos, Inst. d'Études Ib. et Ib-Am. de l'Université, 1967, 702 págs. «It is the most important contribution to the study of Góngora since D. Alonso's early work; and, indeed, the most substantial single contribution to the subject. It is also one of the most important works on any aspect of Spanish literature to appear since the war» (Jones).

1420. Pierce, Frank: *La poesía épica del Siglo de Oro*, Madrid, Gredos, 1968, 2.ª ed. rev. y aum., 396 págs. Con una bibliografía crítica de fuentes, historia de la crítica del género y «examen crítico del género».

1421. Rosales, Luis: *El sentimiento del desengaño en la poesía barroca*, Madrid, Ediciones de Cultura Hispánica, 1966, 379 págs.

1422. Vilanova, A.: *Las fuentes y los temas del Polifemo*, Madrid, anejos de la RFE, 1957, 2 vols. Estudio de los orígenes, aceptación y evolución de los temas de la poesía renacentista y barroca. Obra monumental, de erudición y crítica, como enciclopedia indispensable para la investigación de toda la poesía de la época.

XVII.5.2. *Teatro*

Quizá el género y el espectáculo teatrales sean los que mayor cantidad de aproximaciones históricas y críticas hayan recibido. También es verdad que la masa de comedias es enorme y que los grandes autores (Tirso, Lope, Calderón...) aún tendrán que esperar mucho hasta ver una edición honrosa de su teatro completo. Entre las monografías y panoramas sobre el género destacan de modo claro dos: la de Aubrun (1432) y el panorama histórico, que ya reseñamos (939), de Shergold, quien junto con Varey es recolector de una importantísima serie documental. Monografías como las de N. Salomón (1442) y O. Arróniz (1430 y 1431) abren el panorama hacia dimensiones muy interesantes —sociales y técnicas, respectivamente— que deben ser objeto de estudio en los trabajos futuros. Sobre otras manifestaciones teatrales, existen también monografías serias, particularmente los estudios de Bergman (1449) sobre el entremés y de Flecniakoska (1450) sobre la loa.

1423. Mc Cready, Warren T.: *Bibliografía temática de estudios sobre el teatro español antiguo*, Toronto, Universidad, 1966, 445 págs. Recoge la bibliografía del tema publicada entre 1850 y 1950, tanto sobre el teatro medieval como sobre el clásico.

1424. Cotarelo y Mori, E.: *Bibliografía de las controversias sobre la licitud del teatro en España*, Madrid, 1904. También referido al tema en el siglo XVIII.

1425. Pérez Pastor, Cristóbal: *Nuevos datos acerca del histrionismo español en los siglos XVI y XVII*, Madrid, 1901 (primera serie), Burdeos, 1914 (segunda serie).

1426. Shergold, N. D. y J. E. Varey (eds.): *Fuentes para la historia del teatro en España*, Londres, T. Books, en publicación. El plan de la obra, con los volúmenes ya aparecidos, es el siguiente: I «Representaciones palaciegas: 1603-1699» (en preparación en mayo del 79); II «Genealogía, origen y noticias de los comediantes de España» (en preparación en mayo del 79); III «Teatros y comedias en Madrid: 1600-1650» (195 págs.); IV

«Teatros y comedias en Madrid: 1651-1665» (258 págs.); V «Teatros y comedias en Madrid: 1666-1687» (206 págs.); VI «Teatros y comedias en Madrid: 1688-1689» (en prensa en mayo del 79); VII «Los títeres y otras diversiones populares en Madrid: 1758-1840» (292 págs.).

1427. Hermenegildo, Alfredo: *Los trágicos españoles del siglo XVI*, Madrid, FUE, 1961, 617 págs. Reeditado en Barcelona, Planeta. Libro de poca agudeza crítica, pero respaldado por una investigación seria y casi exhaustiva del tema.

1428. Hermenegildo, Alfredo: *Renacimiento, teatro y Sociedad. Vida y obra de Lucas Fernández*, Madrid, Cincel, 1975, 255 páginas. Plantea realmente el problema de interpretar un teatro tan peculiar como el cortesano de finales del siglo XV y comienzos del siglo XVI, situándolo en su tiempo. Más discutibles son sus soluciones, siguiendo las teorías de Américo Castro.

1429. Sánchez Escribano, Federico y A. Porqueras Mayo: *Preceptiva dramática española del Renacimiento y el Barroco*, Madrid, Gredos, 1971, 2.ª ed. muy ampl. (1.ª: 1965), 408 págs. Estudio y, sobre todo, antología comentada muy completa sobre preceptistas y autores dramáticos en torno a la nueva comedia. De lo poco que ha quedado fuera (1429a) *La apología en defensa de las comedias que se representan en España, de Francisco Ortiz*, ed. Louis C. Pérez, Chapel Hill, North Carolina-Estudios de Hispanófila, 1977, 144 págs.

1430. Arróniz, Othon: *La influencia italiana en el nacimiento de la comedia española*, Madrid, Gredos, 1969, 339 págs. De contenido interesantísimo y más amplio de lo que el título parece indicar, ya que informa detalladamente del desarrollo del teatro y sus condiciones a lo largo del siglo XVI.

1431. Arróniz, Othon: *Teatro y escenarios del Siglo de Oro*, Madrid, Gredos, 1977, 272 págs. La contribución más importante hasta el presente sobre los aspectos técnicos de nuestro teatro clásico, con especial tratamiento del teatro valenciano.

1432. Aubrun, Charles, V.: *La comedia española, 1600-1680*, Madrid, Taurus, 1968 (ed. orig.: 1966), 320 págs. El mejor panorama de conjunto sobre nuestro teatro del Siglo de Oro. Las reseñas que siguen son otras opciones de menos alcance:

1433. Carilla, E.: *El teatro español en la Edad de Oro...*, Buenos Aires, Losada, 1968, 96 págs. Breve síntesis, quizá demasiado cargada de datos para ser pedagógica.

1434. Crawford, J. P. Wickersham: *Spanish Drama before Lope de Vega*, Filadelfia, University of Pennsylvania Press, 1937, ed. revs. (1.ª: 1922), que se ha vuelto a reimprimir en 1967 con un suplemento bibliográfico de Warren Mc Cready. A la Edad Media sólo se dedican unas breves páginas. Es la historia con mayor aportación de datos y noticias sobre obras y autores del siglo XVI.

1435. Froldi, Reinaldo: *Lope de Vega y la formación de la comedia. En torno a la tradición dramática valenciana y al primer teatro de Lope*, Salamanca, Anaya, 1968 (ed. orig.: 1962), 183 págs. Estudio fundamental sobre la efervescencia literaria en Valencia a lo largo de la segunda mitad del siglo XVI, y sobre su posible influencia en las innovaciones teatrales de Lope. Cfr. 1446.

1436. Leavitt, Sturgis E.: *Golden Age Drama in Spain: General considerations and unusual Features*, Chapel Hill, University of North Carolina, 1972, 128 págs.

1437. Maravall, J. A.: *Teatro y literatura en la sociedad barroca*, Madrid, Taller de Ediciones, 1972, 188 págs. Interpretación sociológica —a veces demasiado mecánica y sencilla— del teatro lopesco. En esta línea, pero mucho más pobre y repetitivo: (1437a) Díez Borque: *Sociología de la comedia española del siglo XVII*, Madrid, Cátedra, 1976.

1438. Orozco, Emilio: *El teatro y la teatralidad del Barroco*, Barcelona, Planeta, 1969, 244 págs.

1439. Parker, A. A.: *The Approach to the Spanish Drama of the Golden Age*, Londres, Diamante Series, 1971 (ed. orig.: 1958), 20 págs. Traducción española en *Cuadernos del Idioma* (Buenos Aires), 1969, III, págs. 85-109.

1440. Rennert, Hugo A.: *The Spanish Stage in the Time of Lope de Vega*, Nueva York, Dover Publications, 1963, reimpr. (ed. orig.: 1909), 403 págs. La reimpresión omite la lista de actores y actrices entre 1560-1680.

1441. Rojas, Agustín de: *El viaje entretenido* (1603), ed. J. P. Ressot, Madrid, Castalia, 1972. En seguida se publicó la ed. de J. Josset en Madrid, Espasa-Calpe, 1977, 2 vols. Menos valiosa esta última. Proporciona un conocimiento directo y novelesco de lo que era una compañía ambulante en las postrimerías del siglo XVI.

1442. Salomon, Noel: *Recherches sur le thème paysan dans la 'comedia' au temps de Lope de Vega*, Burdeos, Bibl. de H. Ét. Hisp., 1965, 946 págs. Trabajo muy «francés» desde una perspectiva moderadamente marxista, en el que se analiza el contexto social del teatro barroco. El resultado es una obra monumental, con ramificaciones a otros muchos campos de la literatura y la cultura española de la época. Recuérdense sus trabajos anteriores, necesarios para el planteamiento de la cuestión sobre bases históricas bien documentadas: (1442a) *La campagne de Nouvelle Castille à la fin du XVIème d'après les «Relaciones Topográficas»* (París, 1964). Trad. esp.: Barcelona, Planeta, 1973, 427 págs.

1443. Sullivan, H. W.: *Tirso de Molina and the Drama of the Counter Reformation*, Amsterdam, 1976.

1444. Valbuena Prat, Ángel: *El teatro español en su Siglo de Oro*, Barcelona, Planeta, 1969, 402 págs. Cfr. 940.

1445. Wardropper, Bruce: *Introducción al teatro religioso del Siglo de Oro: evolución del auto sacramental antes de Calderón*, Salamanca, Anaya, 1967, 2.ª ed. (ed. orig.: 1953), 339 págs.

1446. Weiger, John G.: *Hacia la comedia: de los valencianos a Lope*, Barcelona, Planeta, 1979, 246 págs. Cfr. 1435.

1447. Wilson, Margaret: *The Spanis Drama of the Golden Age*, Oxford, Pergamon Press, 1968, 221 págs. «The picture she gives us is a true one: comprehensive, yet sharp in detail; objective, yet personal. The perspectiva and proportions look just right; the figures in the foreground are all in their proper places...» (D. Rogers).

1448. Asensio, Eugenio: *Itinerario del entremés. Desde Lope de Rueda a Quiñones de Benavente*, Madrid, Gredos, 1965, 374 páginas.

1449. Bergman, H. E.: *Luis Quiñones de Benavente y sus entremeses*, Madrid, Castalia, 1965, 572 págs.

1450. Flecniakoska, J. L.: *La formation de l'auto religieux en Espagne avant Calderon (1550-1635)*, Montpellier, Dehan, 1961. V. además el artículo de M. Bataillon: «Ensayo de explicación del auto sacramental», en 952.

1451. Flecniakoska, J. L.: *La loa*, Madrid, SGEL, 1975, 192 páginas.

Referencias. — Recuérdense las historias del teatro español, particularmente la de Shergold (939). V. en seguida colecciones de textos 1514-1522.

XVII.5.3. *Prosa*

Falta también un trabajo de conjunto sobre la prosa a lo largo de estas dos centurias. Las aportaciones de M. Morreale (1393) podrían servir de punto de partida para trazar un camino tan atractivo como difícil, pero que se puede apoyar en los estudios sobre autores concretos (Herrera, Sta.ª Teresa, Fray Luis de León...). El engarce con el siglo xvii a través, por un lado, del habla de los discretos *(Cigarrales* de Tirso, el *Persiles* de Cervantes, la novela cortesana, etc.) y por otro a través de la picaresca —M. Alemán— y Cervantes no se ha hecho. La caracterización de la prosa barroca cuenta con estudios ejemplares referidos a Quevedo, Gracián, etc. Los cortos y preciosos artículos de R. Menéndez Pidal (1507-1507d) pueden servir de base a una caracterización que se traza también breve pero magistralmente en Lapesa (408). El estudio de los géneros literarios en prosa, como tal conjunto de posibilidades creadoras y como abanico de lecturas, queda aún más lejos de la crítica.

1452. Laurenti, Joseph L.: *Bibliografía de literatura picaresca: desde sus orígenes hasta el presente*, Metuchen N. J., Scarecrow Press, 1973, 280 págs. Recientemente completado con *A Bibliography of Picaresque Literature, 1973-1978* (publicada en 1980). Debe preferirse la completísima (1452a) de J. V. Ricapito:

Bibliografía razonada y anotada de las obras maestras de la picaresca española, Madrid, Castalia, 1980, 613 págs.

1452b. Criado de Val, Manuel (comp.): *La picaresca. Orígenes, textos y estructuras.* Actas del I Congreso Internacional sobre la picaresca..., Madrid, FUE, 1979, 1.219 págs.

1453. Chandler, F. W.: *Romances of Roguery: The Picaresque Novel in Spain*, Nueva York, Burt Franklin Reprints, 1961, reimpr. (ed. orig.: 1899), 483 págs.

1454. Francis, Alán: *Picaresca, decadencia, historia (Aproximación a una realidad histórico-literaria)*, Madrid, Gredos, 1978, 230 págs.

1455. Molho, Maurice: *Introducción al pensamiento picaresco*, Salamanca, Anaya, 1972. Versión española de su introducción al volumen de La Pléiade dedicado a la picaresca.

1456. Monte, Alberto del: *Itinerario de la novela picaresca española*, Barcelona, Lumen, 1971 (ed. orig.: 1957), 205 págs. Panorama muy completo —quizá excesivamente cargado de datos y también excesivamente ecléctico— que intenta un equilibrio crítico entre la consideración social y literaria del género.

1457. Parker, Alexander A.: *Los pícaros en la literatura: la novela picaresca en España y en Europa (1599-1753)*, Madrid, Gredos, 1971 (ed. orig.: 1967), 218 págs.

1458. Sieber, Harry: *The picaresque*, Londres, Methuen, 1977.

1459. Zamora Vicente, Alonso: *¿Qué es la novela picaresca?*, Buenos Aires, Columba, 1962, 69 págs.

1459a. Winson, F. G.: *A Critical Bibliography of the Spanish Pastoral Novel 1559-1633*, tesis doct. en la Univ. of North Carolina at Chapel Hill, 1969, 124 págs.

1460. Avalle-Arce, J. Bautista: *La novela pastoril española*, Madrid, Istmo, 1975, 2.ª ed. corr. y aum., 286 págs.

1461. López Estrada, F.: *Los libros de pastores en la literatura española (La órbita previa)*, Madrid, Gredos, 1974, 576 págs.

1462. Rennert, Hugo A.: *The Spanish Pastoral Romance*, Nueva York, Biblo and Tamen, 1968, reimpr. (ed. orig.: 1892), 206 págs. La última edición revisada fue la de 1912. Ensayo breve sobre una veintena de obras del género.

1463. Siles Artés, José: *El arte de la novela pastoril,* Valencia, Albatros, 1972, 172 págs.

1464. Cvitanovic, Dinko: *La novela sentimental española,* Madrid, Prensa Española, 1973, 371 págs.

1465. Durán, A.: *Estructura y técnicas de la novela sentimental y caballeresca,* Madrid, Gredos, 1973, 182 págs. Libro desigual, con una engañosa claridad que oculta graves errores. V. la serie 1278f-i.

1466. Amezcua, José: *Libros de caballerías hispánicos. Castilla, Cataluña y Portugal,* Madrid, Alcalá, 1973, 340 págs. Estudio y antología.

1466a. Curto Herrero, Federico: *Estructura de los libros de caballerías en el siglo XVI,* Madrid, Fundación Juan March, 1976. Se anuncia en prensa (1466b) la obra de Daniel Eisenberg: *Los libros de caballerías en el Siglo de Oro,* Barcelona, Ariel.

1467. Thomas, H.: *Las novelas de caballerías españolas y portuguesas,* Madrid, CSIC, 1952 (ed. orig.: 1920).

1468. Pabst, Walter: *La novela corta en la teoría y en la creación literaria (Notas para la historia de su antinomia en las literaturas románicas),* Madrid, Gredos, 1972 (ed. orig.: 1967), 510 págs. Debe completarse con (1468a) A. González de Amezúa: «Formación y elementos de la novela cortesana», en *Opúsculos Literarios,* I, Madrid, CSIC, 1951. Y con el interesante libro de una joven investigadora —desgraciadamente mal dirigida— (1468b): Evangelina Rodríguez: *Novela corta marginada del siglo XVII español. Formulación y sociología en José Camerino y Andrés de Prado,* Valencia, Universidad, 1979, 327 págs.

1469. Bourland, Caroline Brown: *The Short Story in Spain in the Seventeenth Century,* Northampton, Mass., Smith College, 1927, 215 págs. «Brief essay on the characteristics of the Spanish short story in the seventeenth Century and the Italian influence upon it. Bibliography of editions of novels in the seventeenth and eighteenth centuries» (Bleznick).

1469a. Krömer, W.: *Formas de la narración breve en las literaturas románicas hasta 1700,* Madrid, Gredos, 1979 (ed. orig.: 1973), 316 págs.

XVII.5.4. *Espiritualidad*

1470. Abellán, José Luis: *El erasmismo español: una historia de la otra España*, Madrid, 1976.

1471. Bataillon, Marcel: *Erasmo y España. Estudios sobre la historia espiritual del siglo XVI*, México, FCE, 1966, 2.ª ed. corr. y aum. (ed. orig.: 1937). «Essential reading for any serious student of the intellectual as well as the religious history of sixteenth-century in Spain- and for many aspects of sixteenth century literature» (Russell). «Sigue siendo con mucho el mejor trabajo sobre los movimientos religiosos en la España del siglo XVI, y precisamente su importancia misma puede muy bien haber deformado la visión de la religión española de la época, al otorgar tanta atención a lo que no fue más que una escuela entre otras dentro del pensamiento religioso» (Elliott). Complétese, en consecuencia y para empezar, con el artículo de E. Asensio en *RFE*, 1952, XXXVI, págs. 3-39: «El erasmismo y las corrientes espirituales afines» (1471a). Y del mismo, su trabajo (1471b) en *RO*, 1968, LXIII, págs. 302-319.

1472. Bataillon, Marcel: *Erasmo y el erasmismo*, Barcelona, Grijalbo, 1977 (ed. orig.: id.), 428 págs. Conjunto de trabajos posteriores a su obra magna (1471), que rectifican y reafirman tesis suyas anteriores sobre aspectos concretos. Confróntense con (1472a) Robert Ricard: *Juan de Valdés y el pensamiento religioso europeo en los siglos XVI y XVII*, México, 1958.

1473. Baruzi, Jean: *S. Juan de la Cruz et le probléme de l'experience mystique*, París, 1930, 2.ª ed. Estudio básico sobre el misticismo español. Complétese con (1473a) E. Orozco: *Poesía y mística. Introducción a la lírica de San Juan de la Cruz*, Madrid, Guadarrama, 1959, 285 págs. Y, del mismo: (1473b) *Mística, plástica y Barroco*, Madrid, Cupsa, 1977, 232 págs.

1474. Darbord, Michel: *La poésie religieuse espagnole des Rois Catholiques à l'époque de Philippe II*, París, IEH, 1965, 462 págs.

1475. Márquez Villanueva, A.: *Espiritualidad y literatura en el siglo XVI*, Madrid-Barcelona, Alfaguara, 1968, 216 págs.
1476. Márquez Villanueva, Antonio: *Los alumbrados. Orígenes y filosofía (1525-1559)*, Madrid, Taurus, 1980, 2.ª ed. corr. y aum. (1.ª: 1972), 315 págs.
1477. Nieto, J. C.: *Juan de Valdés y los orígenes de la reforma española e italiana*, México, FCE, 1977, 660 págs. Nuevo planteamiento de los orígenes de las corrientes espirituales en España en el Renacimiento. Léase teniendo en cuenta las consideraciones de Bataillon en 1472.
1478. Ricard, Robert: *Estudios de literatura religiosa española*, Madrid, Gredos, 1964, 280 págs. Cfr. No quiero dejar de citar, en fin, en este apartado la obra reciente de (1478a) Juan Sáiz Barbera: *El espiritualismo español y destino providencial de España en la Historia Universal*, Sevilla, Gráficas Salesianas, 1977, 570 págs. que debe de leerse con especial sentido crítico.

1479. Andrés Martín, A.: *Los recogidos. Nueva visión de la mística española (1500-1700)*, Madrid, FUE, 1975.
1480. Cilveti, Ángel L.: *Introducción a la mística española*, Madrid, Cátedra, 1974, 239 págs. Panorama muy ambicioso, pero que descuida precisamente el tratamiento literario de la cuestión.
1481. Groult, P.: *Los místicos de los Países Bajos y la literatura espiritual española del siglo XVI*, Madrid, FUE, 1976 (ed. orig.: 1927).
1482. Hatzfeld, Helmut: *Estudios literarios sobre mística española*, Madrid, Gredos, 1968, 2.ª ed. corr. y aum. (1.ª: 1955), 423 págs.
1483. Morón Arroyo, Ciriaco: *La mística española, I. Antecedentes y Edad Media*, Madrid, Alcalá, 1971, 254 págs. «Il s'agit d'un manuel d'initiation très élémentaire, mais bien fait et bien informé» (R. Ricard).
1484. Peers, E. A.: *Studies of the Spanish Mystics*, Londres, 1927-1960, 3 vols. El volumen 671 de la colección «Austral» (Madrid, Espasa-Calpe) recoge una síntesis de esta obra: *El misticismo español*.

1485. Smith: *Preaching in the Spanish Golden Age. A Study of some Preachers of the Reign of Philip III*, Oxford, OUP, 1978, 190 págs.

Referencias. — Cfr. 272-273 y 920, 920a, 920b, 920c.

XVII.6. ESTUDIOS LINGÜÍSTICOS

1486. Alemany y Selfa, B.: *Vocabulario de las obras de Don Luis de Góngora y Argote*, Madrid, Archivos, 1930, 1.026 págs.

1487. Alonso Hernández, J. Luis: *Léxico del marginalismo del Siglo de Oro*, Salamanca, Acta Salmanticense, 1977. *El lenguaje de los maleantes españoles de los siglos XVI y XVII...*, Salamanca, 1979, 319 págs.

1488. Bahner, Werner: *La lingüística española del Siglo de Oro*, Madrid, Ciencia Nueva, 1966 (ed. orig.: 1959), 202 págs.

1489. Boyd Bowman, Peter: *Léxico hispanoamericano del siglo XVI*, Londres, Támesis Books, 1971, 1.004 págs.

1490. Burke, U. R.: *Spanish Salt. A collection of all the Proverbes which are to be found in Don Quixote...* (1877). Reimpresión en 1973. Me faltan otras referencias.

1491. Flasche, Hans y G. Hofmann (comps.): *Konkordanz zu Calderon. Computerized concordance to Calderon. Concordancia aplicada a las obras de Calderón con auxilio de una computadora electrónica...*, Hildesheim, G. Olms, 1978. Part. I (vols. I-V), 7.180 págs., incluya las concordancias de los *Autos Sacramentales*.

1492. Casas, C. de las: *Vocabulario de las dos lenguas toscana y castellana*, Sevilla, 1570. Para otros repertorios léxicos de la época, cfr. Gili Gaya (1502) y Corominas (451). Recuérdese que de ésta existe una ed. posterior ligeramente retocada, Venecia, 1591.

1493. Correas, Gonzalo: *Vocabulario de refranes y frases proverbiales...*, ed. L. Combet, Burdeos, Universidad, 1967, 795 páginas. Se trata del repertorio más rico de modismos y frases hechas de nuestra lengua. Es una pena que la edición del hispanista francés no haya ordenado esa enorme masa de frases de manera que su localización sea fácil.

1494. Covarrubias Orozco, Sebastián de: *Tesoro de la lengua castellana o español...*, Madrid, Turner, 1977, ed. facs. (de la de Riquer), 1.094 págs. La ed. anterior de Martín de Riquer (Barcelona, Horta, 1943) incorporaba las adiciones de Noydens (1674) a este repertorio léxico clave para la lectura de nuestros clásicos, y fondo inagotable de curiosidades y noticias sobre la época.

1495. Debax, M.: *Lexique de la Diana de J. de Montemayor*, thèse..., Toulouse, 1971, 2 vols. xerocopiados, 903 págs.

1496. Dubler, César E.: En su obra *La materia médica de Dioscórides. Transmisión medieval y renacentista*, Barcelona, 1953-1959, en el tomo V (de 1954) hay un precioso «Glosario médico castellano del siglo XVI».

1497. Fernández Gómez, Carlos: *Vocabulario de Cervantes*, Madrid, RAE, 1962, 1.136 págs.

1498. Fernández Gómez, C.: *Vocabulario completo de Lope de Vega*, Madrid, RAE, 1971, 3 vols.

1499. García Angulo, E.: *Vocabulario del Lazarillo de Tormes*, Barcelona, Gracián, 1970, 207 págs.

1500. García Blanco, Manuel: *La lengua española en la época de Carlos V y otras cuestiones de lingüística y filología*, Madrid, Escélicer, 1967, 309 págs. El artículo que da título al libro data de 1958. Interesa también: «San Juan de la Cruz y el lenguaje del siglo XVI» (págs. 45-86), de 1942. Ambos intentan profundizar y ampliar los estudios similares de M. Pidal (1507a).

1501. García Salinero, Fernando: *Léxico de alarifes de los Siglos de Oro*, Madrid, RAE, 1968, 280 págs.

1502. Gili Gaya, Samuel: *Tesoro lexicográfico (1492-1726)*, Madrid, CSIC, 1960, tomo I y único aparecido de una gran empresa lexicográfica que no llegó a cuajar. Acúdase al *DHRAE* (449).

1502a. Hidalgo, Juan: *Vocabulario de germanía*, Barcelona, 1609. Fue editada junto con otras muestras de la germanía clásica por (1502b) J. M. Hill: *Poesías germanescas*, Bloomington, Indiana, 1945. Y en *Voces germanescas*, Bloomington, Indiana,

1949. «Glosario completo del léxico de los textos reunidos en el tomo anterior, y en el vocabulario de Hidalgo, cotejado con los vocabularios antiguos y modernos: obra capital para el estudio de la germanía y el caló españoles» (Corominas-Pascual). Cfr. 1524.

1503. Keniston, H.: *The Syntax of Castilian Prose: The Sixteenth Century.* Vol. I. Chicago, Chicago University Press, 1938, 750 págs.

1504. Kossoff, A. David: *Vocabulario de la obra poética de Herrera,* Madrid, RAE, 1966, 360 págs.

1505. Luis de San José, Fray: *Concordancia de las obras y escritos de Santa Teresa de Jesús,* Burgos, Monte Carmelo, 1945, 1.025 págs.

1506. Luis de San José, Fray: *Concordancia de las obras y escritos de San Juan de la Cruz,* Burgos, Monte Carmelo, 1948, 1.212 págs.

1507. Menéndez Pidal, R.: «Un aspecto en la elaboración del Quijote» (1920-1924), en *De Cervantes y Lope de Vega,* Madrid, Espasa-Calpe, 1964, 6.ª ed., págs. 9-60. Del mismo: (1507a) «El lenguaje del siglo XVI» (1933) y «El estilo de St.ª Teresa» (1941), en *La lengua de Cristóbal Colón...,* Madrid, Espasa-Calpe, 1958, 4.ª ed., págs. 47-84 y 119-142, respectivamente. (1507b) «Obscuridad, dificultad entre culteranos y conceptistas» (1942), en *Castilla. La tradición, el idioma,* Madrid, Espasa-Calpe, 1966, 4.ª ed., págs. 219-230. (1507c) «La lengua en Lope de Vega» (1956), en *El Padre las Casas y Vitoria...,* Madrid, Espasa-Calpe, 1966, 2.ª ed., 152 págs., págs. 99-121. (1507d): «Gran innovación en el habla común del siglo XVII. Los diversos gustos lingüísticos», en *Los Reyes Católicos y otros estudios,* Buenos Aires, Espasa-Calpe, 1962, págs. 113-142.

1508. Oudin, César: *Tesoro de las lenguas españolas y francesas* (1675), París, Ed. Hispanoamericanas, 1968, ed. facs., 1.010 páginas.

1509. Ruiz-Fornells, Enrique: *Las concordancias de El Ingenioso Hidalgo Don Quijote de la Mancha,* Madrid, Cultura Hispánica, 1976, 2 vols.

1510. Sáez, L.: *El léxico de Lope de Rueda: clasificaciones conceptual y estadística*, Bonn, 1968. Tesis doctoral inédita.

1511. Sarmiento, Edward: *Concordancias de las obras poéticas en castellano de Garcilaso de la Vega...*, Madrid, Castalia, 1970, 581 págs.

1511a. Serge, D.: *Lexique du Théâtre de J. Ruiz de Alarcón*, París, 1943.

1512. Sesé, Bernard: *Vocabulaire de l'espagnol classique. XVI et XVII siècles*, París, SEDES, 1975, 4.ª ed., 305 págs.

1513. Valdés, Juan de: *Diálogo de la lengua*, ed. de J. F. Montesinos, Madrid, Espasa-Calpe, 1968, 4.ª ed.

1513a. Verdonk, Robert A.: *La lengua española en Flandes en el siglo XVII. Contribución al estudio de las interferencias léxicas y de su proyección en el español general*, Madrid, Ínsula, 1980, 250 págs. Para otras obras que, como ésta, se refieren desde aquella misma época a la lengua, cfr. A. Alonso (410).

Referencias. —Recuérdese la edición de Canellada (1087). Es fundamental el *Diccionario de Autoridades* (423), por su fecha de elaboración.

XVII.7. Antologías

1514. Ebersole, Alva V.: *Selección de comedias del Siglo de Oro...*, University of North Carolina, 1973, 411 págs. Edita diez obras, muy representativas, de Lope, Alarcón, Tirso, Mira de Amescua, Virués, Tárrega, A. de Claramonte, Guillén de Castro y Luis Vélez de Guevara.

1515. Wardropper, B. W.: *Teatro español del Siglo de Oro...*, Nueva York, Charles Scribner's Sons, 1970, 920 págs. Contiene: *El perro del hortelano, El caballero de Olmedo, El villano en su rincón, El retablo de las maravillas, El condenado por desconfiado, El médico de su honra, El príncipe constante, El gran teatro del mundo, El lindo Don Diego*.

1516. Moll, Jaime: *Dramas litúrgicos del siglo XVI: Navidad y Pascua...*, Madrid, Taurus, 1968.

1517. Dirección General de Archivos y Bibliotecas. *Autos, comedias y farsas de la Biblioteca Nacional*, nota preliminar de J. García Morales, Madrid, Dirección General de Archivos y Bibliotecas, 1962-1964, 2 vols.

1518. Bergman, H. E.: *Ramillete de entremeses y bailes... siglo XVII*, Madrid, Castalia, 1970, 471 págs. Pueden verse ahora varias ediciones facsimilares de la casa Olms, entre las cuales la (1518a) recopilación de entremeses de Quiñones por Manuel Antonio de Vargas (Madrid, 1645): Hildesheim, Olms, 1978, 243 folios.

1519. Buendía, F.: *Antología de entremeses (siglos XVI y XVII)...*, Madrid, Aguilar, 1965, 1.000 págs.

1520. Cotarelo y Mori, E.: *Colección de entremeses, loas, bailes, jácaras, mojigangas desde fines del siglo XVI hasta mediados del siglo XVII...*, Madrid, NBAE, 1911, 2 vols.

1521. García Pavón, F.: *Teatro menor del siglo XVII (Antología)*, Madrid, Taurus, 1964.

1522. Rouanet, Léo: *Colección de autos, farsas y coloquios del siglo XVI*, Barcelona-Madrid, 1901, 4 vols. Existe reedición facsimilar en Hildesheim, G. Olms, 1979, 4 vols.

1523. Buchanan, Milton A.: *Spanish Poetry of the Golden Age*, Toronto, University of Toronto Press, 1942, 148 págs.

1524. Hill, J. M.: *Poesías germanescas*, Bloomington, Ind., Indiana University Press, 1945, 258 págs. Basada principalmente en la obra de (1524a) Juan Hidalgo: *Romances de germanía de varios autores* (Barcelona, 1609). Consecuencia de esta obra de Hill es la posterior del mismo (1524b): *Voces germanescas...*, Bloomington, Ind., Indiana University Press, 1949, 192 págs. Cfr. supra 1502a.

1525. Marín, Diego: *Poesía española. Siglos XV al XX...*, Exeter Hispanic Texts, University of Noth Carolina, 1970, 537 páginas. Antología, con una introducción, comentada, con notas —en inglés— y vocabulario.

1526. Rivers, E. L.: *Poesía lírica del Siglo de Oro*, Madrid, Cátedra, 1979, 367 págs. V. del mismo autor (1526a): *Renaissance and Baroque Poetry of Spain*, Nueva York, Charles Scribner's Sons, 1973 (ed. orig.: 1966), 351 págs.

1527. Terry, A.: *An Anthology of Spanish Poetry, 1500-1700*, Oxford, Pergamon Press, 1965-1968, 2 vols.

1528. *Cancionero musical español de los siglos XV y XVI*, trascrito y comentado por Francisco Asenjo Barbieri, Buenos Aires, Schapire, 1945 (ed. orig.: 1890).

1529. Mir, M.: *Predicadores de los siglos XVI y XVII*, Madrid, NBAE, 1906.

1530. Vega, Pedro de: *Antología de escritores políticos del Siglo de Oro*, Madrid, Taurus, 1966.

1530a. Pierce, Frank: *The Heroic Poems of the Spanish Golden Age. Selection*, Oxford, Dolphin, 1947, 231 págs.

Referencias. — V. las antologías generales en XV.

EXCURSO:

ESTRUCTURA DEL LIBRO CLÁSICO ESPAÑOL

A partir sobre todo de las disposiciones legales de 1558 (cfr. 1341), la estructura del contenido en los libros impresos tiene cierta uniformidad y también cierta peculiaridad emanada de la aparición de una serie de textos o disposiciones previas que se conocen con el nombre de «preliminares» (Cfr. cuadro 11).

En los preliminares o partes del libro que suceden a la portada y preceden al texto se acumulan una serie de elementos heterogéneos que son tanto preceptos legales —de origen oficial o de origen eclesiástico— como hábitos literarios. En su mayoría estos elementos textuales van firmados, fechados y localizados, por lo que son preciosos elementos de ayuda para la investigación: suministran datos concretos sobre circunstancias biográficas; como también lo son para conocer el camino que seguía un libro desde que el escritor decidía imprimirlo hasta su aparición comercial.

Tomemos el ejemplo de un libro impreso en pleno período clásico y observemos las fechas de sus preliminares y de su contenido: *La Dorotea, acción en prosa* de Frey Lope de Vega Carpio, Madrid, Imprenta del Reino, 1632.

Aprobaciones. —La fecha más temprana de sus preliminares es la que llevan las aprobaciones eclesiásticas y civiles, ambas del 6 de mayo de 1632. Firma la civil el maestro José de Valdivieso en Madrid, a 6 de mayo. La eclesiástica, Don Francisco López de Aguilar. Quiere esto decir que lo primero que solía hacer un escritor cuando quería publicar un libro era someterlo a la aprobación de las autoridades civiles y eclesiásticas, cuando el libro estaba todavía manuscrito. La fecha de la dedicatoria y del prólogo —partes variables (cfr. el cuadro 12)— precede algunas veces a las de las aprobaciones, como veremos.

Este precepto legal venía obligado por la pragmática aludida de 7 de septiembre de 1558, que centralizaba el control de los impresos por el Consejo de Estado y explicaba minuciosamente cómo se debía otorgar: el original aprobado se firmaba por el censor hoja por hoja y se señalaban minuciosamente las enmiendas que debía sufrir —si fuera el caso— para su publicación. Una vez impreso el libro, el Consejo examina y coteja de nuevo el original con lo ya impreso para ver si se ha respetado el texto aprobado y no ha habido cambios. La pragmática decía también que el original quedaba archivado por el Consejo.

La censura eclesiástica tiene su origen en una pragmática de 1502; pero sólo desde mediados del siglo xvi se ve hace uso de ella sistemáticamente. Obtener la licencia eclesiástica podía ser un salvoconducto para evitar la posterior y más dura actuación de la Inquisición sobre el libro ya impreso y puesto a la venta, lo cual ocurrió a pesar de todo con libros «aprobados». La licencia eclesiástica emanaba de la autoridad regional, provincial o local (arzobispo, obispo, vicario...), en tanto la actuación de la Inquisición no tenía frontera alguna. «En la práctica se efectuó una delimitación de campos y los Prelados se hicieron cargo de lo tocante al período anterior a la publicación (la censura previa) y el Santo Oficio de la posterior» (Simón Díaz).

Cuando el autor pertenecía a alguna orden religiosa, solía necesitar de una licencia de sus superiores en la orden. No es

EL LIBRO ESPAÑOL DEL SIGLO DE ORO

Años de las reglamentaciones más importantes

I. PORTADA

Frontispicio { organigramas / escudos

Nombre del autor
Título de la obra
Nombre del impresor
Lugar donde se ha impreso
Lugar donde se vende
(Otros elementos ocasionales)

II. PRELIMINARES

Preceptos legales ...

Aprobaciones o censuras { Del Consejo / Del Ordinario / De órdenes religiosas   (1502-1558-1610-1627)

Privilegio   (desde 1462, en 1558)

Fe de erratas   (1558)

Tasa   (¿1498?-1558-1598-1627)

Costumbres literarias ...

Escritos de otros autores { en prosa / en verso

Escritos del mismo autor { en prosa / en verso

Prólogos

III. TEXTO

Texto propiamente dicho
Ilustraciones

IV. TABLAS

Índice del contenido
Otros índices

V. COLOFÓN

11. El libro español del Siglo de Oro.

raro, por esta misma razón, que se acumulen en un mismo libro las «aprobaciones», «licencias», «censuras» —son los nombres más usuales— para su publicación. He aquí en el caso que nos ocupa la aprobación eclesiástica:

«*De don Francisco López de Aguilar.*

»Vi (Por mandármelo el señor don Iuan de Velasco y Azcuedo, electo Prior de Ronces Valles, y Vicario general de Madrid) *La Dorotea*, de Frey Lope de Vega Carpio del Abito de S. Iuan, y Príncipe de los Poetas Castellanos, y hallé en ella estilo elegante y puro, y tal que se puede dezir justíssimamente, lo que en otra ocasión escriuió vn Sabio por él.

»*Vsque adeo ut Plauti non sit cultiue Menandri / Carpiaco eloquio, pulchrius eloquium.*

»Gusté de sabrosíssimos y agudos donaires, quadrándole muy bien lo que por él se cantó contra vn infausto Gramático.

»*Quid dignum ferula tua notasti*
In Vega nitido elegantiarum
Parente omnium, et omnium leporum,
Omnium quoque calculis peritor

»Noté finalmente, no común erudición en las materias y ciencias, que toca con grande y clara noticia dellas, mereciendo en todo rigor de justicia, el grande, aunque breue elogio deste verso.

»*Scientiarum Vega Carpius Phoenix.*

»Lo que no hallé en todo el contexto, fue cosa que se oponga a la piedad, y doctrina Católica, ni publique guerra a las buenas costumbres, antes en Prosa graue, y Versos dulces y pulidos todo lo referido. Puédesele dar la licencia que merece y suplica. En Madrid 6, de Mayo de 1632.»

A partir de 1626 —al menos sobre el papel— la licencia del Consejo no se otorgaba a ningún escritor religioso o regular que no tuviera licencia de sus superiores religiosos.

Las aprobaciones y censuras tienen sus formulillas, con la inclusión de los datos fijos («no hallé... cosa que se oponga a la Piedad y doctrina Católica...», «Puédesele dar la licencia...», etc.) que se pueden apreciar en el ejemplo. Como también muestra

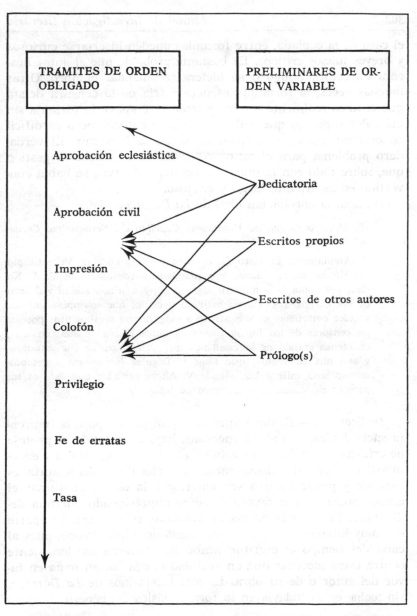

TRÁMITES DE ORDEN OBLIGADO

- Aprobación eclesiástica
- Aprobación civil
- Impresión
- Colofón
- Privilegio
- Fe de erratas
- Tasa

PRELIMINARES DE ORDEN VARIABLE

- Dedicatoria
- Escritos propios
- Escritos de otros autores
- Prólogo(s)

12. Ordenación y estructura de las diversas partes del libro clásico español.

el caso de la copiada, entre fórmulas pueden insertarse curiosos y breves juicios críticos. Es bastante probable que el autor buscara un censor amigo o se hiciera recomendar el libro. Otras muchas veces, la fórmulas escueta y fría de la censura delata que el libro realmente no se ha leído y se aplica la fórmula sin más. Por supuesto que hubo censuras negativas, pero es difícil conocerlas: entonces el libro no se podía imprimir. El verdadero problema para el autor consistía en agilizar esta gestión que, sobre todo con la masificación del siglo XVII, se había convertido en un trámite largo y enojoso.

He aquí la aprobación civil de *La Dorotea:*

«*El Maestro Joseph de Valdiuieso, Capellán del Sereníssimo Cardenal Infante.*

»Atentamente he visto *La Dorotea* de Frey Lope de Vega Carpio del Hábito de San Iuan, por mandado y comissión de V. A. No tiene cosa opuesta a nuestra sagrada Fe, y a la honestidad y decoro de las costumbres. De su artificio y estilo, que exemplar enseña, y dulce entretiene, no me atreuo a exagerar mi sentimiento; porque los censores de los libros tienen ya quien lo sea de sus censuras, en ofensa grande de la confiança que V. A. haze de sus estudios: y assí diré solamente, que tiene la Dorotea hermosura y entendimiento para salir a luz, siendo V. Alteza seruido: que éste es mi parecer en Madrid a 6 de mayo de 1632».

Dedicatoria. — El libro aprobado y dispuesto para la imprenta suele dedicarse a algún mecenas, bajo cuya tutela se proteja de críticas y cuyo favor se solicita en términos generales y encomiásticos. Por esa misma razón la fecha de la dedicatoria es variable y puede incluso ser anterior a la de las censuras: el censor podía quedar favorablemente impresionado por una dedicatoria. La historia de las dedicatorias es un capítulo aparte —y muy interesante— de la sociología del libro clásico, pues al cabo del tiempo el escritor acabó por volverse burlonamente contra estos mecenas que en realidad nunca hacían nada en favor del autor o de su obra. La que insertamos de *La Dorotea,* sin fecha, entra todavía en la forma clásica del género:

«Al Ilustríssimo y Excelentíssimo Señor don Gaspar Alfonso Pérez de Guzmán el Bueno, Conde de Niebla.

«Escriví La Dorotea en mis primeros años, y auiendo trocado los estudios por las armas, debaxo de las vanderas del Excelentíssimo Señor Duque de Medina Sidonia, abuelo de V. Excelencia, se perdió en mi ausencia, como sucede a muchas; pero restituida o despreciada (que assí lo suelen ser después de auer gastado lo florido de la edad) la corregí de la lozanía, con que se auía criado en la tierna mía, y consultando mi amor y obligación la bueluo a la Ilustríssima Casa de los Guzmanes, por quien la perdí entonces: donde si viniere de buen semblante, será en ella alguno de los Armiños de sus generosas armas; y si vieja y fea, la opuesta sierpe a la insigne daga del coronado blasón de su glorioso Tinbre. V. Excelencia tiene el nombre de Bueno por Naturaleza, y sucessión de tantos Príncipes que lo fueron: con esto sólo lisongeo su grandeza, pues es título que se traslada del mismo Dios, que guarde a V. Excelencia muchos años.

»Frey Lope Félix de Vega Carpio.»

«Como 'Proemio', 'Epístola proemial', 'Epístola dedicatoria', etcétera se encuentran a centenares estos escritos introductorios en el siglo XVI, mezclando en una sola pieza frases adulatorias, noticias biográficas, consideraciones técnicas y advertencias al lector». «Según se fue haciendo más difuso el estilo, la misma extensión debió de hacer aconsejable fragmentar esa introducción y así fueron apareciendo independientemente las Dedicatorias por una parte y los Prólogos y similares por otra» (Simón Díaz).

Prólogos. — En efecto, es difícil a veces clasificar a tantos distintos preliminares que se amontonan en algunos libros clásicos. Junto a la «Dedicatoria» clásica a un mecenas, suelen aparecer otras al vulgo o al público, notas previas informando del contenido e intención del libro, justificaciones, protestas, etc., que son, como veíamos, derivaciones de la Dedicatoria original. Entre todos estos escritos, el prólogo es el más importante. Su fechación es variable, pero cuando se datan suele predominar la fecha tardía, es decir: el libro ya está aprobado y probablemente impreso.

En el caso de *La Dorotea*, por ejemplo, inmediatamente después de la Dedicatoria se imprimen unas páginas laudatorias «Al teatro de Don Francisco López de Aguilar».

Escritos y poesías laudatorias. — En el último tercio del siglo xvi se puso de moda solicitar escritos laudatorios de personajes y sobre todo escritores de la época para preceder al texto con una salva de alabanzas autorizadas. Cervantes, como es bien sabido, se burló irónicamente de esta costumbre en los preliminares de *El Quijote*. Pero aún tuvo larga fortuna durante todo el siglo xvii. Los escritores bien situados podían presumir con una retahíla de rimbombantes poemas; en tanto que los más oscuros debían de contentarse con mendigar a sus amigos y allegados. El profesor Simón Díaz (533) ha rastreado los orígenes de esta costumbre a lo largo del siglo xvi. En el ejemplo que estamos manejando de Lope —muy dado a solicitar estas colaboraciones en sus libros— sólo hay un escrito preliminar, aparte de los legales, de Quevedo. La razón de esta parquedad estriba en las críticas y mofas que había sufrido por exagerar estos aspectos en obras anteriores, y quizá también en que se trataba de un gran escritor, ya cansado y viejo, que no necesitaba del aplauso artificial.

Fe de erratas. Privilegios. Tasa. — Una vez impreso el libro, prologado y dedicado, se volvía a poner bajo la consideración de un funcionario del Consejo de Estado. Obsérvese que la impresión de una obra bastante voluminosa como es *La Dorotea* ha llevado aproximadamente cuatro meses: tiempo entre las aprobaciones y la tasación.

La fe de erratas era, primero, cuestión profesional de la imprenta y del autor, quienes «corregían pruebas» muchas veces a mitad de tirada, por lo que los ejemplares de una misma edición pueden tener variantes. Y era luego cuestión del corrector oficial, ya que el texto se cotejaba con el original y las diferencias o erratas se hacían constar en un documento que se imprimía en los preliminares como «fe de erratas». Ésta es la fe de erratas de *La Dorotea:*

«Fe de erratas

»*Mager aunque, quita aunque,* fol. 39. *De su, di de tú,* 52. *Ha hecho, di has hecho,* 141. *Amenacéis, di amanecéis,* 160. *Defensadara, di desenfadara,* 126. *La de mis ojos, di la que de mis ojos,* 275. *Carros, di Arcos,* 249. *Delectione, di delectatione,* fol. último.

»Este libro intitulado, *La Dorotea,* con estas erratas, está bien y fielmente impresso conforme su original. Madrid y Setiembre 7. de 1632.

»*El Licenciado Murcia de la Llana.*»

La mayoría de las veces este cotejo era también formulario o se hacía muy por encima.

La tasa era sencillamente el control que el Consejo ejercía sobre el precio del libro, la mayoría de las veces por la simple valoración del pliego de papel multiplicado por el número de pliegos que el libro tenía. La valoración del pliego se hacía en razón *a)* del valor real del pliego o, si se prefiere, del nivel de vida de la época; *b)* del contenido y valor del libro; aunque esta circunstancia parece haber sido secundaria o, al menos, no haberse manejado con elasticidad suficiente como para diferenciar mediante el costo del libro el valor de su contenido. Es algo que está por estudiar.

Los «privilegios», a veces también llamados «licencias», eran los «derechos del autor» en la época. Concedía privilegio la Corona al autor, impresor o editor para que sólo él pudiera publicar el libro en determinados reinos durante un plazo de tiempo que oscilaba entre los seis y los diez años. A los infractores se les imponía el embargo de la edición pirata y fuertes multas. A pesar de todo las ediciones fraudulentas estaban a la orden del día. Además, al estar reducido el privilegio a un solo reino (Aragón, Castilla, Nápoles...), los impresores desaprensivos no tenían más que imprimirlo en otro reino —o poner como lugar de impresión otro reino— para burlar la ley en beneficio propio. Su fórmula legal era o bien la de «Licencia» («tiene licencia...») o la de «suma ('resumen') de privilegio», como en el caso de *La Dorotea:*

«Suma de Priuilegio.

»Tiene priuilegio por diez años Frey Lope de Vega Carpio para imprimir este libro intitulado, *La Dorotea*, sin que otro ninguno le pueda imprimir, ni vender sin su licencia en el dicho tiempo, con las penas en él contenidas: firmado de su Magestad, y refrendado por don Fernando de Vallejo su Secretario. Fecha en Madrid a 14. de setiembre de 1632».

«Suma de Tassa.

»Está tassado este libro por los Señores del Real Consejo, a quatro marauedís y medio cada pliego, tiene treinta y cinco pliegos y medio, que al dicho precio monta quatro reales y veinte y quatro marauedís. Dada en Madrid a 14 de setiembre de 1632».

La tasa solía ser lo último que se imprimía y el último trámite previo a la publicación del libro. Se da el caso de libros que llevan tasa fechada en año posterior al que consta en portada como de impresión del libro.

Tablas. — Era el modo más común de referirse a los actuales índices o sumarios. Aunque su colocación solía ser al final del libro, después del texto, existen ejemplares con tablas en los preliminares. Cuando creció el prurito de ostentar sabiduría, manejo de material, etc., las tablas pudieron servir —a modo de los actuales índices— para desplegar en alarde estos conocimientos: índice de autores citados, índices mitológicos, índices de citas bíblicas, etc.

Colofón. — Era la formulilla con que se solía cerrar la impresión del libro (cfr. pág. 55), todavía hoy vigente en algunas editoriales. Excelente punto de referencia para cronometrar la impresión: desde la fecha de las aprobaciones hasta la del colofón, salvo imprevistos. En los Siglos de Oro, sobre todo a partir de mediados del siglo XVI, es frecuente rematar el texto, antes del colofón propiamente dicho, con una protesta de fe, como salvaguarda contra las posibles actuaciones de la Inquisición. V. el caso del final de *La Dorotea:*

«Todo lo que contiene *La Dorotea* se sujeta a la corrección de la santa Católica Romana Iglesia, y a la censura de los mayores, desde la primera, hasta la letra última.

»Frey Lope de Vega Carpio».

Texto. —La disposición del texto es muy variada; el número de subdivisiones internas depende de su carácter. El actual «capítulo», por ejemplo, en los géneros narrativos podía llamarse nada menos que «discurso», «tranco», «jornada», «descanso», «tratado», etc.

Los mejores libros llevaban ilustraciones —planchas de madera o de cobre—, gran número de adornos tipográficos (cfr. Yciar, 1352) y una cuidada disposición de los espacios blancos. Desde finales del siglo XVI la calidad del libro impreso empeoró manifiestamente, debido a la crecida de las tiradas y a una relativa masificación de la producción impresa: el papel era de peor calidad; los tipos, vulgares y gastados; el formato, poco cuidado; etc.

La disposición del texto podía optar por la solución mayoritaria, ocupando toda la página, o en columnas, o con notas marginales —muy frecuente— que van señalando el devenir del libro o modo de titulillos o subrayando con citas cultas —como nuestras notas— el contenido del texto.

Era costumbre —hoy perdida— que todas las páginas llevaran, en el ángulo inferior derecho, por lo general, un «reclamo» o reproducción de la(s) primera(s) sílaba(s) o la primera palabra de la página siguiente para evitar las equivocaciones del lector cuando pasaba hoja.

EXCURSO:

LA DESCRIPCIÓN BIBLIOGRÁFICA DEL LIBRO CLÁSICO ESPAÑOL

Cuando la alusión a un libro no es una mera referencia o una cita bibliográfica (cfr. págs. 127-31), sino que interesa una descripción analítica o catalográfica, se pone en juego una sutil técnica descriptoria que se hallará explicada y ejemplificada en las obras fundamentales de Bowers (707), Greg (724), Foxon (522), Gaskell (523), etc.

La descripción bibliográfica analítica o catalográfica es un precioso instrumento de control del libro y sus partes —incluyendo el contenido: el texto— que sirve para evaluar su importancia como tal producto editorial y como tal producto ideológico, para toda clase de manipulaciones críticas que se quieran hacer sobre un período literario, un autor, un género o una obra.

Sin embargo —y a pesar del rigor que se ha alcanzado en este terreno— la descripción catalográfica varía de acuerdo con la naturaleza misma del texto y con las intenciones del descriptor. Por citar sólo el ejemplo más evidente —el que se deduce de las líneas anteriores—: el interés especial del libro puede residir en su valor como producto de la imprenta (tipografía, ilustraciones, encuadernación...), en cuyo caso estos aspectos constituirán la parte esencial de la descripción; pero si la obra interesa sobre todo por su contenido literario, al margen de su calidad tipográfica, el descriptor cuidará de subrayar el análisis del elemento textual. Evidentemente, este último es el caso que nos ocupa ahora: textos literarios españoles.

Según Gaskell (523, pág. 321) se pueden dividir las técnicas de descripción bibliográfica en cinco partes: «(1) Transcriptions (or reproductions) of the titlepage, etc., which both record information and provide identification. (2) A formula which analyses the format and make-up (collation) af the book in a conventional short-hand, by explaining its construction, says something about its manufacture; added here as further evidence of completeness and identity are notes of the manner of signing, the number of leaves and the pagination. (3) A technical note, detailing such things as press figures, type, paper, and inserted plates. (4) Details of the contents of the book. (5) Notes of any other information wich may thraw light on the books' history and a register of the copies examined». Señala también Gaskell, con respecto a estas técnicas, que su importancia varía según el texto descrito.

Portada: ENSEÑANÇA / ENTRETENIDA, / Y / DONAIROSA MORALIDAD, / COMPREHENDIDA / EN EL ARCHIVO INGENIOSO / de las Obras eſcritas en Proſa / *DE DON FRANCISCO DE QVEVEDO VILLEGAS / Cauallero de la Orden de Santiago, y Señor de la Villa de / la Torre de Iuan Abad.* / Contienenſe juntas en eſte Tomo, las que ſparcidas en diffe- / rentes Libros haſta aora ſe han impreſſo. / OFRECIDAS A PEDRO SEVERIM / DE NORONHA. / [filete] / EN LISBOA. / *Con todas las licencias neceſſarias.* / En la Imprenta de Pablo Craesbeeck, y á ſu coſta. / Año de 1657.

Colofón: ninguno.

Preliminares: ¶1ʳ: portada. ¶1ᵛ: en blanco. ¶2ʳ⁻ᵛ: Dedicatoria a Pedro Severim de Noronha, firmada por Paulo Crasbeeck, en Lisboa, 9 de junio de 1657. ¶3ʳ: Tabla de materias. ¶3ᵛ: Licencias firmadas por Fr. Agostinho de Cordes, Lisboa, 11 de diciembre de 1653; Fr. Manoel da Visitaçaõ, S. Francisco da Cidade, 21 de septiembre de 1653; Pedro da Silua de Faria, Pantaleaõ Rodrigues Pacheco, Frey Pedro de Magalhaẽs, Francisco Cardoso de Tornco, Diogo de Sousa, Lisboa, 23 de diciembre de 1653; O Bispo de Targa, Lisboa, 4 de marzo de 1654; y Andrada, Cazado, Lisboa, 22 de abril de 1654. ¶4ʳ: Fe de erratas, firmada por Fr. Manoel da Visitaçaõ, Lisboa, 15 de junio de 1657; y una vez más por Pacheco, Sousa, Magalhaẽs, y Rocha, Lisboa, 15 de junio de 1657. Tasa, firmada por Mattos, Marchaõ, y Sousa, en Lisboa, 16 de junio de 1657. ¶4ᵛ: en blanco.

Texto de la *Política de Dios:* Solamente la Parte Primera, en veinticuatro capítulos, págs. 322-405, sin preliminares ni portada. El título se da como «Gobierno superior de Dios, y tiranía de Satanás» lo que es combinación del título del capítulo primero, y del título de la versión de Zaragoza.

Cotejo: ¶4 + A-Ff⁸ + Gg⁴ + a-e⁸ + f⁶. Erratas de signaturas: L2 (por error I2), b2 (B2), b3 (*b*3), b4 (*b*4), d—f (D—F). Cuarto.

Paginación: [4] ff. + 1-472 pp. + 1-92 pp. Erratas de paginación: 65-84 (por error, 64-83), 79-80 (74-75), 85-237 (86-238), 122 (12), 149 (152), 219 (170), 226-227 (237-238), 238-239 (240-241), 240-388 (241-389), 248 (259), 252 (243), 261 (263), 314 (316), 315 (no hay error), 317-320 (no hay error), 389-472 (por error, 400-483), 418-419 (439-440). 14 × 19.3 cm.

Procedencia del texto de la *Política de Dios:* la segunda de las dos ediciones de la *Enseñanza entretenida* que se publicaron en Madrid en el año 1648. Varias erratas que aparecen en la edición de 1657 se encuentran también en las dos de 1648, pero no en otras ediciones: 'exiebat' por 'exierat' (I, iv, 11); 'puella' por 'puellae' I, ix, 161); 'XIV' por 'XVIII' (I, xviii, 1). Además, solamente en estas ediciones se imprime la palabra 'Diotrephees' en letras romanas. La edición de 1657 comparte las siguientes erratas con la segunda, pero no la primera, de las dos del año 1648: 'exisse' por 'exijsse' (I, iv, 15); 'caenam' por 'coenam' (I, ix, 152); 'accederunt' por 'accedunt' (I, xiii, 7); 'ignoras' por 'ignorans' (I, xvii, 160).

Descripciones bibliográficas: Menéndez y Pelayo, p. 446, núm. 98; Astrana (1932), p. 1391b, núm. 114; Astrana (1946), p. 680, núm. 117; Mas, p. 29a; Buendía (1960), p. 1301b; Palau (1962), XIV, p. 368a, núm. 243572.

Ejemplares: Crosby; B. Angelica (Roma); B. da Ajuda (Lisboa); B. de Menéndez y Pelayo (Santander); B. Pública Municipal (Porto); Hispanic Society (Nueva York); Univ.-B. Uppsala.

13. Descripción bibliográfica de Crosby.

ALCALÁ YÁÑEZ Y RIBERA, Gerónimo

PORTADA: SEGVNDA | PARTE DE | ALONSO MOZO | DE MV-
CHOS | AMOS. || COMPUESTO POR EL DOCTOR | Geronimo de
Alcala Yanez y Ribera, | Medico, vezino de la ciudad | de Segouia. ||
DIRIGIDA AL DOCTOR DON | *Aguſtin Daça, Dean y Canonigo de*
la ſanta y Ca- | *tredal Igleſia de Segouia, y Refrendario de ſu San-*
tidad en las Signaturas de Gra- | *cia, y de Iuſticia.* || [Dos orlas de
10 × 10 mms. en total]. CON PRIVILEGIO. || [Filete]. || En Valla-
dolid, por Geronymo Morillo | Impreſſor de la Vniuerſidad. | Año
M.DC.XXVI. || [La portada lleva una nota manuscrita, en la parte
superior, que dice: «Del Colegio dela Compª deJhs de Granā...»,
además del número de registro y el sello de la Biblioteca de la
Universidad de Granada].

PRELIMINARES: Licencia y privilegio por diez años, a 16 de
diciembre de 1625, en Madrid, por Sebastián de Contreras («Por
quanto por parte de vos el Doctor...»; hs. 2r-3r). — Tasa por Fernando Vallejo en Madrid a 14 de noviembre de 1626 («Yo don Fernando de Vallejo, Secretario del...»; h. 3v). — Fe de erratas, por
Rafael Sánchez, en Valladolid, a 10 de noviembre de 1625 («Eſte
libro eſta fielmente correto, y concuerda...»; h. 3v). — Aprobación
eclesiástica de Fray Juan Gómez, en el Monasterio de los Huertos
de Segovia, el 21 de octubre de 1625 («POR Comiſsion del Señor...»;
h. 4). — Dedicatoria del autor al Doctor Agustín Daza, sin fechar
(«LA arrogācia, ingratitud, y soberuia...»; h. 5). — Prólogo del autor
(«Memoria tēgo, no ſe me ha ol-...; h. 6). — Décima de Juan Bravo
de Mendoza («COMO sirve de alumbrar...»; h. 7r). — Décima de
Josef de Aldana («SIrve Alonſo, y eſcriuiendo...»; h. 7v). — Décima
de Antonio de Zamora y Tapia («EN los amos que mudays...»; h.
8r). — Décima de Juan de Quintela («DEſpacha Alcala eſte dia...»;
h. 8v). — Décima de Juan de Caxiguera («SAbeys Alcala eſcriuir...»;

h. 9r). — Décima de Fernando Tello de San Román («DEL veneno ponçoñoſo...»; h. 9v). — Décima del Padre Fray Matías de Sobremonte («DE un peregrino ſiruiente...»; h. 10r). — Décima de Diego de Soto («Alonſo ſeruil oyente...»; h. 10v). — Décima de Antonio Balbas Barona («VN moço que en el ſaber...»; h. 11r). — Décima de Baltasar Serrano y Tapia («MOço que al mundo ſeruia...»; h. 11v). — Soneto de Francisco Oracio de Salier («SI quien mezcla lo dulce y prouechoſo...»; h. 12). — Décima de Pedro Serrano y Tapia («NInguna alabāça hallamos...»; h. 13r). — Décima de Alonso de Ledesma («OR buelue Alonſo a ſeruir...»; h. 13v). — Décima de María de Orozco Zúñiga y Bargas («PIntar a Iupiter viejo...»; h. 14r). — Décima de Eugenio Velázquez («MOço viejo, bien hazeys...»; h. 14v-15r). — Décima de Gerónimo de Castro Suárez («De las Eſcuelas del mundo...»; h. 15v-16r).

DESCRIPCIÓN MATERIAL: 14 × 9'5 cms. — Cotejo: ¶5 + 2, ¶¶3 + 5, A5 + 3-V5 + 4. — 16 hs. + 322 págs. — Errores en la paginación: 24 por 44, 172 por 188, 213 por 229, 228 por 256, 262 por 272, 259 por 279 y 382 por 302. Existen también algunos errores en la signatura de los pliegos: L5 por L3, L por L5 y M4 por M5. — Letra redonda de mala calidad. — Caja: 6'8 × 11'2 cms., 24 líneas. — Papel, en mal estado las págs. 321-322. — Encd. en perg., con la cubierta posterior destrozada.

TEXTO: Carece de anteportada. — Portada (h. 1r). — Preliminares (hs. 2-16). — 1-322 págs. de texto, subdividido en capítulos. — Carece de tablas y colofón, quizá perdidos por la mala conservación del ejemplar, sobre todo al final.

HISTORIA DEL TEXTO: Ejemplar descrito, el de la Biblioteca Universitaria de Granada, A-39-334, procedente de la Biblioteca del Colegio de la Compañía de Jesús. Palau, Gallardo, Simón Díaz.

14. La descripción bibliográfica de un libro español del Siglo de Oro.

Si repasamos las descripciones bibliográficas de textos literarios españoles (cfr. cuadro 13) en donde sería lógico encontrarlas: ediciones críticas, catálogos de fondos de bibliotecas, estudios de crítica textual, etc., observamos en seguida dos cosas: la mayoritaria ausencia de estas descripciones, suplantadas normalmente por referencias o citas bibliográficas cortas; y la anarquía y disparidad de criterios en los pocos casos en que la descripción analítica ocurre. Cfr. Crosby, 1083; Rodríguez Moñino, 1336; Millares Carlo, 1332; el caso de algunas colecciones como la de Antiguos Libros Hispánicos (1013); etc.

Las páginas que siguen intentan presentar una síntesis de estas técnicas aplicables a los textos literarios españoles antiguos impresos (siglos XVI y XVII). Se tiene en cuenta tanto la teoría de las bibliografías anglosajonas citadas más arriba, como la práctica descriptora de los bibliógrafos españoles en los casos que también se acaban de reseñar. Un resumen se encontrará en el cuadro.

Normas generales. — La ficha o descripción consta de seis partes distintas que se corresponden a otros tantos párrafos. Dentro de cada párrafo y cuando es el caso, cada subparte se separa de las restantes por punto y guión. La denominación de la tarea descriptora precederá siempre, seguida de dos puntos, a los datos de la descripción cuando puede haber confusión. Después del último punto y guión se acumularán todos aquellos datos no clasificados, peculiares, etc.

Ficha. — Si las descripciones catalográficas van a integrarse en un fichero común, no queda más remedio que adoptar el tamaño universal (7,5 × 12,5) pese a su evidente incomodidad para acoger en tan corto espacio una descripción analítica. De no ser así, las fichas de 10 × 15 cms. o mayores son mucho más prácticas para la reproducción fiel o casi facsimilar de la portada, por ejemplo, y para poner en clave el juego tipográfico y a veces especial de las portadas.

Tanto si la descripción se hace sobre fichas como si se hace sobre papel de mayor tamaño, la separación de las diversas

partes que aquí vamos a ir enumerando —y como ya se ade-
lantó— se hará por párrafos, y dentro de cada párrafo por
punto y guión.

Encabezamiento. — El encabezamiento de la ficha depende
del conjunto en donde vaya a integrarse. En una catalogación
de obras de un mismo autor no sirve para nada el encabezamiento por apellidos y nombre, que es idéntico en todas las
fichas. Recuérdense al respecto las normas UNE (cfr. págs. 130-
131). Como regla general que se necesitará adoptar según situaciones y casos: entre libros de diferentes autores, los apellidos
y el nombre sirven de encabezamiento y ordenación de un conjunto. Entre libros de un mismo autor se puede adoptar la
ordenación cronológica o la alfabética por el título de las obras;
entre ediciones de la misma obra de un mismo autor, la ordenación cronológica es la única posible.

Portada. —La parte esencial de la descripción catalográfica
de un libro es la transcripción de la portada. También lo era
en la cita y referencia bibliográfica (cfr. págs. 127-131), aunque
de modo abreviado y seleccionando los datos esenciales. En
este caso los criterios son totalmente distintos: se debe transcribir toda la portada y con la mayor fidelidad posible. Esta
fidelidad se ha extremado de manera tal, que hasta ha habido
bibliógrafos que han preferido la descripción rigurosa, con anotación de medidas, denominación de tipos, etc., al facsímil de la
portada.

El texto de la portada debe copiarse totalmente. Cuando por
alguna causa —que se tiene que justificar— se suprime algo, se
marca mediante corchetes [...], encerrando tres puntos suspensivos si la omisión es menor a una línea o encerrando todo un
renglón de puntos si es la supresión igual o mayor a un renglón
de la portada original. Las reconstrucciones conjeturales o to-
madas de otros ejemplos de la misma edición, o de otras ediciones, se intercalan entre ⟨...⟩. Para transcribir los paréntesis
del texto se utilizan también paréntesis (...); y para los posibles

LA DESCRIPCIÓN DE UN LIBRO CLÁSICO

1. **ENCABEZAMIENTO** (variable)
2. **PORTADA**
3. **PRELIMINARES**
   Dedicatoria(s)

   Preceptos legales $\left\{\begin{array}{l}\text{Tasa} \\ \text{Fe de erratas} \\ \text{Aprobaciones y censuras} \\ \text{Privilegio}\end{array}\right.$

   Hábitos literarios $\left\{\begin{array}{l}\text{Escritos del mismo autor} \\ \text{Escritos de otros autores}\end{array}\right.$

   Prólogo(s)

4. **DESCRIPCIÓN MATERIAL**
   formato
   cotejo de pliegos

   paginación $\left\{\begin{array}{l}\text{hojas} \\ \text{folios} \\ \text{páginas} \\ \text{errores en la paginación}\end{array}\right.$

   tipografía $\left\{\begin{array}{l}\text{tipo letra} \\ \text{medida de la página impresa (caja)} \\ \text{núm. de líneas por página} \\ \text{cuerpo de letra más usado} \\ \text{características especiales}\end{array}\right.$

   materia $\left\{\begin{array}{l}\text{papel, pergamino, tela, etc.} \\ \text{filigrana del papel} \\ \text{conservación}\end{array}\right.$

   encuadernación $\left\{\begin{array}{l}\text{materia} \\ \text{tipo} \\ \text{conservación}\end{array}\right.$

   ilustraciones $\left\{\begin{array}{l}\text{procedimiento} \\ \text{lugar en el texto} \\ \text{otras características}\end{array}\right.$

5. **TEXTO**
   Anteportada
   Portada
   Preliminares
   Texto $\longrightarrow$ partes del texto
   Tabla de materias
   Colofón

6. **HISTORIA DEL TEXTO**
   Procedencia del texto
   Descripción bibliográfica
   Ejemplares localizados

corchetes del texto original, una variante de los corchetes que no se confunda con el de las supresiones, por ejemplo [...]. La copia reproduce la portada en su configuración estructural y lineal. Los finales de línea de la portada se señalan en la transcripción por rayas verticales |. Los finales de párrafo por ||. Cuando la transcripción puramente tipográfica tropieza con un elemento no tipográfico: un escudo, una orla, un filete, etcétera que rompe la continuidad, el bibliógrafo la describirá lo más exactamente posible, entre corchetes [...], y señalando el tamaño y disposición, en el primer caso en milímetros: la primera cifra señala siempre la altura o verticalidad, y la segunda el ancho u horizontalidad: 230 × 170 mms. Si la disposición de estos elementos no tipográficos no interrumpe el texto de la portada (por ejemplo por estar colocados a lo largo de los márgenes), se hará notar su disposición y se describirá el final de la trascripción. Estas observaciones finales añadirán, si es el caso, el posible juego de colores que se haya empleado en estos adornos o ilustraciones.

La trascripción debe reproducir con la mayor fidelidad posible los tipos de las letras. No queda más remedio, en consecuencia, que utilizar una clave. Lo más sencillo es utilizar la clave que sirve para la presentación de originales, es decir: reproducir las versales como mayúsculas, la itálica o cursiva subrayada, la negrita mediante raya ondulada y las versalitas con doble raya. La combinación de estas convenciones (cfr. páginas 57-58) en el subrayado permite anotar otras muchas variantes. Cuando se encuentren varios tamaños de un mismo tipo, si la trascripción es manual debe de conservarse esta diferencia. Las letras de diverso color, en fin, se señalan por un subrayado de puntos, de líneas punteadas.

La trascripción respetará las letras desaparecidas (ç, ſ, etc.), los errores tipográficos y las abreviaturas sin desarrollar.

Preliminares. — En la descripción de los textos clásicos españoles es importantísima la descripción analítica de los preliminares que preceden al texto, es decir, de aquellas partes que recogen de alguna manera la trayectoria seguida por el libro hasta su publicación (cfr. págs. 51-58). Se trata de los preceptos legales: aprobaciones o censuras, privilegio, fe de erratas, tasación; y de los hábitos literarios de la época: escritos de otros autores, escritos preliminares del mismo autor —entre los cuales: la dedicatoria y el prólogo.

Su transcripción debe hacerse en conjunto como tales preliminares, enunciando en cada caso de cuál se trata para evitar confusiones, añadiendo entre paréntesis la primera línea del texto con que comienzan, seguido de tres puntos suspensivos, punto y coma, hojas, páginas o folios que ocupa, y cerrando el paréntesis (V. ejemplos). Cuando está datado y geográficamente localizado, se harán constar ambas circunstancias: «Dedicatoria, en Madrid, a 26 de diciembre de 1626 ('Hauiendo servido a V. N. durante tantos...'; fols. 6-7)».

Cotejo y descripción técnica de su estructura. — «Includes both the format and the collation or detailed register of signatures, serves the dual purpose of showing how the book was —or ideally should have been— constructed, and of providing a system of reference to its parts» (Gaskell).

El formato puede darse en centímetros mediante la medida de la primera hoja del texto —o la primera que no esté deteriorada. El orden será siempre el de alto por ancho; o también acudiendo a la denominación clásica de folio, cuarto, octavo, etcétera, que quiere decir que se trata sencillamente del tamaño que resulta de doblar un pliego de papel de 32 por 44 cms. una, dos, tres, etc., veces. Cuando no se dobla ninguna vez, es decir cuando el tamaño es el mismo que el del pliego, se denomina «plana». Convendría en todo caso añadir a esa denominación clásica la medida exacta, pues cuando los pliegos comenzaron a variar de forma, los resultados del pliegue daban tamaños ligeramente distintos, de donde otras denominaciones: cuarto mayor, octavo menor, folio prolongado, etc. Estas denominaciones son desde luego inservibles para la descripción de libros actuales, cuyo tamaño se halla unificado —norma UNE 1011— en 841 × 1.189 mms.

El cotejo o signatura de los pliegos es la señal que se colocaba en la primera página de cada pliego y que al doblar éstos o al encuadernar el libro sirve para el alzado (cfr. págs. 51-58), es decir, para que los pliegos se sucedan ordenadamente y para que las páginas que surgen de cada pliego guarden un orden correlativo. Esta signatura suele aparecer en el libro clásico, de modo discreto, como letras o números u otros signos ortográficos en el margen bajo de algunas hojas. La signatura recuerda con su disposición, al mismo tiempo, el tamaño del libro, y recoge las omisiones y adiciones de hojas sueltas. Existen muchos modos de reproducir convencionalmente estas signaturas. El más sencillo es el de copiar la signatura original (A-Z, 1-10, etc.) de manera abreviada, señalando las irregularidades que se hayan producido, generalmente por la adición de hojas sin signar al comienzo y porque el libro no acaba con el pliego —sobran o faltan hojas. El número voladito sobre la signatura señalaría en estos casos el tamaño y el número de hojas que cada pliego contiene.

Se consigna a continuación la paginación en hojas (sin numerar), folios (numerados sólo en su anverso o recto) o páginas (numeración al anverso y al reverso). Se utilizan siempre las abreviaturas: «h.», «hs.»; «fol.», «fols.», y «pág.», «págs.». La correlación se indica mediante el signo +: «4 hs. + 321 fols. + 2 hs.».

Deben consignarse a continuación los errores en la paginación o foliación. Por ejemplo: «26 por 27, 32 por 42», etc. Datos indispensables, como el cotejo, para identificar ejemplares de una misma tirada.

En el mismo apartado pueden añadirse, en fin, los rasgos formales de la tipografía, el papel y la encuadernación. Así como el estado general de conservación del libro.

Tipográficamente se indicará de manera general el tipo de letra usada mayoritariamente para la impresión del libro, con las anotaciones caracterizadoras que se precisen cuando se salga de lo común: «If the investigation is not primarily concerned with production, the note on the type might include the dimensions of a normal type-page less head-line and direction-line, the kind and 20-line measurement of the text type, the number of lines to a normal page, and references to woodcut ornaments, etc.» (Gaskell). Aconsejamos reducirse a la medida de la página impresa el número de líneas por página y el tamaño o cuerpo de la letra.

En cuanto a la materia sobre la que se ha impreso el libro, lo primero es señalarla (papel, pergamino, etc.) y, si se puede, describir la filigrana o marca sobre el papel. Si es oportuno, puede señalarse su estado de conservación.

En la encuadernación se hará constar la materia encuadernadora, el tipo y su estado de conservación.

Si el libro tiene ilustraciones, grabados, etc. se señalará mediante la indicación del procedimiento por el que se han obtenido y el lugar en que se encuentran.

Contenido. — Se hace notar correlativamente, desde el comienzo, indicando páginas, folios u hojas que ocunpan las diversas partes. En el caso de que se trascriba alguna parte del texto, esto debe hacerse con los mismos criterios de rigurosa fidelidad que explicamos para la portada. Se diferenciarán al menos, siguiendo siempre el orden que guarden en el texto original, estas partes: anteportada, portada, preliminares, texto propiamente dicho, tablas, colofón.

El colofón se copiará siempre íntegro. En las referencias a las restantes partes del texto sólo se señalarán entre paréntesis las hojas, folios o páginas que ocupan; sin embargo, cuando el texto se subdivida en partes o se trate de varios textos con una misma portada, preliminares, colofón, etc., se hará constar esta disposición en el apartado texto.

Historia del texto. — Se indicará en el párrafo final la procedencia del texto, cuando se sepa, con la trascripción de las signaturas antiguas que se le conozcan. Luego, los repertorios, catálogos, bibliografías, etc. que lo hayan descrito; y, finalmente, los ejemplares localizados.

XVIII

EL SIGLO XVIII

El siglo xviii ha comenzado a dejar de ser el «pariente pobre» de nuestra historia literaria, y ello merced a una serie de trabajos extensos y profundos de un grupo de hispanistas, franceses sobre todo (Defourneaux, Andioc, Demerson...), así como por las tareas del foco universitario ovetense, quien había proyectado —desconozco si se va a llevar por fin a cabo— la edición de una colección de textos que cubrían prácticamente todo el siglo.

Los trabajos son más abundantes en el terreno bibliográfico, ya que el siglo xviii es el siglo de oro de la imprenta en España.

Por lo que se refiere a la lengua, la vieja monografía de Lázaro Carreter sigue siendo el punto de partida para caracterizaciones que, por ahora, sólo parcialmente se han intentado: recuérdense los artículos de Lapesa sobre Feijoo, de Orozco sobre Porcel, etc. La poesía del siglo xviii es, a mucha distancia, el aspecto peor considerado por la crítica.

XVIII.1.   Bibliografías, repertorios, fuentes

1531. *Cuadernos de la Cátedra Feijoo*, Oviedo, Universidad.
1532. *Eighteenth-Century Studies*, Filadelfia, Universidad. Desde 1976.

1533. Aguilar Piñal, Francisco: *Bibliografía fundamental de la literatura española, siglo XVIII*, Madrid, SGEL, 1976, 304 págs. Monografía reciente que recoge una gran cantidad de trabajos; no es crítica.

1534. Aguilar, Piñal, Francisco: *Romancero popular del siglo XVIII*, Madrid, CSIC, 1972, 213 págs. Es un número de *Cuadernos Bibliográficos* (2030).

1535. Barja, César: *Libros y autores modernos* (1924). Reimpreso en Nueva York, Las Américas, 1964, 466 págs. Se refiere a obras y autores de los siglos XVIII y XIX.

1536. Coe, Ada M.: *Catálogo bibliográfico y crítico de las comedias anunciadas en los periódicos de Madrid, desde 1661 hasta 1819*, Baltimore, The Hopkins Press, 1935, 270 págs.

1537. Cotarelo, E.: *Bibliografía de las controversias sobre la licitud del teatro en España*, Madrid, 1904.

1538. Gérin, P.: *Initiation à la documentation écrite de la période contemporaine (fin XVIIème siècle à nos jours)*, Lieja, F. Gothier, 1970, 233 páginas.

1539. Guiral, P. (et al.): *Guide de l'étudiant en histoire moderne et contemporaine*, París, PUF, 1971, 336 págs.

1540. Sempere y Guarinos, Juan: *Ensayo de una biblioteca española de los mejores escritores del reynado de Carlos III*, Madrid, Gredos, 1969, ed. facs. (ed. orig.: 1785-1789, en 6 vols.), 3 vols.

1541. Tucker: *A Bibliography of Spanish Criticism, 1700-1800*, tesis de la Universidad de Texas, 1951. Citada por H. Serís (815, núm. 8.662).

XVIII.2. IMPRENTA, LIBROS, BIBLIOTECAS

Recuérdense inventarios de bibliotecas, como el de la de Meléndez Valdés, hecho por Demerson (1583, págs. 103-157). Defourneaux ofrece (1544, pág. 16) un breve catálogo de bibliotecas e inventarios de libros, bibliografía al respecto referida al citado Meléndez Valdés, al Padre Martín Sarmiento, Pablo de Olavide, Marqués de Cañada, etc.; así como de librerías varias. Recuérdese la apostilla de F. López (1585) «La première bibliographie nationale fut la *Biblioteca periódica anual para utilidad de libreros y literatos*, qui parut de 1784 à 1791». Otros trabajos interesantes son (1542) el de B. Chamorro: «Breve historia de la biblioteca de Jovellanos», en *Bibliografía Española*, 1944, XI, págs. 744-755. El de (1542a) Luis Fernández: «La biblioteca particular del Padre Isla», en *Humanidades* (Comillas), 1952, IV, págs. 128-141. El de (1542b) P.-J. Guinard: «Le livre dans la Péninsule ibérique au XVIIIème siècle...», *BHi*, 1957, LIX, páginas 176-198. Consúltense los índices de la *RABM* (2100), en donde (1542c) Fernando Huarte: «Las bibliotecas particulares españolas en la Edad Moderna», *RABM*, 1955, LXI. (1542d) M. Serrano y Sanz: «El Consejo de Castilla y la Censura de libros en el siglo XVIII», *RABM*, 1906, XV y 1907, XVI. Otras noticias, en Millares Carlo (570). Particularmente interesante es el trabajo de (1542e) de P. Demerson: *Esbozo de Biblioteca de la juventud «ilustrada»* (1740-1808), Oviedo, Universidad (Cátedra Feijoo), 1976, 140 págs.

1543. Blanco Belmonte, M. R. y M. White: *El Maestro Ibarra*, Madrid, Graus, 1932, 93 págs.

1543a. Cardedera, Valentín: *Manuel Salvador Carmona*, Valencia, Ibarra, 1950. Trabajo sobre uno de los grandes maestros grabadores del siglo XVIII.

1543b. Castañeda, Vicente: *Don Vicente López Portaña, ilustrador del libro. Datos biográficos y artísticos*, Madrid, 1963.

1544. Defourneaux, M.: *Inquisición y censura de libros en la España del siglo XVIII*, Madrid, Taurus, 1973 (ed. orig.: 1963), 268 págs. La edición española adiciona y modifica la francesa. Cfr. 291, 291a y 292.

1545. Furet, F. (dir.): *Livre et société dans la France du XVIIIème siècle*, París-La Haya, Mouton, 1965, 2 vols.

1546. Guastavino Gallent, Guillermo: *La imprenta de Don Benito Monfort (1757-1852). Nuevos documentos para su estudio*, Madrid, 1972, 222 páginas.

1547. Rodríguez Moñino, Antonio: *Catálogos de libreros españoles (1661-1840). Intento bibliográfico*, Madrid, Lanza, 1945, 2.ª ed. aum. 1.ª ed.: 1942 (referida sólo al período 1661-1798), 204 págs.

1548. Rodríguez Moñino, Antonio: *La imprenta de Don Antonio de Sancha (1771-1790). Primer intento de una guía bibliográfica para el uso de coleccionistas y libreros*, Valencia, 1971.

1548a. Sánchez Cantón, F. J.: «El libro ilustrado bajo Carlos III y Carlos IV», en *Exposición del libro español en Lisboa*, Madrid, 1946.

1549. Ruiz Lasala, I.: *Don Benito Monforte y su oficina tipográfica (1757-1852)*, Zaragoza, San Francisco, 1974, 226 págs. Del mismo: (1549a) *Joaquín Ibarra y Marín (1725-1785). El hombre. El artífice. Su obra*, Zaragoza, San Francisco, 1968, 230 págs.

XVIII.3. HISTORIAS DE ESPAÑA. SIGLO XVIII

XVIII.3.1. *Historias generales de España. Siglo XVIII*

Un panorama general sobre el período podrá conseguirse con alguno de los volúmenes que las historias universales o generales dedican al siglo XVIII, principalmente con:

1550. Godechot, J.: *Las revoluciones: 1770-1799*, Barcelona, Labor, 1969, 367 págs.

1551. Ogg, D.: *La Europa del Antiguo Régimen, 1715-1789*, Madrid, Siglo XXI, 1974 (ed. orig.: 1965), 393 págs.

1552. Williams, E. N.: *The Ancien Régime in Europe. Governement and Society in the Major States, 1648-1789*, Toronto, The Bodley Head, 1970, 599 págs.

1553. Anderson, I. M. S.: *Europa en el siglo XVIII (1713-1783)*, Madrid, Aguilar, 1964 (ed. orig.: 1961), 338 págs.

Un poco más centrada geográficamente, aunque versando sobre aspectos culturales varios y no como historia general:

1554. Krauss, W.: *Die Aufklärung in Spanien, Portugal und Lateinamerica*, Munich, W. Fink, 1973, 251 págs. Pero ya sobre estos aspectos deben preferirse las obras más clásicas de Sarrailh (1559) o Hazard (1566) como puntos de partida.

1555. Anes, Gonzalo: *El Antiguo régimen: Los Borbones*, Madrid, Alianza-Alfaguara, 1975, 513 págs.

1556. Artola, M.: *Los orígenes de la España contemporánea*, I, Madrid, Instituto de Estudios Políticos, 1975, 2.ª ed. (1.ª: 1959), 746 págs.

1557. Herr, Richard: *España y la revolución del siglo XVIII*, Madrid, Aguilar, 1973 (ed. orig.: 1960, esta es una reimpr. de la de 1964), 417 págs. «Esclarece los aspectos socioeconómicos y políticos de finales del siglo XVIII y la penetración de la ideología revolucionaria en España» (G. Anes).

1558. Mestre, Antonio: *Despotismo e ilustración en España*, Madrid, 1977.

1559. Sarrailh, Jean: *La España ilustrada de la segunda mitad del siglo XVIII*, México, FCE, 1974, reimpr. (ed. orig.: 1954), 783 págs. Fue, en realidad, la gran obra —hoy clásica— que inició los estudios serios, metódicos sobre una etapa olvidada o desdeñada. «Constituye una aportación, hasta ahora no igualada, del máximo interés, sobre los principios y métodos de los 'ilustrados' españoles mediante el análisis de las condiciones de vida y de civilización de las masas rurales y urbanas y de las minorías ilustradas» (G. Anes). Con una bibliografía riquísima, principalmente de fuentes, de 573 entradas, que sólo se puede ampliar a través de la aún más completa de Demerson (1583).

XVIII.3.2. *Aspectos históricos varios*

1560. Álvarez de Morales, Antonio: *Génesis de la Universidad española contemporánea*, Madrid, Instituto de Estudios administrativos, 1972, 765 páginas. Del mismo: (1560a) *La 'Ilustración' y la reforma de la Universidad en la España del siglo XVIII*, Madrid, Instituto de Estudios Administrativos, 1971, 209 págs. Cfr. 283-284.

1561. Domínguez Ortiz, Antonio: *Hechos y figuras del siglo XVIII español*, Madrid, Siglo XXI, 1973, 268 págs. Recolecta de artículos.

1562. Domínguez Ortiz, Antonio: *Sociedad y Estado en la España del siglo XVIII*, Barcelona, Ariel, 1976. Recoge también trabajos suyos anteriores, principalmente: (1562a) *La sociedad española en el siglo XVIII*, Madrid, CSIC, 1955.

1563. Egido López, Teófanes: *Opinión pública y oposición al poder en la España del siglo XVIII (1713-1759)*, Valladolid, Universidad, 1971, 354 páginas.

1564. Elorza, Antonio: *La ideología liberal en la ilustración española*, Madrid, Tecnos, 1970, 309 págs. «Obra en la que se analiza la literatura política y económica de la segunda mitad del siglo XVIII para mostrar que había, en España, una corriente 'ilustrada' de pensamiento democrático y liberal que logra exponer y defender sus planteamientos, al menos hasta la reacción que consolidan los acontecimientos revolucionarios de Francia, desde 1789» (G. Anes).

1565. Goulemont, J. M. y M. Launay: *El siglo de las luces*, Madrid, Guadarrama, 1969 (ed. orig.: 1968), 347 págs. Preferentemente sobre Francia y centro Europa, pero, como otras historias generales, fácilmente aplicable a la perspectiva peninsular.

1566. Hazard, Paul: *La crisis de la conciencia europea, 1680-1765*, Madrid, Pegaso, 1972, 3.ª ed. (ed. orig.: 1961), 420 págs. V. del mismo (1567) *El pensamiento europeo en el siglo XVIII*, Madrid, Guadarrama, 1968 (ed. orig.: 1946).

1568. Gómez de la Serna, G.: *Los viajeros de la ilustración*, Madrid, Alianza, 1974, 183 págs. Del mismo: (1569) *Jovellanos, el español perdido*, Madrid, Sala Editorial, 1975.

1570. Herrero, J.: *Los orígenes del pensamiento reaccionario español*, Madrid, Edicusa, 1971, 409 págs.

1571. López Piñero, José M.ª: *La introducción de la ciencia moderna en España*, Barcelona, Ariel, 1969, 172 págs. Arranca de la segunda mitad del siglo XVII, al que se refiere en buena parte.

1572. Marías, Julián: *La España posible en tiempos de Carlos III*, Madrid, Sociedad de Estudios y Publicaciones, 1963, 233 págs.

1573. Martín Gaite, Carmen: *Usos amorosos del dieciocho español*, Madrid, Siglo XXI, 1972, 273 págs. Precioso estudio sobre hechos y costumbres del siglo XVIII.

1574. Tomsich, Giovanna M.: *El jansenismo en España. Estudios sobre las ideas religiosas en la segunda mitad del siglo XVIII*, Madrid, Siglo XXI, 1972, 207 págs. V. también (1575) de J. Saugnieum: *La Jansénisme espagnol du XVIIIème siècle: ses composantes et ses sources*, Oviedo, Universidad, 1975, 306 págs.

Referencias. — V. las Historias generales de España en V.2.1.; los aspectos generales históricos en V.2.2.

XVIII.4. HISTORIAS DE LA LITERATURA

XVIII.4.1. *Historias generales de la literatura española*

Más que en ningún otro caso, se necesita acudir a las historias generales de la literatura española, tanto por la falta de manuales sobre el siglo XVIII, como por la calidad de aquéllas, entre las cuales el volumen de la ed. Guadiana, con monografías de Elena Catena, René Andioc, Joaquín Arce y J. Caso; y el de Nigel Glendinning en la editorial Ariel (912).

1576. Ángeles, J.: *Introducción a la literatura española: historia y antología. Siglos XVIII-XX*, Nueva York, Mc Graw Hill Book, 1970, 606 págs.

1577. Di Pinto, Mario: «Il Settecento», en *La letteratura spagnola dal settencento a oggi*, Florencia, Sansoni-Accademia, 1974, 521 págs. Ocupa las págs. 5-270.

1578. Pellissier, Robert E.: *The Neo-Classic Movement in Spain during the XVIII Century*, California, Standford University, 1918, 187 págs.

1579. Vian, C.: *La letteratura spagnola del secolo diciottessimo*, Milán, La Goliardica, 1958, 200 págs.

XVIII.4.2. Aspectos literarios varios

1580. Caro Baroja, Julio: *Ensayo sobre la literatura de cordel*, Madrid, Revista de Occidente, 1969, 442 págs. Se refiere casi exclusivamente a los siglos XVIII y XIX.

1581. Caso González, José: *La poética de Jovellanos*, Madrid, Prensa Española, 1977, 234 págs. Conjunto de ensayos sobre la poesía y la periodización del siglo («Rococó, prerromanticismo y neoclasicismo en el teatro español del siglo XVIII», páginas 15-42), que traemos a colación como representativo de una importante corriente crítica que trata de replantearse la visión de conjunto del siglo XVIII. V. en general los dos volúmenes reunidos bajo el título (1582) *El Padre Feijoo y su siglo*, Oviedo, Cuadernos de la Cátedra Feijoo, 1966.

1583. Demerson, Georges: *Don Juan Meléndez Valdés y su tiempo (1754-1817)*, Madrid, Taurus, 1971, 2 vols. Amplio panorama sobre el autor y la época, poniendo en juego una riquísima documentación.

1584. Krömer, Wolfram: *Zur Weltanschauung Ästhetik und Poetik des Neoklassizismus und der Romantik in Spanien*, Munster, Aschendorff, 1968, 253 págs.

1585. López, François: *Juan Pablo Forner et la crise de la conscience espagnole au XVIIIème siècle*, París, BÉHEH, 1976, 752 págs. Puede confrontarse este amplio panorama ideológico con una obra ligeramente anterior de signo contrario —también es verdad que documentalmente más pobre: (1585a) Jesús Álvarez Gómez: *Juan Pablo Forner (1756-1797), preceptista y filósofo de la historia*, Madrid, Editora Nacional, 1971. Ambas superan, en todo caso, la de (1585b) E. Cotarelo: *Iriarte y su época*, Madrid, Sucesores de Rivadeneyra, 1897, 588 págs., sin embargo todavía con mucho material aprovechable en el terreno de las noticias, fuentes, documentos, etc.

1586. Luzán, Ignacio de: *La Poética o reglas de la poesía en general, y de sus principales especies.* Primera edición completa de ambos textos dieciochescos (1737-1789), ed., pról. y glosario de R. P. Sebold, Barcelona, Labor, 1977, 656 págs. Fundamental para conocer las teorías literarias de la época, sobre todo por ser un siglo en este sentido especialmente crítico y complejo. Por supuesto que habría que citar también a Hermosilla, Mayans, Capmany, etc. Cfr. el libro de Lázaro Carreter (1604).

1587. Marco, Joaquín: *Literatura popular en España en los siglos XVIII y XIX (Una aproximación a los pliegos de cordel)...*, Madrid, Taurus, 1977, 2 vols.

1588. Rossi, G. Carlo: *Estudios sobre las letras en el siglo XVIII (Temas españoles. Temas hispano-portugueses. Temas hispano-italianos)*, Madrid, Gredos, 1967, 336 págs. En su mayoría son estudios de muy escaso valor, pero en conjunto pueden dar una idea de las «letras» en el siglo.

XVIII.5. TEMAS

XVIII.5.1. *Lírica*

1589. Aguilar Piñal, F.: *Poesía y teatro del siglo XVIII*, Madrid, La Muralla, 1974, 58 págs. Breve panorama escrito para acompañar una colección de diapositivas. Se debe acudir a algunos artículos que compensen la penuria del tratamiento de la lírica, por ejemplo, por citar dos de signo contrario: (1589a) César Real de la Riva: «La escuela poética salmantina del siglo XVIII», en *BBMP*, 1948, XXIV, págs. 321-364. Y (1589b) Iris M. Zavala: «Jovellanos y la poesía burguesa», en *NRFH*, 1966, XVIII, págs. 47-64.

1590. Marín, Nicolás: *Poesía y poetas del setecientos*, Granada, Universidad, 1971, 267 págs. Conjunto de trabajos e investigaciones fundamentalmente sobre el grupo de poetas granadinos y el Conde de Torrepalma, pero que proporcionan adecuada visión sobre los caminos de la evolución poética en el siglo XVIII. Otra visión de conjunto, en la antología de Polt (1614).

1591. Sebold, Russell P.: *El rapto de la mente: Poética y poesía dieciochescas*, Madrid, Prensa Española, 1970, 268 págs. Autor de importantes y extensos prólogos (por ejemplo a Iriarte en el vol. 83 de la colección Clásicos Castalia) y de ediciones (la de Luzán, 1586) y estudios (sobre Cadalso) que le convierten en crítico autorizado del período, cuyo único defecto podría residir en su tendencia a la digresión.

XVIII.5.2. *Teatro*

1592. Andioc, René: *Teatro y sociedad en el Madrid del siglo XVIII*, Madrid, Castalia-Fundación Juan March, 1976, 571 páginas. Denso, documentado y apasionante estudio sobre los vaivenes teatrales —permanencia del barroco, reacción neoclásica, etc.— durante el siglo XVIII, como correlato de una situación social y de una lucha ideológica que se traza magistralmente. V. del mismo (1592a) *Sur la querelle du théâtre au temps de Leandro Fernández de Moratín*, Tarbes, Impr. Saint-Joseph, 1970, 721 págs. Ambas obras superan a la de (1592b) Jorge Campos: *Teatro y sociedad en España (1780-1820)*, Madrid, Moneda y Crédito, 1969, 215 págs.

1593. Cook, John A.: *Neo-Classic Drama in Spain: Theory and Practice*, Dallas, Texas, Southern Methodist University Press, 1979, 567 págs.

1594. Mc Clelland, I. L.: *Spanish Drama of Pathos, 1750-1808*, Liverpool, Liverpool University Press, 1970, 2 vols. «Major work on the drama of the Enlightenment with special reference to its European context. Treats translation, opera, parody, and experimentation in new dramatic methods» (Bleznick).

Referencias. — Cfr. XIV.3.2.

XVIII.5.3. *Prosa*

1595. Aguilar Piñal, Francisco: *La prosa del siglo XVIII,* Madrid, La Muralla, 1974. Se trata de uno de los volúmenes de la colección «La literatura española en imágenes», con un trazado breve y pedagógico de la prosa a lo largo del siglo.

1596. Brown, R. F.: *La novela española, 1700-1850,* Madrid, Editora Nacional, 1953, 221 págs. Como fuente de documentación sobre novelas publicadas en el período.

1597. *El Censor (1781-1787). Antología.* Introducción de José F. Montesinos, ed., pról. y notas de E. García-Pandavenes, Barcelona, Labor, 1972, 324 págs. Tanto el estudio preliminar como la antología informan del carácter de publicaciones periódicas —como *El Censor*— más cerca todavía del ensayismo que del reportaje.

1598. Aguilar Piñal, Francisco: *La prensa española en el siglo XVIII. Diarios, revistas y pronósticos,* Madrid, 1978, 134 páginas.

1599. Castañón Díaz, J.: *La crítica literaria en la prensa española del siglo XVIII (1700-1750),* Madrid, Taurus, 1973, 319 páginas.

1600. Enciso Recio, L. M.: *Nipho y el periodismo español del siglo XVIII,* Valladolid, Universidad, 1956, 430 págs.

1601. Guinard, Paul-J.: *La presse espagnole de 1737 à 1791. Formation et signification d'un genre,* París, Instituto de Estudios Hispánicos, 1973, 572 págs. Cfr. 296-297.

XVIII.6. Estudios lingüísticos

1602. Dubuis, Michel: «La 'Gravité espagnole' et le 'sérieux'. Recherches sur le vocabulaire de Cadalso et de ses contemporains», *Bhi,* 1974, LXXVI, págs. 5-91.

1603. Lapesa, Rafael: «Ideas y palabras: del vocabulario de la Ilustración al de los primeros liberales», *Asclepio,* 1966-1967, XVIII-XIX, págs. 189-218. «L'étude le plus importante sur le vocabulaire des lumières» (F. López). V. del mismo Lapesa (1603a) «Sobre el estilo de Feijoo», en *De la Edad Media a nuestros días*, Madrid, Gredos, 1967, págs. 290-299.

1604. Lázaro Carreter, Fernando: *Las ideas lingüísticas en España durante el siglo XVIII*, Madrid, CSIC, 1949, 287 págs. Monografía básica sobre el tema.

1605. Lázaro Carreter, Fernando: *Crónica del Diccionario de Autoridades*, Madrid, RAE, 1972.

1606. Ruiz Morcuende, Federico: *Vocabulario de Don Leandro Fernández de Moratín*, Madrid, RAE, 1945, 2 vols.

Referencias. — V. el apartado sobre el español VI.1.3.

XVIII.7. Antologías

1607. Bonilla, L. D. y J. Ventura Agudiez: *Presentación y antología de los siglos XVIII y XIX españoles*, I, Nueva York, Las Américas, 1966, 499 págs.

1608. Bellini, G.: *Saggiati spagnoli del secolo XVIII...*, Milán, La Goliordica, 1965, 143 págs.

1609. Catena, Elena: *Teatro español del siglo XVIII: «La Raquel», «El sí de las niñas», «El delincuente honrado», «La casa de Tócame Roque»...*, Madrid, La Muralla, 1969, 416 págs.

1610. Johnson, J. L.: *Teatro español del siglo XVIII. Antología...*, Barcelona, Bruguera, 1972, 888 págs.

1611. Balbín, Rafael de y Luis Guarner: *Poetas modernos (siglos XVIII y XIX)*, Madrid, CSIC, 1952, 291 págs.

1612. Coughlin, E. V.: *Antología de la poesía española del siglo XVIII*, México, Representantes y servicios de Ingeniería, 1971, 135 págs.

1613. Cueto, Leopoldo: *Poetas líricos del siglo XVIII*, Madrid, BAE, 1869-1875, 3 vols. Sigue siendo la fuente más voluminosa y completa sobre la poesía lírica del siglo XVIII. Algo posterior, pero la misma obra en esencia, también de Cueto: *Historia crítica de la poesía castellana del siglo XVIII*, Madrid, 1893, 3.ª ed., 3 vols.

1614. Polt, J. H. R.: *Poesía del siglo XVIII*, ed., introd. y notas de..., Madrid, Castalia, 1975, 401 págs. Con una breve introducción. Obsérvese cómo el hecho de que los poetas del siglo XVIII sigan siendo antologados, pero no editados separadamente, sigue significando cierta desvalorización.

XIX

EL SIGLO XIX

La historiografía del siglo xix es muy irregular. Resalta sobre todo la desproporción entre la abundancia, calidad y profundidad de los estudios históricos (cfr. Jover, 1618) y la parquedad de los panoramas completos sobre la literatura del siglo. Quizá la variedad y apresuramiento de los movimientos literarios postrománticos tengan la culpa. Pero la desproporción también es grande a nivel de los distintos géneros literarios, porque nada hay comparable a la obra crítica sobre la novela realista en el terreno poético y, sobre todo, en el teatral. El romanticismo, como tal movimiento, no cae todavía dentro de estas consideraciones. Para los historiadores es muy otra la razón de este menosprecio hacia el siglo anterior: proviene del legado Menéndez Pelayo, retomado inmediatamente después de la guerra civil por una tradición neo-integrista que miraba con recelo el siglo del liberalismo, el parlamentarismo y las revueltas sociales. Si eso es así, debemos esperar un renacimiento de los estudios literarios sobre el siglo xix.

XIX.1. Bibliografías, repertorios, fuentes

1614a. Alberich, José: *Bibliografía anglohispánica 1801-1850. Ensayo bibliográfico de libros y folletos relativos a España e Hispanoamérica impresos en Inglaterra en la primera mitad del siglo XIX*, Oxford, Dolphin Books, 1978, 197 págs.

1615. Carballo Picazo, A.: «Los estudios de preceptiva y Métrica española en los siglos XIX y XX», *RL*, 1955, VIII, págs. 23-56.

1616. Elkina, A. C. (et al., dirs.): *The Romantic movement Bibliography, 1936-1970*, Nueva York, Pierian Press-Bowker, 1973, 7 vols. «Largely descriptive, with occasional annotations of books and articles on English and Continental romanticism. Items previously published in *ELH* (1936-1949), *Philological Quarterly* (1950-1964), and *English Language Notes* (1965-1967)» (Bleznick).

1617. García Nieto, M.ª del Carmen (et al.): *Bases documentales de la España contemporánea. Liberalismo democrático, 1868-1974*, Madrid, Guadiana, 1971 y en publicación. Se prevén 10 vols. Véanse sobre este período los vols. I-III, ya aparecidos. Cfr. 1735, 1735a.

1618. Jover Zamora, José María: «El siglo XIX en la historiografía española contemporánea (1939-1972)», en *El siglo XIX en España: doce estudios*, Barcelona, Planeta, 1974, págs. 9-151. Obra colectiva cuyo primer trabajo es el reseñado, un «intento de fijación de unas líneas de sentido en la conformación del ochocentismo español de postguerra». Complétese con el trabajo de (1618a) Juan J. Linz: «Five Centuries of Spanish History: quantification and Comparison»; apud Lorwin y Price (eds.): *The Dimension of the Past...*, New Haven-Londres, Yale University Press, 1972, páginas 177-261.

1619. Ochoa, Eugenio de: *Apuntes para una biblioteca de escritores españoles contemporáneos en prosa y verso*, París, Baudry, s.a., 2 vols. «Es una auténtica historia de la literatura del siglo XIX» (A. Labandeira).

1620. Ovillo y Otero, Manuel: *Manual de biografía y de bibliografía de los escritores españoles del siglo XIX*, París, Rosa y Bouret, 1859, 2 vols. Reimpreso por la *Enciclopedia Hispanoamericana* en 1971, y en ed. facs. por la editorial G. Olms (Hildesheim, 1976, los dos tomos en 1 solo volumen de 540 págs.). Esa misma casa ha reeditado el (1620a) *Diccionario biográfico de escritores y artistas del siglo XIX (apuntes y datos)*, de Antonio Elías de Molíns (ed. orig.: Barcelona, 1889-1895), Hildesheim, G. Olms, 1972, 2 vols.

1621. Roach, J.: *A bibliography of Modern History*, Cambridge, CUP, 1968.

1622. Sevilla Andrés, Diego: *Constituciones y otras leyes y proyectos políticos de España*, Madrid, 1961, 2 vols. Se trata de la más completa antología de textos constitucionales. V. también en este sentido las de (1622a) Alfonso de Padilla: *Constituciones y leyes fundamentales de España (1808-1947)*, Madrid, 1954. Y (1622b) R. Sáinz de Varanda: *Colección de leyes fundamentales*, Madrid, 1957.

1623. Simón Díaz, José (dir.): *Seminario de Bibliografía Hispánica. Veinticuatro diarios. Madrid, 1830-1900...*, Madrid, CSIC, 1968, 2 vols. y en publicación. En general, para la importante tarea que lleva a cabo este Seminario en el estudio de la prensa de la centuria pasada, cfr. el *Manual* de Simón Díaz (816, núms. 9.998-1.007a y 20.242-20.249). Del mismo Seminario y también dirigido por J. Simón Díaz (1623a) *Madrid en sus diarios, tomo I: 1830-1844*, Madrid, Instituto de Estudios Madrileños, 1969, 159 páginas.

Referencias. — Cfr. V.2.1. y V.2.2.

XIX.2. IMPRENTA. LIBROS. BIBLIOTECAS

1624. Artigas Sanz, María C.: *El libro romántico en España*, Madrid, CSIC, 1953-1955, 4 vols.

1625. González Palencia, Ángel: *Estudio histórico sobre la censura gubernativa en España, 1800-1833*, Madrid, 1934-1941, 3 vols. Cfr. 291a-292.

1626. Marrast, Robert: *Espronceda: articles et discours oubliés. La bibliothèque d'Espronceda*, París, PUF, 1966, 61 págs. Noticias similares sobre bibliotecas del siglo XIX se encontrarán en Millares Carlo (570, página 267), quien recuerda las de Böhl de Faber, Pascual Gayangos, Joaquín Gómez de la Cortina, el Marqués de Jerez de los Caballeros, etc.

XIX.3. HISTORIAS DE ESPAÑA. SIGLO XIX

XIX.3.1. *Historias generales de España. Siglo XIX*

Comenzamos, como siempre, desde una óptica más amplia, señalando algunos panoramas históricos universales o europeos sobre el siglo o referidas a sus periodizaciones típicas.

1627. Bergeron, L. (et al.): *La época de las revoluciones europeas, 1780-1848*, Madrid, Siglo XXI, 1978, 2.ª ed. (ed. orig.: 1969), 342 págs.

1628. Bury, J. P. T. (dir.): «El cénit del poder europeo, 1830-1840», vol. X de la *Historia del Mundo Moderno*, traducción de la *New Cambridge Modern History*, 1960, Madrid, Pegaso. En la misma colección y editorial (1628a) Hinsley, F. H. (dir.): «El progreso material y los problemas mundiales», 1870-1898, vol. XI. Cfr. 1747-1748.

1629. Palmade, Guy: *La época de la burguesía*, Madrid, Siglo XXI, 1978, 2.ª ed. (ed. orig.: 1975), 337 págs.

1630. Sigmann, J.: *Les révolutions romantiques et démocratiques de l'Europe*, París, 1970.

1631. Artola, Miguel: *La burguesía revolucionaria (1808-1869)*, Madrid, Alianza-Alfaguara, 1973, 434 págs. Toda la obra de Artola es fundamental para la mejor comprensión del siglo XIX. Recuérdense también, al menos (1631a) *Los orígenes de la España contemporánea*, Madrid, Instituto de Estudios políticos, 1975, 2.ª ed. (1.ª: 1959), 2 vols. Y sobre todo (1631b) *La España de Fernando VII*, Madrid, Espasa-Calpe, 1968, 2 vols. (cfr. 263); «buena síntesis de los conocimientos actuales sobre el reinado, escrita con ponderación. El mayor reproche que puede hacérsele es la desigualdad del tratamiento de las diversas etapas (...). Pese a ello, el libro es el mejor de cuantos hasta hoy se han publicado sobre el período y resulta de consulta insustituible» (J. Fontana).

1632. Bruguera, F. G.: *Histoire contemporaine d'Espagne, 1798-1950*, París, 1953. «El intento de encuadrar el conjunto del período analizado en unos moldes historiológicos marxistas es harto más evidente, y a este designio van encaminados tanto la estructura general como cada uno de los párrafos de la obra» (J. M.ª Jover).

1633. Carr, Raymond: *España, 1808-1939*, Barcelona, Ariel, 1969 (ed. orig.: 1966), 734 págs. «Historia predominantemente política —político es su hilo conductor—, lúcida, documentada y sobria en lo que se refiere a la definición de tendencias y situaciones, rica en sugerentes explicaciones parciales, pero tal vez insuficiente en lo que se refiere a una explicación global» (J. M.ª Jover).

1634. García Mazas, José: *Vida y cultura hispánica*, tomo IV: «De la ilustración al 98», Nueva York, Eliseo Torres and Sons, 1976, 306 págs.

1635. Martínez Cuadrado, Miguel: *La burguesía conservadora (1874-1931)*, Madrid, Alianza-Alfaguara, 1973, 592 págs.

1636. Nadal, Jordí: *El fracaso de la revolución industrial en España, 1814-1913*, Barcelona, Ariel, 1978, 2.ª reimpr. (1.ª: 1975), 314 págs.

1637. Tuñón de Lara, M.: *La España del siglo XIX (1808-1914)*, Barcelona, Laia, 1975, 6.ª ed. (1.ª 1961). V. además, entre sus muchas obras sobre este período, (1637a) Tuñón de Lara (et al.): *Sociedad, política y cultura en la España de los siglos XIX y XX*, Madrid, 1973.

- **XIX.3.2.** *Aspectos históricos varios*

1638. Aranguren, José Luis L.: *Moral y sociedad. Introducción a la moral social española del siglo XIX*, Madrid, Edicusa, 1970, 4.ª ed. (1.ª: 1965), 202 págs. En esta misma línea: (1638a) Alfredo Martínez Albiach: *Religiosidad hispana y sociedad borbónica*, Madrid, 1969.

1639. Cacho, Vicente: *La institución libre de Enseñanza. I. Orígenes y etapa universitaria (1860-1881)*, Madrid, Rialp, 1962, 572 págs. Sobre este tema, cfr. la bibliografía adicional de H. Serís (815, núms. 4.267-4.277). Y en seguida:

1640. Jiménez Landi, Antonio: *La Institución Libre de Enseñanza y su ambiente...*, Madrid, Taurus, 1973, 863 págs.

1641. Gómez Molleda, M. D.: *Los reformadores de la España contemporánea*, Madrid, CSIC, 1969, 524 págs.

1642. Díaz, Elías: *La filosofía social del krausismo español*, Madrid, Edicusa, 1973, 279 págs. «Uno de los análisis más finos y penetrantes sobre el krausismo que se haya publicado hasta la fecha» (I. Zavala). Ténganse en cuenta además las siguientes obras anteriores: (1642a) Pierre Jobit: *Les éducateurs de l'Espagne contemporaine. Les krausistes*, París, 1936. (1642b) Yvonne Turin: *L'éducation et l'école en Espagne de 1874 à 1902. Liberalisme et tradition*, París, 1959.

1643. López Morillas, J.: *El krausismo español. Perfil de una aventura intelectual*, México, FCE, 1965, 2.ª ed. (1.ª: 1956), 218 págs.

1644. López Morillas, J.: *Krausismo: Estética y Literatura. Antología...*, Barcelona, Labor, 1973, 235 págs.

1645. Gil Cremades, Juan José: *El reformismo español. Krausismo, escuela histórica y neotomismo*, Barcelona, Ariel, 1969, 410 págs. «Se ocupa en realidad de las grandes corrientes del pensamiento filosófico, jurídico y político de las figuras liberal-nacionalistas (...) o las tradicionalistas, tomistas, escuela-histórica» (Martínez Cuadrado). V. del mismo autor: (1645a) *Krausistas y liberales*, Madrid, Seminarios y Ediciones, 1975, 320 páginas.

1646. Fontana, J.: *La quiebra de la Monarquía absoluta*, Barcelona, Ariel, 1978, 3.ª ed. (1.ª: 1971). Del mismo: (1646a) *Cambio económico y actitudes políticas en la España del siglo XIX*, Barcelona, Ariel, 1978. (1646b) *La crisis del antiguo régimen, 1808-1833*, Barcelona, Grijalbo, 1979, 272 págs.

1647. Iglesias, M. C. y A. Elorza: *Burgueses y proletarios. Clase obrera y reforma social en la Restauración (1884-1889)*, Barcelona, 1973. La bibliografía de estos aspectos es muy rica. V. como más generales las siguientes obras: (1647a) G. D. Cole: *Historia del pensamiento socialista*,

México, FCE, 1957 (ed. orig.: 1956); (1647b) C. Landaver: *European Socialism. A history of Ideas and Movements from the industrial revolution to Hitler's seizure of power*, Berkeley, 1959. Y (1647c) R. Lamberet: *Mouvements ouvriers et socialistes. Chronologie et bibliographie. L'Espagne (1750-1936)*, París, 1953. A partir de estas bases ha crecido enormemente la bibliografía: García Venero, Oriol Vergés, Tuñón de Lara, Núñez de Arenas, etc.

1648. Jutglar, Antoni: *Ideología y clases en la España contemporánea (1808-1874)*..., Madrid, Edicusa, 1971-1972, 2.ª ed. 1.ª: 1968), 2 vols. Del mismo: (1648a) *L'era industrial a Espanya*, Barcelona, Nova Terra, 1962.

1649. Lida, Clara E. e Iris M. Zavala (eds.): *La revolución de 1868. Historia, pensamiento, literatura*, Nueva York, Las Américas, 1970, 503 páginas. Obra colectiva, algo irregular, pero imprescindible como visión sincrónica de «La Gloriosa» y sus consecuencias culturales. V. también de I. M. Zavala (1649a) *Masones, comuneros y carbonarios*, Madrid, Siglo XXI, 1971. De Lida, por su parte, se verán también: (1649b) *Anarquía y revolución en la España del siglo XIX*, Madrid, 1972. (1649c) *Antecedentes y desarrollo del movimiento español, 1835-1888*, Madrid, 1973.

1650. López Piñero, José María (et al.): *Medicina y sociedad en la España del siglo XIX*, Granada, Universidad, 1964.

1651. Marichal, Carlos: *Spain: A new Society (1834-1844)*, Londres, Támesis Books, 1978, 232 págs.

1652. Martínez Cuadrado, M.: *Elecciones y partidos políticos de España, 1868-1931*, Madrid, 1969, 2 vols. «Obra que marca un hito en la historiografía política relativa a nuestro siglo XIX» (J. M.ª Jover).

1653. Núñez Ruiz, Diego: *La mentalidad positiva en la España del siglo XIX*. Tesis inédita leída en la Universidad de Madrid (¿1971?).

1654. Payne, Stanley G.: *Ejército y sociedad en la España liberal, 1808, 1936*, Madrid, Akal, 1978, 519 págs.

1655. Pérez Garzón, J. S.: *Milicia nacional y revolución burguesa. El prototipo madrileño: 1808-1874*, Madrid, CSIC, 1978.

1656. San Miguel, Luis G.: *De la sociedad aristocrática a la sociedad industrial en la España del siglo XIX*, Madrid, Edicusa, 1973, 266 págs.

1657. Vilar, Pierre: *La catalogne dan l'Espagne moderne. Recherches sur les fondements économiques des structures nationales*, París, 1962, 3 vols. En su primer volumen «se hace una muy penetrante exposición de la política y de la sociedad española de los siglos XVIII, XIX y XX» (Martínez Cuadrado).

XIX.4. Historias de la Literatura Española. Siglo XIX

XIX.4.1. *Historias generales de la literatura española. Siglo XIX*

La historiografía literaria del siglo XIX, como ya se dijo, es muy pobre, generalmente de origen académico y escolar: libros para la enseñanza (Barinaga, Lázaro-Correa, Díaz Plaja, etc.), que no vamos a reseñar. Otros manuales arrancan del romanticismo para referirse a toda la literatura española contemporánea: Torrente Ballester (1663), Ragucci (1661), etc. Se debe acudir a las historias generales (XIV.1.), aunque en ninguna de ellas la exposición crítica sobre la literatura española del siglo XIX es la de mayor lucidez.

1658. Alcalá Galiano, Antonio: *Literatura española siglo XIX. De Moratín a Rivas*, Madrid, Alianza, 1969 (ed. orig., en inglés, de 1834), 182 págs.

1659. Blanco García, P. Francisco: *La literatura española en el siglo XIX*, Madrid, Sáenz de Jubera, 1909-1912 (ed. orig.: 1891-1894), 3.ª ed., 3 vols.

1660. Méndez Bejarano, M.: *La literatura española en el siglo XIX...*, Madrid, 1912, 319 págs.

1661. Ragucci, R. M.: *Literatura española de los últimos cien años (desde 1850)*, Buenos Aires, Don Bosco, 1962, 794 págs.

1662. Soto, J. L.: *Un siglo de historia literaria (1862-1962)*. Con un apéndice que cubre el período 1963-1969, Santiago de Compostela, 1969, 750 págs. Fichas bibliográficas de valor más restringido de lo que el título parece indicar.

1663. Torrente Ballester, Gonzalo: *Panorama de la literatura española contemporánea*, Madrid, Guadarrama, 1965, 3.ª ed. (1.ª: 1956), 713 págs. Desde el romanticismo hasta nuestros días. Algo desordenada y con juicios críticos muy discutibles. Bibliografía muy completa de Jorge Campos.

XIX.4.2. *Aspectos generales de la literatura española*

1664. Alonso, Amado: *Ensayo sobre la novela histórica. El modernismo en «La Gloria de Don Ramiro»*, Buenos Aires, Fac. de Filosofía, 1942, 328 págs. V. también (1664a) de G. Zellers: *La novela histórica en España, 1828-1850*, Nueva York, Instituto de las Españas, 1938, 168 págs. Cfr. infra la obra de Gogorza Flechter (1874), que se ocupa del período 1870-1970.

1665. Alonso, Cecilio: *Literatura y poder. España 1834-1868*, Madrid, Alberto Corazón, 1971, 150 págs.

1666. Dérozier, Albert: *Manuel Josef Quintana et la naissance du libéralisme en Espagne*, París, Les Belles-Lettres, 1968, 719 págs. «Contribution de premier ordre à la connaissance d'une époque dont les événements et les péripéties conditionnent encore pour une grande part la vie politique de l'Espagne» (Marrast-Aymé).

1667. Faus Sevilla, Pilar: *La sociedad española del siglo XIX en la obra de Pérez Galdós*, Valencia, 1972. Este tipo de estudios se ha venido haciendo frecuentemente, sobre todo a partir de los novelistas de la última mitad de siglo: (1667a) Concepción Fernández Cordero: *La sociedad española del siglo XIX en la obra literaria de José María de Pereda*, Santander, 1970. (1667b) Enrique Sebastiá: *Valéncia en les novelles de Blasco Ibáñez. Proletariat i burgesia*, Valencia, 1966. (1667c) Carmen del Moral Ruiz: *La sociedad madrileña fin de siglo y Baroja*, Madrid, Turner, 1974, 204 págs. (1667d) Jean Bécaraud: *«La Regenta» de Clarín y la Restauración*, Madrid, 1964. De menos valor es (1667e) F. J. de Larra: *La sociedad española a través del teatro del siglo XIX*, Madrid, 1947.

1668. Fernández Herr, Elena: *Les origines de l'Espagne romantique. Les récits de voyage 1755-1823*, París, Didier, 1973, 364 páginas. «This book does a service to our understanding of the romantic period by making it abundantly clear how travel narratives from the second half of the eighteenth play a fundamental rôle in forming the Spain of Romantic literature» (M. A. Rees).

1669. García, Salvador: *Las ideas literarias en España entre 1840 y 1850*, Berkelay, University of Carolina Press, 1971, 219 páginas. «A detailed history of literature in the post-romantic decade (...) garnished with consistent references to a wide cross-section of contemporary literary periodicals» (Shaw).

1670. Juretschke, Hans: *Vida, obra y pensamiento de Alberto Lista*, Madrid, CSIC, 1951, 717 págs. Sirve como densa introducción, a veces algo reaccionaria, a la literatura de su tiempo.

1671. Marrast, Robert: *José de Espronceda et son temps. Littérature, société, politique au temps du Romantisme*, París, Klincksieck, 1974, 720 págs. Esta obra se sitúa «en esa gran línea de monografías históricas, de amplio vuelo cultural, a las que el hispanismo francés nos tiene bien acostumbrados» (A. Gil Novales). Es parte de una anunciada serie de tres volúmenes sobre el mismo tema.

1672. Zavala, Iris M.: *Románticos y socialistas. Prensa española del XIX*, Madrid, Siglo XXI, 1972, 248 págs.

XIX.5. Temas

XIX.5.1. Lírica

Quizá la sinuosa y cambiante trayectoria de la poesía española a lo largo del siglo XIX ha influido en que su historia global todavía no se haya trazado. Para obtener un panorama completo acúdase a historias generales (XIV.3.1.) o a aproximaciones parciales que citaremos más adelante (XIX.5.4. *Movimientos literarios*). Son mucho más abundantes, sin embargo, los trabajos de detalle: (1673) J. Molas: «Sobre la poesía española en la segunda mitad del siglo XIX», *BHS*, 1962, XXXIX, págs. 96-101. Entre los varios trabajos de Narciso Alonso Cortés, véase (1673a) «El lastre clasicista en la poesía española del siglo XIX», *EH*, 1952, págs. 3-14. El más reciente de (1673b) V. Lloréns: «De la elegía a la sátira patriótica», *HDA*, 1961, II, págs. 413-422. El muy aprovechable de (1673c) D. W. Foster: «Un índice introductorio de los 'tópicos' de la poesía romántica española...»,

Hispa, 1969, XXXVII, págs. 1-22. Así como luego ya toda una serie de monografías, entre las que destacamos la (1673d) de Vicente Gaos sobre *La poética de Campoamor*, Madrid, Gredos, 1969, 2.ª ed. corr. y aum. (1.ª: 1955), 234 págs. Y el estudio formal de (1673e) Domingo Ynduráin: *Análisis formal de la poesía de Espronceda*, Madrid, Taurus, 1971.

1674. Cossío, José María de: *Cincuenta años de poesía española (1850-1900)*, Madrid, Espasa-Calpe, 1960, 2 vols.

XIX.5.2. Teatro

1675. Brett, Louis E.: *Nineteenth Century Spanish Plays*, Nueva York, Appleton Century 1935, 889 págs. Es también antología, con 15 obras, de Moratín a Benavente.

1676. Caldera, Ermanno: *Il Dramma romantico in Spagna*, Pisa, Universitá, 1974, 235 págs.

1677. Goenaga, Ángel y Juan P. Maguna: *Teatro español del siglo XIX. Análisis de obras*, Nueva York, Las Américas, 1972, 450 págs.

1678. Leslie, J. K.: *Ventura de la Vega and the Spanish Theatre, 1820-1865*, Princeton, Princeton University Press, 1940.

1679. Pataky-Kosove, Joan: *The 'Comedia lacrimosa' and Spanish Romantic Drama*, Londres, Tamesis Books, 1978.

1680. Peak, H.: *Social Drama in Nineteenth Century Spain*, Chapel Hill, University of North Carolina Press, 1964, 165 págs.

1681. Poyán Díaz, D.: *Enrique Gaspar (Medio siglo de teatro español)*, Madrid, Gredos, 1957, 2 vols.

XIX.5.3. Prosa

1682. Alcalá Zamora y Torres, Niceto: *La oratoria española*, Barcelona, etc., Grijalbo, 1976 (ed. orig.: 1946), 154 págs. Dos capítulos iniciales sobre la oratoria parlamentaria española y sus aspectos literarios, y referencia posterior a quince oradores parlamentarios españoles.

1683. Olivar Bertrand, R.: *Oratoria política y oradores del Ochocientos*, Bahía Blanca, Instituto de Humanidades de la Universidad Nacional del Sur, 1960, 114 págs.

1684. Sedane, M. C.: *Oratoria y periodismo en la España del siglo XIX*, Valencia, Castalia, 1977, 454 págs.

1685. Baquero Goyanes, Mariano: *El cuento español en el siglo XIX*, Madrid, CSIC, 1949, 699 págs.

1686. Ferreras, Juan Ignacio: *Catálogo de novelas y novelistas españoles del siglo XIX*, Madrid, Cátedra, 1979, 454 págs. Ofrece en 2.158 entradas multitud de noticias —orden alfabético de autores— sobre obras y autores del siglo XIX. Es una masa bibliográfica que invita a trabajos posteriores.

1687. Ferreras, Juan Ignacio: *Introducción a una sociología de la novela española del siglo XIX*, Madrid, Edicusa, 1973, 287 páginas. La obra de Ferreras sobre la novela del siglo XIX es enormemente meritoria, pero como demuestra la publicación de 1686 —hubiera debido ser la primera de la serie—, algo precipitada y vehemente, lo que se deja ver en la inmadurez crítica de sus libros anteriores: (1687a) *Los orígenes de la novela decimonónica 1800-1830*, Madrid, Taurus, 1973, 334 págs. (1687b) *La novela por entregas (1840-1900)...*, Madrid, Taurus, 1972, 314 páginas. (1687c) *El triunfo del liberalismo y de la novela histórica (1830-1870)*, Madrid, Taurus, 1973.

1688. Miralles, Enrique: *La novela española de la Restauración (1875-1885): sus formas y enunciados narrativos*, Barcelona, Pubill, 1979, 331 págs. El más completo y riguroso ensayo sobre las formas novelescas del siglo XIX.

1689. Montesinos, José Fernández: *Introducción a una historia de la novela española en el siglo XIX...*, Madrid, Castalia, 1973, 3.ª ed. corr. y aum. (1.ª: 1955), 312 págs. Las contribuciones de Montesinos al estudio de la novela decimonónica forman una serie de acercamientos críticos insustituibles, pero siempre desde una perspectiva muy individual. Es de suponer que su obra, si el tiempo le hubiera dejado, se habría coronado con algún trabajo de síntesis en este sentido. Con todo esta síntesis se puede deducir de su ingente obra.

1690. Montesinos, J. F.: *Costumbrismo y novela. Ensayo sobre el redescubrimiento de la realidad española*, Madrid, Castalia, 1972, 3.ª ed. (1.ª: 1960), 148 págs.

1691. Montesinos, J. F.: *Fernán Caballero. Ensayo de justificación*, México, El Colegio de México, 1961, 178 págs. V. además del mismo autor: (1691a) *Pereda o la novela del idilio*, Madrid, Castalia, 1969, 312 págs. (1691b) *Galdós...*, Madrid, Castalia, 1968-1973, 3 vols. (1691c) *Valera o la ficción libre*, Madrid, Castalia, 1970, 219 págs. (1691d) *Pedro Antonio de Alarcón*, Madrid, Castalia, 1977, 288 págs.

1691e. Oleza, Juan: *La novela del XIX: del parto a la crisis de una ideología*, Valencia, Bello, 1976, 224 págs.

1692. Pérez Minik, Domingo: *Novelistas españoles de los siglos XIX y XX*, Madrid, Guadarrama, 1957, 352 págs.

1693. Romero Tobar, Leonardo: *La novela popular española del siglo XIX*, Madrid, Fundación Juan March-Ariel, 1976, 281 páginas.

1694. Zavala, Iris M.: *Ideología y política en la novela española del siglo XIX*, Salamanca, Anaya, 1971, 362 págs. Contiene además un estudio sobre los orígenes de la novela en el siglo xix y su trasfondo ideológico, así como un importante apéndice documental con textos de la época sobre la novela y las novelas.

XIX.5.4. *Movimientos literarios*

1695. Shenk, H. G.: *The Mind of the European Romantics*, Oxford, OUP, 1979, 328 págs. Panorama general del romanticismo europeo como movimiento cultural y artístico, en el que se concede poco relieve a la literatura española. V. todavía (1695a) A. Farinelli: *Il Romanticismo nel mondo latino*, Turín, Bocca, 1927, 3 vols. Y (1695b) Paul Van Tieghem: *La era romántica. El romanticismo en la literatura europea*, México, 1958 (ed. orig.: 1948), 429 págs.

1696. Allison Peers, E.: *Historia del movimiento romántico español*, Madrid, Gredos, 1973, 2.ª ed. 1.ª reimpr. (ed. orig.: 1940), 2 vols. Es la obra mayor del género, quizá estructurada tomando como base un concepto excesivamente dilatado de «lo romántico».

1697. Díaz Plaja, Guillermo: *Introducción al estudio del romanticismo español*, Madrid, Espasa-Calpe, 1972, 4.ª ed. (1.ª: 1936), 204 págs.

1698. *Estudios románticos*, Valladolid, Casa-Museo de Zorrilla, 1975, 243 págs. Obra colectiva con estudios de J. Luis Varela, G. Díaz Plaja y otros. De este tipo: 1698a. *Romantisme, réalisme, naturalisme en Espagne et en Amérique Latine*, Actes du 2ème Colloque du Centre d'Etudes Ibériques, Lille, 1975 (1978), 190 páginas.

1699. García Mercadal, José: *Historia del romanticismo en España*, Barcelona, Labor, 1943, 388 págs.

1700. Juretschke, Hans: *Origen doctrinal y génesis del romanticismo español*, Madrid, Editora Nacional, 1954, 56 págs.

1700a. Lloréns, V.: *El Romanticismo español*, Madrid, Castalia-Juan March, 1979, 2.ª ed., 599 págs.

1701. Lloréns, Vicente: *Liberales y románticos. Una emigración española en Inglaterra (1823-1834)*, Madrid, Castalia, 1979, 2.ª ed. (1.ª: 1954), 453 págs. V. la obra de (1701a) Rafael Sánchez Mantero: *Liberales en el exilio*, Madrid, Rialp, 1975.

1702. Mc Clelland, I. L.: *The Origins of the Romantic Movement in Spain*, Liverpool, Liverpool University Press, 1975, 2.ª ed. (ed. orig.: 1937), 402 págs. «A highly readable and judicious survey of some fundamental aspects of eighteenth-Century Literature» (H. B. Hall).

1703. Navas Ruiz, Ricardo: *El romanticismo español. Documentos*, Salamanca, Anaya, 1971, 319 págs.

1704. Navas Ruiz, R.: *El romanticismo español. Historia y crítica*, Salamanca, Anaya, 1973, 332 págs. Equilibrada y útil visión de conjunto.

1705. Pattison, W.: *El naturalismo español. Historia externa de un movimiento literario*, Madrid, Gredos, 1965, 192 págs. Recuérdese que como fuente de la época son fundamentales (1705a) los artículos de E. Pardo Bazán en *La cuestión palpitante*, Salamanca, Anaya, 1968.

1706. Rosselli, F.: *Una polémica letteraria in Spagna: il romanzo naturalista*, Pisa, Universitá, 1963, 110 págs.

1707. López Jiménez, Luis: *El naturalismo y España. Valera frente a Zola*, Madrid, Alhambra, 1976. Panorama de conjunto sobre el movimiento naturalista y análisis de la teoría narrativa de Valera.

1708. Balakian, Anna: *El movimiento simbolista. Juicio crítico*, Madrid, Guadarrama, 1976 (ed. orig.: 1967), 243 págs.

1709. Martino, P.: *Parnasse et Symbolisme*, París, A. Colin, 1970, 2.ª ed., 191 págs.

1710. Michaud, G.: *La doctrine symboliste: Documents*, París, 1947. Y del mismo (1711) *Message poétique du symbolisme*, París, 1947, 3 vols.

1712. Schmidt, A. M.: *La littérature symboliste 1870-1900*, París, PUF, 1966, 8.ª ed. Hay traducción española en Buenos Aires, Eudeba, 1966, 62 págs.

XIX.6. ESTUDIOS LINGÜÍSTICOS

No existen tampoco en este terreno obras de conjunto desde una perspectiva claramente literaria. Se deben tener en cuenta algunos estudios parciales, entre los cuales algún trabajo de H. Hatzfeld, el capítulo sobre esta época de G. Sobejano (930) y las breves páginas de Lapesa (408). Las monografías son más abundantes: Marina Mayoral sobre Rosalía de Castro, José Pedro Díaz sobre Bécquer, etc. Recuérdese la obra formalista citada (1673e) de Ynduráin.

1713. Mourelle de Lema, M.: *La teoría lingüística en la España del siglo XIX*, Madrid, Prensa Española, 1968, 438 págs. «This book succeeds in its avowed intention of making accessible some of the leading linguistics of nineteenth-century Spain» (C. Pountain). Sin embargo, no está exento de errores y debe manejarse con cautela.

1714. Battaner Arias, M.ª Paz: *Vocabulario político social en España (1868-1873)*, Madrid, RAE, 1977, 678 págs.

1715. Lassaletta, Manuel C.: *Aportaciones al estudio del lenguaje coloquial galdosiano*, Madrid, Ínsula, 1974, 289 págs. Estudio detallado sobre todo de los modismos y acepciones figuradas empleadas por Galdós, explicando su origen, uso y significado.

1716. Seoane, M.ª Cruz: *El primer lenguaje constitucional español (Las Cortes de Cádiz)*, Madrid, Moneda y Crédito, 1968, 220 págs.

XIX.7. Antologías

1717. Aub, Max: *La prosa española del siglo XIX*, México, Robredo, 1952-1953, 2 vols.

1718. Correa Calderón, E.: *Costumbristas españoles. Estudio y selección*, Madrid, Aguilar, 1964, 2.ª ed. (1.ª: 1950), CXL + 1.366 págs. Contiene autores correspondientes a los siglos XVII, XVIII y XIX, y se publica como volumen I de una obra de dos.

1719. Varela, José Luis: *El costumbrismo romántico...*, Madrid, Magisterio Español, 1970, 167 págs.

1720. Díaz Plaja, Fernando: *Antología del romanticismo español*, Madrid, Revista de Occidente, 1959, 223 págs.

1721. Romero Tobar, Leonardo: *Narraciones de la España romántica...*, Madrid, Magisterio Español, 1967, 260 págs.

1722. Balcells, José M.ª: *Prosa romántica de crítica y creación. Antología...*, Tarragona, Tarraco, 1976, 280 págs. Excelente selección, comentada y prologada. Es especialmente interesante su estudio del costumbrismo.

1723. Altolaguirre, Manuel: *Antología de la poesía romántica española*, Madrid, Espasa-Calpe, 1954, 210 págs.

1724. Blecua, José Manuel: *Poesía romántica. Antología*, Zaragoza, Ebro, 1940, 2 vols.

1725. Valera, J.: *Florilegio de poesías castellanas del siglo XIX...*, Madrid, Fernando Fe, 1902-1904, 5 vols.

1726. Pleyán, C.: *Teatro romántico*, Barcelona, Rauter, 1946, 176 págs.

1727. Valencia, Antonio: *El género chico. Antología de textos completos,* Madrid, Taurus, 1962, 619 págs. V. el ensayo sobre el género a finales de siglo en Zamora Vicente (963); y 942, 1432, 941, 1085.

1728. Buendía, Felicidad: *Antología de la novela histórica española (1830-1844),* Madrid, Aguilar, 1963, 1.803 págs.

XX

EL SIGLO XX

Es difícil atinar con un camino crítico que a través de una bibliografía selecta conduzca al adecuado conocimiento de la literatura contemporánea. Algunas etapas y grupos (el 98, el 27, el surrealismo, etc.) han alcanzado ya, con el clasicismo, cierta consistencia que permite calibrar la melodía crítica que los rodea; pero cuanto menor es nuestra perspectiva, con mayor facilidad podemos incurrir en errores por desorientación o desconocimiento. Es importante el conjunto de documentos y fuentes directas, más que en otras épocas (cfr. por ejemplo Mainer, 1798; Tamames, 1754e; etc.).

Interesa subrayar que el caudal de bibliografía en algunos aspectos —particularmente en el de antologías y, entre éstas, las antologías poéticas—, no admite parangón con otras épocas. Algo parecido podríamos decir acerca de la literatura crítica sobre la narrativa (Martínez Cachero, 1878). Al teatro se le ha dedicado una relativa menor atención.

Con respecto a los estudios lingüísticos, todas las gramáticas del español actual —o estudios sincrónicos sobre el español actual (393-398)— podrían haberse citado como pertinentes.

XX.1. Bibliografías. Repertorios. Fuentes

1729. *El año literario español 1978.* Nota preliminar de Andrés Amorós, Madrid, Castalia, 1978, 195 págs. Último volumen de una publicación anual de la editorial Castalia (desde 1975) que recoge breves panoramas sobre las actividades literarias del año, presentados y comentados por especialistas.

1730. Barja, César: *Libros y autores contemporáneos,* Nueva York, G. E. Stechert, 1935, reimpr. (ed. orig.: 1925), 313 págs.

1731. Barraclough, G.: *Introducción a la historia contemporánea,* Madrid, Gredos, 1965, 352 págs.

1732. Brunet, L. P. y A. Plessis: *Introduction à l'histoire contemporaine,* París, A. Colin, 1972, 328 págs.

1773. Conard-Malerbe, Pierre: *Guía para el estudio de la historia contemporánea de España,* Madrid, Siglo XXI, 1975, 2.ª ed., 148 págs. «La panorámica que se nos ofrece, aunque breve de extensión, es amplia en cuanto a ideas, fructífera en conocimiento y sin efectos literarios de cara a la galería» (J. M. de la Torre).

1734. Cierva, Ricardo de la: *Bibliografía general integrada de la guerra de España y sus antecedentes históricos,* Barcelona, Ariel, 1968. Sobre este aspecto pueden verse además los (1734a) *Cuadernos bibliográficos de la guerra de España (1936-1939),* que publica desde 1965 la Universidad de Madrid, a cuya serie pertenece la obra de M.ª Jesús Montes (1737a). En fin, también (1734b) Ricardo de la Cierva es autor de una amena y bien documentada *Historia de la Guerra Civil española,* Madrid, 1969 y en publicación.

1735. García Nieto, M.ª del Carmen (et al., eds.).: *Bases documentales de la España contemporánea. La guerra de España, 1936-1939,* Madrid, Guadiana, 1975, 499 págs. Y en la misma colección (1735a) *La segunda República,* Madrid, Guadiana, 1974, 2 vols. Vols. IX y X de la colección *Bases...* Cfr. 1617.

1736. Instituto Nacional de Estadística: *Principales actividades de la vida española en la primera mitad del siglo XX, 1900-1950,* Madrid, Instituto Nacional de Estadística, 1951. «Resumen de los datos especiales demográficos, económicos, culturales, etc., de la Sociedad española, insistiendo en los datos fundamentales de la producción básica y una valoración aproximada de la misma» (Martínez Cuadrado).

1737. *Medio siglo de publicaciones de poesía en España; Catálogo de revistas*, Segovia-Madrid, I Congreso de Poesía, 1952, 51 págs. Debe preferirse la obra de F. Rubio (1738).

1737a. Montes, M.ª Jesús: *La guerra española en la creación literaria (ensayo bibliográfico)*, Madrid, Universidad Complutense, 1970, 191 págs.

1738. Rubio, Fanny: *Las revistas poéticas españolas, 1939-1975*, Madrid, Turner, 1976, 550 págs. Es obra muy completa. V. también el (1738a) *Catálogo de la Exposición bibliográfica de revistas literarias españolas del siglo XX en ediciones facsímiles (Biblioteca del 36)*, Madrid, Biblioteca Nacional, 1979, 16 hojas. Y recuérdese la bibliografía truncada de (1738b) Domingo Paniagua: *Revistas culturales contemporáneas I (1897-1912): de «Germinal» a «Prometeo»*, Madrid, Punta Europa, 1964.

Referencias. — Cfr. 1615, 1617, 1621, 1622-1622b.

XX.2. IMPRENTA. LIBROS. BIBLIOTECAS

1739. *Creación y público en la literatura española*, Madrid, Castalia, 1973, 273 págs. V. especialmente los trabajos de Rafael Pérez de la Dehesa, S. Salaün y Andrés Amorós. En la misma colección (1739a) Vicente Lloréns: *Aspectos sociales de la literatura española*. Las actuales sociologías de la literatura o de algunos aspectos entrarían en la frontera de este apartado.

1740. González Palencia, Ángel: *Libros españoles, 1939-1945*, Madrid, 1948, 239 págs. Es una buena noticia de la producción bibliográfica española durante esos años, con especial relieve de la literaria.

1741. Ruiz-Castillo, José: *El apasionante mundo del libro. Memorias de un editor*, Madrid, Agrupación Nacional del Comercio del Libro, 1972, 300 págs.

1742. Mac Donald, Ian R.: *Gabriel Miró: his Private Library and his Literary Background*, Londres, Támesis Books, 1974, 250 págs.

1743. Beneyto, Antonio: *Censura y política en los escritores españoles*, Barcelona, Euros, 1975, 2.ª ed. Reportaje sobre medio centenar de escritores contemporáneos y sus problemas con la censura. Cfr. 291-292, 1625.

1744. Fernández Areal, Manuel: *La libertad de prensa en España (1939-1971)*, Madrid, Edicusa, 1971, 234 págs. V. del mismo (1744a) *El control de la prensa en España*, Madrid, Guadiana, 1973, 320 págs.

1745. Cedán Pazos, Fernando: *Edición y comercio del libro español (1900-1972)*, Madrid, Editora Nacional, 1972, 445 págs.

1746. Barker, R. E.: *Le livre dans le monde. Étude sur le commerce international du livre*, París, Unesco, 1957. V. del mismo (590): *El deseo de leer*, y 589.

XX.3. HISTORIAS DE ESPAÑA. SIGLO XX

XX.3.1. *Historias generales de España. Siglo XX*

1747. Koebner, R. y H. D. Schmidt: *The Story and Significance of Imperialism. A Political Word, 1840-1960*, Cambridge, CUP, 1964, 432 págs.

1748. Mommsen, W. J.: *La Época del Imperialismo. Europa, 1885-1918*, Madrid, Siglo XXI, 1977, 4.ª ed. (ed. orig.: 1969), 360 págs.

1749. Gallo, M.: *Histoire de l'Espagne franquiste*, París, R. Laffont, 1969, reed. (1.ª: 1950-1969), 491 págs. «Written in a vivid, if rather irritating, dramatic Gallic journalistic style, the book is nevertheless fairly thoroughly researched and provides a lucid survey of the period which is informative and useful» (R. A. H. Robinson). Cfr. 1632, 1633.

1750. Hermet, Guy: *L'Espagne de Franco*, París, A. Colin, 1974.

1751. Jackson, Gabriel: *La República española y la guerra civil*, Barcelona, Grijalbo, 1976 (según la ed. orig. de 1965), 494 págs. Un gran esfuerzo por ofrecer una síntesis imparcial del período. Excelente bibliografía.

1752. Martínez Cuadrado, Miguel: *La burguesía conservadora (1874-1931)*, Madrid, Alianza-Alfaguara, 1973, 592 págs. Cfr. 1635.

1753. Preston, P. (ed.): *España en crisis. Evolución y decadencia del régimen de Franco*, México, FCE, 1970. Existe una reedición inglesa posterior: Londres, The Harvester Press, 1976, 341 págs. V. del mismo: (1753a) *The Coming of the Spanish Civil War. Reforme, Reaction and Revolution in the Second Republic, 1931-1936...*, Londres, Mac Millan, 1978, 364 págs.

1754. Rama, Carlos M.: *La crisis española del siglo XX*, México, FCE, 1976, reed. (ed. orig.: 1960), 447 págs. V. del mismo: (1754a) *Ideologías, regiones y clases sociales en la España contemporánea*, Madrid, Júcar, 1977 (1.ª ed.: Montevideo, 1963), 165 págs. Y aún (1754b) *España, crónica entrañable (1933-1977)*, Barcelona, Grijalbo, 1979, 314 págs.

1754c. Ramírez, Manuel: *España, 1939-1975. Régimen político e ideología*, Madrid, Guadarrama, 1978, 128 págs. Breve síntesis en la que se traza un acertado panorama ideológico de la España franquista.

1754d. Robinson, Richard A. H.: *Los orígenes de la España de Franco. Derecho, República y Revolución, 1931-1936*, Barcelona, 1973 (ed. orig.:

1970). «This is the most important and impressive book on the politics of the Second Republic that has hitherto appeared. It is a detailed, meticulously documented account of the politics of the right and shows conclusively that a truly scholarly use of printed sources, especially newspapers, can reveal most of the secrets of the tortured politics of Spain 1931-1936» (R. Carr).

1754e. Tamames, Ramón: *La República. La era de Franco*, Madrid, Alianza-Alfaguara, 1973, 623 págs.

1755. Thomas, Hugh: *La guerra civil española*, Barcelona, Grijalbo, 1976, 2.ª ed. aum. (ed. orig.: 1961), 2 vols.

1756. Tuñón de Lara: *La España del siglo XX*, Barcelona, Laia, 1974, 3.ª ed. rev. y act. (1.ª: 1966), 3 vols. que se disponen del modo siguiente: I «La quiebra de una forma de Estado (1898/1931)»; II «De la Segunda República a la Guerra Civil (1931/1936)»; III «La Guerra Civil (1936/1939)». Cfr. 1637a.

XX.3.2. *Aspectos históricos varios*

1757. Abella, Rafael: *La vida cotidiana durante la Guerra Civil...*, Barcelona, Planeta, 1973-1975, 2 vols. El primero dedicado a la España Nacional y el segundo a la Republicana.

1758. Abellán, José Luis: *La cultura en España. Ensayo para un diagnóstico*, Madrid, Edicusa, 1971, 348 págs. Y del mismo: (1758a) *La industria cultural española*, Madrid, Edicusa, 1975, 375 págs.

1759. Abellán, J. L. (dir.): *El exilio español de 1939*, Madrid, Taurus, 1977-1979, 6 vols. Su disposición es la siguiente: I La emigración republicana de 1939, por V. Lloréns; II Guerra y política, varios autores; III Revistas, pensamiento, educación, por varios autores; IV Cultura y literatura; V Arte y Ciencia, por varios autores; VI Cataluña, Euzkadi, Galicia, por varios autores. Del volumen IV (Madrid, Taurus, 1976, 301 págs.) se ocuparon Aurora de Albornoz —poesía—; Sanz Villanueva —narrativa—; R. Doménech —teatro—, y Germán Gullón —ensayo y crítica—. Cfr. 1957.

1760. Araquistáin, Luis: *El pensamiento español contemporáneo*, Buenos Aires, Losada, 1962, 192 págs.

1761. Belda R. (et al.): *Iglesia y Sociedad en España, 1939-1975*, Madrid, Edición Popular, 1977, 376 págs.

1761a. Brenan, Gerald: *El Laberinto español...*, París, Ruedo Ibérico, 1961 (ed. orig.: 1943), 301 págs. Estudio histórico «especialmente valioso sobre los anarquistas, la cuestión catalana y los problemas de la tierra» (Jackson). Excelente bibliografía, para su época. A veces resulta algo informal y poco riguroso, a pesar de lo cual es «uno de los más logrados apuntes psicológico-políticos de los grupos y tendencias políticas españolas anteriores a 1931» (Martínez Cuadrado).

1762. *La cultura bajo el Franquismo*, Barcelona, Eds. de Bolsillo, 1977. Obra colectiva en la que cada autor «realiza una interpretación global de la historia de su respectivo campo cultural como punto de partida e hipótesis de trabajo para futuras y necesarias investigaciones monográficas» (J. S. Pérez Garzón).

1763. Díaz, Elías: *Notas para una historia del pensamiento español actual (1939-1973)*, Madrid, Edicusa, 1974, 324 págs. «Uno de los trabajos más importantes hasta la fecha sobre la cultura española de la postguerra» (J. L. Marfany).

1764. Fernández de Castro, I. y J. Martínez: *España hoy*, París, 1963. «Panorama de absoluta imprescindibilidad con abundancia de datos y documentación acerca de la vida española entre 1939 y 1963, centrado en torno a la lucha contra la dictadura y la represión» (Blanco Aguinaga).

1765. Fernández de Castro, I. y A. Goytre: *Clases sociales en España en el umbral de los años 70*, Madrid, Siglo XXI, 1977, 3.ª ed. (1.ª: 1974), 307 págs.

1766. Jiménez Fraud, Alberto: *La Residencia de Estudiantes. Visita a Maquiavelo*, Barcelona, Ariel, 1972, 249 págs.

1767. Jutglar, Antonio: *Ideologías y clases sociales en la España contemporánea... (1874-1931)*, Madrid, Edicusa, 1969, vol. II (cfr. 1648).

1768. Lacomba, Juan Antonio: *La crisis española de 1917*, Madrid, Ciencia Nueva, 1970, 571 págs.

1769. López Campillo, E.: *La Revista de Occidente y la formación de minorías*, Madrid, Taurus, 1972, 317 págs. «Correcto estudio de las circunstancias y propósitos de una fundación cultural orteguiana» (Mainer).

1770. Madariaga, Salvador de: *España. Ensayo de historia contemporánea*, Madrid, Espasa-Calpe, 1979, 13 ed. (1.ª: 1958), 637 págs. «Rica en recuerdos personales de los grupos liberales durante las décadas que precedieron a la República» (Jackson).

1771. Marías, Julián: *Filosofía española actual*, Madrid, Espasa-Calpe, 1970, 2.ª ed. Del mismo: (1771a) *Los españoles*, Madrid, 1963.

1772. Marichal, Juan: *El nuevo pensamiento político español*, México, FCE, 1966.

1773. Moya, Carlos: *El poder económico en España (1939-1970). Un análisis sociológico*, Madrid, Júcar, 1975.

1774. Romeu, Fernando: *Las clases trabajadoras en España, 1898-1930*, Madrid, Taurus, 1970, 221 págs.

1775. Mermall, Thomas: *La retórica del humanismo (La cuestión española después de Ortega)*, Madrid, Taurus, 1978.

1776. Payne, Stanley: *Falange. Historia del fascismo español*, París, Ruedo Ibérico, 1974 (ed. orig.: 1962), 258 págs. «Se trata de una historia puntual de los avatares del partido, con abundante información sobre actividades intelectuales y una lograda explicitación del clima psicológico que condicionó a Falange» (Mainer).

1777. Roldán, S. y J. L. García Delgado: *La formación de la Sociedad capitalista en España (1914-1920)*. *Contribución al análisis de la influencia de la I Guerra Mundial sobre el capitalismo*, Madrid, Manibel Artes gráficas, 1973, 2 vols.

1778. Tezanos, José Félix: *Estructuras de clases en la España actual*, Madrid, Edicusa, 1975.

1779. Trend, J. B.: *The Origins of Modern Spain*, Cambridge, CUP, 1934. «Trata principalmente de las corrientes intelectuales liberales, 1860-1930» (Jackson).

1780. Tuñón de Lara, Manuel: *Medio siglo de cultura española (1885-1936)*, Madrid, Tecnos, 1975, 3.ª ed. corr. y ampl. (1.ª: 1970), 304 págs. Amplio panorama, asentado frecuentemente en testimonios literarios, que no acierta sin embargo a ser definitivo, quizá por la ausencia de una consideración global convincente.

1781. Tusell, J. (et al.): *Política y sociedad en la España del siglo XX...*, Madrid, Akal, 1978, 347 págs.

Referencias. — Es fundamental consultar para la cultura española del destierro las noticias de H. Serís (815, núms. 3.999-4.014 y 6.434-6.448).

XX.4. Historias de la Literatura Española. Siglo xx

XX.4.1. *Historias generales de la literatura española. Siglo XX*

1782. Albérès, R. M.: *Panorama de las literaturas europeas, 1900-1970*, Madrid, Al-Borak, 1972 (ed. orig.: 1969), 433 págs. Denso, sugestivo —a veces excesivamente emotivo— panorama, trazado a partir de unas líneas ideológico-culturales. Cfr. 1853.

1783. Blöcker, Günter: *Líneas y perfiles de la literatura moderna*, Madrid, Guadarrama, 1969, 350 págs. Puede servir como introducción al período, desde una perspectiva más amplia.

1784. Barinaga Fernández, Augusto: *Movimientos literarios españoles en los siglos XIX y XX*, Madrid, Alhambra, 1969, 2.ª ed. (1.ª: 1964), 311 págs. Historia y antología. Intenta ser pedagógico, pero a costa de una simplificación facilona y peligrosa.

1785. Clotas, Salvador y P. Gimferrer: *Treinta años de literatura*, Barcelona, Kairós, 1971, 109 págs. «Útil esquema de la literatura española» (Blanco Aguinaga).

1786. *Cuadernos para el diálogo: 30 años de literatura. Narrativa y poesía española, 1939-1969*. Número extraordinario de mayo de 1969, con estudios de S. Clotas, F. Grande, Valeriano Bozal, etc. V. en la misma revista (1786a) *Literatura española. A treinta años del siglo XXI*. Número extra, diciembre de 1970. En ambos casos, conjunto de artículos muy determinados por la coyuntura política. Todas las grandes revistas de la época dedicaron algún número monográfico a este u otros aspectos culturales semejantes. V. también el número (1786b) de 9 de diciembre de 1972 de la revista *Triunfo*, de Madrid.

1787. Chabás, Juan: *Literatura española contemporánea, 1898-1950*, La Habana, Cultural, 1952, 702 págs. «Muy personal, con juicios afortunados y deficiencias de información..., refleja la actitud liberal en el exilio» (Mainer).

1788. Jauralde Pou, Pablo: *Literatura española contemporánea*, Madrid, Noguer, 1978.

1788a. Mainer, J. C. (et al.): *Historia de la Literatura española actual*, Madrid, Alhambra, 1980, 4 vols. Del vol. teatral se ocupa M. de Paco, J. Marcos lo hace de la poesía. Cfr. 1885a.

1789. Milazzo, E.: *Sintesi di letteratura spagnola contemporanea*, Roma, Signorelli, 1958, 54 págs. Apenas son unas líneas de consideraciones generales muy vagas.

1790. Niedermayer, F.: *Spanische Literatur des 20. Jahrhunderts...*, Berna, Francke, 1964, 111 págs.

1791. Rossi, Rosa: *De Unamuno a Lorca*, Catania, Niccolo Gianotta, 1967. «Sujestivo panorama socioliterario abordado desde presupuestos marxistas» (Mainer).

1792. Schwartz, K.: *Introduction to Modern Spanish Literature*, Nueva York, Twayne, 1968, 330 págs.

XX.4.2. Aspectos generales de la literatura española

1793. Bleiberg, G. e I. Fox (eds.): *Pensamiento y letras en la España del siglo XX*, Nashville, Vanderbilt University Press, 1966.

1794. Bozal, Valeriano: *El realismo plástico en España de 1900 a 1936*, Barcelona, Península, 1967, 210 págs. Se refiere, claro está, al arte, pero tiene constantes y sugestivas conexiones con la literatura de la época. V. del mismo (1795): *Arte de vanguardia. Un nuevo lenguaje...*, Madrid, Edicusa, 1970, 50 págs. Bozal es autor de clarividentes artículos sobre el período, consúltense sobre todo (1796) «Filosofía e ideología burguesas en España», en *Zona Abierta*, 1975, núm. 3. Y (1796a) «Cambio ideológico en España» (1939-1975), en *Zona Abierta*, 1976, núm. 5.

1797. Giménez Frontín, José Luis: *Movimientos literarios de vanguardia*, Barcelona, Salvat, 1973, 144 págs. Excelente presentación y resumen, en una colección muy popular, de un tema sinuoso y difícil. El autor no se limita al período clásico de la vanguardia: también se refiere a la literatura actual.

1798. Mainer, José Carlos: *La Edad de Plata (1902-1931). Ensayo de interpretación de un proceso cultural*, Barcelona, Los Libros de la Frontera, 1975, 325 págs. Con bibliografía anotada y un intento de nuevos planteamientos de este período literario: a veces brillantes a veces confusos, siempre sugestivos.

1799. Mainer, José Carlos: *Literatura y pequeña burguesía en España. Notas (1890-1950)...*, Madrid, Edicusa, 1972, 277 págs.

1800. Mainer, José Carlos (ed.): *Falange y literatura...*, Barcelona, Labor, 1971, 300 págs. Antología con una interesante introducción y una excelente bibliografía crítica, a pesar de su brevedad.

1801. Marco, Joaquín: *La nueva literatura en España y América*, Barcelona, Lumen, 1972, 334 págs. Conjunto de ensayos sobre la literatura hispánica al filo o desde la perspectiva de comienzos de los años 70.

1802. Pérez Ferrero, M.: *Tertulias y grupos literarios*, Madrid, Prensa Española, 1974.

1803. Torre, Guillermo de: *Historia de las literaturas de vanguardia*, Madrid, Guadarrama, 1965, 946 págs. Ésta es la última edición monumental de un librillo aparecido por primera vez en 1924, y últimamente reeditado en edición de bolsillo, pero sin ilustraciones, fundamentales en este caso. Se trata de la gran obra sobre el tema, con un amplio trazado histórico que no se limita a las vanguardias de la preguerra. Cfr. 1907-1914.

1804. Zuleta, Emilia de: *Historia de la crítica española contemporánea*, Madrid, Gredos, 1974, 2.ª ed. not. aum. (1.ª: 1966), 482 págs. Trabajo que debe manejarse con suma cautela, por su esquematismo desvirtuador de una realidad más compleja y por su absoluta carencia de sentido crítico.

XX.5. TEMAS

XX.5.1. *Lírica*

1805. Friedrich, Hugo: *Estructura de la lírica moderna*, Barcelona, Seix Barral, 1976, 2.ª ed. (ed. orig.: 1956), 414 págs. Predominan los criterios formales. Al referirse a poesías y poetas españoles concretos disparata frecuentemente. Complétese este aspecto general de la lírica contemporánea con (1805a) C. M. Bowra: *The Heritage of symbolism*, Londres, 1943. Trad. española en Buenos Aires, Losada, 1951, 302 págs.

1806. Alonso, Dámaso: *Poetas españoles contemporáneos*, Madrid, Gredos, 1969, 3.ª ed. aum. (1.ª: 1952), 424 págs. Conjunto irregular de críticas y estampas, a veces subjetivas y anecdóticas; otras (Blas de Otero, Manuel Machado...), acertados estudios críticos.

1807. Cano, José Luis: *Poesía española contemporánea. Generaciones de postguerra*, Madrid, Guadarrama, 1974, 244 págs. Reunión de artículos en torno a los poetas de dos generaciones de la postguerra. El carácter del libro no permite una visión de conjunto más que en raros momentos. Esta dificultad no se salva con la «introducción», demasiado simple. V. del mismo (1807a): *El tema de España en la poesía contemporánea*, Madrid, Revista de Occidente, 1964. Cfr. 1934-1934a.

1808. Cano Ballesta, Juan: *La poesía española entre pureza y revolución (1930-1936)*, Madrid, Gredos, 1972, 284 págs. La mejor síntesis sobre un período confuso, tradicionalmente mal enfocado, que se estudia subrayando precisamente lo que le es esencial: su dispersión y conflictividad.

1809. Castellet, José M.ª: *Un cuarto de siglo de poesía española (1939-1964)*, Barcelona, Seix Barral, 1969, 554 págs. Comienza con 113 páginas de prólogo que trazan un panorama de la historia de la poesía, muy discutido y discutible, aunque con frecuencia se tome como punto de partida para exposiciones similares. Planteamiento esencialmente sociológico. Posteriormente Castellet publicó una nueva y en este caso todavía más discutible (1809a) antología: *Nueve novísimos*, Barcelona, Barral, 1970. Sobre esta última obra opinaba Cano: «Su aparición representa una vuelta a las actitudes esteticistas y experimentales de la generación del 27 en su primera fase, e incluso al decadentismo modernista».

1810. Cernuda, Luis: *Estudios sobre poesía española contemporánea*, Madrid, Guadarrama, 1970, 2.ª ed. (1.ª: 1957). Comentarios críticos muy personales y agudos sobre aspectos y problemas de la lírica contemporánea.

1811. Cirre, J. Francisco: *Forma y espíritu de una lírica española, 1920-1935*, México, FCE, 1950. Trata con cierta soltura aspectos formales fundamentalmente.

1812. Debicki, A.: *Estudios sobre poesía española contemporánea: La Generación de 1924-1925*, Madrid, Gredos, 1968.

1813. Díaz Plaja, Fernando: *Los poetas en la Guerra Civil española*, Barcelona, 1975.

1814. García de la Concha, Víctor: *La poesía española de postguerra...*, Madrid, Prensa Española, 1973, 542 págs. Contiene rica información sobre el período inmediato a la guerra, manejada por un crítico todavía inmaduro.

1815. García Hortelano, Juan (ed.): *El grupo poético de los años 50 (Una antología)*, Madrid, Taurus, 1978, 271 págs. Sus 41 páginas prologales resultan algo pobres e informales como intento de caracterizar a esta generación poética.

1816. Grande, Félix: *Apuntes sobre poesía española de postguerra*, Madrid, Taurus, 1970, 115 págs. Panorama fragmentario pero acertado.

1817. Jiménez, José Olivio: *Diez años de poesía española 1960-1970*, Madrid, Ínsula, 1972.

1818. Lechner, J.: *El compromiso en la poesía española del siglo XX*, Londres, 1968, 2 vols. Estudio y antología.

1819. Ley, Charles: *Spanish poetry since 1939*, Washington, The Catholic University of America, 1962.

1820. Quiñones, Fernando: *Últimos rumbos de la poesía española*, Buenos Aires, Columba, 1966.

1821. Siebenmann, Gustav: *Los estilos poéticos en España desde 1900*, Madrid, Gredos, 1973 (ed. orig.: 1965), 582 págs. La edición española está renovada. Voluminosa y confusa contribución al estudio de la poesía española del siglo xx. Particularmente, su tratamiento y clasificaciones de la poesía contemporánea son arbitrarios. Riquísima bibliografía que le convierte en excelente instrumento de trabajo.

1822. Vivanco, Luis Felipe: *Introducción a la poesía española contemporánea*, Madrid, Guadarrama, 1971, 2.ª ed. (1.ª: 1957), 2 vols. Libro clásico, pero muy parcial, por cuanto después de una breve introducción, bastante personal, se estudian monográficamente catorce poetas consagrados, de Juan Ramón Jiménez a Leopoldo Panero.

1823. Zardoya, Concha: *Poesía española del siglo XX (Estudios temáticos y estilísticos)*, Madrid, Gredos, 1974, 2.ª ed. muy aum. (la 1.ª llevaba el título de *Poesía española del 98 y del 27*), 4 vols.

Referencias. — Cfr. XIV.3.1. y XX.5.4. y 1933-1946.

XX.5.2. Teatro

Para una visión del teatro contemporáneo no circunscrita a la Península deben de tenerse en cuenta las revistas ya citadas

(878a-c y XXII), además de las historias generales del teatro (XIII.3. y XIV.3.2.), así como otras revistas especializadas internacionales *(Educational Theatre Journal*, desde 1948; *Theatre Survey*, desde 1959; etc.) y nacionales *(La Pipirijaina, Arte Escénico, Primer Acto*, etc.).

1824. Guerrero Zamora, Juan: *Historia del teatro contemporáneo*, Barcelona, Juan Flors, 1961, 4 vols.

1825. Dort, Bernard: *Tendencias del teatro actual*, Madrid, Fundamentos, 1978, reed. (1.ª: 1975), 222 págs. Del mismo autor: (1825a) *Théâtre public 1953-1966*, París, Du Seuil, 1967, 381 páginas.

1826. Esslin, Martín: *El teatro del absurdo*, Barcelona, Seix Barral, 1966 (ed. orig.: 1961). Antología con una introducción.

1827. Jacquet, Jean (et al.): *El teatro moderno...*, Buenos Aires, Eudeba, 1967 (ed. orig.: 1958).

1828. Mignon, P. L.: *Historia del teatro contemporáneo*, Madrid, Guadarrama, 1973, 316 págs.

1829. Miralles, Alberto: *Nuevos rumbos del teatro*, Barcelona, Salvat, 1974. Acertada síntesis del teatro mundial contemporáneo a través de sus cambios fundamentales. Cuadros y esquemas muy prácticos.

1830. *Le Théâtre Moderne...*, París, CNRS, 1967, 2 vols.

1831. Wellwart, G.: *Teatro de protesta y paradoja. La evolución del teatro de vanguardia*, Madrid, Alianza, 1974 (ed. orig.: 1964), 390 págs. La edición española suprimió sorprendentemente el capítulo dedicado al teatro español (pero V. 1852). En esta misma línea (1831a) la obra de Fi Lumley: *Trends in Twentieth Century Drama*, Londres, Barrie and Rockliff, 1960.

1832. Williams, R.: *De Ibsen a Brecht*, Barcelona, Península, 1975, 411 págs. Ensayos escritos desde unos supuestos teóricos brillantemente expuestos y sabiamente aplicados. V. del mismo (1832a): *Modern Tragedy...*, Londres, Chatto and Windus, 1966, 283 págs.

1833. Aragonés, Juan E.: *Teatro español de postguerra*, Madrid, Publicaciones españolas, 1971.

1834. Borel, J. P.: *El teatro de lo imposible. Ensayo sobre una de las dimensiones fundamentales del teatro español con-*

temporáneo, Madrid, Guadarrama, 1966, 2.ª ed. (1.ª: 1963, ed. orig.: 1959), 304 págs.

1835. Díez-Canedo, Enrique: *Artículos de crítica teatral: el teatro español de 1914 a 1936*, México, Joaquín Mortiz, 1968, 4 vols. con la siguiente disposición: I Jacinto Benavente y el teatro desde los comienzos de siglo; II El teatro poético, el teatro cómico; III La tradición inmediata; IV Elementos de renovación. Como en el caso de la obra crítica de otros autores de la época, fundamentalmente Pérez de Ayala (1843a) y Andrés González Blanco, constituyen todavía la fuente más importante para un estudio crítico del teatro español durante el primer tercio de siglo.

1836. García Pavón, Francisco: *El teatro social en España (1895-1962)*, Madrid, Taurus, 1972 (ed. orig.: 1962). «Desigual y, por lo general, desaprovechado intento de historiar el teatro social español desde comienzos de siglo, con énfasis en el de la postguerra» (Blanco Aguinaga).

1837. Greguersen, H.: *Ibsen and Spain. A study in Comparative drama*, Cambridge, Mass., Mass., CUP, 1936.

1838. Holt, Marion P.: *The Contemporary Spanish Theatre (1949-1972)*, Boston, Twayne, 1975, 189 págs.

1839. Isasi Angulo, O.: *Diálogos del teatro español de la postguerra...*, Madrid, Ayuso, 1974, 547 págs. Del mismo (1839a) *Monólogo sobre el teatro español contemporáneo*, Madrid, 1975.

1840. Marqueríe, Alfredo: *Veinte años de teatro en España*, Madrid, Editora Nacional, 1959. Recolecta de críticas oficiales de un crítico «oficial», interesante para la perspectiva del teatro permitido y aplaudido en la España de la postguerra.

1841. Miralles, Alberto: *Nuevo teatro español: una alternativa social*, Madrid, Villalar, 1977, 221 págs. El mejor estudio de conjunto sobre los problemas y el estado del teatro español último. Excelente bibliografía.

1842. Molero Manglano, Luis: *Teatro español contemporáneo*, Madrid, Editora Nacional, 1974.

1843. Monleón, José: *Treinta años de teatro de la derecha*, Barcelona, Tusquets, 1971, 155 págs.

1843a. Pérez de Ayala, Ramón: *Las máscaras*, Madrid, Espasa-Calpe, y reed. en el vol. III de sus *Obras Completas*, Madrid, Aguilar, 1961, 2.ª ed. Recuérdese lo que decíamos a propósito de 1835.

1844. Pérez Minik, Domingo: *Debates sobre el teatro español contemporáneo*, Sta. Cruz de Tenerife, 1953, 286 págs. El mismo autor trató de conectar el teatro español con el europeo en (1844a) *Teatro europeo contemporáneo*, Madrid, Guadarrama, 1962, 534 págs.

1845. Rodríguez Alcalde, L.: *Teatro español contemporáneo*, Madrid, EPESA, 1973.

1846. Rodríguez Méndez, J. M.: *Comentarios impertinentes sobre el teatro español*, Barcelona, Península, 1972, 216 págs. Recopilación de ensayos periodísticos, bastante agresivos, sobre estrenos teatrales, por un autor «realista». Del mismo (1846a) *La incultura teatral en España*, Barcelona, 1974.

1847. Sastre, Alfonso: *La revolución y la crítica de la cultura*, Barcelona, Grijalbo, 1971, 2.ª ed. (1.ª: 1970), 270 págs. Del mismo (1847a) *Anatomía del realismo*, Barcelona, Seix Barral, 1965, 259 págs. Los ensayos de este otro dramaturgo, como su obra de creación, carecen de fuerza y resultan monótonos y a menudo enormemente tópicos.

1848. Ruiz Ramón: *Historia del teatro español del siglo XX*, Madrid, Cátedra, 1975, 2.ª ed. (Cfr. 938). Panorama muy amplio y correcto en líneas generales, aunque los nuevos dramaturgos tendrían mucho que decir sobre los capítulos finales y la valoración de los dramaturgos realistas.

1849. Torrente Ballester, G.: *Teatro español contemporáneo*, Madrid, Guadarrama, 1968, 2.ª ed. (1.ª: 1957), 606 págs.

1850. Urbano, Victoria: *El teatro español y sus directrices contemporáneas*, Madrid, Editora Nacional, 1972.

1851. Valbuena Prat, Ángel: *Teatro moderno español*, Zaragoza, Partenón, 1954, 2.ª ed. (1.ª: 1944), 184 págs.

1852. Welwarth, G. E.: *Spanish Underground Drama (Teatro español underground)*, Madrid, Villalar, 1978 (ed. orig.: 1972), 236 págs. «La indigente bibliografía teatral española convirtió este libro en la fecha de su publicación en inglés, 1972, en el primer ensayo que se escribía sobre la nueva dramaturgia española y por nueva casi desconocida...», dice Alberto Miralles en el interesante prólogo que precede al texto. Cfr. 1831.

XX.5.3. *Prosa*

1853. Albérès, R.: *Metamorfosis de la novela*, Madrid, Taurus, 1971. Puede abrir el panorama del género en la historia de la literatura mundial. Albérès, como se sabe, resulta con todo un crítico excesivamente declamatorio, poco dado a sistematizaciones concretas, pero de grandes y brillantes ideas. Véase algo más concreto: (1853a) C. E. Magny: *La era de la novela contemporánea*, Buenos Aires, J. Goyanarte, 1972, Cfr. 1782.

1854. Amorós, Andrés: *Introducción a la novela contemporánea*, Madrid, Cátedra, 1974, 3.ª ed. (1.ª: 1966). Breve y pedagógico panorama, algo inmaduro, en el que se adivinan los primeros ramalazos de un buen crítico. V. del mismo (1854a) *Sociología de la novela rosa*, Madrid, Castalia, 1968.

1855. Baquero Goyanes, Mariano: *Estructuras de la novela actual*, Barcelona, Planeta, 1975, 3.ª ed. (1.ª: 1970), 250 págs. Inteligente análisis, sobre todo formal, de estructuras narrativas típicas de nuestro siglo.

1856. Rodríguez Almodóvar, Antonio: *La estructura de la novela burguesa*, Madrid, Taller de Ediciones, 1973, 276 págs. Intento quizá demasiado ambicioso de trazar un panorama de la novela moderna desde unos supuestos estructuralistas y sociológicos. Se refiere también al s. XIX.

1857. Roger, A. y A. Maraud: *Le roman contemporain*, París, PUF, 1973.

1858. Varela Jácome, Benito: *Renovación de la novela en el siglo XX*, Barcelona, Destino, 1967, 440 págs. Panorama muy completo sobre las tendencias y epígonos de la narrativa mundial en nuestro siglo. Puede servir como libro básico a un mejor conocimiento del tema.

1859. Alborg, J. L.: *Hora actual de la novela española*, Madrid, Taurus, 1958-1962, 2 vols. Del segundo volumen existe una

2.ª ed. de 1968. Recolecta algo desordenada y oportunista de noticias, juicios, etc., acerca del tema.

1860. Álvarez Palacios, Fernando: *Novela y cultura española de postguerra...*, Madrid, Edicusa, 1975, 370 págs. Intento fallido de replantear la creación novelesca desde una vertiente sociológica. Muchos errores a nivel profesional e histórico.

1861. Aranguren, J. L. López: «El curso de la novela española contemporánea», en *Estudios literarios*, Madrid, Gredos, 1976, págs. 212-310. Cfr. 950.

1862. Bosch, Rafael: *La novela española del siglo XX*, Nueva York, Las Américas, 1970-1971, 2 vols. «De la Restauración a la República» y «De la República a la postguerra», respectivamente. «Uses political, social, and historical matters to study the development of the novel with a view to the showing how it contributed to the progress of contemporary life» (Bleznick). «Sus valoraciones críticas resultan con alguna frecuencia harto incomprensivas» (Martínez Cachero).

1863. Buckley, Ramón: *Problemas formales en la novela española contemporánea*, Barcelona, Península, 1973, 2.ª ed. (1.ª: 1968). Su primera edición fue el primer ensayo por una interpretación, parcial, de los nuevos aspectos formales de la narrativa española contemporánea. Deben de consultarse ahora Villanueva (1886) y Yerro (1888).

1864. Cardona, Rodolfo (ed.): *Novelistas españoles de postguerra*, I, Madrid, Taurus, 1976. Obra colectiva de una serie cuya limitación estriba en su propio fragmentarismo y falta de coherencia interna; y su valor, en poner al alcance del estudioso trabajos a veces poco accesibles.

1865. Castellet, José María: *La hora del lector (Notas para una iniciación a la literatura narrativa de nuestros días)*, Barcelona, Seix Barral, 1957. Primer intento, tímido, para un planteamiento sociológico del hecho literario a nivel sobre todo de la novela actual. Hoy resulta pobre, pero alentó en su momento a muchos jóvenes narradores y críticos.

1866. Corrales Egea, José: *La novela española actual (Ensayo de ordenación)*, Madrid, Edicusa, 1971. «Seguridad de criterio, fina penetración en la labor de unos pocos autores y en el

proceso general de la novela de la postguerra, y una saludable
atención a lo ocurrido paralelamente en los países vecinos» (Sobejano). Pero contiene «abundancia de pequeños errores» (Martínez Cachero).

1867. Curutchet, J. Carlos: *Introducción a la novela española de postguerra*, Montevideo, Alfa, 1966. Libro de escaso valor, con el tratamiento muy partidista de una selecta nómina
de narradores actuales. Del mismo: (1867a) *Cuatro ensayos sobre la novela española*, Montevideo, Alfa, 1973. Referido a Caballero Bonald, Marsé, Goytisolo (Juan) y Martín Santos.

1868. Denoel, B. J.: *The Spanish Novel of Religious Thesis,
1876-1936*, Princeton, N. J., Princepton University Press, 1968,
169 págs.

1869. Domingo, José: *La novela española del siglo XX*, Barcelona, Labor, 1973, 2 vols.

1870. Eoff, S. H.: *The Modern Spanish Novel*, Nueva York,
University Press. Y del mismo (1870a) *El pensamiento moderno
y la novela española actual*, Barcelona, Seix Barral, 1965, 2.ª ed.,
272 págs.

1871. Ferreras, Juan Ignacio: *Tendencias de la novela española actual, 1931-1969...*, París, Ediciones Hispanoamericanas,
1970. Algo confuso, incluso en el «catálogo de urgencia de novelas y novelistas». Cfr. 1866-7.

1872. García Viñó, Manuel: *Novela española actual*, Madrid,
Prensa Española, 1975, 2.ª ed. aum. (1.ª: 1967). De una notable
pobreza como obra crítica y «notablemente partidista» (Sobejano). V. del mismo un ensayo a modo de panfleto publicitario
sobre cuatro malos novelistas: (1872a) *Papeles sobre la «nueva
novela» española*, Madrid, Eunesa, 1975.

1873. Gil Casado, Pablo: *La novela social española (1920-
1971)*, Barcelona, Seix Barral, 1975, 2.ª ed. corr. y aum. (1.ª:
1968), 598 págs. Contiene, como más interesante, un estudio e
interpretación de una parcela narrativa olvidada hasta hace poco
por la crítica: la novela social de la preguerra. La difusa base
teórica sobre la que se monta la obra acaba por convertirla en
una monografía, seria y provechosa, más. Buena documentación.

1874. Gogorza Flechter, Madeleine: *The Spanish Historical Novel, 1870-1970*, Londres, 1974. Véanse, más restringidas: (1874a) Antonio Regalado García: *Benito Pérez Galdós y la novela histórica española, 1868-1912*, Madrid, 1966. Gaspar Gómez de la Serna (1874b): *España en sus Episodios Nacionales*, Madrid, Ediciones del Movimiento, 1954. Cfr. 1664.

1875. Hickey, Leo: *Realidad y experiencia de la novela*, Madrid, Cupsa, 1978, 267 págs. Planteamiento en profundidad de la naturaleza del hecho novelesco desde la perspectiva y para el análisis de la narrativa española contemporánea.

1876. Iglesias Laguna, A.: *Treinta años de novela española, 1938-1968*, Madrid, Prensa Española, 1969. Intento algo ramplón de trazar una historia bastante más compleja. «Precisa de abundantes rectificaciones histórico-culturales» (Blanco Aguinaga). Complétese con (1876a) *La literatura de España día a día* (1970-1971), Madrid, Editora Nacional, 1972.

1876b. Jolly, M. (et al.): *Panorama du roman espagnol contemporain (1939-1975)*, Montpellier, Centre d'Etudes Sociocritiques, 1979, 357 págs.

1877. Marra-López, José R.: *Narrativa española fuera de España, 1939-1961*, Madrid, Guadarrama, 1963, 539 págs. «Pese a sus inevitables olvidos, lo más completo que se ha publicado en el país sobre esta materia» (Rafael Conte, en 1969). El autor de esta nota crítica lo es también de (1877a): *Narraciones de la España desterrada*, Barcelona, Edhasa, 1970.

1878. Martínez Cachero, J. M.ª: *Historia de la novela española entre 1936 y 1975*, Madrid, Castalia, 1979, 2.ª ed. renov., 501 págs. La más completa de las historias del género, resultado de una investigación larga y meticulosa. Excelente bibliografía crítica final, con unos 250 items.

1879. Morán, Fernando: *Novela y semidesarrollo...*, Madrid, Taurus, 1976, 431 págs. Aunque fue «la más atinada interpretación de la novela social de los años 50 desde el ángulo socioeconómico pertinente» (Sobejano), como conjunto está todavía falto de seguridad y coherencia críticas: al crítico le cuesta trabajo todavía desenvolverse con facilidad en este terreno y no acaba por centrarse en su tema de estudio. V. del mismo

(1879a) *Explicación de una limitación: la novela realista de los años cincuenta en España*, Madrid, Taurus, 1971. En esta misma línea, más claro y centrado, pero también más teórico (1879b) Valeriano Bozal: *El realismo entre el desarrollo y el subdesarrollo*, Madrid, 1968.

1880. Nora, Eugenio G. de: *La novela española contemporánea (1898-1967)*, Madrid, Gredos, 3 vols. Su historia textual es compleja. La primera edición es de 1958. La segunda del año 1963, pero corregida en el caso del vol. II y ampliada en el del III, que se refieren respectivamente a 1927-1939 y 1939-1967. Es una obra monumental y de consulta indispensable: desde el 98 —pero deja fuera a Ganivet— hasta nuestros días. Los panoramas y perfiles son excelentes: sólo se desfiguran por el desbordamiento de títulos, obras y autores de las últimas páginas.

1881. Ortega, José: *Ensayos de la novela española moderna*, Madrid, José Porrúa Turanzas, 1974.

1882. Ponce de León, José Luis C.: *La novela española de la guerra civil (1936-1939)*, Madrid, Ínsula, 1971. Recuérdense los panoramas generales anteriores: María Zambrano (1882a): *Los intelectuales en el drama de España*, Santiago de Chile, 1937. (1882b) Aldo Garosci: *Gli intellettuali e la guerra di Spagna*, Turín, 1959.

1883. Robberts, Gemma: *Temas existenciales en la novela española de postguerra*, Madrid, Gredos, 1973, 326 págs.

1884. Sanz Villanueva, Santos: *Tendencias de la novela española actual (1950-1970)*, Madrid, Edicusa, 1972. Una de las mejores interpretaciones «técnicas» de la novela española actual, aunque quizá algo parcial en sus juicios críticos.

1885. Sobejano, Gonzalo: *Novela española de nuestro tiempo (En busca del pueblo perdido)*, Madrid, Prensa Española, 1975, 2.ª ed., 655 págs. Quizá la más ponderada visión crítica del tema, efectuada con sólidos criterios ordenadores y evaluadores. Debe completarse con panoramas más detallados y documentados, como el de Martínez Cachero (1878).

1885a. Soldevilla, I.: *La novela desde 1936*, Madrid, Alhambra, 1980, 482 págs. Es el vol. II de 1788a.

1886. Villanueva, Darío: *Estructura y tiempo reducido en la novela*, Valencia, Bello, 1977. Excelente estudio de aspectos estructurales y formales de la novela española entre 1949 y 1974.
1887. Spires, Robert C.: *La novela española de postguerra. Creación artística y experiencia personal*, Madrid, 1978, 365 páginas.
1888. Yerro, Tomás: *Aspectos técnicos y estructurales de la novela española actual*, Pamplona, Edicusa, 1977, 261 págs. Estudio de cinco novelistas a través de cinco rasgos técnicos: el monólogo interior, el «tempo» lento, el contrapunto, el laberinto y el perspectivismo.
1889. Bleznick, Donald W.: *El ensayo español del siglo XX*, Nueva York, Ronald Press, 1964, 2.ª ed., 294 págs. Véase además el artículo de E. López Campillo: (1889a) «Apuntes sobre una evolución en la temática del ensayo español (1895-1930)», en *CHA*, 1971, LXXXV.

XX.5.4. Movimientos literarios

1890. Castillo, Homero: *Estudios críticos sobre el modernismo*, Madrid, Gredos, 1968, 416 págs. Conjunto heterogéneo de trabajos en los que se echa de menos cierta coherencia y una introducción.
1891. Ferreres, Rafael: *Los límites del modernismo y del 98*, Madrid, Taurus, 1964, 186 págs. Precioso conjunto de artículos, fundamentales en el caso de la caracterización del modernismo.
1892. Gullón, Ricardo: *Direcciones del modernismo*, Madrid, Gredos, 1971, 2.ª ed. aum. (1.ª: 1963), 274 págs. Del mismo (1892a): *La invención del 98 y otros ensayos*, Madrid, Gredos, 1969, 200 págs. Planteamiento polémico sobre la escisión por la crítica entre modernistas y generacionistas.
1893. Henríquez Ureña, M.: *Breve historia del modernismo*, México, 1962, 2.ª ed. (1.ª: 1954).
1894. Jiménez, Juan Ramón: *El modernismo. Notas en torno a un curso, 1953*, Madrid, Aguilar, 1962. V. también: (1894a) *El trabajo gustoso*, Madrid, Aguilar, 1951. Juan Ramón fue un sagaz crítico de poesía y sus juicios sobre el modernismo cons-

tituyen una guía fundamental. Algo más circunstancial en este mismo sentido son los apuntes de (1894b) de Manuel Machado: *La guerra literaria (1898-1914)*, Madrid, Imprenta Hispanoalemana, 1913. En otra dirección, los artículos de Julio Casares, como documento histórico y lingüístico, ya que no como juicio crítico afortunado: (1894c) *Crítica profana...*, Madrid, Espasa-Calpe, 1944. (1894d) *Crítica efímera...*, Madrid, Espasa-Calpe, 1962. Etc.

1895. Litvak, Lily (ed.): *El modernismo...*, Madrid, Taurus, 1975, 395 págs. Recopilación muy desigual, acogiendo los excelentes estudios de Schulman, Octavio Paz, etc., junto a otros gratuitos e insulsos. Para el modernismo aconsejamos el comentario de A. Zamora Vicente a «Divagación», de Rubén Darío, en (1895a) *El comentario de textos*, Madrid, Castalia, 1973, 2.ª ed. (1.ª: id.), 471 págs.

1896. Schulman, Ivan A.: *Martí, Darío y el modernismo*, Madrid, Gredos, 1969, 268 págs. V. del mismo crítico (1896a): *Génesis del modernismo...*, México, El Colegio de México, 1966. Se trata de los dos estudios más serios y precisos que hay sobre el tema.

1897. Abellán, José Luis: *Sociología del 98*, Barcelona, Península, 1973, 318 págs. Recolecta de artículos, que se unifican a través de un interesante ensayo preliminar. El título —«sociología»— parece sin embargo algo comercial: se trata de ensayos muy tradicionales.

1898. Díaz Plaja, Guillermo: *Modernismo frente al noventa y ocho...*, Madrid, Espasa-Calpe, 1966, 2.ª ed. (1.ª: 1951). Exponente máximo del enfrentamiento y división entre estos dos grupos de escritores. En la misma línea, aunque no tan radical, el artículo de (1898a) Pedro Salinas: «El problema del modernismo en España o un conflicto entre dos espíritus», en *Literatura española del siglo XX*, Madrid, Aguilar, 1949, 2.ª ed. Y en (1898b) *Ensayos de literatura hispánica...*, Madrid, Aguilar, 1961, 2.ª ed., págs. 371-389. Y desde luego en (1898c) *La poesía de Rubén Darío*, Buenos Aires, 1948. En fin, V. ahora la reedición (1898d) *Literatura española. Siglo XX*, Madrid, Alianza, 1970.

1899. Fox, E. Inman: *La crisis intelectual del 98,* Madrid, 1976.

1900. Granjel, Luis S.: *Panorama de la Generación del 98,* Madrid, Guadarrama, 1959, 535 págs. Estudio y antología. Refundido en (1900a) *La Generación literaria del 98,* Salamanca, Anaya, 1973. Acercamiento objetivo y bien documentado al tema.

1900b. Hinterhauser, Hans: *Fin de siglo...,* Madrid, Taurus, 1980 (ed. orig.: 1977).

1901. Jeschke, H.: *La generación del 98 en España (Ensayo de una determinación de su esencia),* Madrid, Editora Nacional, 1954 (ed. orig.: 1934), 177 págs. Excelente panorama, muy bien documentado, para su época. Poca profundidad crítica.

1902. López Morillas, J. L.: *Hacia el 98. Literatura, sociedad, ideología,* Barcelona, Ariel, 1972, 272 págs. Conjunto de ensayos —que datan de 1967-1968— que tratan de encontrar las raíces ideológicas de las figuras del 98 en la España de la Restauración (Galdós, Clarín, el krausismo...). En el mismo sentido lo mejor de los (1902a) *Estudios en memoria de Rafael Pérez de la Dehesa: la crisis fin de siglo: Ideología y Literatura,* Barcelona, Ariel, 1975, 305 págs. Y, en fin, la conocida y ahora remozada obra de (1902b) Carlos Blanco Aguinaga: *Juventud del 98,* Barcelona, Crítica, 1978, 2.ª ed. corr. y aum., 189 págs. No estaría de más citar que el homenaje a R. Pérez de la Dehesa se basa en sus fecundos trabajos sobre el período, principalmente en (1902c) *Política y sociedad en el primer Unamuno (1895-1902),* Barcelona, Ariel, 1974, 2.ª ed. (1.ª: 1968).

1903. Laín Entralgo, Pedro: *La Generación del 98,* Buenos Aires, Espasa-Calpe, 1947, 215 págs. Reinterpretación de lo que se pensaba que era el «espíritu del 98» por un discípulo de la generación. Obra, incluso, de calidad literaria que se debe leer con perspectiva histórica. V. del mismo (1903a) *España como problema,* Madrid, 1956.

1904. Ramsdem, H.: *The 1898 Movement in Spain. Towards a Reinterpretation with Special Reference to «En torno al casticismo» and «Ideárium español»,* Manchester, Manchester University Press, 1974, 212 págs. «L'ensemble de l'ouvrage se recommande par des qualités indéniables: bonne information, sim-

plicité et clarté de l'exposé, équilibre et lucidité du jugement»
(R. Ricard).

1905. Shaw, Donald: *La generación del 98*, Madrid, Cátedra,
1977, 304 págs.

1906. Díaz Plaja, Guillermo: *Estructura y sentido del nove-
centismo español*, Madrid, Alianza, 1975, 346 págs. El mejor panorama sobre este período, con abundante información, pero
absolutamente vacío de interpretación y valoración críticas.

1907. Nadeau, M.: *Historia del surrealismo*, Barcelona, Ariel,
1972 (ed. orig.: 1964), 259 págs. Con el prólogo firmado en 1944.
El surrealismo es uno de los movimientos literarios de nuestro
siglo que mayor cantidad de bibliografía crítica ha provocado.
Además del correcto panorama de Nadeau pueden verse como
obras generales: (1907a) Y. Duplessis: *Le surréalisme*, París,
PUF, 1967, 7.ª ed. pta. al día (1.ª: 1950), 126 págs. Las obras de
(1907b) Jean-Louis Bédouin, principalmente *La poésie surréaliste*,
París, Seghers, 1964. Y los (1907c) manifiestos de A. Breton (1929,
1930, etc.). Hay traducción española de la edición francesa más
completa: París, J.-J. Pauvert, 1962.

1908. Ilie, Paul: *Los surrealistas españoles*, Madrid, Taurus,
1972, 323 págs. Ensayo típico en que el concepto central —«surrealismo»— se extiende desmesuradamente a obras y autores
no surrealistas. Es más, pues, un estudio de «lo surrealista» en
la literatura española, como decía el título originario (1968)
inglés: *The Surrealist Mode in Spanish Literature. An Interpretation of Basic Trends from postromanticism to the Spanish
Vanguard*.

1909. Ilie, Paul (ed.): *Documents of the Spanish Vanguard*,
Chapel Hill, The University of North Carolina Press, 1969, 451
páginas. «This bulky volume consists of 57 articles and mani-
festoes taken from little magazines of the 1920 and earlier» (A.
Terry). No sólo literarios.

1910. Marcial de Onís, Carlos: *El surrealismo y cuatro poetas de la generación del 27...*, Madrid, José Porrúa Turanzas,
1974, 299 págs. Aunque el libro se subtitula «Ensayos sobre extensión y límites del surrealismo en la generación del 27», sus

espléndidos capítulos iniciales (págs. 17-86) constituyen un juicioso panorama sobre la poesía española desde el modernismo hasta finales de la década de los 20.

1911. Morris, C. B.: *A Generation of Spanish Poets, 1920-1936*, Cambridge, CUP, 1969, 301 págs. Con antología anotada y traducida en inglés. «The book is carefully planned to interest the newcomer to Spanish poetry familiar with European poetry and to make an impact also on those whose scholarly and aesthetic interest are more directly concerned with modern Spanish poetry» (H. F. Grant).

1912. Morris, C. B.: *Surrealism and Spain 1920-1936*, Cambridge, CUP, 1972, 291 págs.

1913. Ortega y Gasset, José: *La deshumanización del Arte*, Madrid, Revista de Occidente, 1925. Análisis inteligente y preciso de una situación artístico-literaria, desde dentro: por eso este clásico no vale por sus previsiones.

1914. Videla, Gloria: *El ultraísmo. Estudios sobre movimientos poéticos de vanguardia en España*, Madrid, Gredos, 1971, 2.ª ed. (1.ª: 1963), 246 págs. Cfr. 1803 y 1937.

1915. Cano, José Luis: *La poesía de la Generación de 1927*, Madrid, Guadarrama, 1970.

1916. Gaos, Vicente (ed.): *Antología del grupo poético de 1927...*, Salamanca, Anaya, 1973, 2.ª ed., 223 págs. La «introducción» y «bibliografía» (págs. 7-46) iniciales son un excelente resumen crítico de la generación, si se salvan algunas fobias —como la de Alberti— del autor.

1917. González Muela, Joaquín y J. Rozas: *La generación poética de 1927. Estudio y antología*, Madrid, Alcalá, 1974, 2.ª ed., 308 págs. Aunque el núcleo esencial sea la antología, constituyen excelentes instrumentos de trabajo la riquísima bibliografía y la cronología.

1918. Rozas, Juan Manuel: *La Generación del 27 desde dentro. Textos y documentos...*, Madrid, Alcalá, 1974, 232 págs. Extraordinario corpus documental sobre el grupo del 27, con una acertada ordenación temática. V. ahora (1968a) *El 27 como generación*, Santander, la Isla de los Ratones, 1978, 127 págs.

XX.6. ESTUDIOS LINGÜÍSTICOS

1919. Beinhauer, Werner: *El español coloquial*, Madrid, Gredos, 1978, 3.ª ed. aum. y act., 556 págs. Interesante estudio sobre un estrato del lenguaje español actual, de importante incidencia literaria, que Beinhauer aprovecha cumplidamente. V. del mismo (1919a): *El humorismo en el español hablado*, Madrid, Gredos, 1973, 270 págs.

1920. Bellón Cazabán, Juan Alfredo: *La poesía de Luis Cernuda. Estudio cuantitativo del léxico de «La realidad y el deseo»*, Granada, Universidad, 1973, 124 págs.

1921. Ingamells, Lynn y P. Standish: *Variedades del español actual*, Londres, Longman, 1975, 334 págs.

1922. Lorenzo, Emilio: *El español de hoy, lengua en ebullición*, Madrid, Gredos, 1980, 3.ª ed. actualizada y aumentada (1.ª: 1966), 284 págs. Estudios parciales sobre algunos de los aspectos más llamativos del español en la década de los años 60. V. el artículo de (1922a) Rafael Lapesa: «La lengua española en los últimos 40 años», en la *Revista de Occidente*, 1964.

1923. Pollin, Alice M.: *A Concordance to the plays and Poems of Federico García Lorca*, Ithaca and London, Cornell University Press, 1975, 1.180 págs.

1924. Seco M.: *Arniches y el habla de Madrid*, Madrid, Alfaguara, 1970, 614 págs. Con un riquísimo repertorio léxico de voces cotejadas con otros testimonios de la época y un estudio del estilo de Arniches.

1925. Senabre Sempere, R.: *Lengua y estilo de Ortega y Gasset*, Salamanca, Universidad, 1965, 290 págs.

1926. Speratti-Piñero, E. S.: *De «Sonata de Otoño» al esperpento. Aspectos del arte de Valle Inclán*, Londres, Tamesis Books, 1968, 341 págs. Contiene un aprovechable estudio del léxico valleinclanesco. Cfr. 1096.

1927. Suárez, Sara: *El léxico de Camilo José Cela*, Madrid-Barcelona, Alfaguara, 1969, 565 págs. No se trata de un repertorio, sino de un estudio estilístico que toma por base campos léxicos típicos en la obra de Cela.

Referencias. — VI.1.1., VI.1.3. y VI.2.

XX.7. ANTOLOGÍAS

1928. Entre las publicaciones periódicas de tipo antológico, recordaremos las *Antologías de la Poesía española*, Madrid, Aguilar, desde 1955, luego *Poesía hispánica*, recogidas por Luis Jiménez Martos. La colección (1928a) *El teatro español*, Madrid, Aguilar, desde 1964, por F. C. Sáinz de Robles. Para la novela, (1956) *Las mejores novelas contemporáneas*, colección que seleccionan J. de Entrambasaguas y M. P. Palomo, Barcelona, Planeta. La colección de teatro de la desaparecida editorial Escelicer, de Madrid, por otro lado, recogía todo lo representado cada año en pequeños libritos: era un corpus práctico sobre el teatro actual.

1929. Bagué, E.: *Antología de la literatura española contemporánea*, Barcelona, Vicens Vives, 1964, 263 págs.

1930. Da Cal, Ernesto y M. Ucelay: *Literatura del siglo XX. Antología*, Nueva York, Holt, Rinehart and Winston, 1968.

1931. Gullón, R. y G. D. Schade: *Literatura española contemporánea. Antología...*, Nueva York, Charles Scribner's Sons, 1965, 702 págs.

1932. Jauralde Pou, Pablo: *Antología de textos literarios (siglo XX)*, Madrid, Noguer, 1978, 316 págs.

1933. Asís, M.ª Dolores: *Antología de poetas españoles contemporáneos*, Madrid, Narcea, 1977, 2 vols.

1933a. Batlló, José: *Antología de la nueva poesía española*, Madrid, El Bardo, 1968, 392 págs. Contiene un interesante prólogo.

1934. Cano, José Luis: *Antología de la nueva poesía española*, Madrid, Gredos, 1978, 4.ª ed. (1.ª: 1958). V. del mismo (1934a) *Antología de la lírica española actual*, Salamanca, Anaya, luego *Lírica española de hoy*, Madrid, Cátedra, 1974, 222 págs. Cfr. 1807-1807a.

1935. Corrales Egea, J. y P. Darmangeat: *Poesía española del siglo XX*, París, Librería española, 1966, 747 págs.

1936. Correa, Gustavo: *Poesía española del siglo XX*, Nueva York, Appleton Century-Crofts, 1972, 613 págs.

1936a. Correa, Gustavo: *Antología de la poesía española (1900-1980)*, Madrid, Gredos, 1980, 2 vols.

1937. Diego, Gerardo: *Poesía española contemporánea*, Madrid, Taurus, 1968, 4.ª ed. (1.ª: 1932), 673 págs. Famosa y discutida antología —obsérvese su año de aparición— que influyó enormemente en la poesía contemporánea.

1938. López Anglada, Luis: *Panorama poético español (Historia y antología, 1939-1964)*, Madrid, Editora Nacional, 1965, 681 páginas.

1939. Luis, Leopoldo de: *La poesía española contemporánea. Antología (1939-1964). Poesía social...*, Madrid, Alfaguara, 1969, 2.ª ed. (1.ª: 1965) renv. y aum., 434 págs.

1940. Luis, Leopoldo de: *Poesía religiosa, 1939-1964. Antología*, Madrid, Alfaguara, 1969.

1941. Mantero, M.: *Poesía española contemporánea. Estudio y antología (1939-1965)*, Barcelona, Plaza-Janés, 1966, 621 págs.

1942. Martínez Ruiz, F.: *La nueva poesía española. Antología crítica. Segunda generación de postguerra, 1955-1970*, Madrid, Biblioteca Nueva, 1971.

1943. Molina, A.: *Poesía española contemporánea. Antología (1939-1964)*, Madrid, Alfaguara, 1966, 539 págs.

1944. Ribes, Francisco: *Antología consultada de la joven poesía española*, Santander, 1952. «Se hizo sobre la base de los nombres de los considerados como los mejores jóvenes poetas de aquel momento, por medio centenar de escritores consultados al efecto» (Castellet).

1945. Ribes, Francisco: *Poesía última*, Madrid, Taurus, 1963.

1946. Schökel, Luis Alonso: *Poesía española (1900-1950)*, Madrid, Aguado, 1952, 2.ª ed. (1.ª: 1950), 2 vols.

1947. Díaz Plaja, Fernando: *Teatro español hoy. Antología (1939-1966)*, Madrid, Escélicer, 1967.

1948. Gordon, J.: *Teatro experimental español (Antología e Historia)*, Madrid, Escélicer, 1965, 211 págs.

1949. Welwarth, George E.: *The Modern Wave of Spanish Drama. Anthology...*, Nueva York, Nueva York University Press, 1970.

1950. García Pavón, Francisco: *Antología de cuentistas españoles contemporáneos*, Madrid, Gredos, 1976, 3.ª ed. (1.ª: 1959), 478 págs.

1951. Sáinz de Robles, F. C.: *La novela corta española. Promoción de «El cuento semanal» (1901-1920)*, Madrid, Aguilar, 1952, 1.678 págs.

1952. Bellini, G.: *Narratori spagnoli del Novecento*, Parma, Grande, 1960, 320 págs.

1953. Soler, M. A.: *Antología del pensamiento español contemporáneo*, Madrid, Taurus, 1961, 532 págs.

1954. Suárez Murias, M.: *Antología de la prosa moderna española*, Nueva York, Las Américas, 1968, 543 págs.

1955. Buckley, R. y J. Crispín: *Los vanguardistas españoles, 1925-1935*, Madrid, Alianza, 1973, 438 págs. Antología de la prosa vanguardista.

1956. Entrambasaguas, Joaquín de y P. Palomo: *Las mejores novelas contemporáneas*, Barcelona, Planeta, 1962-1963, 2.ª ed. (1.ª: 1957), 9 vols. Práctica selección, pero mal prologada.

1957. Conte, Rafael: *Narraciones de la España desterrada*, Barcelona, Edhasa, 1970. Antología de cuentos o narraciones breves de autores exiliados. Cfr. 1759.

1958. Díaz Plaja, Guillermo: *El poema en prosa en España: estudio crítico y antología*, Barcelona, Gili, 1956, 404 págs. Cfr. 947 y 1975.

1959. Río, Ángel del y M. J. Benardete: *El concepto contemporáneo de España. Antología de ensayos (1895-1931)*, Buenos Aires, Hispanic Inst., 1946, 741 págs. Sobre el tema de España V. la monumental (1959a) *Historia de las dos Españas*, de García Escudero, Madrid, Editora Nacional, 1976, 3 vols. Bibliografía adicional, en Homero Serís (815, núms. 3.247-3.311 y 8.062-8.085). Cfr. 1807a, 955, 961, 951, 955a y 1374.

XXI

MÉTRICA

El estudio de la métrica española ha quedado tradicionalmente relegado, sobre todo por las programaciones oficiales en colegios y universidades. La bibliografía, sin embargo es abundante a nivel de detalle (Carballo, 1968, Clarke 1970). Las teorías generales sobre la métrica sólo muy de lejos suplen esta penuria y sirven para la lengua española cuando no se ha tomado precisamente a ésta como base de tales teorías. La métrica se apoya en cualidades fonéticas del lenguaje y éstas varían de uno a otro. Aun con estas salvedades, conviene manejar una bibliografía general, a la que dedicamos el primer apartado.

XXI.1. Obras generales sobre métrica

1960. Una revalorización de estos estudios referidos a lenguas modernas se puede rastrear en los trabajos de los formalistas rusos (V. infra 1963) y en las colaboraciones del famoso Congreso de Bloomington, recogidas en *Style in Language* (Nueva York, 1960). Existe una traducción muy parcial en español: *El estilo del lenguaje*, Madrid, Cátedra, 1974, 173 págs.

1961. Uitti, Karl D.: *Teoría literaria y lingüística*, Madrid, Cátedra, 1975 (ed. orig.: 1969), 223 págs. sintetizo lo que fue «la nueva visión de la métrica» (págs. 187-193) en dicho congreso. De manera más concreta deberían tenerse en cuenta las siguientes obras: (1961a) S. Chatman: *A Theory of meter*, La Haya, 1965. (1961b) R. Creamante y M. Pazzaglia (eds.): *La métrica*, Bolonia, 1972. (1961c) P. Fussel (jr.): *Poetic Meter and Poetics form*, Nueva York, 1965. (1961d) H. Gross (ed.): *The Structure of Verse: Modern Essays on Prosody*, Greenwich, Conn., 1966. (1961e) W. K. Wimsatt (jr.) y M. C. Beardsley: «The concept of Meter: An exercise in Abstraction», *PMLA*, 1959, LXXIV.

1962. En algunas obras de estilística la consideración de las unidades métricas es muy importante. La teoría del verso en J. Cohen: *Estructura del lenguaje poético*, Madrid, Gredos, 1970 (ed. orig.: 1966), 221 págs. Las investigaciones de J. A. Martínez (346). Varios trabajos de F. Lázaro Carreter recogidos en (1962a) *Estudios de Poética*, Madrid, Taurus, 1976, 159 págs. Desde luego muchas de las obras de D. Alonso (949 en general), trabajos de Alarcos Llorach (948), etc. V. ahora también —aunque tiene escaso valor para el estudio de la literatura española— la traducción de (1962b) Mario Fubini: *Métrica y poesía*, Barcelona, Planeta, 1974 (ed. orig.: 1970).

1963. La bibliografía de los formalistas rusos es ya muy extensa. Para nuestros intereses actuales lo más interesante se encontrará en *Théorie de la Littérature...*, París, Du Seuil, 1965, 315 págs. Y en (1963a) R. Jakobson: *Essais de linguistique générale...*, París, Minuit, 1963, 260 págs. Colaborador también en 1960.

1964. En cuanto a la bibliografía sobre los orígenes de la métrica romana, se consultarán con provecho: M. Michel Burger: *Recherches sur la structure et l'origine des vers romans*, Ginebra-París, Droz, 1957. Más centrado en la métrica española y con excelente bibliografía: (1964a) Pierre Le Gentil: *Le virelai et le villancico. Le problème des origines arabes*, París, 1954. Referido al francés pero con un tratamiento muy preciso de este aspecto: (1964b) Th. Elwert: *Traité de versification française. Des origines à nos jours*, París, Klincksieck, 1965 (ed. orig.: 1961), 210 págs.

1964c. García Calvo, Agustín: *Del ritmo del lenguaje*, Barcelona, La Gaya Ciencia, 1975, 81 págs. Aunque a modo de ensayo, original contribución al estudio del ritmo en el lenguaje, matizando y discutiendo teorías y opiniones tradicionalmente aceptadas. Sobre el ritmo poético es clásica una vieja conferencia de (1964d) Samuel Gili Gaya: *El ritmo en la poesía contemporánea*, Barcelona, Universidad, 1956.

1965. Vossler, Karl: *Formas poéticas de los pueblos románicos*, Buenos Aires, Losada, 1959. Es obra póstuma, algunos de cuyos trabajos datan de 1925. Entre esas «formas» se hallan las típicas de la métrica culta romance.

XXI.2. Manuales y obras generales de métrica española

1966. Baehr, Rudolf: *Manual de versificación española*, Madrid, Gredos, 1970 (ed. orig.: 1962), 443 págs. Toma como sistema ordenador los elementos métricos (rima, verso, estrofa, etc.), aunque la parte histórica se halla cabalmente tratada en cada apartado. Se basa, en general, en Navarro Tomás (1974), aunque aporta más datos y discute algunas de sus teorías.

1967. Balbín, Rafael de: *Sistema de rítmica castellana*, Madrid, Gredos, 1968, 2.ª ed. (1.ª: 1962), 402 págs. «Nuevo enfoque desde el punto de vista de la Acústica, relativo en particular a la cantidad e intensidad y calidad sonora de las rimas. Sitúa en primer término la consideración de la estrofa» (Baehr). Pero debe manejarse con cautela: el autor se mueve a base de intuiciones en un terreno en el que, hoy al menos, caben otros procedimientos más objetivos de análisis.

1968. Carballo Picazo, Alfredo: *Métrica española*, Madrid, Instituto de Estudios Madrileños, 1956, 161 págs. Lo más importante de este librito es su extensa bibliografía sobre el tema, con unos 1.200 títulos.

1969. Clarke, D. C.: *A Chronological Sketch of Castilian versification together with a List of its Metric Terms*, Berkeley y Los Ángeles, University of California Press, 1952, 104 págs.

1970. Clarke, D. C.: *Una bibliografía de versificación española*, California, University of California Publications in Modern Philology, 1937. «Primera bibliografía fundamental sobre la métrica española. Un suplemento de esta bibliografía, para ponerla al corriente, en Clarke... [aquí, 1969]» (Baehr).

1971. Henríquez Ureña, Pedro: *La versificación española irregular*, Madrid, Centro de Estudios históricos, 1933, 2.ª ed. (1.ª: 1920), 369 págs. Existe, todavía, una refundición póstuma: *Estudios de versificación española*, Buenos Aires, Universidad, 1961.

1972. Navarro Tomás, Tomás: *Los poetas en sus versos: desde Jorge Manrique a García Lorca*, Barcelona, Ariel, 1973, 389 págs. Aplicación de sus teorías métricas (1974) a la crítica literaria.

1973. Navarro Tomás, Tomás: *Repertorio de estrofas españolas*, Nueva York, Las Américas, 1968, 240 págs. Completa su gran obra:

1974. Navarro Tomás, Tomás: *Métrica española*, Madrid, Guadarrama, 1972, 3.ª ed. corr. y aum. (1.ª: 1956), 581 págs. El subtítulo reza: «Reseña histórica y descriptiva», pero sus páginas iniciales exponen una teoría métrica original, coherente y rigurosa. Para una crítica a su quizá excesivo esquematismo V. (1974a) Pierre Le Gentil: «Discussions sur la versification espagnole médiévale à propos d'un livre récent», en *RPh*, 1958, XII, páginas 1-32.

1975. Paraíso de Leal, Isabel: *Teoría del ritmo de la prosa*, Barcelona, Planeta, 1976. Cfr. 1958.

1976. Quilis, Antonio: *Métrica española*, Madrid, Alcalá, 1969, 194 págs. Muy clara y sencilla exposición, pero a costa de suprimir los aspectos más intrincados del problema, por ejemplo la consideración del ritmo según las teorías de Navarro Tomás.

1977. Riquer, Martín de: *Resumen de versificación española*, Barcelona, Seix Barral, 1950, 86 págs. Manual elemental y sencillo.

XXI.3.   ASPECTOS HISTÓRICOS

1978. Clarke, D. C.: *Morphology of Fifteenth-Century Castilian Verse*, Pittsburgh, Pa.; Duquesne University Press, 1964, 233 págs.

1979. Díez-Echarri, Emiliano: *Teorías métricas del Siglo de Oro*, Madrid, CSIC, 1949, 355 págs.

1980. Domínguez Caparrós, José: *Contribución a la historia de las teorías métricas de los siglos XVIII y XIX*, Madrid, CSIC, 1975, 544 págs. Importante trabajo sobre un campo poco explorado, con una notable contribución a un diccionario de métrica.

1981. López Estrada, Francisco: *Métrica española del siglo XX*, Madrid, Gredos, 1969, 225 págs. «With admirable clarity this study reveals that the supposed 'freedom' of contemporary poetry is merely the exercise of a different, much more complex sense of form than that prescribed by conventional prosody» (R. D. Harris).

REVISTAS PROFESIONALES

A lo largo del Manual se han recensionado ya tanto repertorios (I.2., I.3.) como series referidas a campos varios (III.2., VII.6., X.2., XVI.1.1.). Las profesionales han sido objeto de recopilación en:

1982. Bleznick, D. W.: «A Guide to Journals in the Hispanic Field: A Selected Annotated List of Journals Central to the Study of Spanish and Spanish American Language and Literature», en *Hispania* (California), 1966, XLIV, págs. 569-583; *id.*, 1969, LII, págs. 723-737; *id.*, 1972, LV, págs. 307-321.

1983. Zubatsky, David S.: «An International Bibliography of cumulative indexes to journals publishing articles on hispanic languages and literatures», en *Hispania* (California), 1975, LIII, páginas 75-101. Es una refundición de trabajos suyos anteriores, «hasta la fecha, la guía más completa para quien desee trabajar en los índices de las publicaciones periódicas» (A. Labandeira). Recuérdese Pacci, 813.

Algunas revistas, por su parte, suministran en el apartado «revista de revistas» preciosa información al respecto. Como punto de partida se tomarán en consideración, al menos, estas pocas, las más importantes del actual panorama crítico en el mundo hispánico:

1984. *Boletín de la Real Academia Española (BRAE).* Madrid, Real Academia Española, desde 1914, 3 núms. por año.
1985. *Bulletin Hispanic.* Annales de la Faculté de Lettres de Bordeaux *(BHi).* Burdeos- CNRS, desde 1898, 4 vols. p. a.
1986. *Bulletin of Hispanic Studies (BHS).* Liverpool, University of Liverpool, 4 núms. por año.
1987. *Hispanic Review (HR).* A Quarterly Journal Devoted to Research in the Hispanic Languages and Literatures. Filadelfia, Univ. of Pensylvania, desde 1933. 4 núms. p. a.
1988. *Modern Language Notes (MLN).* Baltimore, Johns Hopkins Press, desde 1886, 6 vols. p. a.
1989. *Modern Language Review.* A Quarterly Journal Devoted to the Study of Medieval and Modern Literature and Philologie *(MLR).* Cambridge-Londres, The Modern Humanities Research Association, desde 1905, 4 núms. p. a.
1990. *Nueva Revista de Filología Hispánica (NRFH).* México, El Colegio de México, desde 1947, 2 núms. p. a.
1991. *Revista de Archivos, Bibliotecas y Museos (RABM).* Madrid, Biblioteca Nacional, desde 1871.
1992. *Revista de Filología Española (RFE).* Madrid, CSIC, desde 1914, 2 vols. p. a.
1993. *Romance Philology (RPh).* Berkeley, California, Univ. of California, desde 1947, 4 núms. p. a.
1994. *Romanic Review (RR).* Nueva York, Columbia Univ., desde 1910, 4 núms. p. a.
1995. *Romanische Forschungen.* Vierteljahrschrift für Romanische Sprachen und Literaturen *(RF).* Francfort, V. Klosterman, desde 1883, 4 núms. p. a.
1996. *Thesaurus.* Boletín del Instituto Caro y Cuervo *(Th).* Bogotá, desde 1945, 1 núm. p. a.

ÍNDICE ONOMÁSTICO

Abella, R., 352.
Abellán, J. L., 290, 352, 369.
Achter, W. S., 39.
Ackoff, R. L., 50.
Acosta Hoyos, L. E., 39.
Acosta Montoro, J., 75.
Agiré, I., 132.
Agramonte Cortijo, F., 76.
Aguado Bleye, P., 70.
Aguilar Piñal, F., 141, 320, 327, 329.
Aguirre, F. J., 18.
Aguirre, M., 132.
Agulló y Cobo, M., 270.
Aitken, A. J., 156.
Ajo G. y Sáinz de Zúñiga, 72.
Alarcos Llorach, E., 90, 94, 96, 219, 378.
Alas, Leopoldo (V. Clarín).
Albani, J., 109.
Albérès, R. M., 354, 363.
Alberich, J., 332.
Alberola, R., 33.
Alberti, R., 171.
Alborg, J. L., 210-11, 363-74.
Albornoz, A. de, 352.
Alcalá Galiano, A., 338.
Alcalá Yáñez y Ribera, G., 311.
Alcalá Zamora, N., 341.

Alcina Franch, J., 93, 95.
Alcocer, M., 145.
Aldea Vaquero, Q., 71.
Alemán, M., 209, 287.
Alemany y Bolufer, J., 100.
Alemany y Selfa, B., 292.
Alfaro, R., 101.
Alfay, J., 208.
Alfonso de Cartagena, 85.
Alín, J. M.ª, 254.
Allen, E. M., 109.
Almack, J. C., 17.
Alonso, A., 94, 97, 222, 295, 339.
Alonso, Cecilio, 339.
Alonso, Dámaso, 85, 92, 203, 219, 232-3, 254, 264, 281, 357, 378.
Alonso, Martín, 99.
Alonso Cortés, N., 340.
Alonso Hernández, J. L., 292.
Alquire, L. G., 21.
Altick, R. D., 45.
Altolaguirre, M., 346.
Alvar, E., 103.
Alvar, M., 90, 92, 256, 260, 264.
Alvar Ezquerra, M., 250, 261.
Álvarez de Morales, A., 324.
Álvarez Gómez, J., 326.
Ávarez Palacios, F., 364.

Amador de los Ríos, J., 93, 211.
Amañel, C. de, 23.
Amat Noguera, N., 11, 18, 33.
Amezcua, J., 289.
Amezúa, A. G. de, 270, 280, 289.
Amiel, Ch., 152.
Amorós, A., 165, 349-50, 363.
Amstutz, W., 109.
Anderson, Dorothy, 12.
Anderson, I. M. S., 323.
Anderson, J., 262.
Andioc, R., 320, 325, 328.
Andrés, G. de, 270-1.
Andrés, M. F., 101.
Andrés Martín, A., 291.
Anes, G., 323-4.
Ángeles, J., 325.
Antonio, Nicolás, 28, 239, 269.
Aragonés, Juan E., 360.
Araluce Cuenca, J. R., 261.
Aranguren, J. L. L., 219, 336, 364.
Araquistáin, L., 352.
Arce, J., 325.
Arguijo, J. de, 170, 234.
Arias, G., 76.
Arié, R., 243.
Arjona, J. H., 164, 172.
Armiño, M., 205.
Armistead, G. G., 254, 256, 266.
Arnaud, E., 31.
Arnold-Baker, Ch., 76.
Arnoldsson, S., 274.
Arribas Arranz, F., 133.
Arróniz, O., 183-4.
Arthaber, A., 104.
Artigas Sanz, M.ª C., 334.
Artola, M., 70, 323, 335.
Asdbury, R., 120.
Asenjo, S., 86.
Asenjo Barbieri, F., 297.
Asensio, E., 219, 254, 286, 290.

Asín, M., 261.
Asís, M.ª D., 374.
Asti Vera, A., 39.
Atkinson, W. C., 278.
Aub, Max, 211, 346.
Aubailly, J.-C., 258.
Aubrun, Ch., 211, 218, 237, 283-4.
Audin, M., 116.
Auerbach, E., 91, 247.
Avalle-Arce, J. B., 288.
Avienne, P., 12.
Ávila, Pablo L., 198.
Axton, R., 257.
Ayerbe-Chaux, R., 259.
Aziza, Cl., 206.

Babbie, E. R., 50.
Babini, R. de, 76.
Bach, K. F., 89.
Baehr, R., 379.
Bagley, W. A., 17.
Bagué, E., 223, 374.
Bahner, W., 292.
Bailey, H. S., 117.
Balakian, A., 345.
Balbín, R. de, 330, 379.
Balbuena de la Fuente, F., 79.
Balcells, J. M.ª, 346.
Baldensperger, F., 202.
Baldinger, K., 261.
Baldwin, Ch. S., 278.
Ball, W., 88, 89.
Balle, F., 120.
Ballesteros Beretta, A., 260.
Baquero Goyanes, M., 342, 363.
Baralt, R. M.ª, 101.
Barbero, A., 244.
Barcia, P. L., 257.
Barcia, R., 101.
Barella, A., 105.

Barinaga Fernández, A., 355.
Barja, C., 321, 349.
Barker, G. S., 117.
Barker, R. E., 120, 351.
Barnes, W., 155.
Barnett, R., 246.
Barnstone, W., 224.
Barraclough, G., 75, 349.
Barrau-Dihigo, L., 29.
Barrera y Leyrado, C., 198, 269.
Barthes, R., 45, 120.
Baruzi, J., 290.
Barzun, J., 50.
Bascape, G. C., 80.
Bataillon, M., 220, 290.
Battelli, G., 133.
Bateson, F. W., 46, 49, 110.
Batlló, J., 374.
Battaner Arias, M.ª Paz, 345.
Bauer, W., 42.
Beardsley, M. C., 378.
Beardsley, Th. S., 267.
Beaudiquez, M., 13, 14.
Bec, P., 90, 91, 250.
Bécaraud, J., 338.
Becker, G., 109.
Bédier, J., 153, 251.
Bédouin, J.-L., 371.
Beers, Rudolf, 31.
Beinhauer, W., 373.
Belda, R., 352.
Bell, A. F. G., 272.
Bellini, G., 330, 376.
Bellón Cazabán, J. A., 373.
Bellsola, D. G.ª, 104.
Beltrán, F., 20.
Beltrán, V., 254.
Benassar, B., 72.
Beneyto, A., 350.
Bénichou, P., 256.
Bennet, J. M., 254.

Berceo, Gonzalo de, 168, 173, 174, 232, 262.
Bergeron, L., 334.
Bergman, H. E., 283, 287, 296.
Berkeley Updike, D., 117.
Berlanga, A., 255.
Bernardete, M. J., 376.
Berthold, M., 208.
Besses, L., 102.
Besterman, Th., 14, 22, 239.
Beth, E. W., 50.
Beveriage, W. I. B., 50.
Bezzola, R. R., 250.
Biancolini, L., 246.
Bidez, J., 153.
Binder, A., 85.
Binns, N. E., 112.
Birt, Th., 157.
Blanche-Benveniste, C., 98.
Blanco, M.ª, 241.
Blanco Aguinaga, C., 211-12, 355, 361, 366, 370.
Blanco Belmonte, M. R., 322.
Blanco García, F., 338.
Blázquez, J. M., 242.
Blecua, Alberto, 255.
Blecua, J. M., 179, 220, 224, 228, 254, 281.
Blecua Perdices, J. M., 93, 95, 212.
Bausch, K. R., 26.
Bleiberg, G., 69, 208, 222, 356.
Bleznick, D. W., 29, 45, 46, 199, 201, 219, 223, 289, 328, 333, 364, 368, 382.
Bloch, M., 42.
Blöcker, G., 354.
Boase, R., 250.
Bohatta, Hans, 14.
Boggs, R. S., 261.
Bohigas, P., 117, 239.
Bolaño e Isla, A., 97.
Bolgar, R. R., 248.

Bompiani, 203.
Bonilla, L. D., 330.
Bonilla y San Martín, A., 213, 228, 279.
Borel, J. P., 360.
Borner, W., 98.
Bosch, R., 364.
Boscolo, A., 237.
Bossuat, M.-L., 12.
Boüard, A. de, 79, 80.
Bourciez, E. y J., 90.
Bourland, C. B., 289.
Bousoño, C., 85.
Boutruche, R., 242.
Bouvier-Ajam, M., 42.
Bowra, C. M., 251, 253, 357.
Bowers, F., 49, 112, 154, 308.
Boyd Bowman, P., 292.
Bozal, V., 355, 356, 367.
Brachmann, A. B., 153.
Brack, M. M. (Jr.), 154.
Bradford, S. C., 33.
Bradley, J. W., 115.
Braet, H., 90.
Braudel, F., 272.
Brauman, A., 143.
Bravo Villasante, C., 216.
Brenan, G., 352-3.
Breton, A., 371.
Brett, L. E., 341.
Brewer, A. M., 66.
Brey, M.ª, 231, 269.
Briquet, Ch. M., 116.
Broch, H., 48.
Brooke, Ch., 242.
Brooks, C., 74, 86, 221.
Brown, G. C., 215.
Brown, R. F., 329.
Brugghen, W. van der, 34.
Bruguera, F. G., 335.
Brummel, L., 140.

Bruner y Prieto, F., 140.
Brunet, 13.
Brunet, L. P., 349.
Bruyne, E. de, 72, 246.
Buchanan, M. A., 296.
Buckley, R., 364, 376.
Buendía, F., 296, 347.
Buescu, V., 154.
Bühler, J., 245.
Bunge, M., 52.
Buonocore, D., 110, 112.
Burckhardt, T., 243.
Burger, M. M., 378.
Burke, U. R., 292.
Burnan, J. M., 133.
Bury, J. P. T., 334.
Bustos Tovar, J. J. de, 261.
Buttres, F. A., 37.

Caballero, R., 105.
Cabanes Pecourt, M.ª D., 133.
Cabreras, M. de, 270.
Cacho, V., 336.
Cadalso, J., 328.
Caldera, E., 341.
Calderón de la Barca, P., 165, 211, 283.
Camen, C., 243.
Campos, J., 327, 338.
Campos, Juana G., 105.
Campuzano, R., 102.
Canals, S. O., 32.
Canellada, M.ª J., 234, 235, 264, 270.
Cano, J. L., 357, 372, 374.
Cano Ballesta, J., 358.
Capelli, A., 76.
Capmany, 85.
Carande, R., 272.
Caravaggi, G., 282.
Carballo Calero, R., 217.

Carballo Picazo, A., 333, 377, 379.
Carbonell, A., 216.
Cardedera, V., 322.
Cárdenas, A., 237.
Cardillac, L., 274.
Cardona, A., 226, 230.
Cardona, R., 364.
Cardoso, C. F., 42.
Carilla, E., 285.
Carlot, F., 113.
Caro Baroja, J., 73, 274, 326.
Carr, D. C., 173.
Carr, R., 335, 352.
Carrasco Urgoiti, M.ª S., 279.
Carter, J. W., 110.
Casado Jorge, M.ª, 24.
Casalduero, J., 218, 220.
Casanova, A., 143.
Casanovas, J. A., 76.
Casares, J., 100, 369.
Casas, C. de las, 292.
Caso González, J., 325-6.
Castañeda, V., 116, 322.
Castañón Díaz, J., 329.
Castellanos, J., 217.
Castellet, J. M.ª, 358, 364, 375.
Castillo, H., 368.
Castro, A., 214, 219-20, 247, 261, 274, 284.
Castro y Calvo, J. M.ª, 212.
Catalán, D., 256.
Catena, E., 325, 330.
Cavallo, G., 239.
Cedán Pazos, F., 350.
Cejador y Frauca, J., 212, 255, 261.
Cela, C. J., 102.
Cencetti, 132.
Cernuda, L., 358.
Cervantes, M. de, 234, 287.
Cierva, R. de la, 349.
Cilveti, A. L., 291.

Cioranescu, A., 199.
Cirlot, J. E., 87, 206.
Cirre, J. F., 358.
Clancier, G.-E., 206.
Clark, A. C., 154.
Clare, L., 238.
Clarín, 171.
Clark, R. J. (Jr.), 143.
Clarke, D. C., 377, 379-80.
Clason, W. E., 110.
Clavería, C., 102.
Clerc, J. le, 159.
Clotas, S., 355.
Cochet, G., 115.
Coe, A. M., 321.
Cohen, Marcel, 132, 378.
Cohen, R., 43.
Coiture de Trosmonts, R., 34.
Cole, G. D., 336.
Coler, Ch., 74.
Collard, A., 282.
Collison, R. L., 12, 19.
Collomp, P., 154, 158.
Coll-Vinent, R., 34.
Colón, Fernando, 28.
Combet, L., 292.
Compton, L. F., 254.
Compagnon, A., 12.
Conard-Malerbe, P., 349.
Congrat-Butlar, St., 26.
Conte, R., 366, 376.
Contreras, A. de, 166.
Contreras, H., 94.
Cook, J. A., 328.
Cooper, J. P., 273.
Copinger, W. A., 240.
Corbett, E. P. J., 86.
Cormand i Muñoz, J. M.ª, 98.
Corominas, J., 103, 234, 292.
Corzo, J. M., 39.
Corrales Egea, J., 364, 375.

Correa, G., 375.
Correa, P., 46.
Correa Calderón, E., 225, 227, 346.
Correas, G., 105, 292.
Corripio, F., 104.
Cossío, J. M.ª, 78, 220.
Costamagna, G., 133.
Cotarelo y Mori, E., 86, 218, 231, 283, 296, 321, 326.
Couderc, P., 75.
Coughlin, E. V., 330.
Covarrubias, S. de, 293.
Crawford, J. P., 285.
Creamante, R., 378.
Criado de Val, M., 261, 262, 286.
Crispín, J., 376.
Croll, M., 154.
Cros, R. C., 34.
Crosby, J. O., 153, 154, 159, 177, 309-10, 313.
Cruickshank, D. W., 160, 165.
Cruz Moliner, J. M.ª de la, 216.
Cuervo, R. J., 103.
Cueto, L., 330.
Cuevas, C., 169, 259.
Cummins, J. G., 255.
Curtius, E. R., 247.
Curto Herrero, F., 289.
Curuchet, J. C., 365.
Cvitanovic, D., 289.

Chabas, J., 355.
Chakraborti, M. L., 113.
Chalon, L., 251.
Chamorro, B., 321.
Chandler, R. E., 212, 222, 288.
Chang-Rodríguez, E., 102.
Chassard, J., 77.
Chatelet, F., 73.
Chatman, J. R., 198.

Chatman, S., 378.
Chaunu, P., 272, 273.
Chaytor, H. J., 240.
Chejne, A. G., 243.
Cheney, F. N., 17.
Cheurel, A., 98.
Chevalier, J.-C., 238.
Chevalier, Maxime, 271.
Chevalier, U., 238.
Chiappini, G., 171.
Chiarini, 157.
Churchmann, C. W., 50.

Da Cal, E., 374.
Dahl, S., 117, 126.
Dahlmann, H., 155, 238.
Dain, A., 154.
Damiani, B., 231, 234.
D'amico, S., 208.
Darbord, M., 290.
Davis, Ch. H., 34.
Dearing, V. A., 155.
Debax, M., 293.
Debicki, A., 358.
Defourneaux, M., 74, 274, 320, 322.
Delavenay, E., 26.
Delavenay, K. M., 26.
Delatte, A., 153.
Deleito y Piñuela, J., 275.
Delicado, F., 234.
Delorme, J., 76.
Delort, R., 43.
Demerson, P., 320, 322, 324, 326.
Denoel, B. J., 365.
Dent, A., 76.
Dérozier, A., 339.
Derrida, J., 120.
Descolá, J., 212.
Desvals, H., 34.
Destrez, J., 241.

Devoto, D., 28, 33, 46, 168, 200, 215, 220.
Deyermond, A., 214, 238, 247-8, 251.
Díaz, A. J., 26.
Díaz, Elías, 336.
Díaz de Escobar, N., 218.
Díaz Plaja, F., 70, 346, 358, 375.
Díaz Plaja, G., 48, 207, 212, 219, 222, 344, 369, 371, 376.
Díaz Roig, M., 256.
Díaz y Díaz, M. C., 238, 240, 248, 259.
Di Camillo, O., 248.
Diego, G., 375.
Diehl, E., 116.
Dietrich, R., 43.
Díez, F., 251.
Díez Borque, J. M.ª, 213, 216, 222, 285.
Díez Canedo, E., 361.
Díez Echarri, E., 210, 213, 381.
Díez Taboada, M., 226.
Diringer, D., 115, 241.
Dobb, M., 245, 272.
Domay, C., 46.
Doménech, R., 352.
Domínguez Bordona, J. L., 115.
Domínguez Caparrós, J., 381.
Domínguez Ortiz, A., 72-3, 273, 275, 324.
Domingo, J., 365.
Donovan, R. B., 258.
Dorn, G. M., 199.
Dort, B., 360.
Dowling, J., 233.
Downs, R. B., 13, 43.
Dreifus, J., 117.
Dronke, P., 248, 253.
Droz, E., 238.
Dubler, C. E., 293.
Dubois, J., 85, 88.

Dubuis, M., 329.
Duby, G., 245.
Duckett, K. W., 145.
Dufour, M.-L., 39.
Dufourcq, Ch. E., 244.
Dumazedier, J., 120.
Duplessis, Y., 371.
Dupont, P., 117.
Duprat, G., 22.
Durán, A., 289.
Dutton, B., 257.
Duverger, M., 43.

Ebersole, Alva V., 295.
Ebert, F. A., 110.
Echaide, Ana M.ª, 46.
Egger, F., 140.
Egido López, Teófanes, 324.
Eiras Roel, A., 42.
Eisenberg, D., 289.
Einsenstein, E., 117.
Elcoch, W. D., 91.
Elías de Molins, A., 333.
Elkina, A. C., 333.
Elliott, J. H., 70, 272-3, 292.
Elorza, A., 324, 336.
Engel, J., 75.
Elwert, Th., 378.
Enciso Recio, L. M., 329.
Engelbert, M., 158.
Enríquez Gómez, A., 152.
Entrambasaguas, J. de, 279, 374, 376.
Entwistle, W., 97.
Eoff, S. H., 365.
Eppelsheimer, H. W., 203.
Ernst, W. B., 108.
Escandell Bonet, B., 268.
Escarpit, R., 120, 203.
Esdaile, A., 113.
Eseverri, H., 103.

Espadaler, A. M., 216.
Espina García, A., 223.
Espinosa, A. M., 225.
Espronceda, J., 166.
Esslin, Martín, 360.
Etiemble, 132.

Fages, J. B., 79.
Faider, P., 155.
Fang, J. R., 36, 109.
Faral, E., 248, 252.
Farinelli, A., 343.
Faus Sevilla, P., 339.
Faulhaber, Ch., 248.
Fayolle, R., 47.
Febvre, L., 42, 117.
Feijoo, 326.
Fernández, Lucas, 234.
Fernández, Luis, 321.
Fernández, R., 231.
Fernández Álvarez, M., 273.
Fernández Areal, M., 350.
Fernández Cantón, J. M.ª, 146.
Fernández Cordero, C., 339.
Fernández de Andrada, A., 233.
Fernández de Castro, I., 353.
Fernández de Moratín, L., 233.
Fernández Herr, E., 339.
Fernández Montesinos, J., 165, 220,
    228, 342-3.
Fernández Pousa, R., 25.
Fernández Ramírez, S., 80, 93.
Ferrater Mora, J., 87.
Ferreras, J. I., 340, 365.
Ferreres, R., 368.
Février, J. G., 132.
Fino, J. F., 80.
Fitzmaurice-Kelly, J., 213.
Flasche, H., 213, 292.
Flechter, G., 339.

Flecniakoska, J. L., 287.
Fleischhack, C., 113.
Flocon, A., 117.
Flores, A., 213.
Flores, R. M., 271.
Floriano Cumbreño, A. C., 133.
Floud, R., 43.
Foerster, N., 47.
Fonseca Ruiz, Isabel, 131.
Fontana, J., 335-6.
Fontanier, P., 80, 85.
Fontecha, C., 104.
Forner, J. P., 326.
Forster, L., 281.
Foster, D. W., 29, 256, 340.
Foster, V. R., 29.
Fotitch, T., 264.
Foulché-Delbosc, R., 29, 228, 266.
Fox, E. I., 370.
Foxon, D. F., 113, 308.
Fraile, G., 72.
Fraker, Ch. F., 255.
Francis, A., 288.
Francis, F. C., 140.
Frank, I., 155.
Frank, O., 12, 34.
Fränkel, H., 155.
Frappier, J., 238.
Frauwallner, E., 204.
Freitag, R. S., 22.
Frenk Alatorre, M., 255.
Frenzel, E., 206.
Friederich, W. P., 202.
Friedrich, H., 357.
Froger, J., 153, 155, 157.
Froldi, R., 285.
Fubini, M., 278, 378.
Fucilla, J., 281.
Furet, F., 322.
Fussel, P. (Jr.), 378.
Fuster, J., 217.

Gaillard, S., 49.
Gallardo, B. J., 30.
Gallego Morell, A., 234, 281-2.
Gallo, M., 351.
Galmés de Fuentes, A., 230.
Galtung, J., 43.
Gaos, V., 213, 224, 341, 372.
García, L., 39.
Garcia, Michel, 164, 179.
García, Salvador, 340.
García Angulo, E., 293.
García Antezana, J., 261.
García Arenal, M., 274.
García Berrio, A., 277.
García Blanco, M., 293.
García Calvo, A., 168, 379.
García Camarero, E. y E., 225.
García de Cortázar, J. A., 242, 244.
García de Diego, V., 95, 103.
García de Enterría, M. C., 277.
García de la Concha, V., 358.
García Delgado, J. L., 354.
García de Serrano, Irma, 39.
García Ejarque, L., 119.
García Escudero, 376.
García Gallo, A., 72.
García Gómez, E., 249-50, 254.
García Hortelano, J., 358.
García Hoz, V., 103.
García Larragueta, S. A., 76.
García Lorca, F., 208.
García Mazas, José, 335.
García Mercadal, J. 225, 344.
García Morales, J., 86.
García Nieto, M.ª del C., 333, 349.
García Pandavenes, 74, 329.
García Pavón, F., 296, 361, 376.
García Pelayo y Gross, R., 100.
García Rojo, D., 139.
García Salinero, E., 293.
García Valdeavellano, L., 42, 244.

García Villada, Z., 43, 133, 150.
García Villoslada, R., 71.
García Viñó, M., 365.
Garcilaso de la Vega, 233-4, 295.
Gardthausen, V., 268.
Gariano, C., 248.
Garosci, Aldo, 367.
Garza Mercado, A., 39.
Gaskell, Ph., 110, 113, 114, 119, 124,
   126, 158, 270, 308, 317-18.
Gasnault, P., 140.
Gassner, J., 207.
Gaston, E., 120.
Gates, J. K., 110.
Gautier-Dalché, J., 244.
Gaver, M. M., 39.
Gayangos, P. de, 264.
Gayley, Ch. M., 47.
Gelb, J. J., 132.
Gentil, P. le, 248, 378, 380.
Gérin, P., 321.
Germain, G., 88-9.
Gessner, 14.
Getto, G., 220.
Geysse, A., 223.
Ghertman, S., 281.
Gianni, E., 110.
Gibaldi, J., 39.
Gibert, R., 72.
Gifford, D. J., 264.
Gil Casado, P., 365.
Gil Cremades, J. J., 336.
Giljarevskij, R. S., 34.
Gil Novales, A., 340.
Gili Gaya, S., 93, 98, 100, 101, 292-3,
   379.
Gillet, J. E., 233.
Gilli, G. A., 43.
Gilman, St., 248.
Gilson, E., 245.
Gioan, P., 206.

Giménez Frontín, J. L., 356.
Gimferrer, P., 355.
Giry, A., 79.
Glaister, G. A., 110.
Glendinning, N., 215, 325.
Godechot, J., 323.
Goenaga, A., 341.
Gogorza Flechter, M., 366.
Goicoechea, C., 18, 104.
Goldsmith, V. F., 141, 268.
Gómez Aparicio, P., 74.
Gómez de la Serna, G., 325, 366.
Gómez Martínez, J. L., 219.
Gómez Molleda, M. D., 336.
Gondel, H. H., 199.
González Anaya, 209.
González Blanco, A., 361.
González de Eslava, F., 235.
González López, E., 214.
González Más, E., 214.
González Muela, J., 372.
González Ollé, F., 30, 265.
González Palencia, A., 73, 143, 144,
   145, 214, 271, 334, 350.
González Simón, Luis, 265.
Gordon, J., 376.
Gorog, R. de, 262.
Goulemont, J. M., 324.
Goytre, A., 353.
Gracián, B., 233, 287.
Graesse, 13.
Graf, H. F., 52.
Grande, F., 355, 359.
Granjel, Luis S., 372.
Grant, E., 238.
Grant, H. F., 372.
Grant, M., 77.
Graña, R. L., 199.
Gray, R. A., 22.
Green, O. H., 199, 214, 233, 247, 265.
Greg, W., 156, 302.

Gregor, J., 207.
Gregpry, W., 22.
Greguersen, H., 361.
Grigson, G., 205.
Grimal, P., 77.
Grismer, R. L., 30.
Groningen, B. A. van, 153, 156.
Gropp, G. M., 262.
Gros, B., 205.
Gross, H., 378.
Groult, P., 291.
Grubbs, H. A., 241.
Gual Camarena, M., 262.
Guastavino Gallent, G., 322.
Guerrero Lobillo, J., 240.
Guerrero Zamora, J., 360.
Guevara, Alfonso de, 180.
Guevara, J., 209.
Guichard, P., 243.
Guillén de Segovia, P., 262.
Guilloux, R., 34.
Gullón, Germán, 352.
Gullón, Ricardo, 368, 374.
Guinard, P.-J., 321, 329.
Guiral, P., 321.
Guiraud, F., 77.
Guzmán, E., 223.
Gybbon-Monypenny, 251.

Haag, H., 86.
Haberkern, E., 76.
Haebler, C., 240.
Haidu, P., 260.
Hain, L., 240.
Hall, H. B., 200, 344.
Halphen, L., 238.
Ham, E. B., 156, 158, 252.
Hamilton, B., 108.
Hamilton, E. J., 275.
Hammond, N. G. L., 78.

Hardison, O. B., 258.
Haring, C. H., 273.
Harris, J. W., 94.
Harris, R. D., 381.
Harthan, J. P., 116.
Hartnoll, Ph., 207.
Harvey, A. D., 36.
Hatzfeld, H., 202, 248, 291.
Hassenforder, J., 120.
Hastings, 86.
Hauben, P. J., 73.
Hauser, G., 108.
Haussig, H. W., 78.
Havet, L., 156.
Hay, D., 277.
Hazard, P., 323-4.
Hazel, J., 77.
Heinzel, E., 204.
Hellinga, W. Gs., 156.
Helman, E., 74.
Henkel, A., 277.
Henkin, L., 50.
Henríquez Ureña, P., 94, 368, 380.
Hermenegildo, A., 284.
Hermet, G., 351.
Hermosilla, 85, 327.
Herr, R., 74, 323.
Herrera, F. de, 234.
Herrero, J., 325.
Herrero García, M., 274-5.
Herrero Salgado, F., 145, 265.
Hese, E. W., 258.
Hess, R., 258.
Hess, R. M., 204.
Hickey, Leo, 366.
Hicounet, Ch., 132.
Hidalgo, Dionisio, 30, 110.
Hidalgo, J., 293, 296.
Highet, C., 247.
Hilgemann, W., 75.
Hill, J. M., 293, 296.

Hillgarth, J. N., 244.
Hilton Ronald, 31, 272.
Hind, A. M., 115.
Hinman, Ch., 156.
Hinsley, F. H., 334.
Hinterhauser, H., 370.
Hirsch, R., 271.
Hitchcock, R., 253.
Hobson, A., 271.
Hockett, Ch. F., 92.
Hodcroft, F. W., 264.
Hodes, F., 14.
Hoecker, R., 139.
Hoffmeister, J. F., 199.
Hofmann, G., 292.
Hofmann, J. B., 89.
Holt, M. P., 361.
Hooh, L., 39.
Hopper, V. F., 202.
Horden, J., 206.
Horsman, G. C., 280.
Hourcade, L. A., 80.
Housman, 159-60.
Howard-Hill, T. H., 153-4.
Hoyo, A. del, 207.
Huarte Morton, F., 40, 57, 117, 119, 322.
Huerta y Tejadas, F., 262.
Huizinga, J., 245.
Hunger, H., 78.
Hunter, D., 117.
Hurt, P., 39.
Hurtado, J., 214.
Huschg, W., 206.

Ibarra y Marín, J., 322.
Iglesias, M. C., 336.
Iglesias Laguna, A., 366.
Ilie, P., 371.
Ingamells, L., 373.

Iordan, J., 90.
Iribarren, J. M.ª, 105.
Isasi Angulo, O., 361.
Isla, F., 321.
Ivins, W. M., 276.

Jackson, G., 351.
Jacquet, J., 360.
Jakobson, H. B., 79.
Jakobson, R., 378.
Jammes, R., 281-2.
Janer, F., 264.
Jara, R., 204.
Jauralde Pou, P., 47, 80, 94, 214, 278, 355, 374.
Jauss, H. R., 89.
Jeanroy, A., 250.
Jeschke, H., 370.
Jiménez, A., 73.
Jiménez, J. O., 359.
Jiménez, J. R., 368-9.
Jiménez Fraud, A., 353.
Jiménez Landi, A., 336.
Jiménez Martos, L., 374.
Jobit, P., 336.
Johnson, J. L., 226, 240.
Johnston, D., 107.
Jolly, M., 366.
Jones, R. O., 214, 282.
Jones, W. M., 268.
Josset, J., 286.
Josué, E., 77.
Jovellanos, G. M. de, 320.
Jover, J. M.ª, 70, 332-3, 335.
Juan Manuel, Don, 170, 179.
Juderías, J., 274.
Juilland, A., 104.
Juretschke, H., 340, 344.

Kagan, R. L., 275.
Kaiser, F. E., 25.

Kamen, H., 72, 272.
Kantotowicz, H., 157.
Kaplan, N., 39.
Kapp, L., 239.
Kasten, Ll., 262.
Katz, W. A., 17, 68.
Kayser, W., 47.
Kayserling, M., 31.
Keller, H. R., 77, 238.
Keniston, H., 294.
Kenneth'Mess, C. E., 50.
Kinder, H., 75.
King, W. F., 278.
Kirchner, 110.
Kirsop, W., 153, 156.
Kister, K. F., 67.
Kiegraf, J., 26.
Kleinhenz, Ch., 241.
Knight, H., 110.
Knobloch, J., 88.
Koebner, R., 351.
Koenigsberger, H., 272.
Köhler, E., 89.
Köhler, Eugéne, 265.
Konigson, E., 258.
Koppitz, H. J., 113.
Kossoff, A. D., 294.
Krauss, W., 323.
Krömer, W., 289, 326.
Kuhn, T. S., 50.
Kula, W., 242.
Kunitz, S. J., 205.
Kunst, H., 264.
Kunze, H., 110.
Kurbisowna, B., 153.
Kyburg, H. E., 50.

Labande, E. R., 238.
Labandeira Fernández, A., 20, 243, 382.
Labarre, A., 118.

Labarre, E. J., 111.
Labbé, 14.
Labrousse, E., 42.
Lacarra, M.ª J., 259.
Lachmann, 152.
Lacomba, J. A., 353.
Lafitte-Houssat, J., 250.
Laguna, A., 280.
Laín Entralgo, P., 370.
Lalinde Abadía, Jesús, 72.
Lamberet, R., 337.
Lambert, J., 90.
Landaver, C., 337.
Landau, Th., 111.
Lange, W.-D., 255.
Langer, W. L., 75.
Langfeldt, J., 111.
Langosch, K., 157.
Lanham, R. A., 86.
Lanson, 43.
Lapesa, R., 47, 95-97, 100, 256-7, 259, 278, 281, 287, 320, 329-30, 373.
Lapeyre, H., 273.
Lapuente, F. A., 206.
Larra, F. J. de, 339.
Larraz, J., 273.
Lasky, J., 39.
Lasperas, J. M., 271.
Lassaletta, M. C., 346.
Lasso de la Vega, F. P., 218.
Lasso de la Vega, J., 18, 39.
Laufer, R., 113, 156-7.
Launay, M., 324.
Laurenti, J. L., 201, 268, 287.
Lausberg, H., 80, 85, 90.
Lavalette, R., 206.
Lazar, M., 250.
Lázaro-Carreter, F., 80, 89, 100, 227-8, 233, 258, 277, 320, 327, 330, 378.
Lea, H. Ch., 73.
Leavitt, S. E., 285.

Lechner, J., 359.
Lee, M., 111.
Legenfelde, H., 108.
Le Goff, J., 43, 246.
Lehmann-Haupt, H., 108.
Leistner, O., 21.
León, V., 102.
León Tello, Pilar, 26.
Leplant, B., 238.
Leslie, J. K., 341.
Levi Provençal, E., 243.
Lewicka, H., 258.
Lewis, C. S., 249.
Lewis, J., 118.
Ley, Ch., 359.
Lida, Clara, 337.
Lida, M.ª R., 214, 247, 249, 256, 259.
Liltvak, L., 369.
Linage Conde, A., 246.
Linares, E., 109.
Linz, J. J., 333.
Loewes, G., 29.
Loffler, 110.
Lope de Vega, F., 163-5, 171, 235, 279, 298-307.
López, F., 321, 326, 330.
López Anglada, L., 375.
López Aranguren (V. Aranguren).
López Campillo, E., 353, 368.
López de Aguilar, F., 298-300.
López de Ayala, P., 164, 179.
López Estrada, F., 29, 225, 238, 242, 255, 257, 259, 288, 381.
López Jiménez, L., 345.
López Morales, H., 246, 258.
López Morillas, J., 336, 370.
López Piñero, J. M.ª, 325, 337.
López Portaña, V., 322.
López Serrano, M., 116.
López Yepes, J., 34.
López de Zuazo Algar, A., 87.

Lord, A. B., 252.
Lorenzo, E., 373.
Love, H., 155.
Lucas, Francisco, 270.
Lucas Fernández (V. Fernández L.).
Luis, Leopoldo de, 375.
Luis de Granada, Fray, 80.
Luis de León, Fray, 169.
Luis de San José, Fray, 294.
Lumley, F., 360.
Luzán, I. de, 327-8.
Lynch, J., 273, 275.

Llemarkers, J. A., 50.
Llorca, B., 71.
Lloréns, V., 340, 344, 350.
Llorente, J. A., 73.
Llovet, J., 216.

Maas, P., 152, 157, 158-9.
Mac Cafferty, M., 34.
Mac Donald, G. J., 263.
Mac Donald, I. R., 350.
Mac Gowan, K., 208.
Machado, A., 163.
Mackay, A., 244.
Macpherson, I. R., 94, 170, 179.
Macrí, O., 157, 233, 268.
Madariaga, S. de, 353.
Maguna, J. P., 341.
Magny, C. E., 363.
Mainer, J. C., 348, 354, 355-6.
Mairet, G., 73.
Malclés, L.-N., 16, 26, 113, 114, 140, 240.
Maldonado y Pardo, 271.
Mal de Lara, J., 280.
Mallon, J., 134.
Manoliu, M., 90.

Mantecón, J. I., 133-4, 148, 150-1.
Mantero, M., 375.
Maraud, A., 363.
Maravall, J. A., 220, 246, 249, 279, 285.
Marban, E., 258.
Marcial de Onís, C., 371.
Marco, J., 327, 356.
Marcos, J., 355.
Marcos Marín, F., 94, 96.
Marías, J., 208, 325, 353.
Marichal, Carlos, 337.
Marichal, J., 219, 353.
Marichal, R., 44, 157.
Marín, D., 223-4, 296.
Marín, N., 327-8.
Marquerie, A., 361.
Márquez Villanueva, A., 291.
Marra López, J. R., 366.
Marrast, R., 166, 171, 334, 340.
Marrero, C., 97.
Martens, G., 153, 157.
Marsan, R. E., 159.
Martí, A., 277.
Martín, H.-J., 117-18, 271.
Martín, J., 102.
Martín, Jones, 249.
Martín, J. L., 244.
Martín, V., 158.
Martín de Riquer (V. Riquer).
Martín Gaite, C., 325.
Martín Sarmiento (V. Sarmiento).
Martínez, J., 353.
Martínez, J. A., 85, 86, 378.
Martínez, J. M.ª, 34.
Martínez Albertos, J. L., 34.
Martínez Albiach, A., 336.
Martínez Amador, E., 104.
Martínez Cachero, J. M.ª, 170, 348, 364-67.

Martínez Cuadrado, M., 335-37, 349, 351, 353.
Martínez de Sousa, J., 87, 104, 111.
Martínez Kleiser, L., 105.
Martínez Ruiz, F., 375.
Martínez Sicluna, V., 119.
Martino, P., 345.
Masai, F., 158.
Mascagna, R., 85.
Massaloux-Gendreau, 268.
Massa de Gil, B., 111.
Masson, A., 111.
Mata i Garriga, M., 98.
Matamoro, Blas, 48.
Mateu Ibars, J., 132, 139.
Matilla Tascón, A., 146.
Matthis, R. E., 119.
Maxwell, J. C., 156.
Mayáns, 85, 327.
Mazur, O., 258.
Mc Clelland, I. L., 328, 344.
Mc Cready, W. T., 283, 285.
Mc Cuen, J. R., 40.
Mc Kerrow, R. B., 114, 158.
Mc Luhan, M., 120.
Mc Murtrie, D. C., 108.
Mc Pheeters, D. W., 49.
Meitniz, W., 208.
Meléndez Valdés, 321.
Méndez Bejarano, M., 338.
Menéndez Pelayo, M., 26, 31, 71, 213, 219, 230, 265.
Menéndez Pidal, R., 70, 95, 96, 148, 162, 175, 217, 225, 243-4, 251-3, 256, 260, 262, 265, 266, 287, 294.
Mercado, Tomás de, 275.
Mérigot, L., 140.
Merkelbach, R., 155.
Mermall, Th., 354.
Mestre, A., 323.
Mexía, P., 280.

Meyer-Lübke, W., 89, 103.
Michael, I., 244.
Michaud, G., 345.
Michle, I., 166.
Mignani, R., 263.
Mignolo, W. D., 48.
Mignon, P. L., 360.
Mikhailov, A. I., 34.
Milazzo, E., 355.
Milkau, G., 111.
Millares Carlo, A., 18, 114, 117, 118, 127, 133, 134, 136, 148, 150-1, 207, 241, 247, 268, 270, 313, 322, 334.
Miller, 86.
Mir, M., 297.
Miralles, Alberto, 360-1, 363.
Miralles, Enrique, 226-7, 342.
Moíño, J., 18.
Moir, D., 212.
Molas, J., 216, 340.
Molero Manglano, L., 361.
Moles, A., 79.
Molho, M., 288.
Molina, A., 375.
Moliner, M.ª, 100.
Molíns, E. de, 110.
Mölk, U., 250.
Moll, J., 270, 295.
Mommsen, W. J., 351.
Mondatori, A., 205.
Monfort, B., 322.
Monleón, J., 361.
Monnet, P., 119.
Monte, A. del, 288.
Montes, M.ª Jesús, 349.
Montoto, L., 105.
Mora, Carmen, 223.
Moral Ruiz, C., 339.
Morales, M.ª Luz, 224.
Morán, F., 366.
Morato, J. J., 119.

Morby, E. S., 235.
Moreau, J., 72.
Moreno, A. J., 102.
Morier, H., 80, 85.
Morínigo, M. A., 102.
Morón Arroyo, C., 291.
Morreale, M., 166, 261, 278, 287.
Morris, C. B., 372.
Mosher, F. J., 19.
Mosse, G., 272.
Mourelle de Lema, M., 345.
Mousnier, R., 272.
Moya, C., 353.
Moyt, R. S., 237.
Muller, F. y F., 145.
Muller, M., 203.
Mumby, F. A., 118.
Mummendey, R., 111.
Muñoz, M., 218, 219.
Muñoz Garrigós, J., 263.
Muñoz Rivero, 79, 133-4, 150.
Murfin, M. E., 17.
Murphy, J. J., 248-9.
Murra, K. W., 36.

Nabón, Z., 266.
Nadal Oller, J., 71, 75.
Nadeau, M., 371.
Nagel, E., 50.
Navarro Tomás, T., 94-5, 379-80.
Navas Ruiz, R., 344.
Naylor, E. W., 261.
Nebrija, A. de, 263.
Nehama, J., 104.
Nelson, A., 232.
Neuman, A., 246.
Neuvonen, E. R., 263.
Neveling, U., 35.
Newmarck, M., 208.
Newton Scott, F., 47.
Nicholas, D., 119.

Nicoll, A., 208.
Niederehe, H.-J., 260.
Niedermayer, F., 355.
Nieto, J. C., 291.
Nora, E. G. de, 367.
Nora, P., 43.
Norrie, I., 118.
Norton, F. J., 240, 268, 270.
Nourse, Sh., 108.
Nouschi, A., 44.
Noydens, 293.
Núñez de Cepeda, M., 145.
Núñez Ruiz, D., 337.

O'Callaghan, J. F., 244.
Ochoa, E. de, 230, 333.
Ochrymowycz, O. R., 256.
Odriozola, 117.
Oelschlager, V. R. B., 263.
Ogg, D., 323.
Olavide, Pablo de, 321.
Olbrich, W., 202.
Oleza, Juan, 343.
Olivar Bertrand, R., 342.
Olson, P. R., 88.
Onieva, A. J., 98.
Onís, F. de, 224.
Orlandis, J., 242.
Orozco, E., 279, 281, 285, 290, 320.
Ortega, J., 367.
Ortega y Gasset, J., 42, 166, 372.
Ortiz de Montalbán, G., 139.
Otlet, P., 34.
Ott, W., 156.
Oudin, C., 294.
Ouy, G., 44.
Owst, G. R., 249.

Pabst, W., 289.
Pacaut, M., 238.

Paci, A. M.ª, 200.
Paco, M. de, 355.
Padilla, A. de, 333.
Padioleav, J. G., 120.
Padwick, E. W., 114.
Paetow, L. J., 238.
Pagaro, Ch., 79.
Pagnini, M., 48.
Palau y Dulcet, 31.
Palencia, A. de, 263.
Palfrey, T. R., 91.
Pallard, G., 241.
Palmade, G., 335.
Palomo, P., 374, 376.
Paniagua, D., 350.
Paoli, C., 80.
Paraíso de Leal, I., 380.
Pardo Bazán, E., 344.
Parke, M. B., 241.
Parker, A. A., 277, 288.
Parker, J. H., 218.
Parry, M., 252.
Pascual, J. A., 103, 294.
Pasquali, G., 152-53, 158.
Pastor de Togneri, R., 243-4.
Pataky-Kosove, J., 341.
Pattison, W. T., 223, 344.
Payne, S. G., 337, 354.
Paz, R., 279.
Paz y Meliá, A., 264, 279.
Pazzaglia, M., 378.
Peak, H., 341.
Pécheux, M., 48.
Peers, E. A., 224, 291, 343-4.
Peeters, F., 156.
Pellen, R., 263.
Pellissier, R. E., 326.
Penna, M., 266.
Penney, Clara L., 141.
Peña y Cámara, J. M.ª de la, 146.
Peregrín Otero, C., 263.

Pérez, J., 243, 273.
Pérez, L. C., 284.
Pérez, M. J., 200.
Pérez Álvarez Osorio, J. R., 11, 35.
Pérez Bayer, Francisco, 28.
Pérez Brigadi, H., 42.
Pérez Bustamante, C., 228.
Pérez de Ayala, R., 165, 361-2.
Pérez de Guzmán, F., 280.
Pérez de la Dehesa, R., 350, 370.
Pérez de Moya, J., 280.
Pérez de Urbel, J., 246.
Pérez Ferrero, M., 357.
Pérez Garzón, J. S., 337, 353.
Pérez Gómez, A., 230.
Pérez Minik, D., 343, 362.
Pérez Pastor, C., 269, 283.
Pérez Prendes, J., 72.
Pérez Rioja, J. A., 87, 204.
Pericot García, L., 70.
Perry, T. A., 257.
Peset, M. y J. L., 73.
Peters, J., 108, 111.
Petzhold, J., 14, 109.
Picatoste, T., 269.
Pidal, P. J., 264.
Pierce, F., 282, 297.
Pineda, J. de, 280.
Pinta, Miguel de la, 74.
Pinto, M. di, 325.
Piñera, Humberto, 276.
Pipics, Z., 112.
Pirenne, H., 242.
Pfandl, L., 273.
Pla, R., 204, 217.
Plamer, R. Ph., 107.
Plaza, A. de la, 145-6.
Plessis, A., 349.
Pleyán, C., 346.
Pol Arrojo, J., 120.
Polito, A. R., 218, 223.

Pollin, A. M., 373.
Pollmann, L., 252.
Polo, J., 48, 98.
Polt, J. H. R., 331.
Ponce de León, J. L. C., 367.
Ponce de León Freyre, 206.
Pop, S., 99.
Popper, K. R., 50.
Porqueras Mayo, A., 268, 284.
Posner, R., 92.
Pottier, B., 92.
Povés, M.ª L., 41.
Poyán Díaz, D., 341.
Prado Coelho, J. do, 204.
Praguer Froer, H., 87.
Prampolini, S., 206.
Pratt, Ch., 101.
Preller, L., 78.
Preminger, A., 204.
Preston, P., 351.
Price, G., 89.
Prieto, A., 229.
Proctok, R., 282.
Prokhorov, E. I., 158.
Pulgar, F. del, 164.

Queneau, R., 66, 204, 206.
Quentin, H., 152, 158.
Quevedo, F. de, 153, 159, 233, 287, 309-10.
Quilis, A., 380.
Quinn, E., 207.
Quiñones, F., 359.

Rabikauskas, P., 80.
Raby, F. J. E., 249.
Raddatz, F. J., 47.
Rafel, J., 216.
Ragucci, R., 247, 338.

Rama, C. M., 44, 351.
Ramírez, Manuel, 351.
Ramsden, H., 372.
Read, J., 243.
Real de la Riva, C., 163, 327.
Redondo, A., 271.
Rees, M. A., 339.
Reichling, D., 240.
Reigosa, F., 166.
Reinosa, R., 208.
Reisser, S. A., 158.
Renart, J., 153.
Rennert, H. A., 285, 288.
Renouard, Y., 238.
Ressot, J. P., 286.
Reyes, Gabriel de los, 263.
Reynolds, L. D., 158-9.
Reynolds, M. M., 27.
Ribes, F., 375.
Ricapito, J. V., 287.
Ricard, R., 290-1.
Rice, St., 108.
Richardson, E. C., 241.
Richaudeau, R., 120.
Richtie, M., 119.
Rickert, E., 48.
Rico, F., 220, 232, 234, 247, 249, 257.
Rico Verdú, J., 21.
Rivière, R., 34.
Rincón, E., 167.
Río, A. del, 215, 223, 376.
Rioja, F., 171.
Riquer, Martín de, 206, 216, 223, 250-1, 293, 380.
Rivas Pala, M., 259.
Rivers, E. L., 233, 296.
Roach, J., 333.
Robberts, G., 367.
Robert, C., 78.
Robinson, A. M. L., 18, 114.
Robinson, R. A. H., 351.

Roca, J., 213.
Rocchi Barbotta, M.ª C., 48.
Rodríguez, E., 289.
Rodríguez, J. C., 211, 271, 276.
Rodríguez Adrados, F., 93.
Rodríguez Alcalde, L., 362.
Rodríguez Almodóvar, A., 363.
Rodríguez Cristóbal, 132.
Rodríguez Marín, F., 145, 224, 234.
Rodríguez Méndez, J. M., 362.
Rodríguez Moñino, A., 141, 228, 266, 269, 278, 313, 322.
Rodríguez Puértolas, J., 205, 220, 265.
Rodríguez San Vicente, M. M., 20.
Roger, A., 363.
Rogers, A. R., 18.
Rogers, P. P., 206.
Rohlfs, G., 90.
Rojas, A. de, 286.
Roldán, S., 354.
Romano, R., 272.
Romero, J. L., 242.
Romera-Navarro, M., 215, 223, 233.
Romero de Lecea, C. J., 117, 240, 271.
Romero Tobar, L., 343, 346.
Romell, F., 353.
Roques, M., 159.
Rosales, L., 222, 282.
Roscher, W. H., 78.
Rosenblat, A., 97, 98, 168.
Rossell, M., 239.
Rosselli, F., 345.
Rossi, G. C., 327.
Rossi, R., 355.
Rouanet, L., 296.
Round, N. G., 73.
Rouse, R. H., 237.
Rozas, J. M., 166, 226, 372.
Rubenhauer, H., 89.

Rubio, Fany, 350.
Rubio, Fernando, 266.
Ruckl, G., 110.
Ruiz, L. A., 204.
Ruiz-Castillo, J., 350.
Ruiz Elvira, A., 78.
Ruiz-Fornells, E., 198, 294.
Ruiz Lasala, I., 322.
Ruiz Morcuende, F., 330.
Ruiz Ramón, F., 218, 362.
Rumeu de Armas, A., 73.
Rush, J., 34.
Russell, D. A., 221, 290.
Russell, P. E., 48, 279.
Rychner, J., 252.

Sabor, J., 18.
Sáez, E., 238.
Sáez, L., 295.
Sage, J., 233.
Sagredo, J., 203.
Sáiz Barbera, J., 291.
Sáinz de Robles, F., 204, 224, 374, 376.
Sáinz de Varanda, B., 333.
Sáinz Rodríguez, P., 20, 30, 32, 86, 101, 209, 216, 225, 229.
Salaün, S., 350.
Salinas, P., 168, 220, 369.
Salmón, P., 44.
Salomon, N., 283, 286.
Saltillo, Marqués de, 74.
Salvá, 208.
Salvador, N., 229, 256-7.
Salvador Carmona, M., 322.
Salvan, P., 111.
Samarán, 158.
Samarán, Ch., 44.
Samoná, Carmelo, 247, 260.
Sancha, A. de, 322.

Sánchez, J., 278.
Sánchez Albornoz, C., 220, 243, 245, 247.
Sánchez Alonso, B., 31, 69.
Sánchez Belda, L., 133, 145-6.
Sánchez Cantón, F. J., 322.
Sánchez de Zavala, V., 93.
Sánchez Escribano, F., 284.
Sánchez Mantero, R., 344.
Sánchez Polo, C., 223.
Sánchez Romeralo, A., 255.
Sánchez Vázquez, A., 47.
Sánchez Ventura, R., 241.
Sanjuán, P., 225.
San Miguel, Luis G., 337.
Santa Cruz, Melchor de, 280.
Santamaría, A., 101.
Sanz Villanueva, S., 352, 367.
Sapiña, J., 203.
Saporta, S., 94.
Sarmiento, E., 295.
Sarmiento, Martín, 321.
Sarrailh, J., 323-4.
Sas, L. F., 263.
Sastre, A., 362.
Saugnieum, J., 325.
Sawyer, P. H., 237.
Saz, A. del, 206.
Sbarbi, J. M.ª, 104, 105.
Scavnicky, E. A., 102.
Scullard, H. H., 78.
Schade, G. D., 374.
Schiff, M., 240.
Schmidt, A. M., 345.
Schmidt, H. D., 351.
Schneider, G., 114.
Schökel, L. A., 375.
Scholberg, H. L., 256.
Schone, A., 277.
Schulte, H. F., 74.
Schutze, G., 18.

Schwartz, K., 222, 356.
Schwartz, R. J., 87.
Schwartz-Winklhofer, I., 87.
Sears, D. A., 40.
Sebastiá, E., 339.
Sebold, R. P., 327-8.
Seco, M., 93, 104, 373.
Sedane, M. C., 342.
See, K. von, 204.
Sem Tob, 167-8.
Sempere y Guarinos, J., 321.
Senabre Sempere, R., 373.
Seoane, M.ª C., 346.
Serge, D., 295.
Sergievskij, M. V., 91.
Serís, Homero, 20, 28, 30, 49-50, 72, 73, 78, 88, 200, 210-11, 224-5, 279, 336, 382.
Serrablo Aguareles, E., 79.
Serrano y Sanz, M., 322.
Sesé, B., 295.
Severyns, A., 153, 159.
Sevilla Andrés, D., 333.
Sharrer, H. L., 260.
Shaw, D., 371.
Shaw, R. R., 112.
Sheehy, E. P., 18.
Shenk, H. G., 343.
Shepard, S., 279.
Shepard, W. P., 159.
Sheppard, R. y J., 109.
Shergold, N. D., 218, 233, 257, 283.
Shipley, J. T., 112, 204.
Shores, L., 18.
Schuder, W., 36.
Siciliano, I., 252.
Sicroff, A. A., 275-6.
Siebenmann, G., 359.
Sieber, H., 288.
Siemienski, M., 155.
Sierra Corella, A., 74.

Sigmann, J., 245.
Siles Artés, J., 289.
Silverman, J. H., 266.
Silvestre, J.-B., 133.
Simón Díaz, J., 20, 21, 28, 49, 114, 136, 200, 210-2, 269, 298, 303-4, 334.
Simonet, F., 264.
Simpson, P., 159.
Singerman, R., 201.
Sintes Pros, J., 104.
Siracusa, J., 201.
Sitarska, A., 115.
Skeat, T. C., 140.
Skillin, E., 40.
Slocum, R. B., 19.
Smith, 292.
Smith, Colin, 181.
Smith, D. C. (Jr.), 107.
Smith, H., 205.
Snow, J. T., 260.
Sobejano, G., 217, 365-67.
Sola-Solé, 253-4.
Soldevilla, F., 70.
Soldevilla, I., 367.
Soler, M. A., 376.
Songe, A. H., 109.
Sontheimer, W., 77.
Sotelo, A. I., 179.
Soto, J. L., 338.
Spaulding, J. B., 97.
Spearing, A. S., 249.
Speratti Piñero, E. S., 235.
Spillner, P., 36.
Spires, R. C., 368.
Spitzmuller, H., 249.
Stahl y Gary, F. A., 102.
Stählin, M. O., 157.
Standish, P., 373.
Steele, C. R., 139.
Steiger, A., 157.
Steinberg, S. H., 118, 205.

Stern, S. M., 253.
Steunou, J., 239.
Stevens, J., 260.
Stiennon, J., 134.
Stokes, R., 115.
Stoye, J., 272.
Stratman, C. J., 239.
Stubbings, H. U., 269.
Studemond, M., 201.
Suárez, Sara, 373.
Suárez de Figueroa, C., 280.
Suárez Fernández, L., 245.
Suárez Murias, M., 376.
Suchan, Elke, 202.
Sullivan, H. W., 286.
Suszynski, O. C., 257.
Szertics, J., 257.

Tagliavini, L., 90-1.
Tamames, R., 348, 352.
Tamayo de Vargas, T., 28, 234.
Tate, R. B., 164, 170, 179, 241, 260.
Tauber, S., 109.
Tayadella, A., 216.
Tayler, W., 278.
Taylor, A., 14, 19.
Taylor, D., 119, 206.
Taylor, Margaret, 18.
Taylor, S. S., 32.
Tebbel, J., 107.
Teissier, 14.
Ten Cate, Yo, 180.
Tenenti, A., 272.
Terlingen, J. M., 102.
Terreros y Pando, 132.
Terry, A., 297.
Tesauro, P., 173.
Tessier, A. G., 80.
Teyssier, P., 264.
Tezanos, J. F., 354.

Thayer, L., 79.
Thomas, G., 113.
Thomas, H., 141, 189, 352.
Thompson, A., 112.
Thompson, E. A., 242.
Thompson, J. W., 241.
Thompson, L. S., 201.
Thoorens, L., 207.
Thorlby, A., 205.
Thorpe, J., 49.
Ticknor, G., 215.
Tieghem, Ph. van (V. Van Tieghem).
Tilton, E. M., 27.
Timpanaro, S., 159.
Tirso de Molina, 235.
Todorov, T., 86.
Tomsich, G. M., 325.
Torner, E. M., 255.
Toro y Gisbert, M. de, 100.
Torquemada, A. de, 270, 280.
Torre, G. de, 357.
Torre, J. M. de la, 349.
Torrente Ballester, G., 338, 362.
Torres Naharro, B., 233.
Torroja Menéndez, C., 259.
Tortajada, A., 23.
Totok, W., 16.
Totow, W., 115.
Tovar, A., 242.
Trend, J. B., 97, 354.
Trevor Davies, R., 274.
Tucker, 321.
Tunk, E. von, 207.
Tuñón de Lara, M., 44, 70, 335, 352, 354.
Turabian, K. L., 40.
Turin, Y., 336.
Turner, M. C., 32.
Tusell, J., 354.
Tusón, V., 29.
Tyler, R. W., 165.

Ubieto Arteta, A., 42, 75.
Ucelay, M., 374.
Uitti, K. D., 377.
Ullman, B. L., 271.
Ullman, W., 343.
Urbano, V., 362.
Uría Maqua, I., 174.

Valbuena Prat, A., 210, 215-6, 218, 286, 362.
Valdés, Alfonso de, 165.
Valdés, Juan de, 295.
Valencia, Antonio, 347.
Valencia, J. O., 258.
Valera, J., 346.
Valle-Inclán, R. M.ª, 235.
Vallentine, M., 246.
Vallverdú, J., 217.
Valverde, J. M.ª, 206, 216, 224.
Van der Vekene, E., 72.
Van Tieghem, P., 77, 205, 207, 383.
Varela, J. L., 217, 344, 346.
Varela Jácome, B., 363.
Varet, G., 115.
Varey, J. E., 231, 233, 283-4.
Vargas, M. A. de, 296.
Varvaro, A., 91, 239.
Vázquez de Prada, V., 70.
Vega, P. de, 297.
Vega, V., 105.
Vélez de Guevara, J., 218, 233.
Venegas, Alejo, 28.
Ventura Agudiez, J., 330.
Verdonk, R. A., 295.
Verger, J., 246.
Vernet, J., 243.
Verry, H. R., 119.
Vervciet, H. D. L., 116.
Vian, C., 326.
Vicens Vives, J., 70, 71, 73.

Vickery, B. C., 35.
Vidal Alcover, J., 217.
Videla, Gloria, 372.
Vidós, B. E., 91.
Viet, J., 79.
Vigil, M., 244.
Vilanova, A., 282, 323.
Vilar, J., 276.
Vilar, P., 70, 274, 276, 337.
Villamediana, Marqués de, 166.
Villanueva, D., 368.
Villena, E. de, 166, 173.
Vinaver, E., 252.
Vindel, Francisco, 32, 116, 118, 119, 241.
Vivanco, L. F., 359.
Vogel, M., 268.
Voltes Bou, P., 76.
Vossler, K., 217, 220, 277, 379.
Vranich, S. B., 170, 234.

Walbanck, F. W., 242.
Walford, A. J., 16, 68, 86, 87, 111.
Wall, C. E., 22.
Wallech, J. F., 76.
Walther, J. L., 80.
Waltman, F. M., 264.
Wardropper, B., 224, 245, 286, 295.
Warren, A., 49, 80.
Warren, R. P., 86.
Wartburg, W. von, 91.
Watson, G., 50, 241.
Watt, W. M., 243.
Weber de Kurlat, F., 235.
Webster, Ch., 276.
Weiger, J., 286.
Weil, G., 77.
Weinberg, B., 279.
Weitzmann, K., 115.

Welch, K. F., 75.
Wellek, R., 49, 220.
Weller, E., 110.
Wellershoff, D., 120.
Welsh, A., 255.
Wellwart, G., 360, 362, 376.
Wersig, G., 35.
Werweke, H. van, 242.
West, M. L., 159.
Whinnom, K., 245, 255.
White, M., 322.
Whitney, F. L., 51.
Williams, E. N., 323.
Williams, H. F., 239.
Williams, R., 360.
Willis, J., 153, 159.
Willis, R. S., 179, 257.
Wilpert, G. von, 205.
Wilson, E. B. (Jr.), 51.
Wilson, E. M., 160, 214.
Wilson, M., 286.
Wilson, N. G., 158-9.
Wimsatt, W. K. (Jr.), 74, 221, 378.
Winchlell, 14-16, 31, 67, 75, 77, 110, 112.
Winckler, P. A., 121.
Winkler, A. C., 121.
Winson, F. G., 288.
Wynar, B. S., 18.
Wynar, L. R., 17.
Woodbridge, H. Ch., 88.
Woodford, F. P., 40.
Worstills, J., 118.

Yciar, J. de, 270, 307.
Yerro, T., 368.
Ynduráin, D., 163, 341.
Ynduráin, F., 223.
Young, K., 258.

Zacarías García, 29.
Zamarriego, Tomás, 16.
Zambrano, M.ª, 367.
Zamora Lucas, F., 24, 29.
Zamora Vicente, A., 99, 101, 220, 228, 235, 270, 280, 288, 369.
Zanodi, A., 145.
Zapata, Luis, 280.
Zardoya, C., 359.

Zavala, Iris M., 211, 327, 336-7, 340, 343.
Zayas y Sotomayor, M.ª de, 167.
Zeller, H., 153, 157.
Ziegler, K., 77.
Ziomek, H., 164.
Zubatsky, D. S., 382.
Zuleta, E. de, 357.
Zumthor, P., 249.
Zundel-Benkhemis, A., 14.

ÍNDICE GENERAL

Págs.

NOTA PREVIA   9

I. *Bibliografía general*   11
  I.1. Control bibliográfico   12
  I.2. Repertorios bibliográficos   13
    I.2.1. Bibliografías de bibliografías   14
    I.2.2. Grandes repertorios   15

      I.2.2.1. Repertorios de libros de referencias, 17.

    I.2.3. Bibliografías de bibliografías españolas ...   20
  I.3. Bibliografías de publicaciones periódicas   20
    I.3.1. Bibliografías de publicaciones periódicas
        generales y universales   21

      I.3.1.1. Siglas y abreviaciones, 21. — I.3.1.2. Repertorios, 22.

    I.3.2. Bibliografías de publicaciones periódicas
        españolas   24
  I.4. Otras obras bibliográficas generales   25

II. *Bibliografía general española*   28

III. *Documentación e información*   33
  III.1. Obras generales   33
  III.2. Revistas de documentación   35
  III.3. Directorios   36

Págs.

IV. *Guías para la investigación*   38
   IV.1. Obras generales   38
   IV.2. Guías para la investigación. Ciencias afines ...   41
   IV.3. Guías para la investigación. Literatura   45
   IV.4. Obras técnicas sobre investigación científica ...   50
        Excurso: La presentación de originales   51
        Excurso: La corrección de pruebas de imprenta.   58

V. *Enciclopedias, diccionarios y grandes manuales.*   66
   V.1. Enciclopedias generales   66
   V.2. Manuales y obras varias de ramas afines   69
      V.2.1. Historias generales de España   69
      V.2.2. Historias varias: arte, cultura, religión ...   71
      V.2.3. Cronologías, atlas, etc.   75
      V.2.4. Mitología   77
      V.2.5. La comunicación   79
      V.2.6. Diplomática   79
      V.2.7. Retórica   80
   V.3. Diccionarios   86

VI. *Obras y estudios lingüísticos*   88
   VI.1. Obras generales   88
      VI.1.1. Diccionarios de Lingüística general. Bibliografías   88
      VI.1.2. Lenguas románicas   89
      VI.1.3. El español   92
   VI.2. Diccionarios y repertorios   99
      VI.2.1. Diccionarios y repertorios generales y léxicos   99
      VI.2.2. Otros diccionarios y repertorios lingüísticos   101

VII. *Imprenta. Libros. Bibliotecas*   106
   VII.1. Bibliografía, directorios, diccionarios y obras generales   108

Págs.

VII.2.   Bibliografía   112
VII.3.   Imprenta. Libros. Bibliotecas. Su historia ...   116
VII.4.   Técnicas de trabajo   118
VII.5.   Sociología del libro   120
VII.6.   Revistas sobre la Imprenta, el Libro, las Biblio-
         tecas   121
         EXCURSO: tipos de imprenta   124
         EXCURSO: Referencia y descripción bibliográ-
         fica   127

VIII.   *Paleografía*   132

IX.   *Bibliotecas*   135

X.   *Archivos*   143
X.1.   Obras generales   143
X.2.   Revistas de Archivos   146
       EXCURSO: La letra manuscrita en España   148

XI.   *Crítica textual*   152
       EXCURSO: Las ediciones   160

Edición facsímil, 162. — Edición paleográfica, 163. — Edición crítica, 164. — Edición fonética, 165. — Ediciones modernizadas, 166. — Versión moderna, 167. — El acompañamiento del texto, 169.

       EXCURSO: La modernización lingüística en la edi-
       ción de textos clásicos   171

Aspectos que pueden cambiarse, 174.

       EXCURSO: El problema de la *b* y la *v*   186
       EXCURSO: El problema de las sibilantes   189
       EXCURSO: El problema de las grafías *i, y, j* ...   196

XII.   *Bibliografía de la literatura española*   198

XIII. *Diccionarios de la literatura. Historias y manuales.*
    Obras afines   203
    XIII.1. Literatura universal. Diccionarios y reperto-
        rios   203
        XIII.1.1. Diccionarios generales   203
        XIII.1.2. Literatura contemporánea   205
        XIII.1.3. Otras obras generales universales ...   205
    XIII.2. Historias de la literatura universal   206
    XIII.3. Enciclopedias, diccionarios, historias, etc., del
        teatro universal   207
    XIII.4. Diccionarios de literatura española   208

XIV. *Historias de la literatura española*   210
    XIV.1. Historias generales de la literatura española.   210
    XIV.2. Historias de las literaturas regionales   216
        XIV.2.1. Catalana   216
        XIV.2.2. Gallega   217
    XIV.3. Panoramas críticos   217
        XIV.3.1. Poesía   217
        XIV.3.2. Panoramas críticos. Teatro   218
        XIV.3.3. Panoramas críticos. Prosa   219
        XIV.3.4. Miscelánea   219

XV. *Antologías de la literatura española*   222
    XV.1. Antologías generales de la literatura española.   222
    XV.2. Antologías parciales de la literatura española.   223
        XV.2.1. De teatro   223
        XV.2.2. De poesía   224
        XV.2.3. De prosa   225
    XV.3. Colecciones de textos   225
    XV.4. Grandes ediciones   232
        XV.4.1. Grandes ediciones   232
        XV.4.2. Ediciones-guía   233

Págs.

XVI. *Edad Media* 236
XVI.1. Bibliografías, repertorios, fuentes 237
    XVI.1.1. Publicaciones periódicas 237
    XVI.1.2. Obras generales. Fuentes y guías de investigación 237
XVI.2. Imprenta. Libros. Bibliotecas 239
    XVI.2.1. Obras generales 239
    XVI.2.2. Manuscritos 241
XVI.3. Historias de España. Edad Media 242
    XVI.3.1. Historias generales de España. Edad Media 242
    XVI.3.2. Aspectos culturales, económicos, religiosos, etc. 245
XVI.4. Historias generales de la literatura medieval española 246
    XVI.4.1. Historias generales de la literatura medieval española 246
    XVI.4.2. Aspectos culturales y literarios 247
XVI.5. Temas 250
    XVI.5.1. La poesía trovadoresca 250
    XVI.5.2. Cantares de gesta y épica 251
    XVI.5.3. Lírica 252
    XVI.5.4. El Mester de Clerecía 257
    XVI.5.5. Teatro 257
    XVI.5.6. Prosa 259
XVI.6. Estudios lingüísticos 260
XVI.7. Antologías 264

XVII. *El Siglo de Oro* 267
XVII.1. Bibliografías, repertorios, fuentes 267
XVII.2. Imprenta, libros, bibliotecas 270
XVII.3. Historias de España. Siglo de Oro 272
    XVII.3.1. Historias generales de España. Siglo de Oro 272
    XVII.3.2. Historias de España. Aspectos varios. 274

XVII.4.   Literatura española del Siglo de Oro   276
XVII.4.1.   Historia general de la literatura du-
          rante el Siglo de Oro   276
XVII.4.2.   Aspectos generales de la literatura es-
          pañola en el Siglo de Oro   277
XVII.5.   Temas   281
XVII.5.1.   Poesía   281
XVII.5.2.   Teatro   283
XVII.5.3.   Prosa   287
XVII.5.4.   Espiritualidad   290
XVII.6.   Estudios lingüísticos   292
XVII.7.   Antologías   295
    Excurso: Estructura del libro clásico español.   297
    Excurso: La descripción bibliográfica del libro
          clásico español   307

XVIII.   *El siglo XVIII*   320

XVIII.1.   Bibliografías, repertorios, fuentes   320
XVIII.2.   Imprenta, libros, bibliotecas   321
XVIII.3.   Historias de España. Siglo XVIII   323
XVIII.3.1.   Historias generales de España. Si-
           glo XVIII   323
XVIII.3.2.   Aspectos históricos varios   324
XVIII.4.   Historias de la literatura   325
XVIII.4.1.   Historias generales de la literatura
           española   325
XVIII.4.2.   Aspectos literarios varios   326
XVIII.5.   Temas   327
XVIII.5.1.   Lírica   327
XVIII.5.2.   Teatro   328
XVIII.5.3.   Prosa   329
XVIII.6.   Estudios lingüísticos   329
XVIII.7.   Antologías   330

Págs.

XIX. *El siglo XIX* 332
XIX.1. Bibliografías, repertorios, fuentes 332
XIX.2. Imprenta. Libros. Bibliotecas 334
XIX.3. Historias de España. Siglo XIX 334
    XIX.3.1. Historias generales de España. Siglo
        XIX 334
    XIX.3.2. Aspectos históricos varios 336
XIX.4. Historias de la Literatura española. Siglo XIX. 338
    XIX.4.1. Historias generales de la literatura es-
        pañola. Siglo XIX 338
    XIX.4.2. Aspectos generales de la literatura es-
        pañola 339
XIX.5. Temas 340
    XIX.5.1. Lírica 340
    XIX.5.2. Teatro 341
    XIX.5.3. Prosa 341
    XIX.5.4. Movimientos literarios 343
XIX.6. Estudios lingüísticos 345
XIX.7. Antologías 346

XX. *El siglo XX* 348
XX.1. Bibliografías, repertorios, fuentes 349
XX.2. Imprenta. Libros. Bibliotecas 350
XX.3. Historias de España. Siglo XX 351
    XX.3.1. Historias generales de España. Siglo XX. 351
    XX.3.2. Aspectos históricos varios 352
XX.4. Historias de la literatura española. Siglo XX. 354
    XX.4.1. Historias generales de la literatura espa-
        ñola. Siglo XX 354
    XX.4.2. Aspectos generales de la literatura espa-
        ñola 356
XX.5. Temas 357
    XX.5.1. Lírica 357
    XX.5.2. Teatro 359

Págs.

XX.5.3. Prosa   363
XX.5.4. Movimientos literarios   368
XX.6. Estudios lingüísticos   373
XX.7. Antologías   374

XXI. *Métrica*   377
XXI.1. Obras generales sobre métrica   377
XXI.2. Manuales y obras generales de métrica española   379
XXI.3. Aspectos históricos   381

XXII. *Revistas profesionales*   382

ÍNDICE ONOMÁSTICO   385

BIBLIOTECA ROMÁNICA HISPÁNICA

Dirigida por: DÁMASO ALONSO

I. TRATADOS Y MONOGRAFíAS

1. Wartburg, W. von: *La fragmentación lingüística de la Romania*. Segunda edición aumentada. Reimpresión. 208 págs. 17 mapas.
2. Wellek, R. y Warren, A.: *Teoría literaria*. Prólogo de Dámaso Alonso. Cuarta edición. Reimpresión. 432 págs.
3. Kayser, W.: *Interpretación y análisis de la obra literaria*. Cuarta edición revisada. Reimpresión. 594 págs.
4. Peers, E. A.: *Historia del movimiento romántico español*. 2 vols. Segunda edición. Reimpresión. 1.026 págs.
5. Alonso, A.: *De la pronunciación medieval a la moderna en español*. 2 vols.
9. Wellek, R.: *Historia de la crítica moderna (1750-1950)*. 3 vols.
10. Baldinger, K.: *La formación de los dominios lingüísticos en la Península Ibérica*. Segunda edición corregida y muy aumentada. 496 págs. 23 mapas.
11. Marley, S. G. y Bruerton, C.: *Cronología de las comedias de Lope de Vega*. 694 págs.
12. Martí, A.: *La preceptiva retórica española en el Siglo de Oro*. Premio Nacional de Literatura. 346 págs.
13. Aguiar e Silva, V. M. de: *Teoría de la literatura*. Segunda reimpresión. 550 págs.
14. Hörmann, H.: *Psicología del lenguaje*. 496 págs.
15. Rodríguez Adrados, F.: *Lingüística indoeuropea*. 2 vols. 1.152 págs.

II. ESTUDIOS Y ENSAYOS

1. Alonso, D.: *Poesía española (Ensayo de métodos y límites estilísticos)*. Quinta edición. Reimpresión. 672 págs. 2 láminas.
2. Alonso, A.: *Estudios lingüísticos (Temas españoles)*. Tercera edción. Reimpresión. 286 págs.
3. Alonso, D. y Bousoño, C.: *Seis calas en la expresión literaria española (Prosa-Poesía-Teatro)*. Cuarta edición. 446 págs.
4. García de Diego, V.: *Lecciones de lingüística española (Conferencias pronunciadas en el Ateneo de Madrid)*. Tercera edición. Reimpresión. 234 págs.
5. Casalduero, J.: *Vida y obra de Galdós (1843-1920)*. Cuarta edición ampliada. 312 págs.
6. Alonso, D.: *Poetas españoles contemporáneos*. Tercera edición aumentada. Reimpresión. 424 págs.
7. Bousoño, C.: *Teoría de la expresión poética*. Premio «Fastenrath». 2 vols. Sexta edición aumentada. 1.120 págs.

9. Menéndez Pidal, R.: *Toponimia prerrománica hispana.* Reimpresión. 314 págs. 3 mapas.
10. Clavería, C.: *Temas de Unamuno.* Segunda edición. 168 págs.
11. Sánchez, L. A.: *Proceso y contenido de la novela hispanoamericana.* Tercera edición. 630 págs.
12. Alonso, A.: *Estudios lingüísticos (Temas hispanoamericanos).* Tercera edición. Reimpresión. 360 págs.
16. Hatzfeld, H.: *Estudios literarios sobre mística española.* Tercera edición corregida y aumentada. 460 págs.
17. Alonso, A.: *Materia y forma en poesía.* Tercera edición. Reimpresión. 402 págs.
18. Alonso, D.: *Estudios y ensayos gongorinos.* Tercera edición. 602 páginas. 15 láminas.
19. Spitzer, L.: *Lingüística e historia literaria.* Segunda edición. Reimpresión. 308 págs.
20. Zamora Vicente, A.: *Las sonatas de Valle Inclán.* Segunda edición. Reimpresión. 190 págs.
21. Zubiría, R. de: *La poesía de Antonio Machado.* Tercera edición. Reimpresión. 268 págs.
24. Gaos, V.: *La poética de Campoamor.* Segunda edición corregida y aumentada, con un apéndice sobre la poesía de Campoamor. 234 págs.
27. Bousoño, C.: *La poesía de Vicente Aleixandre.* Tercera edición aumentada. 558 págs.
28. Sobejano, G.: *El epíteto en la lírica española.* Agotado.
31. Palau de Nemes, G.: *Vida y obra de Juan Ramón Jiménez (La poesía desnuda).* 2 vols. Segunda edición completamente renovada. 678 págs.
33. Sánchez, L. A.: *Escritores representativos de América.* Véase sección VII, Campo Abierto núm. 11.
34. Asensio, E.: *Poética y realidad en el cancionero peninsular de la Edad Media.* Segunda edición aumentada. 308 págs.
37. Alonso, D.: *De los siglos oscuros al de Oro.* Véase sección VII, Campo Abierto núm. 14.
39. Díaz, J. P.: *Gustavo Adolfo Bécquer (Vida y poesía).* Tercera edición corregida y aumentada. 514 págs.
40. Carilla, E.: *El Romanticismo en la América hispánica.* 2 vols. Tercera edición revisada y ampliada. 668 págs.
41. Nora, E. G. de: *La novela española contemporánea (1898-1967).* Premio de la Crítica. 3 vols.
42. Eich, Ch.: *Federico García Lorca, poeta de la intensidad.* Segunda edición revisada. Reimpresión. 206 págs.
43. Macrí, O.: *Fernando de Herrera.* Segunda edición corregida y aumentada. 696 págs.
44. Bayo, M. J.: *Virgilio y la pastoral española del Renacimiento (1480-1550).* Segunda edición. 290 págs.

45. Alonso, D.: *Dos españoles del Siglo de Oro (Un poeta madrileñista, latinista y francesista en la mitad del siglo XVI. El Fabio de la «Epístola Moral»: su cara y cruz en Méjico y en España).* Reimpresión. 258 págs.

46. Criado de Val, M.: *Teoría de Castilla la Nueva (La dualidad castellana en la lengua, la literatura y la historia).* Segunda edición ampliada. 400 págs. 8 mapas.

47. Schulman, I. A.: *Símbolo y color en la obra de José Martí.* Segunda edición. 498 págs.

49. Casalduero, J.: *Espronceda.* Segunda edición. 280 págs.

51. Pierce, F.: *La poesía épica del Siglo de Oro.* Segunda edición revisada y aumentada. 396 págs.

52. Correa Calderón, E.: *Baltasar Gracián (Su vida y su obra).* Segunda edición aumentada. 426 págs.

53. Martín-Gamero, S.: *La enseñanza del inglés en España (Desde la Edad Media hasta el siglo XIX).* 247 págs.

54. Casalduero, J.: *Estudios sobre el teatro español (Lope de Vega, Guillén de Castro, Cervantes, Tirso de Molina, Ruiz de Alarcón, Calderón, Jovellanos, Moratín, Larra, Duque de Rivas, Bécquer, Valle Inclán, Buñuel).* Cuarta edición aumentada. En prensa.

57. Casalduero, J.: *Sentido y forma de las «Novelas ejemplares».* Segunda edición corregida. Reimpresión. 272 págs.

58. Shepard, S.: *El Pinciano y las teorías literarias del Siglo de Oro.* Segunda edición aumentada. 210 págs.

60. Casalduero, J.: *Estudios de literatura española («Poema de Mío Cid», Arcipreste de Hita, Renacimiento y Barroco, «El Lazarillo», Cervantes, Jovellanos, Duque de Rivas, Espronceda, Bécquer, Galdós, Ganivet, Valle Inclán, Antonio Machado, Gabriel Miró, Jorge Guillén).* Tercera edición aumentada. 478 págs.

61. Coseriu, E.: *Teoría del lenguaje y lingüística general (Cinco estudios).* Tercera edición revisada y corregida. Reimpresión. 330 págs.

62. Miró Quesada, S. A.: *El primer virrey-poeta en América (Don Juan de Mendoza y Luna, marqués de Montesclaros).* 274 págs.

63. Correa, G.: *El simbolismo religioso en las novelas de Pérez Galdós.* Reimpresión. 278 págs.

64. Balbín, R. de: *Sistema de rítmica castellana.* Premio «Francisco Franco» del C. S. I. C. Tercera edición aumentada. 422 págs.

65. Ilie, P.: *La novelística de Camilo José Cela.* Tercera edición aumentada. 330 págs.

67. Cano Ballesta, J.: *La poesía de Miguel Hernández.* Segunda edición aumentada. Reimpresión. 356 págs.

69. Videla, G.: *El ultraísmo (Estudios sobre movimientos poéticos de vanguardia en España).* Segunda edición. 246 págs.

71. Herrero, J.: *Fernán Caballero: un nuevo planteamiento.* 346 págs.

72. Beinhauer, W.: *El español coloquial.* Prólogo de Dámaso Alonso. Tercera edición aumentada y actualizada. 556 págs.

73. Hatzfeld, H.: *Estudios sobre el barroco*. Tercera edición aumentada. 562 págs.
74. Ramos, V.: *El mundo de Gabriel Miró*. Segunda edición corregida y aumentada. 526 págs.
75. García Blanco, M.: *América y Unamuno*. 434 págs. 2 láminas.
76. Gullón, R.: *Autobiografías de Unamuno*. Reimpresión. 390 págs.
80. Maravall, J. A.: *El mundo social de «La Celestina»*. Premio de los Escritores Europeos. Tercera edición. Reimpresión. 188 págs.
82. Asensio, E.: *Itinerario del entremés desde Lope de Rueda a Quiñones de Benavente (Con cinco entremeses inéditos de Don Francisco de Quevedo)*. Segunda edición revisada. 374 págs.
83. Feal Deibe, C.: *La poesía de Pedro Salinas*. Segunda edición. 270 págs.
84. Gariano, C.: *Análisis estilístico de los «Milagros de Nuestra Señora» de Berceo*. Segunda edición corregida. 236 págs.
85. Díaz-Plaja, G.: *Las estéticas de Valle-Inclán*. Reimpresión. 298 págs.
89. Lorenzo, E.: *El español de hoy, lengua en ebullición*. Prólogo de Dámaso Alonso. Tercera edición actualizada y aumentada. 284 págs.
90. Zuleta, E. de: *Historia de la crítica española contemporánea*. Segunda edición notablemente aumentada. 482 págs.
91. Predmore, M. P.: *La obra en prosa de Juan Ramón Jiménez*. Segunda edición ampliada. 322 págs.
92. Snell, B.: *La estructura del lenguaje*. Reimpresión. 218 págs.
93. Serrano de Haro, A.: *Personalidad y destino de Jorge Manrique*. Segunda edición revisada. 450 págs.
94. Gullón, R.: *Galdós, novelista moderno*. Tercera edición revisada y aumentada. 374 págs.
95. Casalduero, J.: *Sentido y forma del teatro de Cervantes*. Reimpresión. 288 págs.
96. Risco, A.: *La estética de Valle-Inclán en los esperpentos y en «El Ruedo Ibérico»*. Segunda edición. 278 págs.
97. Szertics, J.: *Tiempo y verbo en el romancero viejo*. Segunda edición. 208 págs.
98. Batllori, M., S. I.: *La cultura hispano-italiana de los jesuitas expulsos (Españoles-Hispanoamericanos-Filipinos. 1767-1814)*. 698 págs.
99. Carilla, E.: *Una etapa decisiva de Darío (Rubén Darío en la Argentina)*. 200 págs.
100. Flys, M. J.: *La poesía existencial de Dámaso Alonso*. 344 págs.
101. Chasca, E. de: *El arte juglaresco en el «Cantar de Mío Cid»*. Segunda edición aumentada. 418 págs.
102. Sobejano, G.: *Nietzsche en España*. 688 págs.
104. Lapesa, R.: *De la Edad Media a nuestros días (Estudios de historia literaria)*. Reimpresión. 310 págs.
105. Rossi, G. C.: *Estudios sobre las letras en el siglo XVIII (Temas españoles. Temas hispano-portugueses. Temas hispano-italianos)*. 336 págs.
106. Albornoz, A. de: *La presencia de Miguel de Unamuno en Antonio Machado*. 374 págs.

107. Gariano, C.: *El mundo poético de Juan Ruiz*. Segunda edición corregida y ampliada. 272 págs.
109. Fogelquist, D. F.: *Españoles de América y americanos de España*. 348 págs.
110. Pottier, B.: *Lingüística moderna y filología hispánica*. Reimpresión. 246 págs.
111. Kock, J. de: *Introducción al Cancionero de Miguel de Unamuno*. 198 págs.
112. Alazraki, J.: *La prosa narrativa de Jorge Luis Borges (Temas-Estilo)*. Segunda edición aumentada. 438 págs.
113. Debicki, A. P.: *Estudios sobre poesía española contemporánea (La generación de 1924-1925)*. Segunda edición ampliada. 398 págs.
114. Zardoya, C.: *Poesía española del siglo XX (Estudios temáticos y estilísticos)*. 4 vols. (Segunda edición muy aumentada de la obra *Poesía española del 98 y del 27*). 1.398 págs.
115. Weinrich, H.: *Estructura y función de los tiempos en el lenguaje*. Reimpresión. 430 págs.
116. Regalado García, A.: *El siervo y el Señor (La dialéctica agónica de Miguel de Unamuno)*. 220 págs.
117. Beser, S.: *Leopoldo Alas, crítico literario*. 372 págs.
118. Bermejo Marcos, M.: *Don Juan Valera, crítico literario*. 256 págs.
119. Salinas de Marichal, S.: *El mundo poético de Rafael Alberti*. Reimpresión. 272 págs.
120. Tacca, O.: *La historia literaria*. 204 págs.
121. *Estudios críticos sobre el modernismo*. Introducción, selección y bibliografía general por H. Castillo. Reimpresión. 416 págs.
122. Macrí, O.: *Ensayo de métrica sintagmática (Ejemplos del «Libro de Buen Amor» y del «Laberinto» de Juan de Mena)*. 296 págs.
123. Zamora Vicente, A.: *La realidad esperpéntica (Aproximación a «Luces de bohemia»)*. Premio Nacional de Literatura. Segunda edición ampliada. 220 págs.
125. Goode, H. D.: *La prosa retórica de Fray Luis de León en «Los nombres de Cristo» (Aportación al estudio de un estilista del Renacimiento español)*. 186 págs.
126. Green, O. H.: *España y la tradición occidental (El espíritu castellano en la literatura desde «El Cid» hasta Calderón)*. 4 vols.
127. Schulman, I. A. y González, M. P.: *Martí, Darío y el modernismo*. Reimpresión. 268 págs.
128. Zubizarreta, A. de: *Pedro Salinas: El diálogo creador*. Prólogo de J. Guillén. 424 págs.
129. Fernández-Shaw, G.: *Un poeta de transición. Vida y obra de Carlos Fernández Shaw (1865-1911)*. 340 págs. 1 lámina.
130. Camacho Guizado, E.: *La elegía funeral en la poesía española*. 424 páginas.
131. Sánchez Romeralo, A.: *El villancico (Estudios sobre la lírica popular en los siglos XV y XVI)*. 624 págs.
132. Rosales, L.: *Pasión y muerte del Conde de Villamediana*. 252 págs.

133. Arróniz, O.: *La influencia italiana en el nacimiento de la comedia española*. 340 págs.
134. Catalán, D.: *Siete siglos de romancero (Historia y poesía)*. 224 págs.
135. Chomsky, N.: *Lingüística cartesiana (Un capítulo de la historia del pensamiento racionalista)*. Reimpresión. 160 págs.
136. Kany, Ch. E.: *Sintaxis hispanoamericana*. Reimpresión. 552 págs.
137. Alvar, M.: *Estructuralismo, geografía lingüística y dialectología actual*. Segunda edición ampliada. 266 págs.
138. Richthofen, E. von: *Nuevos estudios épicos medievales* 294 págs.
140. Cohen, J.: *Estructura del lenguaje poético*. Reimpresión. 228 págs.
141. Livingstone, L.: *Tema y forma en las novelas de Azorín*. 242 págs.
142. Catalán, D.: *Por campos del romancero (Estudios sobre la tradición oral moderna)*. 310 págs.
143. López, M.ª L.: *Problemas y métodos en el análisis de preposiciones*. Reimpresión. 224 págs.
144. Correa, G.: *La poesía mítica de Federico García Lorca*. Segunda edición. 250 págs.
145. Tate, R. B.: *Ensayos sobre la historiografía peninsular del siglo XV*. 360 págs.
146. García Barrón, C.: *La obra crítica y literaria de Don Antonio Alcalá Galiano*. 250 págs.
147. Alarcos Llorach, E.: *Estudios de gramática funcional del español*. Tercera edición. 352 págs.
148. Benítez, R.: *Bécquer tradicionalista*. 354 págs.
149. Araya, G.: *Claves filológicas para la comprensión de Ortega*. 250 págs.
150. Martinet, A.: *El lenguaje desde el punto de vista funcional*. Reimpresión. 218 págs.
151. Irizarry, E.: *Teoría y creación literaria en Francisco Ayala*. 274 págs.
152. Mounin, G.: *Los problemas teóricos de la traducción*. Segunda edición revisada. 338 págs.
153. Peñuelas, M. C.: *La obra narrativa de Ramón J. Sender*. 294 págs.
154. Alvar, M.: *Estudios y ensayos de literatura contemporánea*. 410 págs.
155. Hjelmslev, L.: *Prolegómenos a una teoría del lenguaje*. Segunda edición. Reimpresión. 198 págs.
156. Zuleta, E. de: *Cinco poetas españoles (Salinas, Guillén, Lorca, Alberti, Cernuda)*. Segunda edición aumentada. 526 págs.
157. Fernández Alonso, M.ª del R.: *Una visión de la muerte en la lírica española (La muerte como amada)*. Premio Rivadeneira. Premio Nacional Uruguayo de Ensayo. 450 págs. 5 láminas.
158. Rosenblat, A.: *La lengua del «Quijote»*. Reimpresión. 380 págs.
159. Pollmann, L.: *La «Nueva Novela» en Francia y en Iberoamérica*. 380 págs.
160. Capote Benot, J. M.ª: *El período sevillano de Luis Cernuda*. Prólogo de F. López Estrada. 172 págs.
161. García Morejón, J.: *Unamuno y Portugal*. Prólogo de Dámaso Alonso. Segunda edición corregida y aumentada. 580 págs.

162. Ribbans, G.: *Niebla y soledad (Aspectos de Unamuno y Machado).* 332 págs.

163. Scholberg, K. R.: *Sátira e invectiva en la España medieval.* 376 págs.

164. Parker, A. A.: *Los pícaros en la literatura (La novela picaresca en España y Europa, 1599-1753).* Segunda edición. 218 págs. 11 láminas.

165. Rudat, E. M.: *Las ideas estéticas de Esteban de Arteaga (Orígenes, significado y actualidad).* 340 págs.

166. San Miguel, A.: *Sentido y estructura del «Guzmán de Alfarache» de Mateo Alemán.* Prólogo de F. Rauhut. 312 págs.

167. Marcos Marín, F.: *Poesía narrativa árabe y épica hispánica (Elementos árabes en los orígenes de la épica hispánica).* 388 págs.

168. Cano Ballesta, J.: *La poesía española entre pureza y revolución (1930-1936).* 284 págs.

169. Corominas, J.: *Tópica hespérica (Estudios sobre los antiguos dialectos, el substrato y la toponimia romances).* 2 vols. 840 págs.

170. Amorós, A.: *La novela intelectual de Ramón Pérez de Ayala.* 500 págs.

171. Porqueras Mayo, A.: *Temas y formas de la literatura española.* 196 págs.

172. Brancaforte, B.: *Benedetto Croce y su crítica de la literatura española.* 152 págs.

173. Martín, C.: *América en Rubén Darío (Aproximación al concepto de la literatura hispanoamericana).* 276 págs.

174. García de la Torre, J. M.: *Análisis temático de «El Ruedo Ibérico».* 362 págs.

175. Rodríguez-Puértolas, J.: *De la Edad Media a la edad conflictiva (Estudios de literatura española).* 406 págs.

176. López Estrada, F.: *Poética para un poeta (Las «Cartas literarias a una mujer» de Bécquer).* 246 págs.

177. Hjelmslev, L.: *Ensayos lingüísticos.* 362 págs.

178. Alonso, D.: *En torno a Lope (Marino, Cervantes, Benavente, Góngora, los Cardenios).* 212 págs.

179. Pabst, W.: *La novela corta en la teoría y en la creación literaria (Notas para la historia de su antinomia en las literaturas románicas).* 510 págs.

180. Rumeu de Armas, A.: *Alfonso de Ulloa, introductor de la cultura española en Italia.* 192 págs. 2 láminas.

181. León, P. R.: *Algunas observaciones sobre Pedro de Cieza de León y la Crónica del Perú.* 278 págs.

182. Roberts, G.: *Temas existenciales en la novela española de postguerra.* Segunda edición corregida y aumentada. 326 págs.

184. Durán, A.: *Estructura y técnicas de la novela sentimental y caballeresca.* 182 págs.

185. Beinhauer, W.: *El humorismo en el español hablado (Improvisadas creaciones espontáneas).* Prólogo de R. Lapesa. 270 págs.

186. Predmore, M. P.: *La poesía hermética de Juan Ramón Jiménez (El «Diario» como centro de su mundo poético).* 234 págs.

187. Manent, A.: *Tres escritores catalanes: Carner, Riba, Pla.* 338 págs.

188. Bratosevich, N. A. S.: *El estilo de Horacio Quiroga en sus cuentos.* 204 págs.
189. Soldevila Durante, I.: *La obra narrativa de Max Aub (1929-1969).* 472 págs.
190. Pollmann, L.: *Sartre y Camus (Literatura de la existencia).* 286 págs.
191. Bobes Naves, M.ª del C.: *La semiótica como teoría lingüística.* Segunda edición revisada y ampliada. 274 págs.
192. Carilla, E.: *La creación del «Martín Fierro».* 308 págs.
193. Coseriu, E.: *Sincronía, diacronía e historia (El problema del cambio lingüístico).* Tercera edición. 290 págs.
194. Tacca, O.: *Las voces de la novela.* Segunda edición corregida y aumentada. 206 págs.
195. Fortea, J. L.: *La obra de Andrés Carranque de Ríos.* 240 págs.
196. Náñez Fernández, E.: *El diminutivo (Historia y funciones en el español clásico y moderno).* 458 págs.
197. Debicki, A. P.: *La poesía de Jorge Guillén.* 362 págs.
198. Doménech, R.: *El teatro de Buero Vallejo (Una meditación española).* 372 págs.
199. Márquez Villanueva, F.: *Fuentes literarias cervantinas.* 374 págs.
200. Orozco Díaz, E.: *Lope y Góngora frente a frente.* 410 págs. 8 láminas.
201. Muller, Ch.: *Estadística lingüística.* 416 págs.
202. Kock, J. de: *Introducción a la lingüística automática en las lenguas románicas.* 246 págs.
203. Avalle-Arce, J. B.: *Temas hispánicos medievales (Literatura e historia).* 390 págs.
204. Quintián, A. R.: *Cultura y literatura españolas en Rubén Darío.* 302 páginas.
205. Caracciolo Trejo, E.: *La poesía de Vicente Huidobro y la vanguardia.* 140 págs.
206. Martín, J. L.: *La narrativa de Vargas Llosa (Acercamiento estilístico).* 282 págs.
207. Nolting-Hauff, I.: *Visión, sátira y agudeza en los «Sueños» de Quevedo.* 318 págs.
208. Phillips, A. W.: *Temas del modernismo hispánico y otros estudios.* 360 págs.
209. Mayoral, M.: *La poesía de Rosalía de Castro.* Prólogo de R. Lapesa. 596 págs.
210. Casalduero, J.: *«Cántico» de Jorge Guillén y «Aire nuestro».* 268 págs.
211. Catalán, D.: *La tradición manuscrita en la «Crónica de Alfonso XI».* 416 págs.
212. Devoto, D.: *Textos y contextos (Estudios sobre la tradición).* 610 páginas.
213. López Estrada, F.: *Los libros de pastores en la literatura española (La órbita previa).* 576 págs. 16 láminas.
214. Martinet, A.: *Economía de los cambios fonéticos (Tratado de fonología diacrónica).* 564 págs.

215. Sebold, R. P.: *Cadalso: el primer romántico «europeo» de España.* 294 págs.
216. Cambria, R.: *Los toros: tema polémico en el ensayo español del siglo XX.* 386 págs.
217. Percas de Ponseti, H.: *Cervantes y su concepto del arte (Estudio crítico de algunos aspectos y episodios del «Quijote»).* 2 vols. 690 págs.
218. Hammarström, G.: *Las unidades lingüísticas en el marco de la lingüística moderna.* 190 págs.
219. Salvador Martínez, H.: *El «Poema de Almería» y la épica románica.* 478 págs.
220. Casalduero, J.: *Sentido y forma de «Los trabajos de Persiles y Segismunda».* 236 págs.
221. Bandera, C.: *Mimesis conflictiva (Ficción literaria y violencia en Cervantes y Calderón).* Prólogo de R. Girard. 262 págs.
222. Cabrera, V.: *Tres poetas a la luz de la metáfora: Salinas, Aleixandre y Guillén.* 228 págs.
223. Ferreres, R.: *Verlaine y los modernistas españoles.* 272 págs.
224. Schrader, L.: *Sensación y sinestesia (Estudios y materiales para la prehistoria de la sinestesia y para la valoración de los sentidos en las literaturas italiana, española y francesa).* 528 págs.
225. Picon Garfield, E.: *¿Es Julio Cortázar un surrealista?* 266 págs. 5 láminas.
226. Peña, A.: *Américo Castro y su visión de España y de Cervantes.* 318 págs.
227. Palmer, L. R.: *Introducción crítica a la lingüística descriptiva y comparada.* 586 págs. 1 lámina.
228. Pauk, E.: *Miguel Delibes: Desarrollo de un escritor (1947-1974).* 330 páginas.
229. Molho, M.: *Sistemática del verbo español (Aspectos, modos y tiempos).* 2 vols. 780 págs.
230. Gómez-Martínez, J. L.: *Américo Castro y el origen de los españoles: Historia de una polémica.* 242 págs.
231. García Sarriá, F.: *Clarín o la herejía amorosa.* 302 págs.
232. Santos Escudero, C.: *Símbolos y Dios en el último Juan Ramón Jiménez.* 566 págs.
233. Taylor, M. C.: *Sensibilidad religiosa de Gabriela Mistral.* 232 págs. 4 láminas.
234. *De la teoría lingüística a la enseñanza de la lengua.* Publicada bajo la dirección de J. Martinet, con la colaboración de O. Ducrot, D. François, F. François, B.-N. Grunig, M. Mahmoudian, A. Martinet, G. Mounin, T. Tabouret-Keller y H. Walter. 262 págs.
235. Trabant, J.: *Semiología de la obra literaria (Glosemántica y teoría de la literatura).* 370 págs.
236. Montes, H.: *Ensayos estilísticos.* 186 págs.
237. Cerezo Galán, P.: *Palabra en el tiempo (Poesía y filosofía en Antonio Machado).* 614 págs.

238. Durán, M. y González Echevarría, R.: *Calderón y la crítica: Historia y Antología.* 2 vols. 786 págs.
239. Artiles, J.: *El «Libro de Apolonio», poema español del siglo XIII.* 222 págs.
240. Morón Arroyo, C.: *Nuevas meditaciones del «Quijote».* 366 págs.
241. Geckeler, H.: *Semántica estructural y teoría del campo léxico.* 390 páginas.
242. Aranguren, J. L. L.: *Estudios literarios.* 350 págs.
243. Molho, M.: *Cervantes: Raíces folklóricas.* 358 págs.
244. Baamonde, M. A.: *La vocación teatral de Antonio Machado.* 306 págs.
245. Colón, G.: *El léxico catalán en la Romania.* 542 págs.
246. Pottier, B.: *Lingüística general (Teoría y descripción).* 426 págs.
247. Carilla, E.: *El libro de los «misterios»: «El lazarillo de ciegos caminantes».* 190 págs.
248. Almeida, J.: *La crítica literaria de Fernando de Herrera.* 142 págs.
249. Hjelmslev, L.: *Sistema lingüístico y cambio lingüístico.* 262 págs.
250. Blanch, A.: *La poesía pura española (Conexiones con la cultura francesa).* 354 págs.
251. Hjelmslev, L.: *Principios de gramática general.* 384 págs.
252. Hess, R.: *El drama religioso románico como comedia religiosa y profana (Siglos XV y XVI).* 334 págs.
253. Wandruszka, M.: *Nuestros idiomas: comparables e incomparables.* 2 vols. 788 págs.
254. Debicki, A. P.: *Poetas hispanoamericanos contemporáneos.* 266 págs.
255. Tejada, J. L.: *Rafael Alberti, entre la tradición y la vanguardia (Poesía primera: 1920-1926).* Prólogo de F. López Estrada. 650 págs.
256. List, G.: *Introducción a la psicolingüística.* 198 págs.
257. Gurza, E.: *Lectura existencialista de «La Celestina».* 352 págs.
258. Correa, G.: *Realidad, ficción y símbolo en las novelas de Pérez Galdós (Ensayo de estética realista).* 308 págs.
259. Coseriu, E.: *Principios de semántica estructural.* 248 págs.
260. Arróniz, O.: *Teatros y escenarios del Siglo de Oro.* 272 págs.
261. Risco, A.: *El demiurgo y su mundo. Hacia un nuevo enfoque de la obra de Valle-Inclán.* 310 págs.
262. Schlieben-Lange, B.: *Iniciación a la sociolingüística.* 200 págs.
263. Lapesa, R.: *Poetas y prosistas de ayer y de hoy.* 424 págs.
264. Camamis, G.: *Estudios sobre el cautiverio en el Siglo de Oro.* 262 páginas.
265. Coseriu, E.: *Tradición y novedad en la ciencia del lenguaje (Estudios de historia de la lingüística).* 374 págs.
266. Stockwell, R. P. y Macaulay, R. K. S. (eds.): *Cambio lingüístico y teoría generativa.* 398 págs.
267. Zuleta, E. de: *Arte y vida en la obra de Benjamín Jarnés.* 278 págs.
268. Kirkpatrick, S.: *Larra: El laberinto inextricable de un romántico liberal.* 298 págs.
269. Coseriu, E.: *Estudios de lingüística románica.* 314 págs.

270. Anderson, J. M.: *Aspectos estructurales del cambio lingüístico.* 374 páginas.
271. Bousoño, C.: *El irracionalismo poético (El símbolo).* Premio Nacional de Literatura 1978. 458 págs.
272. Coseriu, E.: *El hombre y su lenguaje (Estudios de teoría y metodología lingüística).* 270 págs.
273. Rohrer, Ch.: *Lingüística funcional y gramática transformativa (La transformación en francés de oraciones en miembros de oración).* 324 págs.
274. Francis, A.: *Picaresca, decadencia, historia (Aproximación a una realidad histórico-literaria).* 230 págs.
275. Picoche, J. L.: *Un romántico español: Enrique Gil y Carrasco (1815-1846).* 398 págs.
276. Ramírez Molas, P.: *Tiempo y narración (Enfoque de la temporalidad en Borges, Carpentier, Cortázar y García Márquez).* 218 págs.
277. Pêcheux, M.: *Hacia el análisis automático del discurso.* 374 págs.
278. Alonso, D.: *La «Epístola moral a Fabio», de Andrés Fernández de Andrada (Edición y Estudio).* 286 págs. 4 láminas.
279. Hjelmslev, L.: *La categoría de los casos (Estudio de gramática general).* 346 págs.
280. Coseriu, E.: *Gramática, semántica, universales (Estudios de lingüística funcional).* 270 págs.
281. Martinet, A.: *Estudios de sintaxis funcional.* 342 págs.
282. Granda, G. de: *Estudios lingüísticos hispánicos, afrohispánicos y criollos.* 522 págs.
283. Marcos Marín, F.: *Estudios sobre el pronombre.* 338 págs.
284. Kimball, J. P.: *La teoría formal de la gramática.* 222 págs.
285. Carreño, A.: *El romancero lírico de Lope de Vega.* Premio Ramón Menéndez Pidal, 1976. 302 págs.
286. Marcellesi, J. B. y Gardin, B.: *Introducción a la sociolingüística (La lingüística social).* 448 págs.
287. Martín Zorraquino, M.ª A.: *Las construcciones pronominales en español (Paradigma y desviaciones).* 414 págs.
288. Bousoño, C.: *Superrealismo poético y simbolización.* 542 págs.
289. Spillner, B.: *Lingüística y literatura (Investigación del estilo, retórica, lingüística del texto).* 252 págs.
290. Kutschera, F. von: *Filosofía del lenguaje.* 410 págs.
291. Mounin, G.: *Lingüística y filosofía.* 270 págs.
292. Corneille, J. P.: *La lingüística estructural (Su proyección, sus límites).* 434 págs.
293. Krömer, W.: *Formas de la narración breve en las literaturas románicas hasta 1700.* 316 págs.
294. Rohlfs, G.: *Estudios sobre el léxico románico.* Reelaboración parcial y notas de M. Alvar. Edición conjunta revisada y aumentada. 444 págs.
295. Matas, J.: *La cuestión del género literario (Casos de las letras hispánicas).* 256 págs.

296. Haug, U. y Rammer, G.: *Psicología del lenguaje y teoría de la comprensión.* 278 págs.
297. Weisgerber, L.: *Dos enfoques del lenguaje («Lingüística» y ciencia energética del lenguaje).* 284 págs.
298. Wotjak, G.: *Investigaciones sobre la estructura del significado.* 480 páginas.
299. Sesé, B.: *Antonio Machado (1875-1939). El hombre. El poeta. El pensador.* Premio Internacional «Antonio Machado». 2 vols.
300. Wayne Ashhurst, A.: *La literatura hispanoamericana en la crítica española.* 644 págs.
301. Martín, E. H.: *La teoría fonológica y el modelo de estructura compleja.* Prólogo de Ofelia Kovacci. 188 págs.
302. Hoffmeister, G.: *España y Alemania (Historia y documentación de sus relaciones literarias).* 310 págs.
303. Fontaine, J.: *El círculo lingüístico de Praga.* 182 págs.
304. Stockwell, R. P.: *Fundamentos de teoría sintáctica.* 316 págs.
305. Wandruszka, M.: *Interlingüística (Esbozo para una nueva ciencia del lenguaje).* 154 págs.
306. Agud, A.: *Historia y teoría de los casos.* 492 págs.
307. Aguiar e Silva, V. M. de: *Competencia lingüística y competencia literaria (Sobre la posibilidad de una poética generativa).* 166 págs.
308. Pratt, Ch.: *El anglicismo en el español peninsular contemporáneo.* 276 págs.
309. Calvo Ramos, L.: *Introducción al estudio del lenguaje administrativo.* 290 págs.
310. Cano Aguilar, R., *Estructuras sintácticas transitivas en el español actual.* 416 págs.
311. Bousoño, C.: *Épocas literarias y evolución (Edad Media, Romanticismo, Época Contemporánea).* 756 págs. 2 vols.
312. Weinrich, Harald: *Lenguaje en textos.* 466 págs.
313. Alain Sicard: *El pensamiento poético de Pablo Neruda.* 648 págs.
314. Theodora Bynon: *Lingüística histórica.* 424 págs.
315. Claude Hagège: *La gramática generativa.* 255 págs.
316. Johannes Engelkamp: *Psicolingüística.* 314 págs.

III. MANUALES

1. Alarcos Llorach, E.: *Fonología española.* Cuarta edición aumentada y revisada. Reimpresión. 290 págs.
2. Gili Gaya, S.: *Elementos de fonética general.* Quinta edición corregida y ampliada. Reimpresión. 200 págs.
3. Alarcos Llorach, E.: *Gramática estructural (Según la escuela de Copenhague y con especial atención a la lengua española).* Segunda edición. Reimpresión. 132 págs.
4. López Estrada, F.: *Introducción a la literatura medieval española.* Cuarta edición renovada. 606 págs.

6. Lázaro Carreter, F.: *Diccionario de términos filológicos*. Tercera edición corregida. Reimpresión. 444 págs.
8. Zamora Vicente, A.: *Dialectología española*. Segunda edición muy aumentada. Reimpresión. 588 págs. 22 mapas.
9. Vázquez Cuesta, P. y Mendez da Luz, M.ª A.: *Gramática portuguesa*. 2 vols. Tercera edición corregida y aumentada. 818 págs.
10. Badia Margarit, A. M.: *Gramática catalana*. 2 vols. Reimpresión. 1.020 págs.
11. Porzig, W.: *El mundo maravilloso del lenguaje (Problemas, métodos y resultados de la lingüística moderna)*. Segunda edición corregida y aumentada. Reimpresión. 486 págs.
12. Lausberg, H.: *Lingüística románica*. 2 vols.
13. Martinet, A.: *Elementos de lingüística general*. Segunda edición revisada. Reimpresión. 274 págs.
15. Lausberg, H.: *Manual de retórica literaria (Fundamentos de una ciencia de la literatura)*. 3 vols.
16. Mounin, G.: *Historia de la lingüística (Desde los orígenes al siglo XX)*. Reimpresión. 236 págs.
17. Martinet, A.: *La lingüística sincrónica (Estudios e investigaciones)*. Reimpresión. 228 págs.
18. Migliorini, B.: *Historia de la lengua italiana*. 2 vols. 1.262 págs. 36 láminas.
19. Hjelmslev, L.: *El lenguaje*. Segunda edición. Reimpresión. 196 págs. 1 lámina.
20. Malmberg, B.: *Lingüística estructural y comunicación humana (Introducción al mecanismo del lenguaje y a la metodología de la lingüística)*. Reimpresión. 328 págs. 9 láminas.
22. Rodríguez Adrados, F.: *Lingüística estructural*. 2 vols. Segunda edición revisada y aumentada. Reimpresión. 1.036 págs.
23. Pichois, C. y Rousseau, A.-M.: *La literatura comparada*. 246 págs.
24. López Estrada, F.: *Métrica española del siglo XX*. Reimpresión. 226 págs.
25. Baehr, R.: *Manual de versificación española*. Reimpresión. 444 págs.
26. Gleason, H. A., Jr.: *Introducción a la lingüística descriptiva*. Reimpresión. 700 págs.
27. Greimas, A. J.: *Semántica estructural (Investigación metodológica)*. Reimpresión. 398 págs.
28. Robins, R. H.: *Lingüística general (Estudio introductorio)*. Reimpresión. 488 págs.
29. Iordan, I. y Manoliu, M.ª: *Manual de lingüística románica*. Revisión, reelaboración parcial y notas por M. Alvar. 2 vols. Reimpresión. 698 págs.
30. Hadlich, R. L.: *Gramática transformativa del español*. Reimpresión. 464 págs.
31. Ruwet, N.: *Introducción a la gramática generativa*. Segunda edición corregida. 514 págs.

32. Collado, J. A.: *Fundamentos de lingüística general.* Reimpresión. 308 págs.
33. Lüdtke, H.: *Historia del léxico románico.* 336 págs.
34. Catalán, D.: *Lingüística ibero-románica (Crítica retrospectiva).* 366 páginas.
35. Heeschen, C.: *Cuestiones fundamentales de lingüística.* Con un capítulo de V. Heeschen. 204 págs.
36. Lausberg, H.: *Elementos de retórica literaria (Introducción al estudio de la filología clásica, románica, inglesa y alemana).* 278 págs.
37. Arens, H.: *La lingüística (Sus textos y su evolución desde la antigüedad hasta nuestros días).* 2 vols. 1.098 págs.
38. Martinet, J.: *Claves para la semiología.* 238 págs.
39. Alvar, M.: *El dialecto riojano.* 180 págs.
40. Mounin, G.: *La lingüística del siglo XX.* 264 págs.
41. Gross, M.: *Modelos matemáticos en lingüística.* 246 págs.
42. Elgin, S. H.: *¿Qué es la lingüística?* 206 págs.
43. Szemerényi, O.: *Introducción a la lingüística comparativa.* 432 págs.
44. Szemerényi, O.: *Direcciones de la lingüística moderna. I: De Saussure a Bloomfield (1919-1950).* 204 págs.
45. Lapesa, R.: *Historia de la lengua española.* Novena edición corregida y aumentada. 698 págs.
46. Galmiche, M.: *Semántica generativa.* 398 págs.
47. Simón Díaz, J.: *Manual de bibliografía de la literatura española.* 1.156 págs.
48. Pablo Jauralde Pou: *Manual de investigación literaria (El estudio de la literatura española).* 416 págs.

IV. TEXTOS

1. Díaz y Díaz, M. C.: *Antología del latín vulgar.* Segunda edición aumentada y revisada. Reimpresión. 240 págs.
2. Canellada, M.ª J.: *Antología de textos fonéticos.* Prólogo de T. Navarro. Segunda edición ampliada. 266 págs.
3. Sánchez Escribano, F. y Porqueras Mayo, A.: *Preceptiva dramática española del Renacimiento y el Barroco.* Segunda edición muy ampliada. 408 págs.
4. Juan Ruiz: *Libro de Buen Amor.* Edición crítica de J. Corominas. Reimpresión. 670 págs.
5. Rodríguez-Puértolas, J.: *Fray Íñigo de Mendoza y sus «Coplas de Vita Christi».* 635 págs. 1 lám.
6. *Todo Ben Quzmān.* Editado, interpretado, medido y explicado por E. García Gómez. 3 vols. 1.512 págs.
7. *Garcilaso de la Vega y sus comentaristas (Obras completas del poeta y textos íntegros de El Brocense, Herrera, Tamayo y Azara).* Edición de A. Gallego Morell. Segunda edición revisada y adicionada. 700 págs. 10 láminas.

8. *Poética de Aristóteles.* Edición trilingüe. Introducción, traducción castellana, notas, apéndice e índice analítico, por V. García Yebra. 542 págs.
9. Chevalier, M.: *Cuentecillos tradicionales en la España del Siglo de Oro.* 426 págs.
10. Reckert, S.: *Gil Vicente: Espíritu y letra. I: Estudios.* 464 págs.
11. Gorog, R. de y Gorog, L. S. de: *Concordancia del «Arcipreste de Talavera».* 430 págs.
12. López de Ayala, P.: *«Libro de poemas»* o *«Rimado de Palacio».* Edición crítica, introducción y notas de M. García. 2 vols.
13. Gonzalo de Berceo: *El libro de Alixandre.* Reconstrucción crítica de D. A. Nelson. 794 págs.

V. DICCIONARIOS

2. Corominas, J.: *Breve diccionario etimológico de la lengua castellana.* Tercera edición muy revisada y mejorada. Reimpresión. 628 págs.
3. *Diccionario de Autoridades.* Edición facsímil. 3 vols.
4. Alfaro, R. J.: *Diccionario de anglicismos.* Recomendado por el «Primer Congreso de Academias de la Lengua Española». Segunda edición aumentada. 520 págs.
5. Moliner, M.ª: *Diccionario de uso del español.* Premio «Lorenzo Nieto López» de la Real Academia Española. 2 vols. Reimpresión. 3.088 págs.
6. Rogers, P. P. y Lapuente, F. A.: *Diccionario de seudónimos literarios españoles, con algunas iniciales.* 610 págs.
7. Corominas, J. y Pascual, J. A.: *Diccionario crítico etimológico castellano e hispánico.* Tomo I: A - CA. LXXVI + 938 págs. Tomo II: CE - F. 986 págs. Tomo III: G - MA. 904 págs. Tomo IV: ME - RE. 908 págs.
8. Alcalá Venceslada, A.: *Vocabulario andaluz.* Edición facsímil. 676 páginas.